Das Buch

Der authentische Roman über die „Wiedertäufer" von Münster, der als Grundlage für den großen, zweiteiligen Fernsehfilm „König der letzten Tage" diente, ist ein Lehrstück über falsche Propheten und religiösen Wahn, über apokalyptischen Verfall und die Verführbarkeit der Massen. Die beiden Franzosen Pierre Barret und Jean-Noël Gurgand erzählen uns eines der dunkelsten Kapitel der deutschen Geschichte wie einen spannenden Roman.

1534 zu Münster in Westfalen: Die „Wiedertäufer" haben die Stadt in ihrer Hand. Eine Massenbewegung hat sich entwickkelt, und jeden Tag strömen neue Gläubige hinzu. Wie jede Zeit des Auf- und Umbruchs, so findet auch diese ihre Führer: den Bürgermeister Knipperdollinck und einen jungen zugewanderten Kneipenwirt aus Holland: Jan Bockelson, genannt „Jan von Leyden", der sich schließlich als „neuer David" zum König des „Gottesreiches" krönen läßt – zum „König der letzten Tage".

Immer neue Prophezeiungen des unmittelbar bevorstehenden Weltuntergangs schüren eine Massenpsychose, und es dauert nicht lange, bis die „Auserwählten" ein absurdes Terrorregime errichten. Aber die Gegner formieren sich. Belagert und umstellt von den Landsknechten des Bischofs, fiebert die Stadt der Erlösung durch Gott entgegen. Doch nicht das ewige Heil kommt über Münster, sondern Unheil und Chaos ...

Die Autoren

Pierre Barret und Jean-Noël Gurgand, beide Jahrgang 1936, waren befreundete Journalisten in Paris. Im Jahre 1987 sind beide kurz nacheinander gestorben, der eine infolge eines Autounfalls, der andere an einer schweren Krankheit. Barret war Mitbegründer der Wochenzeitschrift *Le Point* und Inhaber mehrerer Journale. Gurgand schrieb für *France-Observateur*, *L'Express* und *Le Point*.

PIERRE BARRET / JEAN-NOËL GURGAND

DER KÖNIG
DER LETZTEN TAGE

Ein historischer Roman

Aus dem Französischen
von Michele Schönfeldt

WILHELM HEYNE VERLAG
MÜNCHEN

HEYNE ALLGEMEINE REIHE
Nr. 01/9438

Titel der Originalausgabe
LE ROI DES DERNIERS JOURS
erschienen im Verlag Hachette, Paris

Ohne die Mithilfe zeitgenössischer deutscher Forscher und mehrerer Übersetzer hätten wir unsere Arbeit über die Ereignisse in Münster nicht erfolgreich beenden können. Mögen sie hier den Ausdruck unserer Dankbarkeit entgegennehmen. Unser Dank gebührt vor allem Dr. Karl-Heinz Kirchhoff im Provinzialinstitut für Westfälische Landes- und Volksforschung (Münster) sowie Herrn Hans Schwartzinger, der die oft schwierigen Texte, die wir ihm vorlegten, mehr als nur übersetzte. Die Autoren

Copyright © 1981 by Hachette, Paris
Copyright © 1993 by Ernst Kabel Verlag GmbH, Hamburg
Lizenzausgabe mit Genehmigung der Ernst Kabel
Verlag GmbH, Hamburg
Wilhelm Heyne Verlag GmbH & Co. KG, München
Printed in Germany 1995
Umschlagillustration: © Zweite Unitel, Unterföhring
Umschlaggestaltung: Atelier Ingrid Schütz, München
Gesamtherstellung: Presse-Druck Augsburg

ISBN 3-453-08280-X

Inhaltsverzeichnis

Zweiter Teil

Vor Ewigkeiten

Wir waren einmal glücklich, erinnern Sie sich?

Das war, ehe die Zukunft uns unter sich begrub, bevor alles um uns herum zerfiel, bevor deutlich wurde, daß unsere alte Erde ihrem Untergang entgegenstrebt.

Die Menschen damals lebten nackt und frei, geschützt vor Hunger, Kälte und Angst. Wie glücklich muß man im Garten Eden gewesen sein, daß die geheimnisvolle Erinnerung an jene Zeit in uns noch so lebendig weiterlebt.

Die Väter vermitteln diese Sehnsucht an die Söhne weiter wie ein Losungswort, wie ein Geheimnis, das den Dingen ihren Sinn verleiht. »Damals lebte man besser«, hört man sie immer wieder sagen, ohne daß sie recht wüßten, wovon sie eigentlich sprechen. Über Jahrhunderte der Not hinweg prägen schemenhafte Urbilder die menschliche Erinnerung. »Die Ställe waren gefüllt mit Vieh, das trächtig war. Die Bäume bogen sich vor Früchten, die Felder waren mit Weizen bedeckt. Alles war friedlich, ruhig, beschaulich. Die Menschen hatten ein langes Leben (...)« In Wahrheit ist das irdische Paradies – Wunde, Qual, unstillbarer Wunschtraum zugleich – unsere verlorene Heimat.

Und wenn wir um uns herum zusehen müssen, wie ganze Nationen unter dem Gesetz von Korrupten und Fanatikern geknechtet, die Moralwerte verhöhnt werden, die Ungerechtigkeit ihre Siegeszüge feiert, so steigt in uns der Wunsch auf, dies goldene Zeitalter zurückzuholen.

Vielleicht führt nur der Weg der Gewalt, eine große Umwälzung, dahin; aber wenn dies der Preis ist...

Wo also dann ist ER, der die Zeichen deuten und den Tag des Zorns Gottes herbeiführen soll? Er möge sich erheben, möge uns den Weg zeigen, und wir werden wissen, wie die Gottlosen ihrer Strafe zuzuführen sind, wie das Böse aus den Herzen der Menschen auszumerzen ist. Wir werden das Neue Jerusalem gründen und die den Gerechten ewig verheißenen tausend Jahre Glückseligkeit endlich erleben. Wir werden keine Angst mehr leiden, keinen Hunger, keine Kälte. Wir werden wieder glücklich sein. So wird der Kreis der Jahrhunderte sich schließen. Das Reich Gottes wird sich erfüllen[1].

Im Frühjahr 1533 verläßt ein Mann die Stadt Leyden in den Niederlanden, ein Reisender unter vielen, und schlägt den Weg ein, der Richtung Osten nach Kleve und Münster führt. Wir werden ihn begleiten. Seinen Spuren folgend werden wir Zeugen einer jener Geschichten sein, die aus der grauen Urzeit menschlichen Daseins herausragen, wobei Hoffnung und Verzweiflung ursächlich so miteinander verwoben sind, daß man sie nicht voneinander zu trennen vermag, so als müsse zur Erreichung des Seelenheils Schrecken und Irrwahn erst überwunden werden.

Jene erste Hälfte des XVI. Jahrhunderts ist eine von Fiebern geschüttelte, unsichere, melancholische Zeit. Den Krisen einer sich wandelnden Epoche ausgesetzt, ist das christliche Abendland von Todesängsten heimgesucht; so wie jedesmal vermutlich, wenn die menschliche Gesellschaft von tiefgreifenden Umwälzungen erschüttert wird, wenn bewährte Strukturen und Mechanismen aus den Fugen geraten. Kein Wandel vollzieht sich ohne Unruhe. In der Zeit zwischen dem Ende des Normalzustandes, dessen also, was man »schon immer« kannte, und der Anwendung einer neuen Ordnung entsteht eine kulturelle und soziale Krise. Es ist das Regnum der Leere, der Erwartungen, die Zeit banger Fragen.

Warum dann aber noch die Pestseuchen? Warum noch die Hungersnöte? Warum die endlosen Kriege? Der Verfall der Kirche? Was haben wir getan, daß wir soviel Elend verdienen? Die Antwort ist bekannt: Der Mensch ist zum Sünder geworden. Und die Sünde ist der Tod, ist die ewige Hölle. Tod und Hölle nehmen die Seelen in Besitz, überwuchern Wände und Fenster von Kirchen, füllen die ersten gedruckten Bücher ... Makabre Tänze, Jüngstes Gericht, Apokalypse, Passionsspiele[2] ...

So wie die Geißelbrüder sich blutig schlugen, um den Zorn Gottes zu besänftigen, mahnen nunmehr Mönche in ihren Predigten unter freiem Himmel zu Reue, Buße, Enthaltung ...

»Überall wird Blut fließen«, warnt Fra Francesco. »Es wird Blut geben auf den Straßen und in den Flüssen. Die Menschen werden auf Wellen, auf Seen, auf Strömen von Blut schwimmen. ... Zwei Millionen Dämonen sind im Himmel entfesselt ...«

Der Himmel! Hier ist der Ort, an dem die furchterregenden Dinge geschehen. »Bald aber nach der Trübsal jener Zeit«, sagt Matthäus, »werden Sonne und Mond den Schein verlieren, und die Sterne werden vom Himmel fallen, und die Kräfte des Himmels werden ins Wanken kommen.« Astronomen verfolgen den Lauf der Planeten, prophezeien unheilvolle Konstellationen, und die geringste Finsternis genügt, um Menschen in Scharen niederknien zu lassen. Vorausberechnungen oder göttliche Offenbarungen veranlassen manchen, einen Kalender der Endzeit aufzustellen; das geht soweit, daß die Kirchenobrigkeit sich gezwungen sieht, den Predigern zu verbieten, den Zeitpunkt des Weltendes allzu genau vorauszusagen.

Die Heilige Schrift wird bemüht, Daniel, Jesaja, Baruch, Henoch, Paulus, Matthäus, Johannes aus Patmos werden wahllos herangezogen, das Tausendjährige Reich Christi und das Jüngste Gericht unter einen Hut gebracht; es wird zwischen den Zeilen gelesen, interpretiert; Seitenränder füllen sich mit Anmerkungen, man verliert sich in der Unzahl der göttlichen Zeichen ...

»Der Antichrist«, verkündet der eine, »ist der Türke, der uns bedroht.« »Der Antichrist?« – antwortet der andere, »Seht Ihr nicht, daß es der leibhaftige Papst ist, der in Gottes Sanktuarium sitzt und sich als Gott ausgibt ...« Wem glauben? Was glauben? Welche Falle! Wie soll man begreifen, daß der Papst der Antichrist ist und die Kirche das »scharlachrote Tier«, von dem in der Apokalypse die Rede ist, wenn es doch die Kirche ist, die über Seele, Körper, Sitten, Gesetze, ja sogar über die Zeit herrscht; die Kirchenglocken erinnern ja Tag und Nacht daran, daß die verrinnende Zeit allein Gott gehört und daß man nicht geboren ist, solange sie einem nicht zur Taufe geläutet haben.

Aber nun ist die Kirche zu weit gegangen [3]; einige schütteln bereits ihr Joch ab. So der Dominikaner Savonarola in Florenz, noch vor Beginn des Jahres 1500: »So hast Du, prostituierte Kirche, Deine Schande bloßgelegt, und Dein verpesteter Hauch ist bis in dem Himmel emporgestiegen.« Den Bewohnern Florenz' prophezeit er, soweit sie ihm folgen, ihre Stadt werde die mächtigste, die harmonischste sein, das Neue Jerusalem werden. Er verbrennt die Bücher, kleidet seine Getreuen in weiße Gewänder und läßt sie unter Blumengirlanden tanzen.

»Der Antichrist: Hier ist er!« donnert die Kirche zurück. Savonarola wird exkommuniziert und bei lebendigem Leib verbrannt.

In jenen Jahren vertritt auch Christoph Kolumbus nach seiner Rückkehr in die Heimat die Überzeugung, er erfülle die Heilige Schrift: »Mich hat Gott zu seinem Sendboten erwählt, indem er mir zeigte, auf welcher Seite sich der neue Himmel und die neue Erde befinden, von denen der Herr in seiner Apokalypse durch den Mund des Heiligen Johannes kündete, und welche Jesaja schon vorher erwähnt hatte.«[4] Mit der Taufe des ersten Indianers beginnt auch die Bekehrung der Ungläubigen – ein weiteres Zeichen, daß die Zeit gekommen ist ...

Das Jahr 1500, Jahrhundertwende und eine für schreckensbringende, unvorhersehbare Ereignisse prädestinierte runde Zahl, vergeht, ebenso wie das Jahr 1000 vergangen war. Das Warten wird dadurch um so angstvoller. »Das Beste ist«, empfiehlt 1508 der Prediger Geiler aus der Straßburger Domkanzel, »sich ruhig in seiner Ecke zu verhalten, den Kopf in ein Loch zu stecken, sich darin zu befleißigen, Gottes Gebote zu befolgen und Gutes zu tun, auf daß man das ewige Heil erlange ...«

Eine für Beichtväter und Ablaß-Schieber wahrhaft günstige Zeit. Ein jeder ficht in seinem Innern den entsetzlichen Kampf zwischen Sünde und Heil aus – und die Kirche liefert hierfür die Waffen. Doch von jener allmächtigen Kirche wird Luther sich mit einem Schlag, auf genialem Wege, befreien, so als verließe man sein Gefängnis, indem man einfach durch die Wände hindurchschlüpfte.

»Ja«, sagt er, »der Papst ist der Antichrist und Rom die babylonische Hure ... Ja, der Jüngste Tag steht vor der Tür ... Indessen sollt ihr nicht mehr in die Messen laufen, sollt ihr an die Lügen der Bischöfe nicht länger glauben ... Nur durch seinen Glauben erfährt der Mensch das Seelenheil ...«

Luthers Worte sind die Brandfackel, die jenen leidgeprüften, stürmischen Teil des rheinländischen Europas entzünden sollte. Von der Kirche exkommuniziert, verbrennt er öffentlich die Bannandrohungsbulle. Das Abendland bricht auseinander, eine tiefe Kluft tut sich auf. Eine Offenbarung, die zugleich eine Revolution bedeutet; sie spaltet die Gesellschaft in ihrer Gesamtheit. Entstanden aus einer nicht länger erträglichen Zukunftshoffnung, speist sie diese wiederum mit neuen Kräften.

Eine besondere Planetenkonstellation führt in den Jahren 1524 und 1525 zu kollektiven panikartigen Zuständen. Menschen klettern auf Bäume, um »von dort aus die Ankunft Christi abzuwarten«; in Amsterdam verbrennen Männer und Frauen feierlich ihre Kleidung und beginnen »völlig nackt, wie sie waren, durch die Straßen zu rennen, rufen mit markerschütternder Stimme: »Wehe! Die Rache Gottes. Die Rache Gottes!« Die von Luther übersetzte Bibel mit Reproduktionen von Dürers Apokalypse wird immer wieder neu aufgelegt: eine düstere Fibel für Abertausende von Analphabeten[5].

Menschenmengen veranstalten spontan Aufführungen des Jüngsten Gerichts – die Lämmer auf der Seite des Herrn, die Böcke auf der anderen; die Hölle wird wie noch nie zuvor in dramatischen Farben gemalt, bevölkert von abstoßenden Kreaturen. Allerdings – so Luther – wird Gott nach dem Jüngsten Tag »einen neuen Erdreich und neuen Himmel schaffen, wird auch neue Hündlein schaffen, welcher Haut wird gülden sein und die Haare von Edelsteinen. Da wird keiner den anderen fressen, wie Kröten, Schlangen und dergleichen giftige Thier, die um der Erbsünde willen hie vergiftet und schädlich sind. Alsdann werden sie uns nicht allein unschädlich, sondern auch lieblich, lustig und angenehm sein, daß wir werden mit ihnen spielen«. Zwischen Schrekken und Hoffnung verharren die Gottesspäher auf den Zinnen der Burgen.

Unterdessen versuchen auch die deutschen Bauern sich der alten Ordnung zu entledigen. Sie organisieren sich, bringen Adelsleute niederen Ranges auf ihre Seite, fordern Fürsten, Bischöfe, Patrizier, alle ihre Unterdrücker und deren Machtanspruch heraus. Luther, auf den sich einige berufen, überläßt sie ihrem Schicksal, ja er verleugnet sogar diese »tollwütigen Hunde«: gewiß bedarf die Gesellschaft einer Veränderung, nur nicht von unten her. Ausgerechnet einer seiner früheren Schüler – auch er ein Pfarrer, Thomas Müntzer – wird zu ihrem Anführer und überträgt das in ihm brennende Feuer auf sie. Sein Ziel, so erzählt man sich, ist, eine Gütergemeinschaft zu schaffen und das Reich der Gerechtigkeit herbeizuführen. Der Antichrist, von dem er spricht, hat zwei Gesichter: das des Papstes und das Luthers. Über alle extremen Lehrmeinungen hinaus fordern viele Bauern die Abschaffung der Leibeigenschaft und verlangen die Gleichheit aller vor Gott.

»Vom Himmel berufen«, gründet Thomas Müntzer eine christliche Gemeinschaft, dazu bestimmt, das himmlische Jerusalem darzustellen, deren Ausstrahlung sich auf die gesamte Menschheit erstrecken soll. Zuerst aber will er die Welt treffen und ein »großes Loch« hineinschlagen. Seine Armee? Die aufbegehrenden Bauern: »Dran, dran! Erhebt Euch! Und immerzu! Seid Männer, und Gott wird Gott bleiben! Amen!« Er wird festgenommen, zu Tode gefoltert, enthauptet. Die Bauern in seinem Gefolge werden in einer Einfriedung zusammengetrieben und durch Kanonenschüsse hingemetzelt.

... Da ist schließlich die Plünderung Roms (1527), die Türken vor Wien (1530): all' dies weitere unwiderlegbare Zeichen. Die Weissagungen eines neuen Propheten, Melchior Hoffmann, finden Verbreitung: das Ende der Welt, verkündet er der Menge der Hoffnungsvollen, die ihm von Stadt zu Stadt folgen, stünde unmittelbar bevor, und Gott habe Straßburg auserwählt, um dort sein Reich der Letzten Tage zu gründen. Dieses Mal, so heißt es, sei es die Wahrheit.

Armselige, klägliche Kreaturen, unsere Vorfahren, unsere Brüder! Woher schöpften sie die Kraft zu ihrer Hoffnung? Bejammernswert, doch unermüdlich, ihrem in Schutt und Asche gefallenen Dasein zum Trotz, suchen sie in den Trümmern noch immer nach der Sinnfälligkeit einer seit Urzeiten tausendfach neubegonnenen Geschichte.

Gewiß beherrschen Glanz und Pracht in königlichen Gestalten wie Franz I., Suleiman der Große, Heinrich VIII. und Karl V. das anbrechende XVI. Jahrhundert; stolz wird es dann auch das Jahrhundert der Renaissance genannt – schließlich zeigen die Maler jener Zeit auch Hochzeitsschmaus, Kinderreigen, strahlende Gesichter, wohl um auszudrücken, daß man damals Freude am Lachen, am Zusammensein durchaus zu empfinden verstand. Zum Ausdruck auch dafür, daß man zwischen Nacht und Tag, Überfluß und Entbehrung auch die vehemente, vergängliche Schönheit aller Dinge zutiefst empfand.

Der Mann, den wir an einem Frühlingsmorgen aus der Stadt Leyden hinausbegleiten, paßt durchaus in seine Zeit. Ruhelos, anspruchsvoll, schwärmerisch, ungeduldig, egoistisch: nach mir die Sintflut. Er läßt zwei Kinder zurück und die Schänke »Zu den drei Heringen«, die er mit seiner Frau, der Witwe eines Flußschiffers, geführt hat. Er ist gerade 23 Jahre alt.

Wir wissen nicht, wie er an jenem Tag gekleidet ist, ob es regnet, ob der Wind die Bäume krümmt auf dieser handtellerflachen Erde. Dazu ist uns nichts überliefert. Wohl aber der Handlungsrahmen, die Hintergründe, die Landschaften, die Farbgebung des Wetterhimmels sind uns durch Bosch, Memling, Lukas von Leyden und durch Breughel bekannt. Dem Leser sei überlassen, in die unausgefüllten Räume dieser Geschichte die vereisten Tümpel hineinzumalen, die ausgemergelten Hunde, die weinseligen Gesichter der Trinker, die Gauner, die Krüppel, die feierlich dreinschauenden Magistratsbeamten, die Landsknechte, die Mühlen, die mit ihren Flügeln die Wolken durcheinanderwirbeln, die Schweine, die man an der Türschwelle schlachtet, und an den Wegen, die zu den Gotteshäusern führen, jene Galgen, über denen die Raben kreisen. Nicht zu vergessen die verstörten, von Breughel festgehaltenen Blinden-Gestalten, jene armen Kreaturen, unsere Vorfahren, unsere Brüder, die die Welt aus ihren leeren Augenhöhlen heraus anstarren.

Unser Reisender, der Wirt der Schänke »Zu den drei Heringen«, heißt Jan Bockelson. Bald wird er nur noch Jan van Leyden genannt werden, und ganz Europa wird von seinem Namen widerhallen.
Sein Weg führt ihn nach Kleve und Münster. Dort, so wird erzählt, braut sich Unheilvolles zusammen.

Erster Teil

I.

Die Perle Westfalens

Kirchturmpolitik – Die Neuerungsmanie – Das Lösegeld – Der englische Schweiß – Eine Kanzel auf dem Friedhof – Ein neuer Bischof – Die Heimkehr der Viehherde – Brot und Wein – Zwingli – Nachtgestirn – Die täuferischen Prädikanten – Sechs Monate Gefängnis – Jan van Leyden – Eine verführerische Lehre – Der Syndikus zwischen zwei Stühlen – Taufen

Eine schöne Stadt, Münster, reich dazu, hübsch gesäumt an den Ufern der ruhig dahinfließenden Aa, trefflich eingeschnürt in ihr Bollwerk-Korsett; wie ein Herz pumpt sie den Lebenssaft der umliegenden Ebene in sich hinein und läßt abends ihre zehn schweren Tore vor ihren Schätzen, ihren Vorräten, ihren Träumen und ihren Ängsten als Handelsstadt zufallen.

Dem unter Karl dem Großen von Ludger gegründeten Monasterium haben sich mittlerweile andere Kirchen hinzugesellt, sechs Kirchengemeinden sind entstanden – fünf südöstlich der Aa, die sechste im sogenannten Überwasser-Viertel, das, wie der Name sagt, »jenseits des Wassers« liegt, mit großen Wiesen, einem Nonnenkloster und der Liebfrauenkirche. Im Schatten des Doms mit seinen beiden Türmen: der Prinzipalmarkt mit dem Pranger, gesäumt von Arkaden und herrlichen Giebelhäusern. Dort wohnen die reichen Kaufleute, während die Patrizier sich in ruhigere Straßen zurückgezogen haben.

Als Hansestadt, über das Emsland und Holland hinweg zum grauen Meereshorizont geöffnet, hat sich Münster durch den Ausbau von Handel und Gewerbe blühend entwickelt. Die innerhalb von hundertfünfzig Jahren in dieser nahezu 10000 Einwohner zählenden Stadt erbaute St.-Lamberti-Kirche, die Liebfrauen-Kirche und das Rathaus zeugen ebenso von ihrem Wohlstand wie von ihrer Frömmigkeit: das Anlegen der Gewinne im Sakralbereich löscht den Beigeschmack von

Sünde, der dem Kaufmännischen immer anhaftet. Obwohl bischöfliche Residenz, bekommt Münster seinen Bischof selten zu Gesicht. Die vierzig Stiftsherren des Domkapitels vertreten ihn; von ihren historischen Privilegien durchdrungen möchten sie am liebsten so tun, als bleibe die Welt unverändert stehen, als könnten sie weiterhin über Menschen und Dinge als Lehnsherren herrschen. Die Patrizier, früher die einzigen Bürger-Vertreter im Stadtrat, haben unterdessen dort ihre Sitze mit den Vertretern der Gilden notgedrungen teilen müssen.

Jedes Jahr wählen die Stadtteile zehn »Kurgenossen«, das sind Wahlmänner, die wiederum 24 Ratsherren aus den Gilden und den Patriziern küren. Diese 24 wählen zwei aus ihren Reihen zu Bürgermeistern. Oft entstehen Gegensätze zwischen dem Rat und den scheinbar allmächtigen Domherren. Rechte, Prärogativen, Usancen, Interessenlagen, Sondergerichtsbarkeiten überlagern und überschneiden sich; Stadtvertreter und Kirchenmänner stehen sich gegenüber: Gründe zu schikanösen Streitereien sind reichlich genug vorhanden; man darf annehmen, daß allein durch die damals praktizierte Kirchturmpolitik Konflikte zwischen der katholischen Hierarchie einerseits, dem allmählich an Einfluß verlierenden Adel andererseits und schließlich dem aufstrebenden Stand der Kaufleute und Handwerker vermieden werden konnten. Gemeinsame Interessen hatten sie bis dahin zusammengehalten; aber man kann sich unschwer vorstellen, wie alle Münsteraner mit dem gleichen Stolz von der Höhe der uneinnehmbaren Festungsmauern ihrer »Perle von Westfalen« rundum bis zum Horizont herabschauten.

Doch um die Jahre 1515–1520 bricht der Schwung ab. Die auf Produktion und internationalen Warenaustausch gegründete Organisation der Hanse zerfällt allmählich. Münzverschlechterung, Teuerungen, Überlebenskrise. Die einst so einträglichen wirtschaftlichen Bande mit Holland, Brabant, Friesland erweisen sich nunmehr als drückende Last.

In der Stadt Münster wird diese Krise an der empfindlichsten Stelle der Gemeinschaft sichtbar: in der Auseinandersetzung zwischen Handwerkern und Klöstern. Tatsächlich verfügen zwei Klöster – Münster zählt vier Stiftskapitel, vier Männer- und sieben Frauenklöster – über eine kleine gewerbliche Produktion, die von den Gilden als unlauterer Wettbewerb angesehen wird – zumal die kirchlichen Institutionen von allen Steuerpflichten befreit sind.

Am 23. März 1525 brechen drei Männer in das Nonnen-Kloster Niesing ein. Draußen werden sie von einer größeren Menge mit Geschrei unterstützt. Wollen diese Männer die angeblich vorhandenen Webstühle zerstören? Sie werden – ohne Wissen der Gesamtgilde – festgenommen und dem Rat vorgeführt. Die auf den Plan gerufenen Gilden fordern Straffreiheit für die Täter und verlangen, daß die von den Klöstern ausgeübte wirtschaftliche Konkurrenz verboten wird. Sie legen sogar dem Rat 34 Artikel vor, wonach u. a. der Klerus zur Besteuerung herangezogen, jegliches Gewerbe in den Klöstern der Stadt und auf dem Land in einem Umkreis von zwei Meilen verboten, eine rein weltliche Gerichtsbarkeit geschaffen und bettelnde Mönchsorden untersagt sein sollen.

Unter dem Druck der Gesamtgilde, die ihrerseits 17 Einzelgilden[7] unter einem Dach vereinigt, legt der Rat, »von den armen Leuten gezwungen«, die genannten Artikel dem Domkapitel zur Unterzeichnung vor. Die Kanoniker unterzeichnen nur einen Teil und verlassen, zum feierlichen Zeichen ihres Protests, samt Dienerschaft und Mätressenschar die Stadt.

1525 ist ein Jahr, in dem neue umwälzende Ideen immer mehr Überzeugungskraft gewinnen, z. B. das Recht des Volkes, nach seinem eigenen Willen regiert zu werden, das Thomas Müntzer, der Anführer der aufständischen Bauern, beansprucht; ähnlich das lutherische Prinzip, wonach man ein guter Christ und doch Gegner der Kirche als Institution sein kann ...

1525 erklärt Luther allerdings auch die Autorität der Fürsten als von Gott gewollt und notwendig, und die aufständischen Bauern werden hingerichtet. Auch Münster fügt sich, und die alte Ordnung gewinnt wie von selbst wieder die Oberhand. Die Domherren widerrufen ihre Unterschrift unter die besagten Artikel und ziehen am 28. März 1526 mit großem Pomp und ebenso viel Arroganz, Danksagungen singend, wieder in die Stadt ein. Und doch ... Kaufleute, Weitgereiste, sind für den Zeitgeist empfänglich; selbst bei den Katholiken bleibt der radikale Protest Luthers nicht ohne Wirkung.

In Münster sieht sich das Domkapitel genötigt, eine bestimmte Anzahl von Pfarrern zur Ordnung zu rufen, ja sogar einige von ihnen aufgrund ihrer »Neuerungs-Manie« zu versetzen. Im Jahre 1527 ereignet sich der unvermeidliche Zwischenfall: Während einer Sitzung des Kirchengerichts attackiert der Goldschmied Cort Cruse den Offizial, den Richter, der den Bischof vertritt, indem er in einem Zivilverfahren seine Kompetenz anzweifelt. Der Bischof läßt ihn festnehmen. Der Tuchhändler Berndt Knipperdollinck, eine der hervorragendsten Persönlichkeiten der Stadt, leistet Cort Cruse Flankenhilfe, wird bald selbst unterstützt von weiteren Bürgern und erwirkt seine Freilassung. Eine Unterhöhlung seiner Autorität befürchtend, verhängt der Bischof eine Sanktion über den Offizial und läßt weiterhin einen Konvoi von Kaufleuten und Frachtführern aus Münster abfangen. Die Waren, so erklärt er, werde er nur gegen Lösegeld herausgeben. Im Februar des Jahres 1529 gelingt es ihm obendrein, Knipperdollinck auf einer Reise nach Bremen gefangenzunehmen. Erst sieben Monate später wird der gegen Zahlung einer Geldstrafe in Höhe von sechshundert Gulden und Ableistung eines Treueides freigelassen. In ihm hat die Kirche gewiß keinen Freund gewonnen, und von diesem Knipperdollinck, der nunmehr die legitime Verteidigung der Bürger gegenüber den Anmaßungen der Kirche und ihrer Einmischung in weltliche Angelegenheiten verkörpert, wird man später noch hören.

Die Mißernten des Jahres 1529 lassen die Preise erneut in die Höhe klettern. Der Bischof schaltet sich ein, indem er das Geld abwertet[8], was die Kluft zwischen reich und arm noch tiefer werden läßt. Die ersten Opfer: die kleinen Handwerker. Darüber hinaus erhöht der Bischof die Steuern. In dieser Zeit treten zudem die ersten Fälle einer schrecklichen Epidemie auf, einer der Pest verwandten Art von Typhus, der »englische Schweiß« genannt. »Am Anfang«, so berichtet die Chronik des Niesing-Klosters, »starben Menschen in Scharen. Und weil die Menschen verwirrt waren, gaben sie ihre Arbeit auf, vergaßen die Kühe in den Ställen und ließen sie ungemolken im Stich.«

Blüteverfall, interne Zwistigkeiten und nun diese schreckliche Plage: die Münsteraner Bürgerschaft ist aufnahmebereit für jede Erklärung, die der Anhäufung ihrer Heimsuchungen einen Sinn geben könnte.

Das stolze Bollwerk der Stadt ist machtlos gegenüber dem, was als Strafe Gottes hingenommen wird, gegenüber dem Herannahen der irdischen Endzeit, die überall verkündet wird. Selbst Luther sagt nichts anderes: das Böse stecke in der Kirche und der Antichrist herrsche ja in Rom ... Man zählt die vielen wundersamen Zeichen, die Gott den Menschen setzt, um sie zu warnen und von denen der Riesenkomet von 1531 nicht das unbedeutendste ist. Hinter allen Ereignissen jener Zeit entflammt ein dramatischer Horizont. In Münster gelangt ein Kaplan, Bernhard Rothmann, zu der Einsicht, daß die traditionelle Kirche den geistigen Bedürfnissen ihrer Herde nicht mehr gerecht wird. Er kennt seine Schäflein durchaus: als Sohn eines Schmiedes aus dem Münsterland durfte er dank der Großzügigkeit eines Verwandten in der Stadt studieren. Er ist jung, untersetzt, mit dichtem Haar, die Augen dunkel und wach. Er predigt in der St.-Mauritz-Stiftskirche, außerhalb der Stadtmauern. Als seine Vorgesetzten in ihm einen irregeleiteten Hang zur »Neuerung« zu erkennen meinen, schicken sie ihn zum Theologie-Studium nach Köln. Nach seiner Rückkehr beginnt er jedoch, von Luther inspirierte Theorien in seinen Predigten zu verbreiten. Es sind Bürger der Stadt, die im Jahre 1531 für seine heimlichen Reisen aufkommen, nach Wittenberg, Marburg, Speyer, den Hochburgen der Reformationsbewegung sowie nach Straßburg, wo die neuen Ideen gären. Die Bürger haben begriffen, daß die Reformation das Ende der Vormundschaft der Kirche bedeutet.

Freilich, als Rothmann nach Münster heimkehrt, ist er ihnen um eine ganze Revolution voraus. Er behauptet, man könne nicht Christus und dem Gott Geld gleichzeitig dienen, alles beruhe auf dem Glauben und der Liebe, die Gebete für die Toten seien zwecklos, das Fegefeuer ein Schwindel und die Verehrung der Heiligenbilder ein Sakrileg. Im August weigert er sich, an einer Prozession mit Weihrauch und Weihwasser teilzunehmen.

Seine Zuhörerschaft ist so zahlreich, daß die St.-Mauritz-Stiftskirche bald zu klein wird. So errichten seine Anhänger ihm eine Kanzel auf dem angrenzenden Friedhof – Friedhöfe sind öffentliche, den Menschen vertraute Stätten: man fühlt sich heimisch unter den Toten. Das Domkapitel beschwert sich beim Bischof, der Rothmann daraufhin Predigtverbot erteilt, allerdings vergeblich. Am 7. Januar 1532 wird ihm sogar die Freizügigkeit entzogen. Er verlangt, seinen Anklägern öffentlich gegenübergestellt zu werden und nimmt von vornherein in Kauf, daß auch sein Leben und seine Gewohnheiten in die Prüfung miteinbezogen werden.

Er weigert sich zu schweigen, stellt die Kirchenhierarchie an den Pranger, wirft die Frage nach der Legitimität der Messe und dem Sinn der Kommunion auf. Als einzige Sakramente läßt er die Taufe und das Abendmahl in beiderlei Gestalt gelten. Er befürwortet eine doppelte Autorität, eine geistliche und eine weltliche, die »nach Gottes Wort« walten soll. Soziale und politische Themen spart er sorgsam aus den Religionsdebatten aus.

Am 23. Februar setzt ihn Bernd Knipperdollinck, jener im Jahr zuvor gefangengenommene Kaufmann, mit anderen Bürgern eigenmächtig zum »Prädikanten« in der St.-Lamberti-Kirche ein. So avanciert er zum ersten Ministranten des reformierten Gottesdienstes der Stadt

Münster, und die Kramergilde stellt ihm in ihrem Gilde-Haus hinter der St.-Lamberti-Kirche eine Wohnung zur Verfügung. Wieder legen Domkapitel und Bischof beim Rat Protest ein und ersuchen ihn, »jegliche Neuerung« zu verbieten, bis ein Spruch durch ein für kirchliche Angelegenheiten entscheidendes Konzil gefällt werden kann.

Im Rat scheiden sich die Geister. Die Gilden fordern das Recht, Kirchenlieder auf Deutsch zu singen, während der Bischof Rothmanns Ausweisung verlangt. Der antwortet, weder »könne noch wolle er sein Amt aufgeben«. Der Rat beschließt, die Querele in eine öffentliche Disputation zu bringen, die im Mai stattfindet und in deren Verlauf Rothmann, ein überzeugender Volksredner, anderwärts bereits anerkannte lutherische Positionen verteidigt. Eingedenk der Gefahr möglicher latenter Unruhen, womöglich einer Plünderung der Klöster, gibt der Rat ihm schließlich Recht und gewährt mithin all jenen gewissermaßen Heimatrecht, die man »Protestanten« nennt, seit auf dem Zweiten Reichstag zu Speyer im Jahre 1529 fünf Kurfürsten und 14 freie Städte sich der Reformationsbewegung angeschlossen und ein feierliches Glaubensbekenntnis abgelegt haben. Zu diesem Zeitpunkt ist im Bistum Münster innerhalb eines Jahres bereits der dritte Bischof im Amt. Am 14. März 1532 verkaufte Friedrich von Wied – offiziell für 2000 Gulden – seine Diözese an Erich von Braunschweig; in Wahrheit betrug der Preis 40 000 Goldgulden: die Münsteraner sollten den wirklichen Wert der Diözese nicht erfahren. Graf Erich wurde dabei von den protestantischen Herrscherhäusern Sachsens und Hessens unterstützt, die sich darauf verließen, daß auch er die Ausübung der reformierten Religionslehre tolerierte. Doch er stirbt zwei Monate später. Der neugewählte Bischof heißt Franz von Waldeck: ein Graf, dessen Familie mit der des protestantischen Landgrafen Philipp von Hessen verwandt ist. Er ist ein Mann in den Vierzigern, dem Alkohol und der Jagd zugetan, ein autoritärer Lehnsherr und nichtordinierter Bischof, der in seinem Amt ebenso wie in seiner Person durch seinen Lebensstil, seinen Hofstaat, seine offizielle Mätresse und seine unehelichen Kinder die Vermengung von Geistlichem und Weltlichem geradezu symbolisiert. Als das Domkapitel ihn am 1. Juni kürt, droht er dem Rat von Münster unverzüglich mit Klage wegen Ungehorsam vor dem Kaiser.

Am 1. Juli bilden die Gilden einen aus 36 Männern bestehenden Ausschuß, der die Lehre und die Person Bernhard Rothmanns verteidigen soll. Innerhalb von zwei Wochen führen die Verhandlungen zu einem

Bischof Franz von Waldeck

Federzeichnung eines Unbekannten

Teil-Ergebnis: einem Abkommen, wodurch lutherische Prediger in Münster zugelassen werden sollen. Doch die Bewegung nimmt sehr bald aufrührerischen Charakter an, und am 10. August wird die katholische Geistlichkeit aus den Kirchen verjagt und durch Prädikanten ersetzt, die Rothmann einige Wochen zuvor hat rufen lassen. Zum Zeichen des Protests verlassen ein Bürgermeister und drei katholische Ratsmitglieder unter Aufgabe aller Rechte, Pflichten und Güter die Stadt. Als Ersatz wählen die Münsteraner vier den Gilden und den reformistischen Ideen Rothmanns nahestehende Bürger der Stadt. Die Konfrontation mit dem Bischof erscheint unausweichlich, doch der Nürnberger Friede, der sich auf das ganze Reich erstreckt, sieht eine vorläufige Einstellung der religiösen Feindseligkeiten bis zur Abhaltung eines neuen Konzils vor. Eine willkommene Gelegenheit für den Rat, die Stadtbefestigungen zu verbessern; es ist sogar die Rede davon, dreihundert Söldner in Dienst zu nehmen.

Im Oktober bricht der Bischof seine mit der Stadt geführten Verhandlungen ab, wendet sich an seine Ritterschaft und – die Gefahr des eigenen Ruins dabei ignorierend – rekrutiert vier Fähnlein Landsknechte. Er läßt die Güter, die Münsteraner außerhalb der Stadtmauern besitzen, beschlagnahmen, fängt eine zum Kölner Markt getriebene Rinderherde auf dem Weg ab; sie gehört Jaspar Judefeld, einer bedeutenden Persönlichkeit Münsters. Darüber hinaus läßt er alle in die Stadt führenden Wege und Straßen sperren, was einer Handelsblockade gleichkommt.

Der Rat versteift seine Haltung, neigt den lutherischen Thesen immer mehr zu[9]: auf wessen Autorität beruft sich der Bischof, daß er die Stadt bedrohen und den Handel lähmen könnte? Auf die des Kaisers? Des Papstes? Die Stadtverwaltung, so beschließt man, wird einen protestantischen Syndikus engagieren, einen gewissenhaften und gebildeten Mann aus Bremen, Dr. Johann von der Wieck. Der ist noch nicht eingetroffen, als in der auf den Heiligabend folgenden Nacht in Telgte, einem Münster nahegelegenen Städtchen, wo der Bischof die Domherren und die letzten Patrizier des Rats zusammengerufen hatte, 300 Münsteraner einrücken. Der Bischof selbst ist am Vorabend wieder abgereist, aber die Domherren werden als Geiseln ergriffen und im Triumph nach Münster geführt.

»Wir bringen unsere Rinder zurück!« Ein Kürschner, ein gewisser Heinrich Redecker, bringt zudem noch die Börse Melchiors von Büren, des Obermundschenks des Bischofs, – die enthält 500 Gulden, ein wahres Vermögen! – als Souvenir mit heim. Der Kölner Erzbischof rät dem wutentbrannten Franz von Waldeck davon ab, die Stadt unter Belagerung zu nehmen. Dem Wunsch Philipps von Hessen folgend und weil er seine Kanoniker wiederhaben möchte, nimmt der Bischof die Verhandlungen mit dem Rat wieder auf, zumal der Termin der Ratswahl – der traditionell auf den ersten Montag der Fastenzeit festgelegt ist und in jenem Jahr 1533 auf den 2. März fällt – immer näherrückt. Durch den am 14. Februar unterzeichneten Vertrag von Dülmen macht der Bischof die Wirtschaftssanktionen gegen die Stadt wieder rückgängig und gibt das Prinzip der Religionseinheit auf; das Predigen des »reinen Wortes Gottes« ist nunmehr erlaubt. Der Rat erkennt seinerseits die bischöfliche Autorität an und beschränkt die Ausübung der katholischen Religion auf Dom und Klöster; die sechs Kirchengemeinden bleiben Domäne der Reformierten. Ein merkwürdiger Friede in der Tat: der Bischof unterhält weiterhin seine 1500 Landsknechte (der Streit hat ihn bereits 12557 Goldgulden gekostet), während der Münstersche Rat immer noch fleißig an dem Ausbau seiner Stadtmauern weiterarbeitet. Bei den Wahlen am 2. März erringen die Protestanten – darunter vorwiegend Handwerker und Kaufleute – 19 der 24 Sitze. Gewiß, Knipperdollinck und der Vorsitzende der Gilden, Mollenhecke, gehören zu den Wahlmännern. Im Rat verbleibt ein einziger Patrizier: Hermann Tilbeck. Am 17. März werden sechs Prädikanten für die sechs Kirchen gewählt. Sie unterstehen Bernhard Rothmann unmittelbar, aber mittelbar dem Rat.

Eine Kirchenordnung und eine Organisation werden – ausgehend von Rothmanns Vorstellung – ausgearbeitet; aber der ist schon wesentlich weiter. Er fängt an, davon zu reden, die Erwachsenen müßten getauft werden und zelebriert das Abendmahl außerhalb der Kirchen. Während er die Einsegnungsworte spricht, bricht er ein Stück Weißbrot in eine Schüssel, übergießt es mit Wein und verteilt es an die Gläubigen –, was ihm bald den Namen »Stutenbernd« eintrug. Der Syndikus, der die Entwicklung Münsters zu einer lutherischen Stadt mit Genugtuung verfolgt, behält Rothmann besonders scharf im Visier; dem hatte Luther selbst geschrieben, um ihn vor seinen eigenen Exzessen zu warnen: »Der Teufel ist ein alter verschmitzter Schelm, der oft die frömmsten und geschicktesten Prediger verstricket, wovon wir, leider, viele Beispiele haben. Spiegeln Sie sich also an dem Beispiel derer, welche von dem lautern Wort Gottes abgewichen und zu den Zwinglianern oder zu den Wiedertäufern übergegangen sind, welche immer zum

Aufruhr geneigt, sich in die politischen Sachen mischen und keck regieren wollen, wie selbst Zwinglius auch schon getan hat.« Zu dieser Zeit sind die Anabaptisten bereits im ganzen Reichsgebiet verboten. Edikte ordnen ihre vollständige Vernichtung an. Denn das Anabaptistentum ist gefährlicher als alles, was man bislang kennt.

In Luthers Kielwasser – »dem ersten unter den Mastschweinen« sagte Thomas Müntzer[10] von ihm –, schwammen, ihm folgend, ihn mal überwindend oder verleugnend, Theologen, visionäre Schwärmer, Verrückte, Fanatiker öffentlicher Disputationen, die sich mit ihren Exegesen oder Visionen ergänzten oder schlicht widersprachen.

Zum ersten Mal durfte man, ohne sich dafür gleich zum ewigen Fegefeuer verdammt zu fühlen, sich mit der Heiligen Schrift kritisch auseinandersetzen und seine eigene Interpretation anbieten. Hatte man sich aber einmal auf Streitgespräche über die Dreifaltigkeit Gottes, den Wert der Sakramente, die leibhaftige Gegenwart Christi in der Eucharistie eingelassen, so geriet man unversehens in einen aufreibenden Wettlauf um Einzigartigkeit und Radikalität.

So etwa Zwingli. Als Priester am Großmünster in Zürich schließt er sich Luthers Lehrmeinung an und gewinnt die Stadt für die Reformation; sodann erwirkt er vom Zürcher Rat die Entfernung der Statuen aus den Kirchen, die Abschaffung der Klöster, die Ablösung der Messe durch eine viermal im Jahr stattfindende Abendmahlsfeier. Er entwirft die Grundlagen einer idealen Bürgergemeinschaft. In diesem Stadium ist er jedoch bereits von einigen seiner Schüler überholt, deren Ziel es inzwischen ist, eine von der weltlichen Obrigkeit unabhängige Gemeinschaft zu schaffen, deren Zugang jenen vorbehalten bliebe, die eine zweite Taufe als Zeugnis ihres Glaubens und ihrer Wahl zu empfangen bereit seien; so nennt man sie bald »Anabaptisten« oder auch »Wiedertäufer«. Von Zwingli denunziert, werden sie verfolgt, in Säkken verschnürt und in der Limmat ertränkt. Die Überlebenden flüchten nach Norden und Osten, wobei sie straßauf, straßab ihr einfaches Credo predigen, das dem tiefen Wunsch entspringt, an eine gemeinsame Rettung zu glauben. 1525 lassen sich in 43 Gemeinden Anabaptisten nachweisen; 1529 schon in mehr als 500 Städten und Dörfern. Bestimmte Gruppen bekennen sich zur Gewaltlosigkeit; andere wiederum verkünden, daß Gewalt notwendig sei, um das Herannahen der Letzten Tage zu beschleunigen. Gemeinsam ist ihnen allen das Bestreben, sich von jeglicher weltlicher Macht zu befreien, zu der Reinheit und Freiheit der von Christus gegründeten und von der päpstlichen Hierarchie, den simonischen Bischöfen und dem inkompetenten Klerus pervertierten Kirche zurückzufinden. Wenn sie sich auch nicht als Heilige und nicht von Sünden frei betrachten, so sehen sie sich doch als die Auserwählten Gottes und als Hüter der Wahrheit. Sie berufen sich ausschließlich auf die Heilige Schrift, die ihnen denn auch als einzige Verhaltensrichtschnur dient. »Die Heilige Schrift«, sagt einer von ihnen »ist ein Nachtgestirn, das am Himmel leuchtet«. Aber er fügt hinzu, »daß sie nicht alles deute, weil von Menschenhand geschrieben, von Menschenhand überliefert, vom menschlichen Auge gelesen und vom Menschenohr gehört«. Deshalb sei die göttliche Erleuchtung notwendig.

Sie weigern sich, die katholischen Kanzelpredigten anzuhören – das erste Todesurteil über einen Anabaptisten in Zürich ergeht wegen Verweigerung, eine Predigt anzuhören –, jedwede Machtfunktion zu übernehmen, Kriegsdienst zu leisten, und dies aus dem guten Grund, daß man sich dem Bösen nicht widersetzen solle; die Türken, die an den Reichsgrenzen lauern, sagt Hans Hut, sind die Vollstrecker der göttlichen Rache gegen die bösen Christen, gewissermaßen ein Vorspiel zum Jüngsten Gericht.

Die radikale Ablehnung jeglicher menschlicher Machtausübung erscheint um so subversiver, als sie alsbald helle Scharen von Anhängern findet: tausende von »Brüdern« und »Schwestern« werden getauft. Und weil sie Katholiken und Protestanten gleichermaßen zu Feinden haben, werden sie Opfer einer schrecklichen Repression – in der sie selbstverständlich ein weiteres Zeichen dafür sehen, daß sie auf dem rechten Wege sind.

In dem in Straßburg am 27. Juli 1527 ergangenen, gegen sie gerichteten Hirtenbrief wird ihnen vorgeworfen, die Obrigkeiten zu mißachten, »Separatisten und Lästerer« zu sein; in Salzburg werden sie »der Zersetzung von Kirchen- und Staatsautorität, an deren Stelle ein unreines und bestialisches Wesen errichtet werden soll«, beschuldigt. 1528 erläßt Karl V., der Katholik, ein kaiserliches Edikt, das für das gesamte Reich Gültigkeit hat, und das er im darauffolgenden Jahr bestätigt, »um diesem Übel vorzubeugen (...), den Frieden zu erhalten (...) und jeglichen Zweifel zu beseitigen«. Er befiehlt, daß »alle Anabaptisten, Wiedertäufer und Wiedergetauften (...) durch Feuer, durch Schwert oder mit anderen Mitteln nach den jeweiligen Umständen vom Leben zum Tode befördert werden, ohne daß die Inquisitionsrichter vorher über den einzelnen ein Urteil ergehen zu lassen brauchen«.

In Württemberg werden Banden auf ihre Fersen geheftet; in Tirol sind Kopfprämien für ihre Gefangennahme ausgesetzt; in Bayern ordnet ein Herzog an: »Wer sich von seinem Glauben lossagt, wird enthauptet, wer nicht widerruft, wird verbrannt.«

Bereits 1525 ist mit Thomas Müntzer einer ihrer rasch aufeinanderfolgenden Anführer hingerichtet worden; Hans Hut ist 1527 im Gefängnis gestorben, Balthasar Hubmaier in Wien 1528 zu Tode gemartert, desgleichen Trypmaker 1531 in Den Haag. Durch Edikte und Drohungen wird aber ein das Seelenheil verheißender Glaube nicht einfach zunichte gemacht. Das Feuer, das man hier zu löschen meinte, lodert anderswo unvorhersehbar wieder auf.

Melchior Hoffmann, Kürschner und Autodidakt, macht sich in der Anfangszeit die Grundgedanken der Reformationsbewegung zu eigen, die er als eine Vorbereitung auf die Rückkehr Christi und auf das dann folgende Tausendjährige Reich versteht. Doch auch er wird von Luthers Anerkennung und Respektierung der weltlichen Obrigkeit enttäuscht. An Wegekreuzungen predigt er seine persönlichen Prophezeiungen, die sich im wesentlichen auf die Apokalypse des Johannes und deren schwärmerische Bildersprache stützen, auf die brennende, errettende Wortgewaltigkeit, die einen bis ins Mark erschüttert und durchaus geeignet ist, die verängstigten, skeptischen Geister zutiefst aufzurütteln:

»... da ward ein großes Erdbeben, und die Sonne ward finster wie ein schwarzer Sack, und der Mond ward wie Blut, und die Sterne des Himmels fielen auf die Erde, gleichwie ein Feigenbaum seine Feigen abwirft, wenn er von großem Wind bewegt wird.«

»Und der Himmel entwich, wie ein Buch zusammengerollt wird«, »und alle Berge und Inseln wurden bewegt von ihrer Stätte.«

»Und die Könige der Erde und die Großen und die Obersten und die Reichen und die Gewaltigen und alle Knechte und alle Freien verbargen sich in den Klüften und Felsen an den Bergen und sprachen zu den Bergen und Felsen: Fallet über uns und verberget uns vor dem Angesichte des, der auf dem Thron sitzt, und vor dem Zorn des Lammes!«

»Denn es ist gekommen der große Tag des Zorns, und wer kann bestehen?«

Amen! Amen! Die Menschen, die scharenweise voller Spannung auf Melchior Hoffmanns Auftritt warten und seine Prophezeiungen hören, fallen auf die Knie, die Stirn im Straßenstaub, schlagen sich an die Brust, bereit aufzuschreien, wie Kinder in der Nacht, wenn das Opferlamm sich erhebt und zum Henker des Weltgerichts wird ...

Melchior Hoffmann reist durch Litauen, kommt nach Straßburg, wo die Anabaptisten ihn überreden, sich ihrer frommen Gemeinschaft anzuschließen. Er läßt sich taufen. Wieder auf den Straßen des Landes unterwegs – in den Niederlanden, in Ostfriesland – beginnt er selbst die Taufe vorzunehmen: 300 neue »Auserwählte« zum Beispiel in Amsterdam 1531. Doch in Den Haag werden mehrere seiner Schüler hingerichtet, und er befiehlt, das Taufen einzustellen; die Bekehrung wird heimlich fortgesetzt.

Plötzlich kommt ihm die Erleuchtung, daß Staßburg die Stadt sei, die der Herr als das Neue Jerusalem erwählt habe. Ein Greis bestätigt ihm seine Vision und gibt ihm klar zu verstehen, daß die Weltendzeit unmittelbar wenn er, Melchior Hoffmann, sechs Monate im Gefängnis zugebracht haben werde, eintreten werde. In der Überzeugung, nichts dürfe unternommen werden, was den von dem Herrn in dieser Weise festgelegten Modalitäten zuwiderlaufe, bittet Melchior Hoffmann seine Getreuen, auf ihn zu warten. Dann tritt er vor den Straßburger Rat, läßt seinen Hut in die Luft wirbeln, wirft seine Schuhe in die Runde, deutet mit erhobenem Zeigefinger zum Himmel und schwört, nur Brot und Wasser zu sich zu nehmen, bis er DEN zeigen kann, der ihn schickt, kundzutun, daß die Zeiten gekommen seien. Er wird ins Gefängnis geworfen, überglücklich, die Rückkehr Christi auf Erden somit gefördert zu haben.

Man schreibt den Monat Mai 1533. Die Rechnung ist einfach: Mai – Juni – Juli – August – September – Oktober: spätestens im November werden die Gefängnistore sich öffnen und Melchior Hoffmann – gefolgt von den 144000 in der Heiligen Schrift angekündigten Auserwählten – wird in die Herrlichkeit Gottes hervortreten.

Dieser Tag wird von einer Vielzahl Zeichen und Wunder gekennzeichnet sein, von solcher Aussagekraft, daß niemand wird widerstehen können. Man braucht jetzt nur noch abzuwarten.

Im Mai 1533 verläßt auch unser Schankwirt und Bänkelsänger, Jan Bockelson, die Stadt Leyden und die Schänke »Zu den drei Heringen«. Es spricht sich herum, daß in Münster der Rat dem Bischof Widerstand leistet und daß ein Prädikant schöne und schreckliche Dinge verkündet. Dort, so heißt es, würde »das Wort Gottes am besten gepredigt«. Jan van Leyden ist ein freundlicher Mann, wißbegierig, eine jener ruhelosen, verführerischen Gestalten, die gern auf die Bühne treten und sich mit allen Rollen identifizieren können. Übrigens veranstaltet er in seiner Schankwirtschaft selbst Vorführungen. Der ehemalige Schneidergeselle wollte auch einmal ins große Geschäft einsteigen, fuhr nach London, reiste bis nach Portugal, fand aber in Wirklichkeit am Handel kaum Interesse. In der Schänke »Zu den drei Heringen« lebt er jeden Abend auf der Bretterbühne ein anderes Leben, auf irgendein Zeichen wartend, um woanders sein Glück zu versuchen. In Münster, wo er am 1. Juni eintrifft, logiert er bei dem Bürger Hermann Ramers. Jan van Leyden ist ein angenehmer Gast, der lange Passagen aus der Heiligen Schrift auswendig kennt; er bleibt dort fast zwei Monate. Man darf annehmen, daß er, wenn er auch zu jenen zählt, die man immer dort sieht, wo etwas passiert, sich gleichwohl nicht allzu gern Zwängen aussetzt. Wir stellen ihn uns ein wenig lässig vor, aber aufmerksam, jemand, der sich von jenem Fieber der Verschwörung und des Seelenheils durchdringen läßt, das damals in der Stadt herrscht.

Am 25. Juli, zum Fest des Heiligen Jakob, verläßt er Münster und macht sich auf den Weg nach Osnabrück[11]...

Unter den neuen Prädikanten, die Rothmann hat kommen lassen, hat er in Heinrich Roll einen vortrefflichen Neuerer gefunden. Roll, ehemaliger Schüler des Haarlemer Karmels, der auch über Straßburg nach Münster kam, hat einen »Schlüssel zum Abendmahl« verfaßt; für ihn bedeutet die Kommunion ein »Abendmahl des Gedenkens«, der schlichte Ausdruck der Versammlung der Gläubigen. Er lehnt die Kindertaufe ab, ohne jedoch schon von Wiedertaufe zu reden.

Rothmann präsentiert kurze Zeit später einen Entwurf zur Wahl der Prädikanten durch die Bürger, zur Schaffung von sieben Schulen, der Einsetzung zweier Verantwortlicher für öffentliche Almosen, von sechs Zensoren, die zusammen das Ehegericht bilden sollen, einer scharfen Ahndung der Beleidigung, der Gotteslästerung, der Nichtteilnahme am Gottesdienst, des Ehebruchs, der üblen Nachrede und des Wuchers. Der Entwurf wird von den lutherischen Theologen in Marburg verworfen.

Rothmann befindet sich in einer Phase, in der jede neue Unterstützung, aber ebenso jede neue Ablehnung ihn ein Stück weiterbringt. Als Gegner der »magischen« Sakramente entwickelt er das Modell einer demokratischen und spiritualistischen Kirche, in der Taufe und Kommunion nur Symbole der Zugehörigkeit zu einer brüderlichen evangelischen Gemeinschaft sind.

Johann von der Wieck, der die ordentliche Einführung des Protestantismus in Münster kontrollieren sollte, begreift sehr schnell, daß man ihn ausbooten will. Auf Vorschlag der Gilden gestattet er eine großangelegte öffentliche Disputation. Die gewählten Themen sind Taufe und Abendmahl. Am 7. und 8. August entwickelt sich die vor dem Rat und der ganzen Stadt abgehaltenen Debatte sehr bald zu einem Rededuell zwischen Rothmann und Hermann Busch, einem zur Reformation übergetretenen ehrenwerten Theologen.

Ohne Rücksicht auf die kaiserlichen Edikte gegen die Anabaptisten bekräftigt Rothmann seine Überzeugung, daß die Kindertaufe »ein Greuel vor Gott« sei. Der Getaufte, erklärt er, müsse einen lebendigen, durch die Lehre Gottes erworbenen Glauben haben. Während der Debatte beweist er seine gründliche Kenntnis in theologischen Fragen und fordert seine Gegner heraus: man zeige ihm jene Stelle des Neuen Testaments, in der von der Kindertaufe die Rede sei. Die Zuhörerschaft ist beeindruckt – so sehr, daß der Syndikus die Erschöpfung des alten Hermann Busch zum Vorwand nimmt, um die Debatte über das Abendmahl auf einen späteren Zeitpunkt zu verschieben.

Einen Monat später weigert sich einer der sechs Prädikanten – Staprade – ein Kind zu taufen, das man ihm gebracht hat. Der Rat läßt ihn ausweisen, und am 17. September fordert er Rothmann und seine Anhänger auf, entweder zu schweigen oder die Stadt zu verlassen. Sie antworten ihm: ihre Aufgabe sei, die Herde Christi zu weiden, ohne Seinem Wort etwas »ab- noch zuzutun«, und niemand habe sie bislang irgendeines Irrtums überführen können. Darüber hinaus erklären sie, daß sie entschlossen seien, ihre Überzeugungen »mit Gefahr des Lebens« zu verteidigen und daß sie sich wunderten, daß der Rat es nicht einmal für nötig erachtet habe, die Frage ihrer Ausweisung vor die Versammlung der Gläubigen zu bringen. Nur bei der Kindertaufe zeigen sie sich entgegenkommend: »Wir können es jedoch ertragen, daß andere dies tun, die weniger erleuchtet sind (...) und gegen die anerkannte Wahrheit handeln, bis diese offenkundiger ist.«

Schließlich wird Staprade die Rückkehr unter der Bedingung gestattet, daß in Zukunft nur Bernhard Rothmann predigen darf, und zwar ausschließlich in der kleinen St. Servatii-Kirche und unter der Aussparung der einzelnen strittigen Lehrpunkte.

Rothmann erforscht daraufhin neue Aktionsfelder. Er regt die Gemeinschaft an, sich allen Überflusses zu entledigen, um ihn den Armen zu geben, wettert gegen den Wucher und das Zinsdarlehen und besteht auf den guten Sitten und dem Frieden zwischen Brüdern. Er bleibt jeder Feier fern, beginnt ein asketisches Leben, ohne ein Lächeln, ohne Aufsehen. Sein Beispiel macht Schule. Reiche tauschen plötzlich ihre Prachtgewänder – Wämser aus goldgewirktem Tuch oder Samt – gegen einfache Kleidung aus; edle Damen legen ihr Geschmeide ab, verzichten auf ihre Parfums aus Zypern, aus grauem Ambra, Geldforderungen werden fallengelassen; zu Bernhard Rothmann bringt man Ringe, Perlen, Geld. Wer wegen seiner Einstellung zur Taufe noch zögerte, schließt sich ihm jetzt an.

Die anabaptistische Gefahr witternd rücken Protestanten und Katholiken zusammen. Soeben hat der Bischof das Ergebnis des juristischen Gutachtens erhalten, das er über den im Februar geschlossenen Frieden von Dülmen angefordert hatte und wonach die lutherische Predigt in Münster zugelassen war. Die Rechtsdoktoren lassen keinen Zweifel offen: ein katholischer Fürst ist an einen Eid, der ihn Ketzern gegenüber verpflichtet, nicht gebunden. So verlangt er mit einem vom 28. Oktober datierten Schreiben vom Rat die Ausweisung jener Anabaptisten, »die mit ihrer verführerischen, aufrührerischen Lehre den gemeinen Mann unruhig gemacht ...«. Er verweist auf die kaiserlichen Edikte gegen die Anabaptisten und erinnert daran, daß diejenigen, die sie nicht einhalten sollten, von der Ungnade Seiner Kaiserlichen Majestät und des Heiligen Römischen Reiches bedroht sind oder von »weiteren geeigneten Sanktionen«.

Johann von der Wieck bittet wiederum Philipp von Hessen dringend, ihm zwei Prädikanten zu schicken, die fähig sind, etwas Vernunft in dieses hemmungslose Treiben zu bringen.

Wir schreiben jetzt Anfang November. Mit ähnlichen, unsühnbaren, für Religionskriege charakteristischen Ressentiments zerfleischen sich Katholiken, Protestanten und Rothmannisten. Aber noch ist nichts unwiederbringlich, das Schlimmste vielleicht abwendbar.

Erst jetzt beginnen zwischen Leyden, Straßburg, Amsterdam und Münster durch eine einmalige, nicht absehbare Verkettung von Ereignissen die Fäden eines tragischen Schicksals zusammenzulaufen.

Tatsache ist, daß Jan Bockelson Anfang November nach Leyden zurückkehrt. In Osnabrück, wo er eine Weile blieb, nachdem er aus Münster weggezogen war, hatte er sich im Predigen versucht. Und er praktizierte es mit soviel Talent und Überzeugung, daß er als gefährlich eingestuft wurde. Aus der Stadt verwiesen, ging er nach Schöppingen, wo er bei dem Gografen Heinrich Krechting, dem Bruder eines

Münsteraner Bürgers, dessen Adresse er wohl noch hatte, residierte. Sechs Monate sind es her, seit er Leyden verlassen hat, als er zu Allerheiligen in der Schänke »Zu den drei Heringen« eintrifft, wo seine Frau und seine beiden Kinder auf ihn warten.

Anfang November ist auch der Zeitpunkt, zu dem sich die Tore des Straßburger Kerkers wie eine reife Frucht vor Melchior Hoffmann, dem neuen Elia, öffnen sollen. Aber die Tage vergehen, ohne daß Zeichen am Himmel sichtbar werden. Die Ungeduld der ratlosen Gläubigengemeinschaften wächst ins Unerträgliche. Ein Bäcker aus Haarlem, Jan Matthys, nimmt die Herausforderung dieser verzweifelten Stunde an. Er offenbart, daß er der Sendbote Gottes sei, der zweite Zeuge, Henoch, der vor dem Jüngsten Tag an der Seite Elia erscheinen soll[11]. Er ist ein großgewachsener Mann mit schwarzem Bart, heftig und von düsterem Gemüt. Er kennt ganze Seiten der Heiligen Schrift auswendig. Er erklärt die Zeit der Geduld und der Resignation für beendet. Man müsse, sagt er, die Erwachsenen-Taufen wiederaufnehmen, die Gottlosen strafen und Buße tun. Um die holländischen Getreuen des immer noch eingekerkerten Melchior Hoffmann in seinen Bann zu ziehen, malt er ihnen Schreckensbilder vor und droht mit der Hölle. Amsterdam wählt er zum Neuen Jerusalem und entsendet seine Jünger nach Westfalen und Friesland. Ihr Auftrag lautet, zu verkünden, daß die Zeit der Verfolgungen vorbei sei, daß Gott Tyrannen und Gottlose von der Erdoberfläche auslöschen und daß das Tausendjährige Reich jetzt anbrechen werde. In Amsterdam wird eine große Versammlung von Anabaptisten grausem niedergeschlagen. Matthys wird als »Verführer und Betrüger« gesucht. Er taucht unter.

In Straßburg wird Melchior Hoffmann der Prozeß gemacht; er wird als »Narr und Ketzer« verurteilt und muß ins Gefängnis zurück, diesmal gegen seinen Willen; voller Verbitterung verzichtet er auf seine Schonkost aus trockenem Brot und klarem Wasser[12]. Matthys taucht in Leyden, in der Pappengracht beim Schneider Cornelis wieder auf – dortselbst, wo Jan Bockelson einst seine Lehre absolvierte. Zusammen mit seiner Frau Divara kommt Matthys bei Bockelson in den »drei Heringen« unter.

Ein eifriger Anhänger Melchior Hoffmanns protestiert gegen die Verurteilung seines Propheten: »... Ihr sollt wissen, daß Gott solches an Euch und Euren Kindern heimsuchen wird! (...) Auch sollt Ihr wissen, daß das, was hier als Ketzerei verdammt wird, in manchen Gegenden der Niederlande öffentlich als Wahrheit bezeugt wird. Auch in der Stadt Münster in Westfalen ...«

In Münster macht sich mittlerweile tatsächlich eine große Verwirrung breit. Katholiken und Protestanten kommen sich entgegen, um ihrem gemeinsamen Feind die Stirn zu bieten, aber von der Wieck, der Syndikus, fürchtet Papisten nicht weniger als Wiedertäufer: »So habe ich zwischen beiden gesessen«, schreibt er in einem Bericht an den Hessischen Kanzler. »An dem vergangenen Mittwoch war man vom Blutvergießen nicht fern.« Die Katholiken wollten den Papismus wiederherstellen, und die Anabaptisten im Rat bleiben. Diese »verfluchten Prädikanten« machten die Lage unkontrollierbar. »Durch seine Predigten hat Rothmann das gemeine Volk zum Ungehorsam und Rottung angereizt.« Er habe »spitzig, neidisch und frevelhaft gepredigt«, »er sei widerwärtig und unbeständig«. Darüber hinaus habe er sein Versprechen gebrochen, sich in der Predigt der strittigen Lehrpunkte – Taufe und Abendmahl – zu enthalten. »Man solle nicht glauben«, sagt er, »daß Gott im Brot sei, er sei im Himmel.«

Aber Rothmann antwortet, daß die Papisten die ersten gewesen seien, die den Vertrag von Dülmen gebrochen hätten. In Dülmen selbst hätten sie einen vermeintlichen Wiedertäufer festgenommen und getötet. In Münster hätten sie sich am 5. November, einem Mittwoch, versammelt, »um die Prädikanten zu verjagen«, klagt Rothmann »und ihnen Nase und Ohren abzuschneiden und sie zwischen zwei Hunden zu hängen«. Am Samstag, dem 8. November, während die Unruhen allmählich nachlassen, treffen die beiden von der hessischen Obrigkeit entsandten Prädikanten, Johann Lening und Theodor Fabricius, ein. Lening beurteilt die Situation als hoffnungslos und macht auf der Stelle kehrt. Fabricius, Diakon aus Kassel, richtet sich in St. Lamberti ein.

An demselben Samstag veröffentlichen Rothmann und seine fünf Prädikanten einen Text mit der Überschrift »Bekenntnisse van beyden Sacramenten«, mit dem Ziel, »die Gestalt der Heiligen Kirche zu ordnen und in einem Heiligen Stand zu bewahren«. Darin bringen sie ihr Bedauern zum Ausdruck, daß »Gottes Wort in lügenhafte Fabeln, die Taufe in ein Kinderspiel, das Nachtmahl in eine Opfermesse verkehrt sind ... Durch Teufels List«, schreiben sie, »und der Menschen Unachtsamkeit sind von den heiligen Befehlen Christi ganz greuliche Abgöttereien aufgerichtet.«

Seinerseits schreibt der Syndikus diesmal an den Landgrafen selbst: »Wenn man Bernhard Rothmann hier nicht los wird, so ist es gewiß, daß diese Stadt durch innere Zwietracht verdorben und vernichtet wird.« Er bittet darum, daß Rothmann unter dem Vorwand einer Religionsdebatte nach Hessen eingeladen werde, »hierdurch würde die Stadt (…) vom Sterben gerettet.«

In einem anderen Brief Rothmanns an einen Freund, welcher sich mit dem Gedanken trägt, sich in Münster niederzulassen, steht: »Hier werden die Dinge nicht gutgehen.« Er beginnt davon zu reden, die Güter zu vergemeinschaftlichen und widerspricht öffentlich dem hessischen Prädikanten Fabricius.

Johann Schröder, ein Schmied, fängt auf dem Friedhof der St. Lamberti-Kirche zu predigen an. Als man ihn festnehmen will, wird er von einer von der Schmiedegilde angeführten wütenden Menge befreit. Gegen Rothmann, den man beschuldigt, Unruhen zu stiften, ergeht ein erneuter Ausweisungsbefehl. Er antwortet, daß Gott ihn schütze.

In Leyden ist Jan Bockelson von Matthys unterwiesen worden und hat von ihm in der Schänke »Zu den drei Heringen« jene Taufe empfangen, die ihm den Zugang zur Gemeinschaft der Erwählten sichert.

Der Auftrag der Neugetauften lautet, ihrerseits zu predigen und zu taufen. Sie gehen, je zwei und zwei, auf Wanderschaft, jeweils ein Alter und ein Junger: eine unkontrollierbare Armee von Untergrundkämpfern, die ihre Waffen im Innern tragen.

Jan van Leyden arbeitet mit Gerit tom Kloster in einer dieser Zweiermannschaften zusammen. Ihr Ziel ist Rotterdam. Bei jedem Halt tauft Gerit tom Kloster acht bis zehn Personen. Denn kehren sie nach Leyden zurück. In der Schankwirtschaft taufen sie Bockelsons Frau und zwei weitere Frauen, einen Lederseiler, einen Walker, einen Schulmeister und zwei Landsknechte. Dann ziehen sie wieder des Weges, diesmal nach Amsterdam.

Bartholomäus Boekbinder und Willem de Kuiper werden ausgewählt, um nach Münster zu reisen. Sie kommen dort am 5. Januar 1534 an, am Tag vor Epiphanias.

Jan van Leyden und Gerit tom Kloster sollten ihnen kurze Zeit später folgen; der erste der beiden wird bei dem Tuchhändler Knipperdollinck wohnen, wo man nunmehr den ganzen Tag über die Taufe erteilt. Innerhalb von 7 Tagen haben 1400 Münsteraner »das Zeichen empfangen«. Es überrascht nicht, daß der erste unter ihnen Bernhard Rothmann selbst gewesen ist.

II

Den Drohungen zum Trotz

Wie Brüder und Schwestern – Eine Horde – Das Herzleid der Ida von Merveldt – Winter – Mit Faustschlägen – Die neue Rüstung – Zwei Gebote – Die Drohung der Habsburger – Eine verdammte Sekte – Perlen vor die Säue – Die Nacht zum 28. – Die Abordnung der Münsteraner

Hinter Bernhard Rothmann sind die anderen Prädikanten niedergekniet und haben mit gesenktem Kopf das Wasser jener zweiten Taufe empfangen, das sie im Namen des Vaters, des Sohnes und des Heiligen Geistes in die Gemeinschaft der Erwählten integriert; dann kamen Knipperdollinck und sein Freund Gerhard Kibbenbrock, ein einflußreiches Ratsmitglied, an die Reihe, gefolgt von ihren Frauen, ihren Dienstboten und Mägden, dann andere, viele andere noch. Jeder von ihnen ist von nun an berechtigt, selbst die Taufe zu erteilen, und Jan Matthys' ersten zwei Apostel können nach sieben Tagen Münster verlassen. Ihre Mission ist erfüllt: Der Funke hat gezündet. Nichts kann das Feuer mehr aufhalten.

Das Täufertum bleibt weiterhin verboten und mit dem Tode bestraft – die Männer sterben auf dem Scheiterhaufen, die Frauen werden in beschwerten Säcken ertränkt. In Bevergern hat der Bischof ein »Blut-Gericht« eröffnet, und niemand wird es vergessen. Geheimhaltung ist Pflicht, und die Wiedertäufer erkennen sich untereinander an bestimmten Zeichen und verabredeten Begrüßungssätzen. Wenn Männer sich begegnen, so sagt der eine: »Lieber Bruder, Gottes Friede sei mit Euch.« Antwortet der andere: »Amen.« Dann geben sie sich die Hand und küssen sich auf den Mund. Was die Frauen betrifft, erkennen sie sich – so zumindest in den Anfängen – gegenseitig daran, daß sie ohne ihr übliches Kopftuch zu gehen pflegen, statt dessen mit einer Mütze, die einen Überschlag hat, als Kopfbedeckung. »Die wollten sich halten wie Brüder und Schwestern«, sollte sich später ein Zeuge erinnern.

Ach, wie gut kann man sich ihn vorstellen, den Eifer einer keimenden Gemeinschaft, die eine glühende, noch geheimzuhaltende Botschaft bringt, die Ergriffenheit jener unter allen anderen auserwählten Männer und Frauen, die um den Preis ihres Lebens der unsäglichen göttlichen Wahrheit entgegengehen!

Doch hat ein Geheimnis kaum Bestand, wenn es einem das Herz erfüllt, und wenn 1400 Menschen – jeder fünfte oder sechste Münsteraner – es bereits teilen. Was die Auserwählten vor dem Schlimmsten bewahrt, ist zweifellos das momentane Durcheinander. Das Durcheinander zwischen katholischem Bischof und protestantischem Landgrafen, das Durcheinander zwischen Bischof und Rat, der sich ihm widersetzt, zwischen Rat und Gilden, ja sogar innerhalb des Rates selbst zwischen Katholiken und Protestanten, zwischen den beiden Bürgermeistern, Hermann Tilbeck, Caspar Judefeld und dem Syndikus, Johann von der Wieck.

In der Stadt geht es drunter und drüber. Menschen aller Schattierungen treffen immer noch ein, vorwiegend aus Holland und Friesland, Menschen, die der Bischof »Landläufer und irrige, unbekannte Gesellen« nennt. Doch diese Fremden sind keine Angreifer. Die Reichtümer der Stadt interessieren sie nicht, sie sind gekommen, um das reine Wort Gottes zu hören. Wer also sind die Anführer dieser unaufhaltsamen Bewegung? Die Besitzlosen Münsters, die von den Reichen, dem Schicksal, dem Leben Revanche fordern? »Es ist ein armer verdorbener Haufen, der an Bernhard hängt!« sagte der Syndikus im November. Und er fügte hinzu: »Ich kenne darunter keinen, der seiner Schulden wegen zweihundert Gulden aufbringen könnte!«[13] Aber der Syndikus täuschte sich. Knipperdollinck und Kibbenbrock zählen zu den vermögendsten Bürgern in ganz Münster. So kann man erleben, wie die Ehefrau des reichen Kaufmanns Christian Wordemann, der am Prinzipalmarkt Nr. 5 ein stattliches Haus bewohnt, darum bittet, von Rothmann getauft zu werden. Ihr Mann begrüßt es und läßt sie gewähren. Am selben Tag bitten sieben Nonnen aus dem St. Aegidii-Kloster und einige aus dem Kloster Rosental darum, das Zeichen zu empfangen.

Ida von Merveldt, die Äbtissin des Klosters Überwasser, glaubt, »mit großem Herzleid und Betrübnis« ihrem Bischof schreiben zu müssen. Sie beklage sich »nicht gern über ihre Nonnen«, sagt sie, aber sie fühl sich von diesen jungen Schwestern überfordert, die ihr Gelübde und die Regel vergessen, ihre Tracht ablegen und in die Stadt zu den Predigten gehen – sie würden dort wahrscheinlich auch bleiben, wenn man es ihnen nicht verbiete. Ida von Merveldt würde sich glücklich schätzen, wenn Seine fürstlichen Gnaden »seinen Rat, Gutdünken und fürstliches Gemüt darüber gnädiglich mitteilen und verkünden, wie wir mit unseren entwichenen Jungfrauen es halten sollen.«

Und es geschehen viele Dinge in der Stadt! Zunächst geht das normale Treiben auf den Straßen und Märkten weiter; Kaufleute, Bauern liefern ihre Waren an, Waldarbeiter bringen Holz heim – man muß eben leben. Es ist auch die Zeit, in der man das Schwein an seiner Türschwelle oder im Hof schlachtet, und stets ist es ein Fest mit den Nachbarn, die einem beim Zerlegen und Pökeln zur Hand gehen; die durch das kochende Blut aufgeregten Kinder tanzen über die vereisten Rinnsteine.

Hochwinterliche Zeiten; Rauchwolken steigen aus den nassen Holzfeuern empor. In den Wirtshäusern wärmt man sich mit Branntwein auf, man gießt sich mit Bier voll, läßt sich von den Blutwurst- und Zwiebelsuppengerüchen durchdringen, bevor man in die Küche zu irgendeiner Predigt, in die Häuser der Gilden zu einer Wahlveranstaltung, zum Prinzipalmarkt oder einer improvisierten Versammlung geht. Ein ständiger Treffpunkt ist der Markt, wo alles durcheinanderschwirrt: alle möglichen Geräusche, Gerüchte, alle Stimmen, alle Neuigkeiten, die echten und die falschen. Dort entstehen auch spontan zwischen Katholiken, Lutheranern, Wiedertäufern, die sich noch nicht als solche zu erkennen geben wollen, theologische Debatten, in die ein Prädikant hier und da etwas Ordnung hineinzubringen versucht. Endlos ziehen sich die Streitgespräche über diesen oder jenen Bibelvers hin. Broschüren, Schmähschriften werden verteilt. Aus Straßburg kommen soeben die Berichte über den Prozeß Melchior Hoffmann, der immer noch im Gefängnis sitzt. In Christus, sagt er, sei Gottes Wort Fleisch geworden, »et Verbum caro factum est«; Christus sei nicht aus dem Fleisch und aus dem Blut der Jungfrau Maria geboren. Stimmt es, daß der Heilige Geist in der Seele eines jeden zu finden ist? Werden durch das Taufwasser die Sünden fortgewaschen? Oder durch den Glauben? Oder durch das Blut Christi auf dem Kreuz? Und wenn die Ehe kein Sakrament mehr ist: bin ich dann also nicht mehr verheiratet? Alles wird in Frage gestellt, jedes Wort: Unüberbrückbare Anschauungen, drängende Wahrheiten, Theorien, die sich in den niedrigen Januar-Himmel als weiße Wolken verflüchtigen.

In der Menge: ein junger Schreiner, Heinrich Gresbeck, und ein Schüler, fast noch ein Kind, Hermann von Kerssenbrock, denen nichts entgeht von dem, was sich vor ihren Augen abspielt. Der eine und der andere werden über jene Tage Berichte hinterlassen, und unser Schreiner wird in der Geschichte der Wiedertäufer von Münster noch eine bedeutende Rolle spielen. Zur Stunde begnügt er sich damit, zu beobachten, ist offenbar weder für die einen noch die anderen. Kerssenbrock, aus einer streng katholischen Familie stammend, betrachtet im Gegensatz zu ihm diesen Unfrieden mit unverhüllter Feindseligkeit.

So beobachtet er, wie Rothmanns Prediger »die reichen Weiber betören«. »Niemand«, sagen sie, »könne des Bundes und der ewigen Seligkeit teilhaftig werden, der nicht der ganzen Welt entsage und den Schmuck des faulen Leibes von sich werfe.« Einige Bürgersfrauen bringen Bernhard Rothmann ihre Schätze: Geschmeide, Halsketten aus feinen Goldgirlanden, Schnallengürtel, kostbare Flakons, Spiegel, Ringe ... Diese Entsagung geht nicht immer selbstverständlich vor sich, und Kerssenbrock sieht zu, wie Männer ihre Frauen »mit Schlägen und Drohungen« wegschicken, um ihr Eigentum zurückzufordern. Andernorts empfangen manche Männer mit »Fäusten und Stökken« ihre Ehefrauen, die sich fortgeschlichen hatten, um der neuen Doktrin heimlich zu lauschen.

»Wehe!« rufen die Prädikanten weiter. »Wehe euch, die ihr Gold, Silber, Steine und kostbare Kleider zum Schmucke traget! Verflucht seid ihr, weil ihr den Schmuck des Leibes höher schätzt als den der Seele ... Ziehet also den alten Menschen aus und leget die neue Rüstung an!« Bernhard Rothmann ist wie umgewandelt. »Seine Miene ist die eines Stoikers, die Farbe seines Gesichts sehr blaß«, notiert Kerssenbrock, der ihn der Heuchelei verdächtigt. »Er will für Gott gehalten werden, in menschlicher Gestalt.« Er ermahnt die Erwählten, sich von den Papisten und den gottlosen Lutheranern zu trennen, die »nichts tun als essen, trinken, Unzucht treiben und gegen Gottes Wort handeln«. Man begrüßt sie nicht mehr, kauft nicht mehr bei ihnen ein, nichts darf mehr an sie verkauft werden. Mischehen werden verboten. Ein wiedergetaufter Gläubiger hat denn auch von seinem Schuldner keine Forderung mehr zu beanspruchen; so kommt es, daß Knipperdollincks Schwiegermutter einige Schuldurkunden den Unterzeichnern zurückgibt und ihnen die bereits eingenommenen Zinsen erstattet.

In mehreren Häusern, vor allem bei Rothmann, im Versammlungshaus der Gilden, werden weiterhin Taufen vorgenommen. Jan Bockelson, der Schankwirt aus Leyden und eifrige Sendbote des neuen Propheten, Jan Matthys, ist eingetroffen. In seinem Namen verkündet er zwei Gebote: in den Kirchen darf nicht mehr gepredigt werden, und Frauen müssen in jeglicher Hinsicht ihren Männern gehorchen. Dieser letzte Punkt beruhigt die Männer, die im Gegensatz zu ihren Frauen weniger geneigt sind, einem Wandel der Lebensformen zuzustimmen. Am 15. Januar 1534 beschließt der Rat, seine Entscheidung über die Vertreibung der Prädikanten in die Tat umzusetzen. Drei von ihnen, Johannes Klopris, Gottfried Strahlen und Dionysius Vinne, werden von Stadtdienern ergriffen und zum Stadttor geschleppt. Aber ihre Getreuen haben es bemerkt, rufen um Verstärkung und rotten sich bald zu einer drohenden Menge zusammen. Die Stadtdiener lassen die Prädikanten laufen. »Die Wiedertäufer«, bemerkt Kerssenbrock, »machten sich aus dem Rat so viel, wie der Rat aus dem Bischof.« Im Triumph werden die Prädikanten in die Stadt zurückgeführt.

Und Ida von Merveldt wollte ihre Nonnen im Zaum halten! Am 18. erhält sie vom Bischof eine Antwort. Seine Gnaden macht ihr schlicht den Vorschlag, »die, die widerspenstig das Joch ihrer Regel abgeschüttelt haben«, nicht länger zusammen mit den anderen zu dulden. Er fügt hinzu, daß er an die exemplarische Wirkung einer solchen Sanktion glaube. Er unterschätzt die Lage. In ihrer Hilflosigkeit schickt ihm die Äbtissin ein zweites Schreiben: weder Gebete noch Drohungen, erklärt sie, vermochten den von den Prädikanten verführten Nonnen Einhalt zu gebieten. Viele hätten bereits »das Kleid gewechselt«; gleichwohl fühle sie sich »verpflichtet, die Widerspenstigen aufzunehmen«, da sie ihren Eltern gegenüber verantwortlich sei. Sie von dem Kloster auszuschließen, erläutert sie, hieße ihre weibliche Sittsamkeit der höchsten Gefahr auszusetzen.

Aber Franz von Waldeck bewegen andere Sorgen als die Keuschheit der Nonnen von Überwasser. Jede seiner Initiativen wird von einer Reihe europäischer Fürsten aufmerksam verfolgt. In der Tat liegt sein Bistum im Zentrum eines riesigen Spinnengewebes diplomatisch-politischer Art. Jeder seiner Nachbarn befürchtet, er könne das Pendel dieser empfindlichen Balance nach der einen oder der anderen Seite ausschlagen lassen. Der Herzug von Kleve, der Kölner Erzbischof, vor allem aber der Landgraf Philipp von Hessen[14] möchte um keinen Preis, daß Bischof Franz mit der Habsburger Hausmacht eine Allianz eingeht, deren Druck im Westen immer bedrohlichere Ausmaße annimmt[15]. Die Habsburger Hausmacht, die von Marie von Ungarn, einer Schwester Karls V. in Brüssel regiert wird, umfaßt bereits die Freigrafschaft Burgund, Flandern, Brabant, die Niederlande. Wenn Philipp von Hessen zuläßt, daß die Habsburger sich auch noch Württemberg einverleiben, wird die Einkreisung perfekt. Und wenn der Bischof von Münster ihnen seine Diözese verkauft, werden sie bis an seine Grenzen vorrücken – daran wird sich Franz von Waldeck zweifellos zu erinnern wissen, wenn er die Hilfe seiner Nachbarn gegen die Wüteriche aus Münster beanspruchen muß.

An jenem Dienstag, dem 20. Januar, ist er wohl noch nicht soweit. Das an Philipp von Hessen gerichtete Schreiben ist eine reine Schilderung der Lage – wenn auch beunruhigend und durchaus geeignet, eine spätere Intervention zu rechtfertigen. Er erklärt, daß er beim Syndikus, beim Rat der Stadt, bei den Alderleuten und Gildemeistern alles versucht habe, daß aber seine Ermahnungen »verächtlich abgeschlagen worden« seien.

»Diese grausame Irrlehre«, schreibt er, »diese verdammte Sekte der Wiedertäufer (...) ist (...) durch das verführerische Predigen Bernhard Rothmanns und seiner Helfer sehr merklich eingerissen.« Sie verbreite sich täglich bei den Armen, weil sie lehre, daß »in solchem angenommenen neuen christlichen Leben keine Armut, sondern alle Güter wie zu Zeiten der Apostel gemein unter den Nachbarn seien«, und schließlich, daß niemand ohne die neue Taufe zur Seligkeit komme.

Die Wiedertäufer, fährt er fort, verböten jede Beziehung zu Nicht-Getauften und schwörten, »dem Papst und allen seinem Anhang abzuschwören, desgleichen auch aller Obrigkeit außer allein Christus.«

»Wenn die Zahl der Wiedertäufer«, schreibt er zum Schluß, »die Oberhand gewinnt, wird auch allgemeiner Aufruhr und Blutvergießen in unserer Stadt Münster daraus erwachsen.« Ganz abgesehen selbstverständlich von der Gefahr einer Ausweitung dieses Übels außerhalb der Stadt.

(An dem Tag, an dem dieses Schreiben ihn in Kassel erreichen soll, befindet sich Philipp von Hessen allerdings in Bar-le-Duc. Mit Franz I. verhandelt er dort über eine mögliche Unterstützung seines Feldzuges gegen die Habsburger in Württemberg. Der französische König ist stets bereit, seine Dukaten zu investieren, um das Reich seines mächtigen Rivalen zu spalten und zu schwächen.)

Am Freitag, dem 23. Januar, treffen katholische Abgesandte aus Münster ein, um den Bischof über die Erfolge der Wiedertäufer in der Stadt zu unterrichten. Sie hätten die Vertreibung der Prädikanten verhindert und den Rat lächerlich gemacht. Wenn Seine Gnaden nicht schnell eingriffen, müsse man das Schlimmste befürchten.

Franz von Waldeck könne nichts tun, um die Einwohner der Stadt von ihrem »gottlosen Tun abzuschrecken«: Gleichwohl erläßt er ein drohendes Edikt – so werde man ihm zumindest nicht vorwerfen können, er habe etwas unversucht gelassen:

»Wir, Franz von Gottes Gnaden, Bischof von Münster (...) tun kund und zu wissen, daß (...) die verdammte, verbotene und aufrührerische (...) Lehre der Wiedertäufer durch einige Betrüger (...) verbreitet worden ist ...« Er erinnert daran, daß er an die Bürgermeister und den Rat bereits vergeblich ein Schreiben gerichtet habe und kündigt an, daß Sanktionen gegen jene, die die Prädikanten verteidigen, schützen oder aufnehmen, nunmehr ergriffen werden: »Wir gebieten also allen und jedem einzelnen unserer Amtsleute, Befehlshaber, Richter, (...) und Untertanen, daß sie die genannten Ungehorsamen, Rebellen, Unruhestifter (...) ergreifen und festnehmen und sie dann gefangen der Behörde übergeben, damit sie nach kaiserlichem Edikt und Reichsabschieden mit den gesetzlichen Strafen belegt werden.«

Am Sonntag, dem 25. Januar um acht Uhr morgens füllt eine große Menschenmenge die kleine Kirche St. Servatii, nahe der Stadtmauer im Osten: Bernhard Rothmann hält dort eine Predigt. Dann aber bemerkt er in der Zuhörerschaft Papisten und Reformierte. Er unterbricht seine Rede: »Man wirft keine Perlen vor die Säue«, sagt er dazu als Erklärung. Er werde nur noch zu den Auserwählten Gottes sprechen, den »in seinem Verzeichnis Aufgeführten«; im übrigen werden die Prädikanten von nun an nicht mehr in den Kirchen predigen, sondern in befreundeten Häusern, die unter Bewachung stünden. Ohne Losungswort werde keiner hereingelassen.

Montag, 26. Januar. Ida von Merveldt erhält ein zweites Schreiben vom Bischof, womit sie allerdings nicht viel mehr anfangen kann als mit dem ersten. Franz von Waldeck schlägt ihr vor, die Eltern der rebellischen Nonnen von den Vorgängen in Kenntnis zu setzten. Sollte es ihnen nicht gelingen, sie zur Raison zu bringen, dann solle man ihnen ihre Töchter nach Hause zurückschicken.

An demselben Tag beruft der Bischof einen Landtag in Wolbeck für den darauffolgenden Montag ein. Dort wird er mit den Vertretern Münsters, aber auch mit seinen Domherren und den Abgesandten der Ritterschaft des Stifts zusammentreffen. Durch den Vertrag von Dülmen wird ihm untersagt, gegen die Reformationsbewegung mit Gewalt vorzugehen, aber gegen »aufrührerische Neuerungen« hat er freie Hand.

Das Gerücht, wonach der Bischof einen Anschlag vorbereite, verbreitet sich in Windeseile in dieser brodelnden Stadt, wo in Gastwirtschaften und an Wegekreuzungen aufgeregte Menschenansammlungen auseinandergehen, noch erregt von halb mißverstandenen, halb falsch weitergetragenen Satzfetzen. Wenn der Bischof die Stadt einnimmt, ist es mit den Stadtfreiheiten geschehen. Nur wenig fehlt, und Wiedertäufer, Protestanten und Katholiken wären gegen ihn vereint gewesen. Gleichwohl will jede Partei ihre eigenen Karten ausspielen.

Mittwoch, 28. Januar. Die Nacht bricht an. Die Wiedertäufer – es mögen jetzt vielleicht dreitausend an der Zahl sein – schließen alle Straßenketten, schwärmen in die Stadt aus und stellen bewaffnete Nachtwachen auf. In Wahrheit ist dies mehr eine Abwehrreaktion, aber die andere Seite sieht darin eine Drohung. »Die Unserigen«, vermerkt Kerssenbrock, »fürchten das Schlimmste.« Papisten und Reformierte verriegeln ihre Türen, verstecken in Eisentruhen Geld, Schmuck, Forderungen, holen ihre Schwerter und Hakenbüchsen hervor. Ganz Münster wacht in dieser Nacht an den Fenstern.

Bei Knipperdollinck am Prinzipalmarkt sind Rothmann, die Prädikanten und die beiden Sendboten Matthys', Jan van Leyden und Gerit tom Kloster – noch immer in holländischer Tracht gekleidet –, versammelt. Es scheint, als seien sie sich untereinander nicht einig. Sie müssen feststellen, daß sie, die sie die Stadt in der Hand haben, nicht wissen, was daraus werden solle.

Es ist spät in der Nacht. Nebelschwaden. Stille. Das einzige, was sich bewegt, sind die Männer auf Wache mit ihren blinden Laternen; die einzigen wahrnehmbaren Geräusche: die ihrer Schritte auf dem holprigen Pflaster.

Der Rat der Wiedertäufer wird sich nicht einig. Jan van Leyden empfiehlt, neue Anhänger zu gewinnen, bis Matthys zurück sei. Erst wenn sie zahlreich genug seien, würde der Herr »die Tenne von allen Gottlosen reinigen«.

Am nächsten Morgen begreift jeder, daß man der Konfrontation nur knapp entgangen ist. Die Bürgermeister berufen den Rat, Alderleute und Gildemeister für den nächsten Tag ein. Niemand wünscht eine militärische Intervention des Bischofs.

Freitag, 30. Januar. Von den Gildemeistern sind einige getauft worden. Im Rat fordern sie die Glaubensfreiheit und verlangen, daß jeder nach seinem eigenen Gewissen entscheiden dürfe, »bis Gott die Einheit der Religion und des Glaubens durch seinen heiligen Geist verleihen würde«. Uneinig zögern die Ratsmitglieder. Theodor Fabricius, jener von den hessischen Behörden geschickte Prädikant, wird ferngehalten. Immer zahlreicher und freimütiger bekennen sich in der Stadt die Wiedertäufer zu ihrer Lehre.

Sonntag, 1. Februar. Theodor Fabricius schreibt an den hessischen Landgrafen. Er habe sich, so sagt er, »auch Tag und Nacht nicht geschont«, um »alles Unkraut und alle Spaltung« zu bekämpfen, aber er fürchte, »er werde sich hier nicht mehr lange halten können«. Er fühlt sich machtlos und bittet darum, wieder abberufen zu werden. Voller Bitterkeit fügt er hinzu, daß »der Bischof (...) die Hauptmänner der Wiedertäufer ein wenig mehr erschrecken müsse«.

Montag, 2. Februar. Es ist der Tag, an dem in Wolbeck der vom Bischof einberufene Landtag stattfinden soll. Die Abordnung aus Münster stellt sich vor: Anwesend sind der Bürgermeister, Jaspar Judefeld, ein weiser Mann, dem Rufe nach, aber gerade ihn hatte damals der Bischof um eine Rinderherde gebracht; dann der Syndikus Johann von der Wieck, den der Bischof nicht ausstehen kann und den er für aufrührerisch hält; weiterhin Heinrich Redecker, der Kürschner, der Weihnachten 1532 an der Telgter Expedition teilgenommen hatte; schließlich Nilan, genannt »der Zyklop«, ein einäugiger Scharfschütze, eine volkstümliche Figur in Münster. Als der Fürst und Bischof die Zusammensetzung der Abordnung erfährt, erstickt er beinahe vor Wut und lehnt es ab, die Münsteraner an den auf der Tagesordnung stehenden sehr wichtigen Diskussionspunkten – so sagt er – teilnehmen zu lassen. Während die Abgesandten den Rückweg antreten, benachrichtigt er die Ritterschaft des Bistums, sie möge sich zu seinen Diensten bereithalten.

Dienstag, 3. Februar. Franz von Waldeck befiehlt erneut, daß alle des Täufertums verdächtigen Personen im gesamten Territorium der Diözese zu verhaften seien. Im engeren Kreis bekräftigt er, daß die »grausame, unchristliche und verdammte Ketzerei« merklich eingerissen sei und daß sie auf andere Länder übergreifen könne. Vielleicht will er damit schon andeuten, daß er bald Hilfe brauchen wird.

Denn seine Entscheidung ist gefallen: die Krankheit muß im Keim erstickt werden.

III

Die Vertreibung

Buße! – Wunderbare Dinge – Jedem sein Ufer – Götter aus Stroh
– Bier nach Belieben – Drei Sonnen – Glutasche – Tausend
Schweine – Ein Ort des Todes – Fastnacht – Eintreffen des Jan
Matthys – Tod eines Syndikus – Der neue Rat – Seid fruchtbar
und mehret euch – Verwüstung – »Packe dich fort!« – Eine un-
bekannte Frucht

Ida von Merveldt hat noch einen langen Leidensweg vor sich. Kein
geringerer als Bernhard Rothmann kommt an jenem 6. Februar, einem
Freitag, in das Kloster, um zu predigen. Vor den versammelten Nonnen prangert er »die Zuchthäuser der Jungfernschaft« an, in die sie
eingeschlossen werden. Möge jede von ihnen, so sagt er, die Freiheit
wählen, sich einen Mann suchen und Kinder zeugen!
Und mit einem Male verkündet er, der Himmlische Vater habe ihm
eine Offenbarung zuteil werden lassen: in der Nacht des nächsten Tages um zwölf Uhr würde der hohe Turm der Klosterkirche zusammen-
stürzen und das Kloster selbst zu Staub werden!
Im Morgengrauen des nächsten Tages verlassen die »Jungfrauen, deren
Sinn in Begierde entbrannt ist«, wie Kerssenbrock sie nennt, samt ihren Habseligkeiten das Kloster Überwasser und suchen Zuflucht in der
Stadt, zum großen Teil in dem Haus, das die Gilden Bernhard Rothmann zur Verfügung gestellt haben.
Seine Prophezeiung verbreitet sich in Münster wie ein Lauffeuer. Eine
riesige Menschenmenge bezieht um das Kloster herum Posten. Warten. Zwölf Uhr schlagen die Turmuhren, aber es passiert nichts. Das
Warten dauert an. Endlich dämmert der Morgen, doch nur ein Rabe
steigt krächzend in den winterlichen Himmel. Bernhard Rothmann
versucht, sich zu rechtfertigen und erklärt, es handle sich um eine be-
dingte Prophezeiung. – Der Turm wäre eingestürzt, wenn gewisse Be-

dingungen erfüllt worden wären: wenn das Volk Buße getan hätte zum Beispiel. Im übrigen, sagt er, habe Jonas dieselbe Erfahrung gemacht, als er auf göttlichen Befehl Ninive den Untergang weissagte, der dann aber nicht erfolgte, weil Gott es sich anders überlegt habe.

»Buße! Buße!« Heinrich Roll taucht in die Menge, läuft durch die Straßen und Gassen und ruft »mit gräßlichen Schreien«, wie Kerssenbrock berichtet, daß die Zeit der Buße gekommen sei und der Tag des Herrn nahe. Er müht sich wie ein Wahnsinniger, in einer Weise, daß die Gegner der Wiedertäufer bald munkeln, der Prädikant sei Opfer einer Raserei, hervorgerufen durch ein Gift, dessen Geheimrezept er von seinen Eltern übernommen habe, und von dem er eine kleine Menge in einer hölzernen Flasche aufbewahre.

Am nächsten Tag ist die Geschichte mit der Flasche in aller Munde, als am frühen Nachmittag unter dem Bogengang nahe der St. Lamberti-Kirche ein junges Mädchen, das man noch nie etwas hat sagen hören, zur großen Verwunderung der versammelten Menge mit lauter, klarer Stimme zu predigen beginnt.

Für die Wiedertäufer ist jeglicher Zweifel ausgeschlossen: das Ende ist nahe. Sie laufen durch die Stadt mit »kläglicher und fürchterlicher Stimme« schreiend, ermahnen Katholiken und Protestanten: »Wehe! Wehe euch! Bekehrt euch, damit ihr euch nicht die Strafe des himmlischen Vaters zuzieht!« Auf dem Prinzipalmarkt umarmen und küssen sie sich.

Und dann erscheint Georg tom Berge, der Schneider, dessen Tochter kurz zuvor gepredigt hat. Er ist sehr aufgeregt. Mit entblößtem Haupt richtet er, wie in Ekstase, das Gesicht gen Himmel: »Seht nach oben, (...) liebe Brüder, seht hinaus und hebet den Kopf hoch ... Ich sehe Gott in seiner Glorie in den Wolken leuchten: die Siegesfahne (...) tragen. Wehe euch Gottlosen! (...) Bekehrt euch! Bekehrt euch! Jener große und schreckliche Tag des Herrn ist da! (...) Die Strafe (...) und endlose Pein wartet auf euch, die ihr glaubt, daß Christus aus Maria die menschliche Natur angenommen habe! Gott will jetzt seine Tenne reinigen und die Spreu mit unauslöschlichem Feuer verbrennen!«

Sprachlos steht der junge Kerssenbrock davor. »Mit welchen Gebärden er dies und vieles andere ausrief«, sagt er, »läßt sich kaum sagen; denn bald sprang er auf den Steinen herum und erhob sich im Sprunge, als wolle er fliegen und klatschte in die erhobenen Hände, bald hob er die Augen zum Himmel, bald schlug er sie nieder, bald war er traurig, bald fiel er in Form eines Kreuzes zur Erde und wälzte sich im Kot ...«

Nun ist es Knipperdollinck, den diese »Raserei« ergreift. Der Kaufmann eilt zu seinem Haus – es ist nicht weit, nur zwei Schritte weg – stellt sich in eine Ecke, das Gesicht der Wand zugedreht und spricht mit Gott... Abgehackte, oft zusammenhanglose, unverständliche Sätze, »wie es Wahnsinnige tun«... Und als er sich zurückzieht, »ermüdet und mit schäumendem Munde«, hat die Vorstellung bereits anderswo längst neu begonnen. Ein dicker, blinder Bettler, ein Schotte, läuft auch durch die Straßen und ruft: »Buße! Buße!« Menschen treten aus ihren Häusern, um dem Blinden zuzuschauen, der gerade »in einen großen Haufen weichen Dreck« fällt. »Er wurde nun angestiftet von den Bösewichtern«, meint Kerssenbrock. Und doch: Es ist kaum zu bestreiten, daß sich wundersame Dinge zusammenbrauen.

Judokus Kalenberg kommt plötzlich geritten, schreit, daß der Himmel einstürzen und daß er »wunderbare Dinge und Myriaden von Engeln« erblicke... Visionen, abermals Visionen... Trancezustände... Ekstasen... Hier erscheint ein Mann am Himmel, eine Goldkrone auf dem Kopf, ein Schwert in der rechten Hand, eine Rute in der linken... Dort reitet ein weißes Pferd durch ein Wolkenband... Eine Frau, sie hat sich heiser geschrien, bindet sich eine Schafsglocke auf den Rücken, »die, durch den zitternden Lauf in Bewegung gesetzt, beständig tönte«. Eine andere, die Timmermannsche, fordert schreiend Buße und Bekehrung und verursacht Menschenaufläufe: »Bekehrt euch, denn der König von Zion wird bald vom Himmel herniedersteigen und Jerusalem erneuern...«

(Dieses Beben! Leere und Glut zugleich! Hier vor uns, um uns, tief in unserem Innern erfüllt sich das, was seit jeher festgelegt ist, das, was das Auge des Menschen nie gesehen, sein Ohr nie gehört, sein Herz nie geahnt hat und was Gott denen, die ihn lieben, vorbehält... Und doch wußten wir es... Wir hatten so viele unterdrückte Schreie in uns, so viele Wünsche, so viele Rufe ohne Antwort. Und all diese Ängste, die uns bedrängten, wie Wölfe an unseren Türschwellen!... Es ist die Zeit, in der die Schrift in Erfüllung geht, in der die Stummen sprechen... Der Himmel tut sich auf und siehe, es erscheint ein schneeweißer Schimmel. Der ihn reitet, heißt TREUE und WAHRHAFTIGKEIT, und er urteilt und kämpft mit der Gerechtigkeit... Seine Augen sind wie eine züngelnde Flamme... Er hat einen Namen, der steht geschrieben, und niemand kennt ihn, außer er selbst... Und er ist gekleidet in ein blutgefärbtes Hemd... Sein Name ist GOTTES WORT... Trunken, sagen

die von uns, die nicht sehen können ... Trunken von Gott, ja! ... Zum
Schreien, zum Tanzen, zum Sterben trunken ...)

Zu Dutzenden empfängt und tauft Rothmann die neuen Brüder und
Schwestern.

Montag, 9. Februar, acht Uhr morgens. Zu dieser Zeit, in der man
sonst zu Hause rasch die traditionelle Biersuppe auslöffelt, wächst ur-
plötzlich die Spannung. Mehr als fünfhundert Mann mit Waffen besetzen den Markt und das Rathaus. Es sind alles Wiedertäufer. Man hat
ihnen gesagt, der Bischof rücke mit der Reiterei und dreitausend
Landsknechten in die Stadt ein.

Ratsmitglieder rufen Protestanten und Katholiken auf, sich auf der anderen Seite des Flusses zu versammeln. Sie sind schnell mobilisiert,
kommen bewaffnet aus ihren Häusern – bis auf diejenigen, die in der
Nähe des Marktes wohnen; manche von ihnen lassen ihre Waffen
durch die Mägde hinausschaffen, die sie unter ihren langen Röcken
verbergen – wehe denen, die sich dabei ertappen lassen, wie Ussola, die
Magd des Arztes Johann Wesseling, bei dem Kerssenbrock zur Unter-
miete wohnt: sie wird beschimpft, auf den Markt geschleppt, malträ-
tiert ...

Die Lage wird bald klarer.

Auf der einen Seite des Flusses, unter den Linden des Domplatzes: die
Wiedertäufer um Rothmann, Knipperdollinck, den Holländer Jan van
Leyden und die Prädikanten. Sie sind im Besitz der Schlüssel für die
zehn Stadttore und stellen an strategisch wichtigen Plätzen die Ge-
schütze auf, die sie aus den Waffenlagern und den Vorratskammern des
Rathauses geholt haben.

Am anderen Ufer der Aa: Katholiken und Protestanten, zum ersten
Mal geeint, mit den beiden Bürgermeistern, Tilbeck und Jaspar Judefeld, dem Syndikus und den meisten Ratsmitgliedern [16]. Sie sind zahlenmäßig überlegen und mit Handfeuerwaffen besser ausgerüstet. Als
zwei Ratsherren, vermeintliche Sympathisanten der Wiedertäufer und
Verwahrer der Schlüssel, von den Kundschaftern gemeldet werden,
nimmt man die Verfolgung auf, ergreift sie und findet bei ihnen die
Schlüssel zum Frauentor. Sie nehmen auch die Prädikanten Vinne und
Strahlen fest und sperren alle zusammen in den Kirchturm von Überwasser ein.

Für die dem Fieber der letzten Tage erlegenen Wiedertäufer ist es die
Stunde der Barrikaden: Möbelstücke werden aus den Fenstern nach

draußen geworfen, Steinblöcke, allerlei Utensilien werden aufgestapelt: der Domplatz wird bald zur letzten Fluchtstätte der Auserwählten. Überall stellen sie Geschütze auf und Posten in die Türme. Der Schüler Kerssenbrock, der mit seinem Hauswirt noch mit knapper Not den Platz hat überqueren können, schleppt eine mit eisernen Kugeln beschwerte Ledertasche. Von der Pferdegasse kommend stoßen sie zu einer Gruppe von Katholiken und Protestanten – ungefähr fünfzig Mann, die gerade von der Bedürfnisanstalt in der Nähe der Aegidii-Kirche anrücken.

Einige Wiedertäufer werden ertappt, wie sie zwei neue Geschütze aus dem Waffenlager herausschleppen; sie flüchten in Richtung Markt. Musketensalve.

Eines der vor die Kanonen gespannten Pferde bricht zusammen. »Ich aber«, erzählt Kerssenbrock, »noch ein Knabe und an solches Wespengesumme (...) nicht gewöhnt, zog mich hinter das Beinhaus auf dem Aegidii-Kirchhof zurück.« Er nimmt die Gelegenheit einer Feuerpause wahr, um sich zum Überwasser-Kirchhof zu schleichen, wo die Anführer die Lage beraten.

Angreifen? Den Markt unter Beschuß nehmen? Auf Weisungen des Bischofs warten? Sobald es ihnen gelang, das Frauentor zu öffnen, hatten sie einen Kurier zu Franz von Waldeck geschickt.

Die Antwort des bischöflichen Fürsten wird Hermann Tilbeck überbracht, dem Bürgermeister und letzten Patrizier im Rat, einem vernünftigen Mann, wenn auch eher den lutherischen Theorien zugeneigt. In dieser Botschaft ersucht Franz von Waldeck nur darum, daß eines der Stadttore offengelassen werde, damit er mit seinen Reitern hineingelangen könne. Er betont ausdrücklich, er werde die städtischen Freiheiten nicht antasten und nur das Treiben der Wiedertäufer unterdrücken.

Nachdem Tilbeck den Brief gelesen hat, läßt er ihn jedoch verschwinden, ohne ihn irgend jemandem zu zeigen. Anstatt das Frauentor zu öffnen, laviert er, bemüht sich, einer Konfrontation aus dem Wege zu gehen, beschwichtigt die einen und die anderen.

Als die Nacht anbricht, werden auf beiden Seiten Wachen aufgestellt, eine Losung wird gegeben. »Die unsrige hieß ›Christus‹«, erinnert sich Kerssenbrock, »die der Wiedertäufer ›Vater‹.«

Reformierte wie Katholiken hängen Strohkränze an ihre Häuser oder tragen welche am Körper: Die Gegner auf der gegenüberliegenden Seite »schreien aus vollen Backen und lästern«, rufen, »daß wir unsere Hoffnung auf Strohfeuer setzen...«

Nacht, Kälte. Feuer flackern auf, die sich in dem gleichgültig dahinfließenden Wasser der Aa widerspiegeln. Man belauert sich. Merkwürdige Gegner sind sie: Sie kennen sich fast alle, und man kann nicht einmal sagen, daß sie einander Feind sind. Und doch ist das, was sie in diesem Augenblick trennt, schon unwiderruflich.

Um Rothmann und Jan van Leyden versammelt, singen die Auserwählten Psalme. Im Bäckergildenhaus auf dem Fischmarkt beten die Frauen ununterbrochen. Sie geraten in Schwärmerei, rufen den himmlischen Vater an, gehen hinaus und verkünden, daß der Herr im Begriff sei, auf die Erde herabzusteigen.

Dienstag, 10. Februar. Es wird gerade hell, als Knipperdollinck schreiend durch die Straßen läuft: »Tut Buße, ihr Gottlosen, tut Buße!« brüllt er zu den Katholiken und Protestanten hinüber. Wäre Jaspar Judefeld nicht zurückgehalten worden, er hätte ihn mit seinem Schwert durchbohrt. Knipperdollinck wird ergriffen und zu den seit dem Vorabend gefangengehaltenen Prädikanten und Wiedertäufern in den Überwasser-Kirchturm eingesperrt. Er schreit bis zur Heiserkeit.

Um acht Uhr rückt eine bedrohliche, sich langsam vorwärtsbewegende Bauernmenge bis zum Frauentor vor – ihre Waffen sind bekannt: Sensen, Gabeln, Pflöcke, Holzhammer, Beile; doch noch furchterregender als das ist ihr Schweigen. Über ihre Religionszugehörigkeit ist kaum ein Zweifel möglich: sind sind katholisch – bis zur Intoleranz. Sie seien vom Bischof geschickt und gekommen, so sagen sie, um sich dem Rat zur Verfügung zu stellen. Ihnen folgt der Drost von Wolbeck, begleitet von einer Reitermannschaft und von Domherren. Tilbeck schlägt ihr Angebot aus. Die Münsteraner, so gibt er zu verstehen, werden die Ordnung allein wiederherzustellen wissen. Aber die Bauern wollen nicht umsonst gekommen sein, und er kann nicht verhindern, daß sie in die Stadt eindringen. Sie postieren sich am Ufer der Aa und warten.

Nachmittags führen Tilbecks Bemühungen – »Besser wir einigen uns untereinander, als daß wir den Bischof in die Stadt einlassen« – zu einem Abkommen: Kampfpause und das Versprechen, eine wirkliche Glaubensfreiheit herbeizuführen. Gefangene und Geiseln werden ausgetauscht. Drost, Reiter und Domherren verlassen »mit Tränen und Seufzen« die Stadt, bemerkt Kerssenbrock. Die Bauern dürfen sich am Bier gütlich tun. So schwärmen sie denn auch in die Gastwirtschaften der Stadt aus, ihre furchterregenden Waffen neben sich, und begießen den verlorenen Tag ausgiebig, bevor sie »wie nach einem langen Feldzug wieder heim zu ihren Frauen zogen«.

Kaum hat der letzte von ihnen der Stadt den Rücken gekehrt, als die Wiedertäufer die Stadttore verriegeln und sich umarmen. In Wirklichkeit haben sie große Ängste ausgestanden, und ihre Lachsalven verraten das Maß ihrer Erleichterung. Sie zweifeln nicht daran, daß Gott selbst seine Hand im Spiel hatte. Noch nie habe man eine Horde bewaffneter Bauern gesehen, die sich nur mit Bier zufriedengegeben habe: Es ist der Beweis, daß Gott mit ihnen ist! In diesem Augenblick, schreibt Rothmann »haben die Christen auf dem Markt drei Sonnen zugleich scheinen gesehen, feurige Wolken um und über der Stadt aufgehen«. Unbestreitbar ist dies ein Zeichen, dem besonderes Gewicht beizumessen ist. Auf dem Prinzipalmarkt wurden die Gesichter der Auserwählten vor Freude »goldfarbig, auch die Steine auf dem Markt«. »Wenn die Bauern eine halbe Stunde länger geblieben wären«, erklärt er, »wären sie in diesen Flammen verbrannt und in die Abgründe der Hölle gefallen.«

In der Ebene wartet der Bischof auf die Rückkehr der Truppen und Bauern, die er losgeschickt hat. Als er erfährt, daß der Kampf ausgeblieben ist, bricht er in Wut aus. »Der Teufel hat euch beraten.«

Ebenso wenig echt, wie die kriegerische Auseinandersetzung eine war, ist es nun der Friede: von jetzt an weiß man, wer wozu gehört, und jedes Lager hat Gelegenheit gehabt, seine Mannen zu zählen. Und doch: Die mächtige Entladung der Kanonen von Münster, die ihr Pulver ins Leere schießen, ist ein Ausdruck der Erleichterung.

Mittwoch, 11. Februar. Die Wiedertäufer haben Briefe nach Holland und Friesland geschickt und Sendboten abgeordnet, um zu berichten, »welch großartiges Wunder in Münster geschah«, als durch Gottes Willen die Bauern freiwillig die Stadt verließen. Sie fordern ihre Freunde auf, zu kommen und sich zu beeilen.

Auch Jan van Leyden hat geschrieben. Ein Diener aus dem Knipperdollinckschen Haus ist mit einer dringenden Botschaft aufgebrochen: für Jan Matthys sei die Zeit gekommen, nach Münster zu ziehen. Die Stadt sei bereit, seine Offenbarung zu empfangen.

Auf dem Prinzipalmarkt beobachtet Kerssenbrock, wie zwischen den Barrikaden die Wiedertäuferfrauen von einer »wunderbaren Raserei«, »einer unerhörten Wut« ergriffen werden. Er beschreibt sie, wie sie sich »in tollen Sprüngen hoben, als wollten sie fliegen«, mit offenem Haar, gelösten oder offenen Kleidern«, schamlos; wie sie sich auf die Erde werfen, die Arme zu einem Kreuz angewinkelt, oder mit zurückgeworfenem Kopf den Himmel anbeten, den Vater rufen, wie andere mit erhobenen Händen im Takt klatschen, wie sie sich mit Schaum vor dem Mund im Straßenschmutz wälzen, wie sie mit den Zähnen knirschen, sich an die Brust schlagen, weinen. »Die einen erbaten unseren Untergang, die anderen unser Heil, diese wünschen uns Blindheit, jene Erleuchtung. Diese schrien, sie sähen den Vater vom Himmel herabsteigen. Jene riefen den Vater an, er möge ihre heilige Stadt beschützen.« Aber sie vermögen den Schüler Kerssenbrock nicht zu überzeugen. »Nichts ist schrecklicher, unflätiger, törichter, lächerlicher«, kommentiert er dreißig Jahre später die Szene.

Zwischen diesen und ihm: der Tag des Herrn. Sie sind von jener unerhörten, blindmachenden Offenbarung besessen: der Stern Wermut wird am Himmel erscheinen, und aus den sieben Kelchen am Tag des Zorns Gottes wird eine Flut von Rauch und Feuer sich über die Erde ergießen und sie unter sich begraben, und ein Drittel aller Sterne wird hinabregnen ... Seitdem sie diese Worte wie glühende Fackeln in ihrem Herzen bewegen, ist ihr Warten unerträglich geworden, so wahnsinnig sie vor Hoffnung und Schrecken zugleich sind.

»Die Axt ist schon an die Wurzeln der Bäume gelegt«: die Wiedertäufer warnen die, die sie die Gottlosen schimpfen und die gestern noch ihre Nachbarn, ihre Mitbürger, ihre Freunde vielleicht, ja sogar ihre Angehörigen waren. Sie bedrängen sie, flehen sie an: »Bekehret euch! Bekehret euch!«

Und nun kommen welche, die sagen, es regne Blut, und ebenso wie am Vortag zur selben Stunde auf dem Marktplatz erstrahlen ihre Gesichter in goldenem Glanz.

»Oh, Vater, oh, Vater«, schreien die Frauen, »oh, erhabener König von Zion, schone deines Volkes!«

Man könne meinen, »tausend Schweine« schreien zu hören, schreibt der katholische Kerssenbrock. Ein Bürger der Stadt bemerkt plötzlich einen goldenen Wetterhahn auf dem Dach eines Hauses, der nach unten auf den Platz die Sonnenstrahlen zurückwirft. Mit einem Schuß holt er den Hahn herunter – und mit ihm den Widerschein des himmlischen Feuers.

Katholiken und Protestanten triumphieren und bezichtigen die Wiedertäufer des Betruges. Aber dann verbreitet sich die unglaubliche Nachricht: der Bürgermeister Hermann Tilbeck und seine ganze Familie sind soeben von Rothmann wiedergetauft worden.

Donnerstag, 12. Februar. In der Stadt sind zwei Bewegungen im Gange. Auf der einen Seite drängeln sich bei den Prädikanten die Anwärter auf die Wiedertaufe. Auf der anderen beschließen viele Bürger, erschreckt durch diese Atmosphäre von Scheinfrieden und Fanatismus, die Stadt Münster zu verlassen und stapeln alles, was sie an Proviant und Kostbarkeiten mitnehmen können, auf ihre Wagen. Aber die Wiedertäufer halten die Stadtausgänge unter scharfer Bewachung, keinerlei Nahrungsmittel dürfen herausgebracht werden.

Kerssenbrock begleitet einen seiner zum Weggehen entschlossenen Freunde. Sie haben ein Päckchen mit Büchern und »zwei kleine Weizenbrote« vorbereitet. Am Hörstertor werden sie angehalten und von den bewaffneten Posten durchsucht. Sie verzehren an Ort und Stelle die kleinen Brote, die mitzunehmen man ihnen verbietet. Erst dann läßt man sie hinaus: »Geht zum Henker, ihr Galgenstricke und kommt nie wieder!«

Kerssenbrock, der persönlich nicht die Absicht hat, zu gehen, bringt seinen Kommilitonen auf den Weg und läuft an den Stadtgräben entlang durch das Mauritztor in die Stadt zurück.

Frauen werden ertappt, wie sie Speckstücke zwischen ihren leinenen Hemden und ihren Pelzgewändern hinauszuschmuggeln versuchen. Ein gewisser Sundermann ist es, der den Betrug durch »unanständige Berührung« aufffliegen läßt. Auf den Stadtmauern macht das Gerücht die Runde: »Frauen tragen Speckstücke auf dem Leib!« Die Durchsuchungen werden verschärft. Betten werden auseinandergenommen, Strohsäcke und Truhen mit dem Degen durchwühlt.

Tilbecks Bekehrung hat sich mittlerweile bis zum Herzog von Kleve und dem Bischof Franz von Waldeck herumgesprochen. Letzterer wird von jenen, die die Stadt mit Frauen und Kindern und »mit großem Verlust ihres Vermögens« verlassen mußten, mit Bittgesuchen überschüttet. Allen Amtsleuten seines Bistums befiehlt er, diejenigen zu schützen und zu verteidigen, die die Stadt verlassen, und ihnen sicheres Geleit zu geben. Außerdem ordnet er an, »die Wiedertäufer festzunehmen, in das Gefängnis zu werfen und mit den verdienten Martern und Strafen zu belegen.«

Rothmann schickt Botschaften in die benachbarten Städte. Mögen jene, die sich um ihr Heil sorgen, sagt er, ihre irdischen Güter aufgeben und zu ihm kommen in das Neue Jerusalem, um den Dienst Gottes einzurichten – gleichwohl weist er darauf hin, daß es einem hier an nichts fehlen werde. In Coesfeld und Warendorf, unweit der Stadt, bereiten sich Brüder und Schwestern darauf vor, den Weg anzutreten. In Münster selbst sind Wiedertäufer und Wiedergetaufte unterdessen in der Überzahl. Sie kontrollieren alle Ein- und Ausgänge. Ein Prädikant, Heinrich Roll, wird ausgeschickt, um Landsknechte für den Fall anzuwerben, daß der Bischof die Stadt angreifen sollte.

Im Kloster Überwasser hat sich die Oberin Ida von Merveldt dazu durchgerungen, die Eltern ihrer gefährdeten Jungfrauen zu alarmieren. Sie kommen »in Federwagen, wie es die Adeligen gewohnt sind«, und bemühen sich vergeblich, ihre Töchter zum Mitkommen zu überreden. »Ihr habt uns in diesen Ort des Todes gesteckt«, erwidern sie, »um uns loszuwerden. Ihr seid nicht mehr unsere Eltern.« Die meisten von ihnen beschließen, zu bleiben.

Von den Wallanlagen aus läßt sich unschwer feststellen, daß die Bischofsleute um die Gräben herum lagern. Aller Proviant, der im Umland aufzutreiben ist, wird in die Stadt geschafft – Karren und Fässer versperren die Gassen. Überall in der Stadt herrscht fiebriges, hektisches Treiben. Wird der Bischof die Belagerung ausrufen?

Zur Verspottung der Katholiken wird in der Fastnacht zügellos in allen Straßen gefeiert. Die unwahrscheinlichsten Züge formieren sich: hier läßt ein als Bischof verkleideter Fuhrmann seine Peitsche auf ein Gespann von sechs Mönchen niedersausen: sie ziehen einen Wagen, auf dem ein bebrillter Priester, ein Buch in der einen, einen Weihwedel in der anderen Hand am Fuß eines Bettes, auf dem ein scheinbar Kranker wimmert, allerlei Unsinn vorträgt. Etwas weiter sieht man eine hochgewachsenen Schmied, der in der Kutte eines Mönches wie ein Arbeitstier vor einen Pflug gespannt ist. Nahe der Stadt, in Hiltrup, rächt sich Kaspar Borchard dafür, daß seine Mutter unlängst an den Schandpfahl gestellt und anschließend aus der Stadt verwiesen worden war: Er liegt auf einem Wagen mit Reisigbündeln, umgeben von gespielten Frömmlern, die ihn mit vorangetragenen Kreuzen und Fahnen unter Glockengeläute begleiten, als handele es sich um die Prozession der Reliquien irgendeines Heiligen in ihrem Schrein.

Vielleicht um Zeit zu gewinnen, schreiben die beiden Bürgermeister Jaspar Judefeld und Hermann Tilbeck dem Bischof, sie hätten alles in ihrer Macht Stehende getan, die Lage sei ihnen jedoch über den Kopf gewachsen.

Die Neuankömmlinge drängen sich vor den Stadttoren. So Hermann Regewart, der Pastor von Warendorf, mit einem großen Teil seiner Pfarrkinder. So Peter Schwering aus Coesfeld »mit seiner Frau und seinem Geld«. So jene Edelfrau, die ihren Mann in Drensteinfurt im Stich ließ und zu zweien ihrer Töchter zog, Nonnen zu Überwasser, die die Gemeinschaft der Auserwählten gegen das Kloster vertauscht haben; sogar ihre dritte Tochter ist bei ihr, die wiederum ihren Verlobten, einen Ritter, ebenfalls verlassen hat.

Ein Konvoi aus Schöppingen mit dem Gografen Krechting persönlich, seiner Frau, seinen Kindern und einer großen Anzahl seiner Bürger wird unterwegs abgefangen. Vom Sohn des Grafen alarmiert, schicken die Wiedertäufer Hilfe und holen die Schöppinger in die Stadt.

So trifft Heinrich Krechting, bei dem Jan Bockelson einige Monate früher in Schöppingen gewohnt hatte, in Münster wieder mit seinem Bruder Bernhard zusammen, und schließlich Jan Matthys selbst mit seiner schwangeren Frau Divara. Sobald er das Schreiben aus den Händen seines Schülers, Jan van Leyden, in Empfang genommen hatte, machte er sich zusammen mit dem Sendboten auf den Weg. Als er in Deventer erfuhr, daß in Münster der Aufruhr wütete und daß viele Brüder getötet worden seien, schickte Matthys seinen Knecht als Kundschafter voraus. Nun ist der Prophet da, und die Tatsache, daß er unbehelligt den unsicheren Weg hierher geschafft hat, ist als Gottes Wille zu deuten. Mit seiner Art und seinen steinharten Worten hat es der ehemalige Bäcker verstanden, sich sofort innerhalb der Gemeinschaft als führende Figur zu behaupten. Die Stadt müsse sich reinigen, sagte er, und das Jüngste Gericht stünde bevor.

Die Neuankömmlinge werden in den Wohnungen derer untergebracht, die es vorziehen, die Stadt zu verlassen, und deren Zahl ständig wächst. Johann von der Wieck zum Beispiel, der gewissenhafte Syndikus, beschließt, nach Bremen zurückzukehren, um einem Einschreiten jener Wüteriche zuvorzukommen. »Deshalb machte er sich auch davon«, sagte Kerssenbrock. Aber kaum hat er Münster verlassen, als die Amtsleute des Bischofs ihn festnehmen, nach Bevergern bringen, dann nach Iburg und schließlich nach Fürstenau, wo er der Aufsicht des Drostes Bernhard Moring, eines getreuen Dieners Franz von Waldecks überantwortet wird.

Der Drost und der Syndikus spielen gerade »auf dem Brettspiel«, als ein Bote mit einem Schreiben des Bischofs eintrifft. Moring bricht das Siegel und erbleicht, als er den Text liest. Von der Wieck fragt ihn, worum es gehe. »Herr Doktor, es handelt sich um Euer Leben«, antwortet der Drost mit Mühe. »Der Fürst befiehlt, Euch sofort zu enthaupten.«

Er reicht dem Syndikus den Brief: der entrüstet sich, wendet ein, man dürfe ihn, – auch wenn er den Bischof beleidigt habe – nicht »heimlich«

töten, sondern er müsse »vor ein ordentliches Gericht gestellt werden«.

Moring unterbricht ihn, bittet ihn, »er möchte die Schuld an seinem Tode nicht auf ihn wälzen«, erinnert ihn daran, daß er seinem Fürsten gegenüber durch einen Eid verpflichtet sei: er müsse den Befehl ausführen.

Von der Wieck, an öffentliche Disputationen gewöhnt, versucht, ihn zu überzeugen. Er, Moring, habe die Pflicht, Gott zu gehorchen, nicht dem Menschen, wer immer es auch sei, der Gottloses befehle: vor Gott, dem gerechten Richter, müsse er über diesen heimlichen Mord Rechenschaft ablegen und nicht vor einem Menschen ...

Vergebliche Worte. Zusammen mit dem Boten sind auch ein Priester und der Scharfrichter gekommen. »Wieck allein war nicht bereit«, fügt Kerssenbrock hinzu. Der ehemalige Syndikus weist die Hilfe des Priesters zurück und empfiehlt Gott seine Seele. Dann kniet er nieder, faltet die Hände und bietet seinen Hals dem Scharfrichter. Die Leiche wird vor der Burgmauer vergraben.

Als die Nachricht in Münster eintrifft, tritt der Rat zusammen und setzt ein Bittgesuch an den Bischof auf, welcher unverzüglich antwortet, daß Johann von der Wieck nicht als Anhänger der Wiedertäuferei gefangen wurde, sonder als Rebell, daß er seine »Rechtskunde« und seine Stellung in Münster ausgenutzt habe, die alten Bräuche abschaffen wollte und die »Mißgunst« erregt habe.

Zur gleichen Zeit wird der Prädikant Heinrich Roll, den man in die Niederlande zur Anwerbung von Landsknechten ausgeschickt hatte, in der Nähe von Maastricht festgenommen, der Wiedertäuferei überführt, seines mitgeführten Geldes beraubt, zum Feuertode verurteilt und sofort verbrannt. Man kennt keinen Pardon mehr. Jaspar Judefeld, der eine der Bürgermeister, verläßt die Stadt und sucht heimlich in Hamm Zuflucht.

Münster braucht Verstärkung, und so wird ein neuer Sendbote in die umliegenden Städte abgeordnet: Jakob, ein Schmied aus Osnabrück, den Jan van Leyden getauft hat. In Büderich übergibt er einem Schuster einen ihm vom Prädikanten Klopris mitgegebenen Brief. In Wesel erzählt er dem Schankwirt die Wunder, die sich in Münster zugetragen haben. Die Nacht verbringt er in Venlo, um bei einem gewissen Lenhart eine Botschaft des Prädikanten Strahlen zu hinterlassen. Er kommt durch Wassenberg – noch ein Brief von Klopris, diesmal für den Drosten bestimmt – und durch Branningen. In Dremmen verbringt er zwei Nächte bei Peters, wo gerade eine Versammlung stattfindet. Dann zeiht er nach Olden weiter. Überall wiederholt er, daß nur jene gerettet werden, die in die Gemeinschaft der Auserwählten von Münster eintreten.

Münster: wie an jedem ersten Fastnachtsmontag wählt man hier wieder einen neuen Rat. Das Terrain wird von Rothmann, Knipperdollinck und dem neuen Aldermann, Heinrich Redecker, vorbereitet, der das Volk dazu ermahnt, »nicht nach dem Instinkt des Fleisches, sondern nach der Eingebung des Geistes zu wählen«. Seine Worte finden Gehör. Die zehn Wahlmänner sind allesamt Wiedertäufer oder zumindest Sympathisanten. Was die Ratsmitglieder betrifft, so sind es fast alles Honoratioren der Stadt oder begüterte Kaufleute, für ihre Unterstützung der Wiedertäuferei bekannt. Nur sechs der früheren Ratsmitglieder werden wiedergewählt. Die Gemäßigten, wie Tilbeck und der Schmied Mollenhecke, sind nicht mehr vertreten. Man kann sich vorstellen, daß dieser Rat dem Bischof Widerstand zu leisten wissen wird[17].

»Die Unruhestifter«, kommentiert Kerssenbrock bitterlich, »wählten einen neuen Rat, nämlich Flickschuster, Schneider, Kürschner und andere Handwerksleute.« Die Feindschaft des jungen katholischen Studenten gegenüber den Wiedertäufern wächst – um so mehr, als Heinrich Krechting sich in dem Haus eingerichtet hat, in dem er selbst wohnt, und »die bequemsten Kammern« für sich beansprucht. Kerssenbrock ist auch der einzige, der von einem Gerücht berichtet, wonach Jan Matthys bei Knipperdollinck Wiedertäufer beiderlei Geschlechts zusammenbringt: unter dem eisernen Leuchter stehend, der an einem Balken hängt, auf dem drei Kerzen brennen, predigt er, so berichtet Kerssenbrock, in einer Weise, daß er »das verborgene Feuer entbrennt«, das in den Körpern der Umstehenden schwelt. Als er bei dem Gebot »Seid fruchtbar und mehret euch« angelangt ist, löscht er die Kerzen aus. Während dieser heiligen Handlung, die soviel wie eine »Feuertaufe« ist, geschehen dann »zahlreiche Schandtaten«. Als Beweis führt Kerssenbrock das Beispiel einer Frau an, die die Losung der Wiedertäufer erfahren hat und »sich in das Haus schlich und alles mit ansah und uns dann wiedererzählte . . .«

Tatsache ist, daß man die neuen Ratsmitglieder an jenem 24. Februar, einem Dienstag, zur Mittagszeit bei Knipperdollinck antrifft. Es geht darum, zwei Bürgermeister zu ernennen – diese werden Knipperdollinck selbst sein und sein Freund Kibbenbrock, ein kleiner, unruhiger Mann mit großem Vermögen – außerdem Schatzmeister, Staatsdiener, Provisoren für das Leprosenhaus, das Antoniushaus, Verantwortliche für das Schulwesen und sechs Hauptmänner der öffentlichen Gewalt. Allesamt Wiedertäufer … Die vor kurzem noch heimliche Lehre erobert und hält nunmehr alle Ressorts der Legalität; sie ist bereits die etablierte Macht in der Stadt.

Während aber der neugewählte Rat um einen reichlich gedeckten Tisch seinen Erfolg feiert, wiegelt Jan Matthys knappe hundert Meter weiter am Prinzipal-Markt die Menschen in den Straßen auf. Mit donnernder Stimme ruft er, es genüge nicht, Wahlen zu gewinnen, es gelte jetzt, das Neue Jerusalem von allen Unsauberkeiten zu reinigen; das sei der Wille des Vaters und die Vorbedingung für alles Weitere. Welch ein Freudentaumel plötzlich auf den Straßen! »Haufenweise«, erzählt Kerssenbrock, »als wenn sie die Verbrechen unter sich verteilen wollten, tobten sie von unglaublicher Verrücktheit und Lust, Schaden anzurichten, entflammt (…) durch die Stadt.«

Die ersten Ziele sind die Klöster und dort zunächst die Kirchen. Sie plündern die kultischen Gegenstände und verteilen sie unter »die unreinsten Galgenstricke, Dirnen und Landsknechte«. Durch Abkratzen der Wände verunstalten sie die Fresken. Am Mauritztor wird die Kapelle zum Heiligen Antonius zerstört, nachdem sie ausgeraubt wurde.

Um vier Uhr nachmittags entreißt ein gewisser Bernhard Mumme mit »einer Schar von Bösewichtern« dem Küster der Domkirche die Schlüssel, sie zerschlagen im Vorübergehen den Kalvarienberg, stürzen wild schreiend in das riesige Gewölbe und verwüsten das Bauwerk: Sie plündern, zerstören, entweihen, zertrümmern in ihrem unvorstellbaren Haß den Taufstein und die Reliquienbehälter. Sie tanzen auf den ehrwürdigen Gebeinen der Heiligen, treten die Hostien mit Füßen, schlagen die Kirchenfenster ein, reißen die Orgelpfeifen heraus, beschmieren die heiligen Bücher und die Bilder der Heiligen Jungfrau mit Menschenkot, zerreißen und zerstreuen die Bücher der Bibliothek des Gelehrten und Dichters Rudolf von Langen. Von dem großen Kreuz reißen sie die silbernen Platten herunter, stoßen die Grabdenkmäler der Bischöfe um, zerschlagen mit Beilen die große Uhr, an deren Ausschmückung sie den Maler Ludger tom Ring und seine beiden Söhne [18] so lange Zeit hatten arbeiten sehen …

An diesem 24. Februar, vermerkt die Chronik des Niesing-Klosters knapp, »gingen sie in den Dom und blieben dort die ganze Nacht, verwüsteten ihn und nahmen alle Ornamente weg«.

(Und wer wüßte nicht, daß in solchen Fällen Gerechtigkeit nur mit Gewalt stattfinden kann? Man muß zerstören, um zu reinigen, zerstören, um wiederaufzubauen. Denn die babylonische Hure muß von ihrem Sockel gestoßen werden, erst dann wird Gott in jenem lebenden Tempel, der das menschliche Herz ist, angebetet werden können. Einzeln sind wir nichts, aber alle zusammen sind wir stark durch Gottes Kraft ... Das Zerstören dessen, was Gott beleidigt, ist eine heilige Handlung, ein Fest, das Zeichen unserer Befreiung, und unser Taumel wird durch des anderen Taumel immer größer, und diese Flammen sind Flammen der Freude ... Wir Frevler? Gott strafe uns, wenn wir Frevler sind!)

In dieser wütenden Raserei gegen die Symbole der Sünde und der Unterdrückung werden alle Rachegelüste gestillt, die kollektiven und die individuellen, die gegenüber der etablierten Ordnung wie die gegenüber dem eigenen Schicksal. Hierin kommt vielleicht auch der unaussprechliche Wunsch zum Ausdruck – verbunden mit dem Drang nach Gewalt und Macht –, jene in ein Meer von Schwefel und Feuer zu stoßen, die Macht, Reichtum, Intelligenz, Schönheit besitzen. Diese Art uneingestandener, vehementer Wut kennt keine Grenzen, wenn sie sich plötzlich durch eine vermeintlich gerechte Sache legitimiert fühlt. Am nächsten Tag, in den frühen Morgenstunden, ist das Niesing-Kloster in der Nähe von St. Servatii an der Reihe.

(Ihr seht, Gott hat uns nicht mit seinem Blitz erschlagen!)

Als die mit Hellebarden und Spießen bewaffneten Männer in die Kirche stürzen, hat der Pater gerade noch Zeit, das heilige Sakrament der Monstranz zu entnehmen, und es zwei der gerade anwesenden Schwestern in den Mund zu schieben. Einem eifrigen Schreiber gelingt es, einen kostbaren Kelch, Rentbriefe und mehrere Speckstücke hinauszuschaffen.

Von ihren Fenstern können die Nonnen die St. Mauritz-Kirche und die umliegenden Gebäude brennen sehen. Tatsächlich bereiten sich die Wiedertäufer mit dem Abbrennen der Hecken, dem Abholzen der Bäume und dem Abnehmen der um den Garten verlaufenden Zäune auf eine Belagerung vor. Sie haben erfahren, daß der Bischof im Begriff ist, seine Armee zusammenzustellen: seine Ritterschaft ist »auf ein oder zwei Monate« zusammengerufen worden, er hat Männer seines Heeres als Anwerber verpflichtet und den Befehl ausgegeben, alle Straßen nach Münster bewacht zu halten.

Deshalb müssen die Münsteraner unbedingt ein Glacis um die Stadt schaffen, müssen vorsorglich alles einsammeln, was ihnen später von Nutzen sein kann. Frauen und Kinder karren Weizen, Brot, Fleisch, Speck, Teppiche, Wäsche heran ... Bevor die Kirche niederbrennt, schaffen sie es noch, das Blei vom Dach abzunehmen ... die Glocken zerschmelzen ... Mit gewaltigem Krach stürzt der Turm auf die Kirche, von der bald nur noch die rauchenden Trümmer des Mauerwerks übrigbleiben.

Bei Knipperdollinck erleben der neue Bürgermeister und Jan van Leyden an diesem Tag einen ruhelosen Matthys, der in dem geräumigen Saal auf und ab geht: »Töte!« donnert er. »Erschlage sie! Erschlage! Töte!« Er geht. »Wir müssen die Mönche und die Priester warnen«, sagt Jan van Leyden.

Um drei Uhr nachmittags kündigt ein Kanonenschuß an, daß Jan Matthys seine Predigt halten wird. Sie findet in einem Haus nahe beim Fischmarkt statt. Ihm erscheint nunmehr geboten und dringend, die Papisten, die Lutheraner, Sakramentarier, kurz alle, die sich nicht bekehren lassen wollen, zu töten. »Denn von der Hefe der anderen Sekten und der Ansteckung der Gottlosen könnten sie sich nur reinhalten, wenn die Gottlosen getötet würden.« Er fügt hinzu, daß die Sache nicht schwer sei, da Münster ja eine befestigte Stadt sei und die Auserwählten in der Überzahl wären. Wenn er so spricht, der neue Henoch, mit seinen Worten, die wie Schläge peitschen, nehmen sie alles widerspruchslos hin, ohne Zeit zum Nachdenken. Und alle sind ihm in diesem Augenblick ergeben. Nur Knipperdollinck tritt dazwischen, alsbald unterstützt von Jan van Leyden: um die Tenne des Herrn reinzuhalten, genüge es, argumentieren sie, all jene aus der Stadt zu vertreiben, die sich nicht wiedertaufen lassen wollten. Jan Matthys ist einverstanden.

Die Nachricht wird durch die Straßen hinausgeschrien. Die Heilige Schrift wird zitiert: »Draußen aber sind die Hunde und die Zauberer und die Huren und die Totschläger und die Abgöttischen und alle, die die Lügen lieben und tun!« Rothmann tauft am Prinzipalmarkt, während an den Stadttoren die, die flüchten, jenen begegnen, die, teilweise

Jan Matthys

Kupferstich von Christoph van Sichem

von weither kommend, die Letzten Tage der Welt in der Stadt Münster miterleben wollen. »Es ist nicht mehr die Zeit der Resignation«, erklärt ihnen Rothmann, »sondern die Zeit der Erlösung, der Restitution aller Dinge ... Wir werden der Kirche ihre Reinheit wiedergeben, rächen alles, was ungerecht ist und Bosheit treibt auf der ganzen Erde«.

Unterdessen werden in Wolbeck fünf der Wiedertäuferei überführte Frauen und ein Mann ertränkt. In Bevergern erleiden vier Frauen dasselbe Schicksal, ein Mann stirbt den Feuertod ... Jakob, der Schmied aus Osnabrück, ausgegangen, um seine Botschaft zu verkünden, wird festgenommen, gefoltert ...

Freitag, 27. Februar. Es herrscht elendes Wetter. »Es erhob sich ein Tag, der selbst den Tieren schrecklich war«, schreibt Kerssenbrock. Nordwind, Schnee, eiskalter Regen. Schon seit den frühen Morgenstunden laufen die Wiedertäufer durch die ganze Stadt: »Heraus ihr Gottlosen!« drohen sie. »Packe dich fort! Sonst wird Gott dich strafen!« Sie sind mit Büchsen, Spießen und Hellebarden bewaffnet und jagen die Widerspenstigen, die gezwungen sind, ihr Hab und Gut aufzugeben. Matthys herrscht die »Gottlosen« an: »Seht ihr nicht, wie die Elemente euch feind sind?« Er verfolgt sie, schreit ihnen zu, sie sollen Buße tun, bricht vor Erschöpfung und leidenschaftlicher Erregung zusammen, ruft den himmlischen Vater zu Hilfe, steht mit einem Sprung wieder auf und sagt: »Dieser Ort, diese heilige Stadt, gebührt den Söhnen Jakobs und den wahren Israeliten!«

Türen werden eingeschlagen, Waffen klirren, Gedränge, Befehle und Gegenbefehle, Geschrei, jammervolles Klagen, Mütter reißen Kleinkinder, die vor Kälte weinen, aus den Wiegen. Fabricius, der beauftragte lutherische Prädikant muß sich verkleiden, um seinen Verfolgern zu entkommen. Der Maler Ludger tom Ring vertraut seinem Diener Atelier und Haus an ... Ganze Familien flüchten, andere werden auseinandergerissen, wobei der Mann meist seine Frau verläßt ... Der alte Propst zu St. Mauritz, dessen Kirche gestern erst abgebrannt ist, versucht zusammen mit vier Dienern zu fliehen. In der Nähe der Fleischbank wird er von Jan Matthys persönlich angehalten, der ihm die Spitze seiner Lanze auf die Brust setzt: »Du sollst nicht ungestraft von hier gehen, alter Betrüger! Du sollst entweder dein Leben oder dein Geld von dir geben!« Der Propst beruft sich auf das sichere Geleit, das ihm die beiden Bürgermeister garantiert haben. »Ich habe dir nichts versprochen!« erwidert Matthys ihm kalt. Seine Begleiter nehmen dem Propst dessen ganzes Geld ab und reißen ihm die Ringe von den Fingern ...

Der junge Kerssenbrock und sein Hauswirt, der Arzt Wesseling, verlassen Münster ebenfalls, bleiben aber in unmittelbarer Nähe der Stadt. Sie glauben, bald zurückkehren zu können. »Der Herr hat unsere Feinde hinausgejagt«, schreibt Rothmann an einen Freund. »Denn scharenweise ziehen sie fort, von einem unbekannten Schrekken getroffen.«

Drei Tage lang wird getauft. Auf dem Prinzipalmarkt für jene, die gehen können und die sich bei einem der beiden Bürgermeister, Knipperdollinck oder Kibbenbrock einschreiben lassen müssen. Die Alten und Kranken empfangen die Taufe zu Hause.

Am Samstag wird Bernhard Rothmann der Fall der Frau Werneken gemeldet, die nahe der Aegidiistraße den Gasthof »Zur Rose« betreibt. Sie wolle nicht wiedergetauft werden, könne aber die Stadt nicht verlassen, weil sie zu dick sei, um sich fortzubewegen. Rothmann redet auf sie ein, versucht sie zu überzeugen, spricht von der brüderlichen Gemeinschaft. Aber sie läßt sich nicht erweichen, wiederholt, sie sei schon bei ihrer Geburt getauft worden und sie wolle keine weitere Taufe als die ihrer Vorfahren. Außer sich vor Wut droht Rothmann ihr: »Dann mußt du durch den Tod aus der Gesellschaft der Frommen entfernt werden (...), damit du nicht durch deine Gottlosigkeit den Zorn des Vaters gegen uns wendest.« Die Werneken läßt sich am Schluß doch überreden: »So taufe mich im Namen aller Teufel wieder; denn im Namen Gottes bin ich schon einmal getauft.«

Die letzten Nonnen verlassen das Niesing-Kloster, ohne etwas mitnehmen zu dürfen, bis auf »ein Brot und zwei Heringe« für den Fuhrmann des Wagens, der die kranke und gebrechliche Ordensmutter abtransportiert. Sie hinterlassen mindestens »vier Tonnen Heringe« – offenbar den Proviant für die Fastenzeit – »und noch viele andere Kost«, vorwiegend Weizen, frisch gebackenes Brot und Bier.

Eine einzige Nonne ist in Münster geblieben, die sich zweier weiterer im Krankenhaus liegender Schwestern annehmen soll. Am darauffolgenden Sonntag sollen sie das Hospital verlassen und sich mühsam, zu Fuß, quer durch die Felder durchschlagen.

Sie sind wahrscheinlich die letzten, die Münster offiziell verlassen. An jenem Sonntag, dem 1. März, beauftragt der Rat einen Stadtdiener namens Teba damit, durch die Straßen zu gehen und zu verkünden, daß die Nicht-Wiedergetauften, die in der Stadt bleiben wollen, schon am nächsten Tag, bei Sonnenaufgang, die Todesstrafe erwarte.

Um Münster herum halten die Soldaten des Bischofs, ob zu Fuß oder zu Pferde, die Dörfer und Weiler der Umgebung besetzt. Aufklärer kundschaften die für Lager geeigneten Plätze aus. Karrenweise werden die Bauern herangefahren, die sofort beginnen, Gräben auszuheben und die ersten Schanzen anzulegen. Für denselben Sonntag beruft Franz von Waldeck seine Vasallen aus den drei Diözesen Münster, Osnabrück und Minden ein. Sie sollen sich voll ausgerüstet in Telgte und Wolbeck einfinden.

In der Nacht von Sonntag auf Montag besetzen die Soldaten des Bischofs die von den Bauern in rascher Arbeit angelegten Gräben. Von den Stadtmauern Münsters sehen ihnen die Wiedertäufer zu. Die Bürgermeister rufen die Bürger zusammen, Knipperdollinck hält eine Ansprüche, gibt ihnen »Mut und Begeisterung«. Befehlshaber, Hauptleute, Fähnriche werden ernannt. Die Wachen werden verteilt; niemand ist von ihnen befreit. Jeder bekommt einen zu verteidigenden Posten, den er »lebendig oder tot« zu halten hat.

Der große Kampf zwischen Gut und Böse beginnt.

IV

Das Geständnis Jakobs, des Schmieds

Pfaffengeplärr – Das Machwerk des Antichristen – Vor der Zeit
– Herr – Päpstliche Schmiererei

Dem Bischof einmal in die Hände gefallen, redet Jakob, der Schmied,
ohne Hemmung. Über Münster und die Wiedertäuferei habe er nichts
zu verbergen, und seine Befrager foltern ihn denn auch nur aus Prinzip.

Er sagt, er habe in Münster wunderbare Dinge gesehen. Einen Mann
zum Beispiel, der quer durch den Himmel auf einem weißen Pferd ritt
und ein Schwert in der Hand schwang, womit er denen drohte, die sich
weigerten, Buße zu tun oder Gottes Wort zu erhören. Oder auch ein
greuliches Feuer, blau und schwarz und so dunkel, daß die Sonne, die
dadurch besonders hell erschien, das Gesicht der Menschen, die auf
dem Markte standen, »vergoldete« – und das habe sich zweimal zugetragen.

Was man in Münster lehre? Daß »all der Pfaffenhandel ein Teufelsge-
spinn sei«, daß »das Sakrament, die Messe, nichts anderes sei als Pfaffengeplärr«, daß die Kindertaufe keine größere Wirkung habe, als
»wenn man den Kindern den Arsch wische«. Er selbst glaube nicht, als
Kind getauft worden zu sein. Er habe sich nun nach Epiphania taufen
lassen.

Als er ergriffen wurde, verkündete er gerade, daß die Welt vor Ostern
grausam bestraft werde und daß nur jeder zehnte Mann übrig bliebe.
Allein in Münster werde es Frieden und Sicherheit geben, da die Stadt
von dem Herrn auserwählt sei, das Neue Jerusalem zu sein. Er sagte
auch, daß Häuser und Betten in Münster bereitgestellt worden seien,
um die Christen aufzunehmen, die ankamen – und es würde soviel

Volk in der Stadt geben, daß man auf dem Domplatz, im Dom selbst und in den Kirchen bauen müsse. Auch sollten ihnen die Häuser der Heiden und Gottlosen übergeben werden.

Theologen befragen ihn über die Glaubensartikel und die Gebote der Wiedertäufer:

Frage: Ist es wahr, daß die Wiedertäufer dem Gottesdienst, den man Messe nennt, abschwören müßten?

Antwort: Sie müssen allem abschwören, was die Pfaffen treiben und sagen, Messen, Metten, Vesper, Vigilien.

Frage: Ist es wahr, daß sie dem Chrysam abschwören müßten und allem, was man segnet, Palmen, Weihwasser usw. . . . ?

Antwort: Der Teufel habe den Pfaffen alles zugeflüstert, und es sei ein Machwerk des Antichrist.

Frage: Wer ist der Antichrist?

Antwort: Der Papst und alle, die gegen Christi Wort sind.

Frage: Ist es wahr, daß sie den großen Gott Baal über dem Kopf des Priesters sähen?

Antwort: Alles Traktieren der Pfaffen sei schrecklich und vergeblich.

Frage: Ist es wahr, daß sie sich verpflichten müßten, die Messe nie mehr zu hören?

Antwort: Man müsse auf ewig darauf verzichten.

Frage: Ist es wahr, daß sie der ganzen Welt entsagen müßten?

Antwort: Ja, mit all ihrem Pomp.

Frage: Ist es wahr, daß sie mit den Gottlosen keinen Handel treiben dürften?

Jakob, der Schmied, gesteht diesen Artikel.

Frage: Wer sind die Gottlosen?

Antwort: Die Papisten und Lutheraner, die fressen, saufen, huren und Gottes Wort zuwiderhandeln. Die Heiden seien die einfältigen Bürger und die Dienerschaft, die den Pfaffen und ihrem Machwerk folgen.

Jakob, der Schmied, sagt auch, daß der Christ der letzte Priester gewesen sei und daß es seitdem keinen mehr gegeben habe.

Frage: Ist es wahr, daß sie keiner Obrigkeit Untertan sein dürften?

Jakob, der Schmied, antwortet, daß dieser Artikel nicht wahr sei, denn man solle der Obrigkeit gegenüber gehorsam sein, wenn sie nicht gegen Gott oder sein Wort gerichtet sei.

Frage: Ist es wahr, daß sie einmal in der Woche in Kreuzform auf dem Bauch lägen und unkeusche Worte sagten?

Jakob, der Schmied, sagt, der Artikel sei nicht wahr.

Frage: Ist es wahr, daß sie sagen, Christus habe die menschliche Natur von Maria nicht angenommen?

Jakob, der Schmied, sagt, daß der Artikel nicht wahr sei.

Frage: Ist es wahr, daß niemand »vor der Zeit« vor den Heiden predigen dürfe?

Antwort: Es ist wahr.

Frage: Wie ist es zu verstehen: ». . . vor der Zeit«?

Antwort: Die Welt solle vorher bestraft werden. Man werde dann vor den Überlebenden predigen.

Frage: Ist es wahr, daß man unter Gläubigen eine neue Ehe schließen solle?

Antwort: Es ist wahr.

Frage: Wie sie es halten, wenn der Mann gläubig sei und die Frau nicht? Der Schmied Jakob sagt, er wisse es nicht.

Frage: Ist es wahr, daß die Frau ihren Mann, der Christ ist, »Gebieter« oder »Herr« nennen müsse?

Antwort: Es ist wahr.

Frage: Ist es wahr, daß kein Christ über die Heiden regieren solle?

Antwort: Es ist wahr.

Frage: Ist es wahr, daß alle Christen, die unredliche Ämter haben, sie aufgeben sollen?

Antwort: Es ist wahr.

Frage: Ist es wahr, daß man selbst die anderen Ämter nicht mehr ausüben solle?

Antwort: Es ist wahr.

Frage: Ist es wahr, daß ein Christ über Gottlose nicht richten solle?

Antwort: Es ist wahr.

Frage: Ist es wahr, daß ein Christ keinen Wucher treiben solle, keine Rente geben oder nehmen?

Antwort: Es ist wahr.

Frage: Ist es wahr, daß sie weder Sonntage noch Feiertage feiern sollen? Und wenn ja, warum?

Antwort: Es ist wahr, weil der Papst sie eingeführt habe.

Frage: Was hätten die Wiedertäufer vor, wenn sie stark genug sein würden? Ob sie nicht alle anderen unterdrücken und vernichten wollten?

Der Schmied Jakob sagt, dies sei nicht seine Absicht, aber er wüßte nicht, was die anderen zu tun gedächten.

Der Schmied Jakob behauptet unverzagt, daß diese Artikel wahr seien und daß alle Christen ihnen glauben sollen. Er werde weiter darauf bestehen, »zu leben und zu sterben«. Er habe ohnehin »der Welt und aller Lust des Fleisches mit Fressen, Saufen, Huren und allem, was die Pfaffen betrieben haben in der päpstlichen Schmiererei, abgesagt«.

V

Die Belagerung

Faustregel – Die Gulden des Bischofs – Tonnenweise Pulver –
Landsknechte – Vereidigung – Der Galgen und das Rad – Freimarkt – Eine warme Suppe

Eine Welt für sich, dieser Belagerungszustand. Im Gegensatz zu den
Eiferern, die da durcheinanderschwirren wie Wespen in ihrem erhitz-
ten Bau, tastet sich das Lager des Fürsten mit den unsicheren und lang-
samen Schritten eines Riesen an die Stadt heran, verliert sich in den
Niederungen der Ebene, ein riesiger Körper ohne Herz und Seele.
Denn die Einnahme einer Stadt wie Münster, mit ihren doppelten
Wallanlagen, ihren beiden Gräben, ihrem beachtlichen Waffenarsenal
und ihren fanatischen Verteidigern ist kein Kinderspiel. Eine Art
Faustregel besagt ohnedies, daß es dreimal mehr Zeit, dreimal mehr
Kräfte, dreimal mehr Geld bedarf, um einen Platz zu umzingeln und
einzunehmen, als selbst die pessimistischste Schätzung es vorauskal-
kuliert.
Aber Franz von Waldeck hat keine Wahl. Der beispielhafte Charakter
seines Kampfes gegen die wiedertäuferische Subversion zwingt ihm die
Pflicht auf, sich der Sache würdig zu zeigen, ebenso wie er ihm zugleich die Unterstützung der Fürsten, der katholischen wie der protestantischen, sichert.
Als allererstes richtet er sich samt Gefolge und Beratern in Wolbeck
und Telgte ein, dortselbst, wo die Münsteraner zwei Jahre zuvor des
vollzählig versammelten Domherrenkapitels habhaft wurden – allerdings läßt der Bischof diesmal seine Wachen Tag und Nacht aufziehen.
Er selbst hält sich zusammen mit seiner Mätresse, Anna Pohlmann,

meist auf Schloß Iburg auf. Es ist Mittelpunkt des sich permanent drehenden Karussells der Boten, die – kaum haben sie die Zugbrücke passiert – in alle vier Himmelsrichtungen ausschwärmen. In jenen Tagen schickt er Anwerber ins Rheinland und in die nördlichen Provinzen aus, Boten in die größeren Städte, um Material für die Belagerung und dem Kampf zu beschaffen sowie Bevollmächtigte zu den Fürsten, die ihm vielleicht bei seinen Kriegsanstrengungen noch ihre Hilfe durch Bereitstellung von Geldern, Männern oder Waffen zukommen lassen könnten.

Gleichzeitig ernennt er Johann von Büren zum obersten Feldherrn, bestellt Gerhard Morrien zum Reiterführer und überantwortet das Fußvolk der Obhut zweier Ritter, darunter einem gewissen Gerhard Münster, genannt Smoker, von dem noch zu hören sein wird. Sie alle sind renommierte Fachleute, und ihr Auftrag lautet, Reiter und Landsknechte auf folgender Basis anzuwerben: Pro Monat und Reiter beträgt der Sold acht Emdener Gulden, bei einem Fußknecht vier Emdener Gulden [19]; ein Hauptmann bekommt fünffachen Sold und einen dazu für seinen Adjutanten, ein Leutnant zweifachen Sold plus einen. Ein Kriegsmonat umfaßt 28 Tage.

Der Sold wird vom 3. März an ausgezahlt, die Heeresführer sind auf drei Monate verpflichtet. Falls sich die Belagerung über diesen Zeitraum hinaus verlängern sollte, müssen Führer und Hauptleute ihren Dienst ohne Anhebung des Soldes bis zum Ende des Krieges versehen.

Die erste Finanzierungsmaßnahme des Bischofs ist, 12 000 Goldgulden vorzustrecken, die er aus der zwischen den Monaten Dezember und März erhobenen »Willkommenschatzung« entnimmt. Dann wird eine Steuer auf Kleinodien und Wertgegenstände der Kirchen der gesamten Diözese eingeführt: alles sei ihm bis auf einen Kelch pro Kirche zu übergeben; nach erfolgter Schätzung durften die Gemeinden die Kleinodien wieder auslösen. Der Ertrag: 13 000 Goldgulden. Der Erzbischof von Köln gibt ein Darlehen von 10 000 Goldgulden her, für das Franz von Waldeck sich verbürgt, indem er mehrere Ämter seiner Diözese verpfändet. (Tatsächlich wird diese Unterstützung in natura erbracht, und zwar in Form zweier für einen Monat besoldeter Fähnlein und mehrerer Geschütze). In Brüssel erklärt sich Königin Maria bereit, 10 000 Karlsgulden (etwa mehr als 7000 Goldgulden) zinslos zu leihen. Also entsendet der Bischof Boten nach Brüssel mit dem Auftrag, die entsprechenden Schuldverschreibungen aufzusetzen: ihre Reise sollen sie außerdem dazu nutzen, von der Stadt Lüttich 27 000

Goldgulden und von Lazarus Thuecher in Antwerpen 50000 zu leihen. – Die Antwort Lazarus Thuechers ist die eines waschechten Professionellen in Geldgeschäften: Der Kaiser selbst, sagt er, zahle gut und gern 14 % und sogar mehr Zinsen, er sei aber nichtsdestotrotz bereit, dem Bischof von Münster 100000 Gulden zu borgen, und dies zu »nur« 14 % [20] ...

Von überall her, aus Köln, Trier, Frankfurt, beginnt das Kriegsmaterial heranzurollen: 122 Tonnen Pulver aus Brabant, 150 Tonnen aus Amsterdam ...der Erzbischof von Köln, der Herzog von Kleve, der Graf von Lippe, die Städte Deventer, Kampen, Bielefeld schicken – auf Kosten des Bischofs versteht sich – »eiserne« oder »eherne« Kugeln, Salpeter ... Erfurt liefert 189 Tonnen Salpeter und Schwefel in Mengen. Hunderte von Zentnern an Eisen, Blei, Tausende von Handgranaten, Hakenbüchsen, Musketen, Lanzen, Spieße, viele tausend Nägel, Seile, Stroh, Hafer, Nesseltuch für Feldbanner, Leder für Pulversäcke müssen herbeigeschafft werden ... In Iburg und Osnabrück drehen die Pulvermühlen emsig ihre Flügel. In den Steinbrüchen werden Kanonenkugeln gehauen. Tausend Zentner Eisen werden für die Herstellung von Kugeln und Geschossen geschmolzen ... Geschützmeister, Schmiede, Zimmerleute müssen noch verpflichtet werden.

Sobald die Truppen in genügender Stärke versammelt sind, läßt Franz von Waldeck die ersten der sieben rings um die Stadt von seinem Führungsstab vorgesehenen Lager errichten. Das Hauptlager wird unter dem Kommando Wilken Stedings neben den Trümmern der St. Mauritz-Kirche errichtet, das zweite vor dem St. Ludgeritor auf dem sogenannten »Haferfeld« aufgestellt. Das dritte, gegenüber dem Aegiditor, ist das Lager der »Meißnischen Soldaten« – kleinliche Protestanten, die als allererste Handlung ein Haus in Brand stecken, das einem Mitglied des katholischen Klerus gehört. Das vierte liegt am Liebfrauentor; das fünfte, gegenüber dem Jüdefeldertor, nahe der Schweinetränke ist das der »Geldrischen«. Das sechste am Kreuztor ist das sogenannte »Klevische«. Das siebente ist bei der Enking-Mühle.

Die Standplätze der Fußtruppen sind mit einer Distanz zwischen 700 und 1500 Metern zur Stadtmauer gewählt, der Standort der Reiter liegt weiter zurück; ihr Auftrag besteht im wesentlichen im Spähen und Überwachen – sowohl des Feindes als auch der eigenen Söldner.

Dies ist die Stunde der Landsknechte. Ganze Schwärme von stellungslosen Söldnern treffen in Münster ein, in organisierten Verbänden, in Banden oder mit ihren ganzen Familien. Alle werden sie von Frauen,

Dienern, Hunden und Kindern begleitet. Bei den deutschen Söldnern sind es die Frauen – legitime oder Dirnen –, die das Gepäck tragen und sich um die Verwundeten kümmern. Diese Berufssoldaten, Nachfolger der legendären Schweizer Garde in der Zeit der großen Kämpfe, sammeln sich oft zu Gruppen, die von der geographischen Herkunft bestimmt sind, stellen sich in den Dienst von Fürsten oder Staaten ohne eigenes Heer, ohne allzu genau nach der Gerechtigkeit der Sache zufragen, für deren Verteidigung man sie bezahlt. Ihr Name – Landsknechte, Diener des Landes – wird schnell populär, ebenso wie ihre von den Schweizer Söldnern übernommene Formation in »Karrees« oder ihre Art, sich zu kleiden, mit ihren kleinen Hüten und ihren farbenfrohen geschlitzten Wämsern. Sie bilden eine regelrechte militärische Zunft mit Kodex, eigener Disziplinarordnung und standrechtlicher Justiz. Traditionell kümmern sich Landsknechte niemals um Erdarbeiten, für die die Bauern gerade gut genug sind. Sie führen Krieg mit Spießen und Hakenbüchsen, nicht mit Schaufeln [21].

Jede Einheit wählt einen Vertreter, der gegenüber dem Hauptmann ihr Sprecher ist – oft gehört er zu denen, die in den ersten »Karrees« aufgestellt werden und doppelten Sold kassieren. Alle legen einen Eid gegenüber ihrem jeweiligen Dienstherrn ab, ihre Pflichten treu zu erfüllen.

So auch in Münster:

1) Die Soldaten werden ohne jede Weigerung tapfer kämpfen, so oft es die Not fordert und wohin sie gerufen werden. Sie werden den Fürsten und seine Untertanen schützen und deren Güter verteidigen.

2) Sie werden sich an alle Kriegsartikel, wie es rechten und guten Soldaten ziemt, halten.

3) Städte, Burgen, Geschütze, Pulver, Kugeln werden vom Bischof beansprucht, wenn sie dem Feind abgenommen werden.

4) Der Fürst ist zur Zahlung des vereinbarten Solds nicht gehalten, wenn er den Soldaten die Stadt zur Plünderung überläßt.

5) Das Rathaus der Stadt Münster darf weder geplündert noch beschädigt werden, sondern ist dem Bischof vorbehalten. Von der übrigen Kriegsbeute bedingt sich der Fürst die Hälfte aus.

6) Die Domherren, weitere Mitglieder des Klerus' und Bürger von Münster, die aus der Stadt vertrieben wurden, sind beim Rückkauf ihrer Güter, die sie in der Stadt zurückließen, allen Fremden vorzuziehen.

7) Nichts von dem, was in den Häusern, an den Wänden oder dem

Boden fest ist, darf von den Soldaten nach der Eroberung der Stadt entfernt werden.

8) Nach der Einnahme der Stadt werden die Soldaten die Verfügung über die Tore und Befestigungen auf die Bevollmächtigten des Fürsten übertragen.

9) Die Soldaten werden binnen acht Tagen auf das Trommelsignal die Stadt verlassen, inzwischen die Beute zu Geld machen und teilen. Der den Soldaten geschuldete Sold wird ihnen reichlich und fürstlich ausbezahlt werden.

10) Die Soldaten dürfen die Häupter der Rebellion nicht töten (...) Sie müssen sie dem Fürsten gefangen übergeben, von dem sie reichliche Belohnung zu erwarten haben.

Anfang März, als das Lager um die Stadt noch nichts weiter ist als ein grobmaschiges Netz, bieten Landsknechte den Belagerten ihre Dienste an, und der Bischof sieht sich genötigt, dies unter Androhung schwerster Sanktionen förmlich zu verbieten.

Entgegen den Gepflogenheiten sind nicht alle Ankömmlinge bewaffnet und müssen erst mit Spießen versorgt werden, ihrer bevorzugten Waffe – ein mit einem Eisenstück versehener fünf Meter langer Holzspeer, der die Pferde auf Distanz hält, wegen der Schwingung allerdings schwer zu handhaben ist – ferner mit Hakenbüchsen und Musketen [22].

Strafen gibt es auch – einen Galgen und ein Rad, für jene aufgestellt, die Bauern und Kaufleute der Umgebung berauben sollten, von denen sie bereits sämtlich als »Plünderer und Wilde« bezeichnet werden. Tatsächlich lebt das Lager im wesentlichen vom Umland. Durch Briefe fordert der Bischof die Einwohner der Umgebung auf, für die Verpflegung der Männer und der Tiere zu sorgen. Die innerhalb von wenigen Tagen in die Höhe geschnellten Weizenpreise fallen langsam wieder.

Vereinbart ist, daß jeder Amtsbezirk der Diözese vor dem 24. April 22 Wagen voll Stroh und Futter sowie 22 Wagen mit Reisigbündeln schikken soll. Die nördlichen, von Münster allzu weit entfernten Bezirke werden als Ausgleich einen Gulden pro Gut und einen halben Gulden pro Halbpachthof entrichten.

Bestimmte Städte übernehmen die »Patenschaft« eines Lagers und sind mit dessen Versorgung betraut. – So bringt Wolbeck jede Woche 20 fette Ochsen in »sein Lager«, so liefert Coesfeld seinem Lager solche Mengen Brot und Bier, daß für die eigene arme Bevölkerung nichts mehr übrigbleibt. Im Lager Nevinghof hat sich ein Freimarkt gebildet:

Brot, Fleisch, Butter, Bier, Fisch, Hafer und Stroh gibt es hier in Hülle und Fülle für alle, wenn sie nur Geld haben.

Nach und nach nimmt die gewaltige Unternehmung Gestalt an. Nicht ohne Rückschläge oder Verzögerungen: Gefangen in einem Geflecht aus gegensätzlichen Interessen, zweideutigen politischen Ausrichtungen, nicht eingelösten Versprechen, ist Franz von Waldeck allen unliebsamen Zufälligkeiten des Krieges und der Diplomatie ausgeliefert.

Und dennoch: das Lager nimmt immer mehr Gestalt an, und die Artilleristen bringen ihre Geschütze in Stellung. Der Landgraf von Hessen leiht seine beiden Kartaunen, genannt »Der Teufel« und »Seine Mutter«; der Herzog von Kleve schickt acht Geschütze, der Graf von Bentheim eine Halbkartaune und acht Feldschlangen. Die Städte Deventer, Kampen und Zwolle liefern sechs große Kartaunen und sechs Feldschlangen ... Insgesamt: 42 Artilleriestücke, darunter einige schwere Sturmgeschütze [23].

Die Geschützstellungen sind zum größten Teil vor dem Jüdefeldertor, dem Hörstertor und dem St. Mauritz-Tor massiert. Das Jüdefeldertor scheint dem Belagerer für einen Angriff besonders günstig zu sein: der Außengraben, dessen Niveau das der Aa knapp übersteigt, ist leicht trockenzulegen.

Franz von Waldeck bittet den Bischof von Lüttich, ihm zweihundert »Berggräber« (Pioniere oder Bergknappen) zu schicken.

Mitten in diesem hektischen Treiben wird er von den aus Münster vertriebenen Bürgern selbst belagert: Durch vier Sprecher vertreten, machen sie geltend, daß sie nur gekommen seien, weil sie der Besudelung durch die »abscheuliche Ketzerei« entgehen wollten, und um darum zu bitten, daß nach der Einnahme der Stadt die alten Privilegien, Freiheiten und Rechte wiederhergestellt werden; sie beschwören ihn, die gegen ihren Willen in die Wiedertäuferei geratenen Bürger (sie sagen: »Die Kranken und die Alten«, meinen aber wohl Ehefrauen und Dienerschaft, die sie an Ort und Stelle zurückgelassen haben, um zu retten, was noch zu retten war) bei der Einnahme der Stadt zu verschonen.

Am 27. März macht der Bischof seine erste Inspektionsreise. Das Ziel ist, zu überprüfen, ob Truppenstärke und Ausrüstung tatsächlich der Besoldung entsprechend vorhanden sind: So muß jeder Ritter – wie vertraglich abgemacht – zwei oder drei Mann und zwei bis acht Reitpferde vorweisen.

Zwischen den Hunderten von bunten Zelten, den Pferdereihen, den

Wagenkolonnen, den Artilleriegeschützen agiert in hektischer Betriebsamkeit ein ganzes Heer von Soldaten, Schmieden, Zimmerleuten, Bauern bei der Schanzarbeit, von Mädchen, Knechten, Marktbeschickern. Aus Weidenruten werden Schutzwände oder Schanzkörbe geflochten, die man mit Erde füllt; fast überall werden in kleinen Schmieden Hacken, Beile, Spaten hergestellt; Lanzen oder verrostete Rüstungen werden mit Stein geschliffen; Pferde werden auf das Kampfgetöse vorbereitet und trainiert.

Franz von Waldeck kann stolz sein. Das Lager nimmt sich wie ein Meer aus, in dessen Mitte Münster, seine feindliche Insel, liegt.

Die Soldaten aus dem Meißnischen Lager, die Protestanten aus dem Lager am Aegidii-Tor meinen, daß man reichlichen Aufwand treibe und viel Geld ausgebe, »für so ein kleines Dorf«. Mit Münster fertig werden, erklären sie, »werde leichter und rascher sein wie mit warmer Brotsuppe«.

VI

Der neue Henoch

Gezeichnet: Emanuel – Freudenfeuer – Die Schatzhüter – Ein
»scheißender Prophet« – Ein Loch im Rücken – Autodafé – Die
falschen Brüder – Der Tod Henochs

Münster ist von allen Städten des Reichs eine der am besten geschütz-
ten – allerdings nicht durch jene schwindelerregend hohen, mächtigen
Bollwerke, wie man sie in gebirgigen Landschaften antrifft. In Westfalen sind Steinbrüche selten, und man geht mit dem Material sparsam
um. Hier besteht eine komplexe, etwa fünfeckige Verteidigungsanlage
mit einer, von innen nach außen betrachtet, über vier Kilometer langen
Ringmauer mit Galgen und Wehrgang, einem mit Wasser gefüllten
Graben, einem Erdwall mit vorgelagerten Bastionen und Artilleriegeschützen, und – das ganze abschließend –, aus einem zweiten, über
eine Zugbrücke zu passierenden, Graben. Die Gesamtanlage erstreckt
sich in der Tiefe auf nahezu hundert Meter. Im Innern fühlt sich die
Gemeinschaft der Auserwählten wie die Faust Gottes, vor den Sünden
des Jahrhunderts und den Unternehmungen des Bischofs gefeit.
Nach der groß angelegten Vertreibung in den letzten Februartagen befinden sich zu dieser Zeit acht- bis neuntausend Brüder und Schwestern [24] dort – vor allem Schwestern –, bedenkt man all die gefallenen
Nonnen und jene plötzlich, dem Ruf der Propheten folgend, aufge-
tauchten fremden Frauen. Für die etwa zweitausend Münsteraner, die
die Flucht vorgezogen haben, sind ungefähr in gleicher Anzahl Holländer, Friesen und Deutsche, durch Briefe oder Gerüchte aufmerksam geworden, aus den umliegenden Ortschaften nachgerückt.
Außerdem versenden Prädikanten und Ratsmitglieder erneute Appel-

le: »Daß ein jeder sich aufmache zum Zuge nach dem Neuen Jerusalem, der Stadt der Heiligen; denn Gott will die Welt strafen (...) Fliehet aus Babylon!« »Ein jeglicher sehe zu und gedenke Lots Weib. Sehet nicht nach irgendeinem Ding...«

»Es ist Gut genug für die Heiligen vorhanden. Darum nehmt nichts mit als Geld und Kleidung und Kost auf den Weg...« »Wer ein Messer oder Spieß oder Büchse hat, die nehme er mit sich, und wer nicht hat, kaufe sie; denn der Herr wird uns durch seine mächtige Hand (...) erlösen.«

»Kommt alle zusammen eine halbe Meile von Hasselt beim Bergkloster, den 24. März gegen Mittag.«

Die Botschaft ist mit »Emanuel« unterzeichnet, und das heißt: Gottes Freund.

Wie im Rausch, aus einem Gefühl von Freude und Entsetzen zugleich, nun da die Spreu vom Weizen getrennt ist, von Machthunger und Furcht gleichermaßen angetrieben, zerstört das Volk der Erwählten Münsters vollends das, was noch von der alten Ordnung zeugt. Schuldverschreibungen und Gerichtsakten werden zerrissen und auf dem Domplatz in ein riesiges Freudenfeuer geworfen, das die Gesichter erglühen läßt und die Herzen entflammt. Glasfenster, Statuen werden mit Stöcken zerschlagen, Klöster geplündert, die Möbel zertrümmert, zu den Bildern der früheren Bischöfe, zu den Zithern, Lauten, Leiern, Notenbüchern ins Feuer geworfen. Alle religiösen Malereien an den Wänden werden übertüncht. Im Rathaus bemächtigen sich die Wiedertäufer des großen Stadtsiegels, das den Heiligen Paulus abbildet. Sie durchwühlen die Geheimarchive, zerreißen die Privilegien, Ratsbeschlüsse, Rechnungsbücher.

Nichts von dem, was Vergangenheit war, darf bleiben. Das Haus Gottes wird nackt und rein sein. Alles, was dem Dom und den reichen Wohnsitzen der Domherren entnommen wurde, wird auf dem großen freien Platz zwischen den Linden aufgestapelt, wodurch schon nach kurzer Zeit eine riesige Pyramide entsteht. »Das ist der Berg Zion!«, sagt jemand, und die Kinder laufen schreiend los und sagen es überallhin weiter: »Der Berg Zion! Der Berg Zion!« Der Name sollte bleiben und in der Folgezeit die geheiligtste der Ritual-Stätten der Auserwählten bezeichnen.

In jenen ersten Tagen der Belagerung beginnt das Zusammenleben sich zu organisieren. Der neue Rat – darunter ganz besonders die unzertrennlichen Bürgermeister Knipperdollinck und Kibbenbrock – nimmt sich seine Aufgabe besonders zu Herzen.

Zuallererst muß an die Verteidigung gedacht werden. Jedes der Stadttore wird durch zusätzliche Schanzen geschützt, die mit den Sarkophagen der Bischöfe, Domherren und vornehmen Frauen, dem Estrich der Kirchenböden, dem mit Erde gefüllten Chorgestühl befestigt werden. Ein gewisser Johann Uldan kommt auf die Idee, zwischen dem Servatiitor und dem Ludgeritor eine neue Art Schanze zu errichten: In die Tiefe der Anlagen werden Höhlen und Gänge gegraben, in denen die Artilleriegeschütze versteckt werden.

Jedem ist eine Rolle zugeteilt. Einige werden mit Ledereimern und frischen Rinderfellen ausgerüstet, um mögliche Brände zu ersticken und zu löschen. Eine Reservetruppe wird gebildet; im Alarmfall sollen die bewaffneten Männer auf den Domplatz eilen. Schießübungen werden veranstaltet. Im Garten Melchior von Bürens, des Obermundschenks des Bischofs, gießt man Kanonen und andere Kriegsmaschinen. Die Erde der Kellerräume wird gewaschen und gekocht, um Salpeter daraus zu gewinnen. Im Dom wird Pulver mit einer Handmühle hergestellt. Aus Flachs und Werg flechten Frauen Kränze, die im Ernstfall in brennendes Pech getaucht und zur Abwehr der an Leitern heraufsteigenden Feinde dienen. Sie üben sich darin, Kalk und Pech auf den Wällen zu kochen.

Die Ankömmlinge werden in den nunmehr reinen und leerstehenden Gebäuden der Kirche untergebracht: den Coesfeldern wird die Georgskommende, den Lüttichern das Fraterhaus zum Springborn, den Friesen das Niesing-Kloster, den Gildenhäusern das Minoritenkloster, den Warendorfern die Johanniterkommende zugewiesen. Der Friese Julius von Franeker, zum Bischof der Stadt ernannt und der einzige, der die Taufen vornimmt – zu taufen bleiben nur noch die Hinzukommenden –, bewohnt das Ringekloster. Und aus dem Kloster Rosental wird ein Gefängnis für Frauen, die ihren Männern nicht gehorchen sollten.

Einige übersiedeln in die schönen Wohnsitze der Domherren. Andere, wie Knipperdollinck, brechen die Mauern ihrer Häuser durch, um die angrenzenden Wohnungen in Besitz zu nehmen – wenn niemand mehr darin wohnen geblieben war –, damit die Güter nicht als herrenlos deklariert werden können.

Der Eifer aller geht so weit, daß der Einzelne niemals allein ist. Neben jedem befindet sich immer ein Bruder, der ihn verbessert, ihm hilft, sein Heil zu finden. So lösen sich zum Beispiel die »Gewaltmeister« nachts ab, um sich zu vergewissern, ob die Wachen auch wirklich ihren

Dienst mit wachem Auge versehen. Doch auch die »Gewaltmeister« selbst werden von den Ratsmitgliedern überwacht. So geschieht es, daß eines Nachts, als die Bürgermeister und einige Ratsmitglieder den Wehrgang ablaufen, diese ein großes Feuer über der Stadt sehen und in diesem Feuer zwei Schwerter, und zwischen den Schwertern mannshohe Flammen. Das ist ein Zeichen, so interpretiert Knipperdollinck, daß Gott selbst vor der Stadtmauer Wache halte.

Die Visionen kommen häufig vor. Einmal sehen sie, über den wie Spitzen durchbrochenen Giebeln und den Kirchtürmen, drei in der Luft schwebende Städte. In diesen erkennen sie Münster, Straßburg und Deventer: dort, wo Gott Sein heiliges Volk versammeln wolle, von wo aus Sein Wort und der Ruhm Seines Namens ausgehen soll. Knipperdollinck ist geradezu Spezialist hinsichtlich dieser wundersamen Erscheinungen. Eines Tages, als sie den Mond betrachten, behauptet er, darin Gesichter zu sehen, ja sogar Gesichter von Mohren. Manche sehen sie ebenso wie er, andere wiederum sehen nichts als das Übliche und halten sich für weniger heilig als die, die sehen.

Jan Matthys mischt sich nicht allzu sehr in das ein, was in der Stadt geschieht. Abwechselnd verfällt er in Schwärmerei oder tiefste Niedergeschlagenheit. Die, die ihn allmählich kennen, begreifen, daß er über etwas brütet – und daß Gott in ihm am Werk ist. Wenn er den Mund öffnet, um die Befehle des Vaters weiterzugeben: muß man da nicht sagen, daß seine Worte – nach der Heiligen Schrift – wie Feuer sind? Oder wie der Hammer, der die Steine zerschmettert?

In nahezu selbstverständlicher Weise werden die Güter der ausgewanderten Bürger eingezogen und vergemeinschaftet. Beauftragte sammeln Betten, Decken, Kleider, Weizen, Waffen, Kessel, Fässer, Zinntöpfe ein. Die verlassenen Häuser sind nur noch leere Gehäuse.

Dann wird verlangt, daß alle, die Kupfergeld besitzen, es zum Rathaus bringen, wo es ihnen umgetauscht werde.

Schließlich wird im Rat der Beschluß gefaßt, daß alle Güter allen gemeinsam gehören sollen. Die Prädikanten rechtfertigen diese Maßnahme in ihren Predigten:

»Der eine soll so viel haben als der andere ... es ist Gottes Wille, daß wir unser Geld beieinander sollen bringen ...« Matthys behauptet kategorisch: »Einem Christen gehört, kein Geld zu haben«, und Bernhard Rothmann beschwichtigt: »Was ihr bedürft, das sollt ihr kriegen. Gott soll euch keines Dinges lassen Gebrech haben.« Silber, Edelmetalle und Schmuck müssen aufs Rathaus, auf die Schreiberei gebracht werden, wo alles verzeichnet und aufbewahrt wird. Vier Schatzhüter werden ernannt, darunter Cort Cruse, der Goldschmied, der gegen die bischöfliche Justiz rebelliert hatte. Sie sollen die Ausgaben der Gemeinschaft überwachen und nötigenfalls sogar die Schulden von Christen gegenüber gottlosen Gläubigern tilgen. »Da sind ein Teil Leute gewesen in der Stadt«, schreibt Gresbeck, »die haben all ihr Geld aufgebracht; und ein Teil Leute haben ein Teil aufgebracht; und ein Teil haben nichts von allem aufgebracht (...) und haben noch ein wenig gezweifelt.«

Hierauf werden die Auserwählten aufgefordert, zu beten, damit der Vater sieben Männer aussuche, die die Güter der Gemeinschaft verwalten mögen. Am dritten Tag gibt der Rat die Namen derer bekannt, auf die Jan Matthys[25] durch göttliche Offenbarung gekommen ist. Die sieben werden zu Diakonen ernannt und zu Julius von Franeker, dem Bischof, geführt, der sie durch Handauflegung in ihrem Amt bestätigt. Ihre erste Amtshandlung besteht darin, die Güter der ausgewanderten Bürger zu verteilen und die leerstehenden Häuser den Bedürftigen zuzuweisen. In das Inventar nehmen die Diakone alles auf, »was ein jeder in seinem Hause hatte«. Über die Güter, die aufgelistet wurden, darf nicht mehr frei verfügt werden. Dann registrieren sie sämtliches Fleisch, Speck und geräucherten Schweinebauch, die aus den Klöstern herausgeschafft worden waren, und requirieren anschließend alles. Das Vieh wird gezählt. Reihum müssen sie unter dem Schutz bewaffneter Truppen Kühe, Pferde, Ziegen und Schafe zur Weide außerhalb der Stadtmauer führen, damit das Gras der Wiesen und Böschungen im Innern geschont werde.

Vor jedem der Stadttore wird ein Gemeinschaftshaus eingerichtet, in dem man gemeinsam die Mahlzeiten einnimmt. Die Diakone stellen das Essen bereit. Eine dazu ernannte Person bewirtschaftet das Haus und kocht. Mittags liest ein Junge jeweils ein Kapitel aus dem Alten Testament oder aus den Propheten vor. Wenn sie gegessen haben, werden von Luther ins Deutsche übersetzte Psalme gesungen.

Alles soll nunmehr frei und jedem zugänglich sein. Die Häuser müssen offen bleiben, so daß jeder jeden – wann er es wünscht – aufsuchen kann. Gestattet wird allerhöchstens ein Gatter vor der Tür, damit die Ferkel nicht in die Häuser laufen können. An jedem Stadttor stehen in permanenter Bereitschaft ein Hauptmann, ein Prädikant und ein Rottmeister. »Wir sind (...) auch eines Herzens und Mutes«, schreibt Rothmann überschwenglich.

Bernhard Rothmann, der geistige Urheber der ersten Maßnahmen, tritt allmählich in den Hintergrund. Ohne ihn wäre Münster wahrscheinlich noch eine katholisch beherrschte Stadt. Als hätte seine Rolle nur darin bestanden, das Auftreten Jan Matthys' zu ermöglichen, stellt er sich nunmehr in den Schatten des Bäckers aus Haarlem. Er war nur der Prophet jenes Messias' gewesen.

Dieser Messias, den Gott auf die Erde schickt, um das Goldene Zeitalter zu begründen, steht in der Pflicht, sich durch außergewöhnliche Taten hervorzutun, seine Herrschaft zu etablieren und das Leben in der Glaubensgemeinschaft zu gestalten. Mittlerweile aber empfindet die Bevölkerung Münsters – die überzeugten Wiedertäufer ebenso wie die Opportunisten unter ihnen – die Gegenwart der allzu eifrigen Zugewanderten und die Kompromißlosigkeit des Holländers Jan Matthys als bedrückend.

Eines Tages, als er Wache geht, erzählt Hubert Ruescher, ein hochgewachsener Schmied, der die Fastnacht sehr fröhlich gefeiert hatte, daß er an diesen Matthys nicht sonderlich glaube, ihn für »einen lügenhaften, albernen, verrückten und ungelehrten« Menschen halte, der »sich herausnimmt, andere zu lehren, obwohl er ohne Kenntnis des Herkommens in unserer Stadt ist«. Und er fügt hinzu: »Mag ihn für einen Propheten halten, wer da will; ich aber bin der Meinung, daß er ein scheißender Prophet ist!«

Ruescher wird denunziert, am darauffolgenden Morgen festgenommen und in den Turm gesperrt. In der Mitte eines aus fünf Reihen bewaffneter Männer bestehenden Kreises versammeln sich Propheten, Ratsmitglieder und Prädikanten. Ruescher wird vorgeführt, vor der versammelten Gemeinschaft beschuldigt, gegen Gott, seine Propheten, Apostel und Prädikanten gelästert zu haben: »Er müsse wohl den Teufel im Leib haben.« Der Schmied kann nicht leugnen. Es wird ihm bedeutet, daß er den Tod verdiene, weil Gott nichts Unreines in der Stadt dulde und daß »alles, was in Sünden ist, ausgerottet werden müsse«.

Tilbeck, der ehemalige Bürgermeister, und Redecker bitten mit Unterstützung weiterer Münsteraner darum – ohne gleichwohl den Schmied in Schutz zu nehmen –, daß er vor ein ordentliches Gericht gestellt und erst nach einem regulären Prozeß abgeurteilt werden möge. Matthys nimmt diese Einmischung sehr übel. Unverzüglich läßt er die beiden Notabeln festnehmen, fesseln und ins Gefängnis abführen. Jan van Leyden meldet sich nunmehr zu Wort. Aus Solidarität als Holländer oder weil er nicht ertragen kann, daß die Autorität seines Tauf-Vaters verhöhnt wird, engagiert er sich zum ersten Mal in einer Weise, daß sich sein ganzes späteres Schicksal zwangsläufig daraus ergibt.

»Ruescher«, verkündet er mit lauter Stimme, »darf keinen Tag länger leben.« Er greift nach einer Hellebarde, die in seiner Hand vibriert. »Die Gnadentür ist zu«, sagt er. Zweimal sticht er mit der Waffe in den Leib des Schmieds, ohne ihn durchbohren zu können. Ruescher fällt zu Boden. Man schafft ihn in den Turm.

Jan van Leyden verfällt daraufhin in eine Art Trancezustand, von dem man nicht genau sagen kann, ob darin der Komödiant, der Henker oder der Prophet, der Gottes Justiz vollzieht, zum Ausdruck kommt. Er reißt sich seinen Rock vom Körper, verwünscht alle Umstehenden, ruft, er sähe Gott, und Gott sei erzürnt, und er hielte in seiner Hand ein glühendes Schwert. »Ihr werdet alle im höllischen Feuer verbrennen!«

Die Männer werfen sich zu Boden, das Gesicht der Erde zugewandt, stehen wieder auf und schreien, ein Wunder sei geschehen.

Ruescher wird aus dem Turm geholt und auf den Domplatz geschleppt. Er wimmert, bittet um Gnade. Jan Matthys versucht, ihn in aufrechter Position an die Wand zu stellen, aber der Schmied läßt sich zu Boden sacken, legt sich bäuchlings auf die Erde, das Gesicht auf dem Straßenpflaster, die Arme ausgebreitet. Matthys greift nach einer Büchse, setzt sie ihm auf den Rücken und »schießt Ruescher da durch den Leib«, der sich herumwirft und jämmerlich schreit. Man trägt ihn in sein Haus. Jan van Leyden besucht ihn: »Er genest! Er genest!«, sagt er. Aber Ruescher stirbt. »Er war das erste Opfer des Volks Gottes«, lautet dazu Kerssenbrocks Kommentar. Die Hinrichtung Rueschers bestärkt Matthys noch in seiner Rolle als unangefochtene Führerfigur, aber er sollte nicht vergessen, auch Jan van Leyden gelegentlich zu würdigen: ihm sei offenbart worden, sagt er, daß dieser Jan ein großer Prophet werden und in der Welt einen herausragenden Platz einnehmen sollte.

Von nun an kümmert sich Matthys um alles, um das Predigen, um das Meditieren am Morgen, um die Zählung der Waffen, um die Verteidigungsübungen, um das Weiden der Viehherde, um die Wartung der Befestigungsanlagen, um die Verwaltung der Gemeinschaftsgüter. Jeder in seinem Aufgabenbereich ist von Eifer beflügelt. Die Wiedertäufer, im militärischen Exerzieren nunmehr bestens geübt, machen häufiger Ausfälle in das Lager des Bischofs. Am 6. März zum Beispiel ziehen sie durch das Hörstertor, stecken zwei Mühlen in Brand, töten einige Soldaten und kehren wieder um. Am 13. preschen sie im Nordwesten durch das Jüdefeldertor, werfen Brandfackeln in zwei Landgüter und töten einige weitere Soldaten. Am darauffolgenden Tag ziehen sie aus, diesmal zu Fünfhundert, um eine Ziegelei niederzubrennen, und entkommen nur knapp durch einen den Belagerern unbekannten Weg.

Beim Rückzug ergreifen sie einen Trommelschläger, schneiden ihm den Kopf ab und hängen ihn mit der Trommel auf die Spitze des Bispingtores. Der Krieg ist Wirklichkeit geworden.

Am nächsten Tag, dem 15. März, einem Sonntag, beschließt Jan Matthys, daß »niemand in der Stadt irgendwelche Bücher außer dem Alten und dem Neuen Testament besitzen, in die Hand nehmen oder lesen solle: denn sie allein genügten für das Heilsleben«. Alle anderen sollen unverzüglich auf den Domplatz gebracht werden. Ins Feuer geworfen und zu Asche verbrannt wird ein Berg von Büchern, deren Handelswert in der damaligen Zeit auf 20000 Gulden[26] geschätzt wird. Matthys' Absicht war dabei vor allem, die Kommentare und Auslegungen der Kirchenväter verschwinden zu lassen. In jenen Tagen befiehlt er auch allen Männern, sich mit ihren Hakenbüchsen und Harnischen auf dem Berg Zion zu versammeln. Als alle da sind, müssen die, die nach dem 26. Februar getauft wurden, aus den Reihen treten: Matthys ist der Meinung, daß sie »falsche Brüder« seien, daß sie nur deshalb die Taufe angenommen haben, um ihren Besitz zu bewahren. Ihre Gottlosigkeit, sagt er, gefährde das Heil der ganzen Gemeinschaft.

Die »falschen Brüder« – dreihundert Männer – werden gezwungen, ihre Waffen fallenzulassen und ihren Harnisch auszuziehen. Dann müssen sie sich auf die Erde legen. Eine ganze Stunde verharren sie in dieser Lage, jeden Augenblick den Tod erwartend. Dann erst werden sie in die St. Lamberti-Kirche gebracht, wo sie sich erneut auf den Boden hinlegen und darum beten müssen, »daß sie in der Stadt bei dem heiligen Volk bleiben dürfen«. In einem Rausch von Offenbarungen und Visionen verfallen einige in Trance, bereuen und bitten weinend um Vergebung. Ein Halluzinant brüllt und schlägt dermaßen um sich – er wirft sich zu Boden, steht wieder auf, zeigt auf das Gewölbe, fleht Gott an, jammert, schreit –, daß Jan van Leyden in die Kirche stürzt und sich den Reumütigen zuwendet: »Ihr habt Gnade von Gott bekommen«, sagt er, »Ihr sollt bei uns bleiben und ein

Heilig Volk sein.« Vermutlich trat er dazwischen, um den Zorn des furchterregenden Bäckers und Propheten zu besänftigen.

Die Zeit, in der sich die Wiedertäufer aus Holland in Münster einfinden sollen, der 24. März, um die Mittagszeit, rückt immer näher. In der Stadt wird damit gerechnet, daß die Freunde jedenfalls noch vor dem Osterfest, das auf den 5. April fällt, eintreffen werden, daß es Tausende und Abertausende sein werden und daß sie auf dem Wege dahin den Bischof, seine Domherren, seine Papisten und seine reformierten Verbündeten hinwegfegen und das Neue Jerusalem befreien werden.

In einer belagerten Stadt muß man warten können. Gewohnheiten bilden sich, Rituale, wie zum Beispiel das Stell-Dich-Ein unter den Linden des Domplatzes oder am Prinzipalmarkt, wie jene Spaziergänge in der Ruhepause auf dem Wehrgang, um den Feind Gottes herauszufordern, wie die Witze, die man über die allzu tägliche Heringsration macht, die körbeweise in die Gemeinschaftshäuser geliefert wird (in den Klöstern hatte man tüchtig auf die Fastnacht hingearbeitet!) und die man schließlich, angeekelt, den Tieren zum Fraß vorwirft.

(Aus Holland, Friesland, Brabant machen sich Tausende von Wiedertäufern, die durch Briefe und Sendboten aus Münster aufgerufen wurden, auf den Weg, um am 24., um zwölf Uhr mittags im Bergkloster, unweit von Zwolle, zu sein, dort, wo ein Prophet sie abholen soll. Fünf Schiffe werden bei Vollenhove abgefangen und versenkt. Um diese Zeit sind noch 21 auf See. Weitere Freunde haben sich des Klosters Kamp bemächtigt. Ihre Zahl wird jeden Tag größer, und ihr Ziel ist, das Neue Jerusalem zu befreien. Doch der kaiserliche Statthalter in Friesland, Georg Schenck von Tautenberg, zerschlägt die verschiedenen Ansammlungen und vernichtet die Wiedertäufer »durch das Schwert, durch Wasser oder Feuer«. Es waren ihrer ungefähr Fünftausend.[27])

In Münster wartet man immer noch. Der Karfreitag – es ist der 3. April –, für die Christen ein Tag der Trauer und der Betrübnis, wird mit großem Glockengeläute gefeiert. Es wird getanzt, gelacht, Kerzen werden angezündet, »um die Sitten zu verspotten«, schreibt Kerssenbrock. Dann kommt irgendwer auf die Idee, die besiegelte Urkunde des damals zwischen Bischof und Stadt abgeschlossenen Vertrages an den Schwanz einer alten Stute zu binden und sie in das Lager von St. Mauritz zu jagen.

Karsamstag, 4. April. Hat Matthys von dem Massaker an den Wiedertäufern aus Holland erfahren? Weiß er, daß die Verstärkung nicht mehr ankommen wird? An jenem Tag nimmt er mit Divara, seiner hübschen Frau, an einem Hochzeitsmahl teil. Man ist ausgelassen, denn »die Wiedertäufer«, erzählt Gresbeck, der Schreiner, »wollten alle mit dem Herrn fröhlich sein«. Als man das Gebratene auffährt, schlägt Matthys die Hände zusammen, wirft mit geschlossenen Augen den Kopf wimmernd hin und her. Dann endlich sieht es so aus, als komme er wieder zu sich. Er sagt: »Oh, lieber Vater, nicht wie ich will, sondern wie Du willst!« Dann drückt er jedem den Friedenskuß auf den Mund und geht mit Divara fort.

Ostersonntag, der 5. April. »Der Herr«, sagt Henoch, »ist mit seinen heiligen Myriaden gekommen, um über alle zu richten und alle Gottlosen von allen Gottlosigkeiten, die sie begangen haben, zu überzeugen.« An jenem Vormittag versammelt Jan Matthys, der neue Henoch, einige Männer als Ersatz für die heiligen Myriaden um sich und zieht, gelassen und stolz durch das St. Ludgeritor hinaus, als habe er nichts zu befürchten.

Die Nachricht spricht sich schnell herum, und die Schar der Auserwählten drängt sich auf den Wällen. Dort unten sieht sie, wie Jan Matthys auf die Landsknechte des Bischofs zugeht und sie herausfordert. Die kleine Truppe wird auf der Stelle umringt. Schüsse fallen aus allernächster Nähe. Matthys selbst wird von einem Spieß durchbohrt. Mit zerfetztem Bauch bricht er tot zusammen. Sein Körper wird alsbald »in hundert Stücke« zerteilt, mit denen sich die Soldaten im Spaß bewerfen. Sein Kopf wird auf einen Zaunpfahl augespießt. »Holt euch doch euren Bürgermeister wieder!«, rufen die Soldaten den Belagerten von Münster zu.

Von einem Propheten zum nächsten

Ein Mann Gottes – Aufruf – Streiche und Herausforderungen –
Nieder mit den Kirchtürmen – Der nackte Prophet – Die zwölf
Ältesten – Das Recht des Schwertes – Verordnungen – Das neue
Israel – Abendmahl – Im Lebensbuch des Lammes

Bestürzung, Todesstille. Das Volk der Auserwählten ist wie gelähmt.
Was haben wir Böses getan? Warum läßt uns Gott so im Stich? Man
wagt es nicht einmal mehr, sich in die Augen zu schauen. Wenn Jan
Matthys gestorben ist, so, weil Gott es wollte. Aber seit wann läßt
Gott seine Propheten sterben?
Es sei denn ... Durch die bedrückte Menge, aus der jedes Leben entwi-
chen ist und die nun mechanisch zum Berg Zion zieht, verbreitet sich
plötzlich wie ein Lauffeuer ein verheißungsvolles Gerücht: Jan Matthys wird in drei Tagen von den Toten auferstehen ... Er ist der neue
Christ, er ist der, auf den man gewartet hatte, und alle diese Dinge
sollen in Erfüllung gehen ... Die vor Hoffnung schier Wahnsinnigen
beschleunigen ihren Schritt ... Jemand muß ihnen jetzt sagen, daß sie
keine Angst haben, daß sie nicht zweifeln dürfen ... Aber die Kanzel
ist leer.
Sie sind wie eine Garbe, die sich gelöst hat, sie haben ihre Seele, ihre
Stärke verloren ...
Einige reden davon, sich dem Bischof zu ergeben, da keine Verstärkung mehr zu erwarten sei ... Oder sich zu töten, wie es von den Juden
erzählt wird, als die Römer in Jerusalem eindrangen ...[29]
Und plötzlich wird umrißhaft eine Gestalt erkennbar. Es ist Jan van
Leyden. Wer anders als er könnte von Jan Matthys erzählen? Er war
sein Freund gewesen, ein Holländer wie er, er verdankte ihm sogar

seine Taufe, und Jan Matthys hatte ihn für eine großartige Aufgabe auserkoren.

Jan van Leyden wirkt ernst. Er streckt die Hände aus: »Liebe Brüder und Schwestern«, sagt er, »ihr sollt um des willen nicht verzagt sein! Denn das ist Gottes Wille gewesen, daß er sterben sollte. Seine Zeit war gekommen!«

Die Menge hält den Atem an. Was geschehen ist, erklärt Jan van Leyden, sei ein gerechtes Urteil Gottes. Denn: Hatte Jan Matthys, bevor er in das feindliche Lager hinaustrat, tatsächlich auch zum Fasten aufgerufen? Hat er darum ersucht, daß man bete, um Gottes Hilfe sicher zu sein? Hat er nicht aus Hochmut gesündigt? Ist er nicht aus Eitelkeit seinem eigenen Ruhm nachgejagt und deshalb in den Augen des Allmächtigen für schuldig befunden worden? Kann man sich überhaupt vorstellen, daß etwas geschieht, ohne daß Gott es gewollt hat?

Übrigens sei er, Jan Bockelson, gar nicht verwundert ... Er wußte es ... Seit acht Tagen ... Er enthüllt, daß am Sonntag zuvor, während er schlief, der Vater ihm eine Vision gesandt habe. Er habe einen vom Spieß eines Soldaten durchbohrten Mann gesehen, und aus seinem aufgeschlitzten Bauch hätten sich seine Eingeweide auf die Erde ergossen ... Und der Mann mit dem Spieß habe zu ihm, Jan Bockelson, gesagt: »Fürchte dich nicht, Mann Gottes! Bleibe deiner Berufung treu!« Dann habe dieser ihm bestätigt, daß der Mann mit dem zerfleischten Bauch Jan Matthys sei und daß er dessen Frau nach seinem Tod heiraten solle. Über diese Offenbarung sei er so verwundert gewesen, daß er den Bürgermeister Knipperdollinck, bei dem er wohne, davon unterrichtet hätte, damit er bezeugen könne, »wenn es so geschähe«.

Knipperdollinck springt Jan van Leyden zur Seite. All das sei wahr, er könne es bestätigen, und er sähe darin das Zeichen, daß der hier anwesende Bruder ein Freund Gottes sei, daß der Vater durch seinen Mund rede und ihm Seine Liebe gäbe.

»O, Vater, o, Vater, gib die Liebe, gib die Liebe ...« stimmt die Menge an. Die aufgelöste Garbe schließt sich wieder, der geborstene Stein fügt sich wieder zu einem Block.

Fester geeint als je zuvor, aufgewühlt und durch diese gegensätzlichen Schockeinwirkungen wie zusammengeschmiedet, singt das Volk der Auserwählten im Überschwang seiner Dankbarkeit mit einer einzigen Stimme.

Und mögen auch unerschrockene Landsknechte nachts an das drehbare Aegidiitor Jan Matthys' Genitalien annageln: das ist nur ein Affront unter vielen anderen.

Jan van Leyden muß nur noch von der Zukunft reden, damit die Brüder und Schwestern nicht länger mehr an die Vergangenheit erinnert werden. »Ihr müßt«, sagt er, »Euer Werk fortsetzen ... und alle Ungerechtigkeiten und alles, was noch in Sünden ist, das muß ausgerottet werden ... Es ist eure Aufgabe, Ihr, die Auserwählten, die Ihr seid eingetreten in die apostolische Kirche ... Da nun das Vorbild bereit ist, so soll es über die ganze Welt sein, wie es hier begonnen wurde in dieser heiligen Stadt ...«

Wir sind nicht mehr allein.

Drei Tage später, und nachdem Jan van Leyden ganz selbstverständlich auf Jan Matthys' Platz gerückt ist, beschließt der Rat einen »Aufruf der Gemeinde Christi an die Belagerer« zu richten. Dessen Tenor ist gemäßigt, und die Vernichtung der Gottlosen steht keineswegs wie noch zu Zeiten Matthys' zur Debatte. Vermutlich möchte der neue Prophet die weniger Kriegslüsternen unter seinen Anhängern, wie Bernhard Rothmann und Hermann Tilbeck, beschwichtigen.

Der »Aufruf« wird auf der im Keller Knipperdollincks eingerichteten Presse gedruckt. Die Flugblätter werden mittels verschiedener Projektile – Steine, Pfeile – in die Lagerstellungen der Landsknechte befördert. »Höret, Ihr Völker!«, schreiben sie ... »Wir wollen nicht nur Frieden! ... Wir möchten auch brüderliche Liebe in Christo mit allen Menschen von Herzen unterhalten ... Wir hoffen, daß unter euch noch viele Fromme sein werden, die Gott und ihren Schöpfer lieben ...«

Sie schreiben, daß dieser Krieg, den man gegen sie führt, ihnen gegenüber niemals erklärt wurde, daß sie sich in Notwehr befänden und deshalb auch durch Gottes Wort geschützt seien. Sie geben eine »kurze Rechenschaft« über ihren Glauben ab, bekräftigen erneut, daß sie keine Sünden duldeten und daß sie bereit seien, jeden Schaden vierfach zu ersetzen, sofern sie ihn jemandem »außer dem Teufel oder seinem Anhang« zufügen sollten. »Gott ist unsere Zuversicht und Hoffnung, unser Schutz und Schild ...«

»Deshalb bekehret euch und erkennet, solange ihr könnt, eure Irrtümer, damit ihr nicht selbst für euer Verderben die Grube grabet. Denn wir wünschen die Bekehrung aller Menschen, damit sie mit uns selig werden. Wenn ihr dies Bekenntnis unseres Glaubens nicht für wahr haltet, werden wir es gestatten, daß eine gewisse, aber von uns zu bestimmende Anzahl eurer Kameraden komme und alles selbst überprüfe...«

»Denn Gott weiß, daß wir nichts suchen und wünschen als das Reich Gottes!«

Trotz dieser Ansätze zur Überredung geht das Spiel der gegenseitigen Verhöhnung und der Scharmützel weiter, das Herausfordern des Feindes hält die Truppen bei Stimmung. »Hierauf erdachten sie«, schreibt Kerssenbrock, »auf beiden Seiten allerlei Arten, sich zu verspotten und zu verhöhnen und reizten sich damit gegenseitig.« Landsknechte – zu allen Zeiten schon verachteten Söldner die Kleinkrämer – trotzen dem Geschoßhagel, um alte Stiefel an die Tore zu nageln oder – oft todesmütig – Handwerker und Kaufleute der Stadt Münster zu provozieren: »Flickschuster, mach dir diese zerschlissenen und zerrissenen Stiefel wieder!« Die Münsteraner wiederum jagen eines Tages einen zweispännigen Wagen, auf dessen Pritsche ein großes, dicht verschlossenes Faß liegt, aus der Stadt. Die Landsknechte preschen vor, stechen hinein und merken erst jetzt, daß es mit Menschenkot gefüllt ist. »Und noch unendlich vieles andere ersannen sie.« Von allen Provokationsakten besteht der harmloseste natürlich darin, sich gegenseitig den Hintern zu zeigen. Ein Junge, erzählt Kerssenbrock, tat das des öfteren an derselben Stelle, so daß die Schützen in Münster Zeit hatten, ihr Rohr genauestens zu justieren. Eines Tages – es mußte so kommen – wird der Junge voll getroffen, so daß »seine Glieder auseinanderflogen und über die Äcker umher zerstreut wurden« – Jubelschreie auf den Wällen.

Am Donnerstag, dem 9. April, wird Bernd Knipperdollinck seinerseits »vom prophetischen Geist« erfaßt. In äußerster Erregung ruft er, »das Hohe müsse erniedrigt werden«[30], wie es in der Heiligen Schrift geschrieben steht, das habe ihm der Vater durch Seinen Geist befohlen. Zuallererst müßten alle Kirchtürme, die Symbole der kirchlichen Arroganz, heruntergeholt werden!

Die drei geschicktesten Zimmerleute machen sich nun fleißig daran, das jeweilige Gerüst abzusägen und Winden aufzustellen. Die Türme stürzen mit solchem Krach auf die Häuserdächer, wirbeln soviel Staub auf, daß die Belagerer um Münster herum plötzlich innehalten, in der Meinung, die Stadt breche durch Gottes Willen in sich zusammen.

Der Turm der Martinikirche neigt sich nach Osten, ohne zu fallen. Nach mehreren Tagen vergeblichen Mühens fällt einem gewissen Trutelinck kraft Offenbarung ein, wie man ihn am besten herunterholen kann. Um sich auf dem mit dünnem Kupferblech gedeckten Dach der Kirche besser halten zu können, befestigt er spitze Sporen an Füßen und Knien und wappnet sich mit Spitzhacken. Um seinen Hals führt er ein langes Seil, das er zwischen Kreuz und Kugel um die Spitze zu binden gedenkt. Dann beginnt er zu klettern. Kaum ist er auf halber Höhe angelangt, da stürzt die Turmhaube auf die Kirche, reißt Trutelinck im Fall mit und begräbt den unter sich, der es gewagt hatte, sich dem Wunsch Gottes, den Kirchturm schief zu belassen, zu widersetzen – sagen die einen –, oder die göttlichen Anweisungen falsch verstanden hatte, behaupten die anderen.[31]

Jedenfalls entstehen durch das Kappen der Turmhauben vorzügliche Plattformen, die von den Münsteranern im Nu mit Artilleriegeschützen bestückt werden. In dieser Aufstellung, die Landschaft rundherum überragend, von treffsicheren Schützen bedient, verbreiten die Kanonen von diesem Tag an Unsicherheit im Lager des Bischofs, wo es inzwischen unmöglich geworden ist, zu mehreren um eine Trommel zu sitzen und den Würfelspielern zuzuschauen, oder abends an den Feuern Volksweisen zu singen.

Der Morgen dämmert. Jan van Leyden hat all seine Kleidung von sich geworfen. Er stürzt auf die Straße, als werfe er sich in die Fluten. Durch seine Schreie herausgelockt, treten die Brüder und Schwestern aus ihren Häusern: »Ihr Israeliten«, schreit er, »die ihr die heilige Stadt Jerusalem bewohnt, fürchtet den himmlischen Vater, und tut Buße für euer früheres Leben ... Der erhabene König von Zion will unter dem schrecklichen Schall einer Posaune mit vielen tausend Engeln herabsteigen!« So läuft er durch die ganze Stadt. Man sieht nicht, daß er nackt ist – nur daß er rein ist und voller Demut. Plötzlich aber schweigt er und läuft ins Haus Knipperdollincks zurück, wobei er seinen Hals mit beiden Händen festhält. Durch Gesten gibt er zu verstehen, daß er stumm sei, verlangt nach Papier, schreibt auf, der Vater habe ihm die Zunge gebunden und er dürfe nicht vor dem dritten Tag reden.

Drei lange Tage des Wartens und Betens um diesen in sich versunkenen Mann, der mit Gott kämpft.

Am dritten Tag bittet er das Volk der Auserwählten, sich auf dem Berg Zion einzufinden. Dort verkündet er ihnen, daß es Gottes Wille sei, daß das Volk Israels durch eine neue Verfassung regiert werden solle. Der Vater befehle, den Rat abzuschaffen und ihn durch zwölf besonders ergebene Männer, deren Namen er bekanntgibt, zu ersetzen. Diese zwölf tauft er »die Ältesten der Stämme Israels«. Von ihnen gehen nunmehr alle Entscheidungen aus.[32] Unter den Zwölf sind sechs Münsteraner sowie sechs Brüder von außerhalb, die die verschiedenen Einwandererkontingente vertreten. Der erste unter den Ernannten ist Hermann Tilbeck, Patrizier und ehemaliger Bürgermeister, der die Geschichte und das Wesen Münsters verkörpert.

Einen nach dem anderen führt Jan van Leyden die zwölf Ältesten dem Volk vor und gibt jedem ein Schwert in die Hand:

»Nimm hin«, sagt er, »das Recht des Schwertes, das dir von Gott durch mich übertragen wird, und brauche es nach dem Befehle Gottes.«

Tilbeck bricht vor Ergriffenheit zusammen:

»O, mein Vater, ich bin eines solchen Amtes nicht würdig ... Gib mir also Klugheit und Kräfte ...«

Knipperdollinck wiederum, dessen Visionen diejenigen Jan van Leydens möglicherweise durchkreuzen, wird zum Schwertführer ernannt; im Namen des Prinzips, das er selbst erhoben hatte – das Hohe müsse erniedrigt werden – wird der ehemalige Bürgermeister zum Scharfrichter, dem damals in der Gemeinschaft meistverachteten Amt, wird zum Namenlosen, zum Ausgestoßenen.

Bernhard Rothmann meldet sich zu Wort, um all das Gute herauszustellen, das von einer gottgewollten neuen Ordnung zu erwarten sei, die man ja auch durch sein Gebet stützen solle.

Das Volk der Auserwählten fällt auf die Knie und stimmt mit ihm das Gloria in excelsis Deo an. Die ersten sprießenden Blätter an den Bäumen des Domplatzes zeugen davon – wenn jemand noch Zweifel haben sollte –, daß hiermit eine neue Welt anbricht.

Die Ältesten haben die Auflösung des Rats beschlossen, die bis dahin gültige Verfassung außer Kraft gesetzt und neue Gesetze erlassen. Ihre Versammlung halten sie vor einer aufgeschlagenen Bibel ab; ihre Anregungen entnehmen sie einzig und allein der Heiligen Schrift. Gott tut seinen Willen durch Jan van Leydens Stimme kund.

Die ersten der von den zwölf Ältesten erlassenen Verordnungen, allesamt von der Heiligen Schrift ausgehend, begründen einen neuen Moralkodex:

»Gnade und Friede über alle, die Gott fürchten!« besagt da die Präambel. »Wir haben in einer Tabelle kurz zusammengefaßt und jedem einzelnen vor Augen gestellt, was er zu tun und zu lassen hat.«

»Seien wir die wahren Brüder und Miterben Christi.« »Es ist keine

Obrigkeit ohne Gott; die sich aber widersetzen, werden über sich selbst ein Urteil empfangen.«

Mit dem Tod geahndet wird im besonderen:

1) Die Gotteslästerung.
2) Wer über die Obrigkeit flucht.
3) Die Beschimpfung seiner Eltern und die Auflehnung gegen ihre Autorität. Der Ungehorsam der Frau gegenüber dem Mann.
4) Der Ungehorsam des Gesindes gegenüber seinem Hausherrn und das Versäumen von Pflichten des Hausherrn gegenüber seinem Gesinde.
5) Der Ehebruch.
6) Die Hurerei und Unzucht jeder Art.
7) Der Geiz und die Raffsucht.
8) Der Diebstahl.
9) Der Betrug und die Übervorteilung.
10) Das Lügen und die Verleumdung.
11) Das schändliche Reden und die müßigen Worte.
12) Der Streit, der Zorn und die Mißgunst.
13) Die Verleumdungen, das Murren und der Aufruhr im Volke Gottes.

Zum Schluß wird besonders darauf verwiesen, daß »wer sich nun mit diesen oder ähnlichen, der heilsamen und gesunden Lehre Jesu Christi entgegengesetzten Sünden befleckt, mit dem Schwert durch die von Gott gesetzte Obrigkeit aus dem Volke Gottes ausgerottet werden« soll.

»Selig sind«, heißt es im Schlußwort, »die zu den Toren eingehen in die Stadt«, wie es in der Apokalypse (XXII, 15, 16) steht. »Draußen aber sind die Hunde und die Zauberer und die Hurer und die Totschläger und die Abgöttischen und alle, die die Lügen lieben und tun!«

Wenn die Sünden zu Verbrechen erklärt werden, so heißt das, daß das Münsterische Reich Gottes Ordnungsgewalt untersteht und nicht der der Erde und des Jahrhunderts. Weit davon entfernt, darin einen Einbruch im demokratischen Leben der Stadt zu erblicken, sind die Auserwählten der festen Überzeugung, der Restitution der ursprünglichen evangelischen Gemeinschaft einen Schritt nähergerückt zu sein. Mit jenem Gespür für das augenblicklich Opportune, das allen historisch bedeutenden Männern eigen ist, nimmt Jan van Leyden die Gelegenheit wahr, die zwölf Ältesten zu einer umfassenden Verfassung anzuregen, die bis in die kleinsten Einzelheiten das soziale, militärische und wirtschaftliche Leben regeln soll.

Dies ist die erste Welle der im April 1534 von den Ältesten erlassenen Verordnungen: »Von jedem Einwohner des Hauses Gottes und von dem Volk Israels treu und unverbrüchlich einzuhaltenden Pflichten und Artikel«. In Zukunft:

1) soll alles, was die Heilige Schrift gebietet oder verbietet, eingehalten werden;

2) soll jeder seinen Beruf fleißig verrichten und die von Gott eingesetzte Obrigkeit achten.

3) Jeder der zwölf Ältesten soll einen Diener haben.

4) Fünf der Ältesten sollen die Wachen Tag und Nacht beaufsichtigen.

5) Jede Nacht soll einer der Ältesten alle Wachen auf den Wällen, Mauern und an den Toren inspizieren.

6) Jeden Tag zwischen 7 und 9 Uhr morgens und zwischen 2 Uhr und 4 Uhr nachmittags sollen sechs der Ältesten auf dem Prinzipalmarkt sich aufhalten, um Streitigkeiten zu schlichten.

7) Der Prophet Jan van Leyden soll die Beschlüsse der Ältesten verkünden und vortragen.

8) Der Schwertträger soll alle durch das Gesetz vorgesehenen Sanktionen ausführen. Wird der Übeltäter bei frischer Tat ertappt, so soll er den Ältesten vorgeführt werden, welche an Ort und Stelle ihr Urteil fällen.

9) In den Gemeinschaftshäusern sollen die Speisemeister den Brüdern und Schwestern die vorgesehenen Gerichte servieren; diese haben nichts anderes als das zu fordern.

10) Die Tagewachen sollen erst mit der zweiten Schicht speisen.

11) Die Fischmeister, Christian Kerckerinck und Hermann Redecker, sowie ihre Diener, sind die einzigen, die zum Fischen ermächtigt sind. Diese sollen Kranken und Schwangeren keinen Fisch verweigern.

12) Zwei Schlachtermeister (namentlich erwähnt) sind mit dem Schlachten und dem Verteilen des Fleisches beauftragt.

13) Drei Schuster (namentlich erwähnt) und ihre sechs Gesellen sollen alle Schuh- und Reparaturarbeiten verrichten.

14) Sechs Schmiede (namentlich erwähnt) sollen für alle arbeiten. Zwei weitere – darunter Heinrich Mollenhecke – sollen ihre Arbeit nur für die Obrigkeit leisten.

15) Ein Nägel-Macher (namentlich erwähnt) und seine Gesellen sollen Nägel herstellen.

16) Vier Schneidermeister sollen für die Kleidung sorgen. Sie sollen

darauf achten, daß keine neuen und ungebräuchlichen Kleider-schnitte aufkommen.

17) Niemand soll zerrissene oder zerschnittene Kleider tragen.

18) Alle Beschlüsse der Ältesten sollen von Heinrich Krechting aufge-zeichnet werden.

19) Zwei Männer sind für die Überwachung von Geschützen und Büchsen verantwortlich.

20) Ein Mann (namentlich erwähnt) hat für den Wein »für Alte und Gemütsleidende« zu sorgen.

21) Vier Männer, darunter Cort Cruse, sind für die Vorräte an Gold und Silber, für ihren rechten und rechtmäßigen Gebrauch verant-wortlich. Sie müssen darauf achten, daß nichts unnütz ausgegeben wird und daß alles zum öffentlichen Nutzen verwendet wird.

22) Zwei Gerber (namentlich erwähnt) sind mit der Lederbereitung und mit der Gerberei beauftragt.

23) Zwei Tierärzte (namentlich erwähnt) sind für das Vieh verantwort-lich; sie sollen vor allem dafür sorgen, daß das Futter nicht ver-schwendet werde.

24) Vier Männer, darunter Kibbenbrock, haben für die Verstärkung der Befestigung Sorge zu tragen; sie sollen nichts Neues errichten, ohne die Ältesten davon zu unterrichten.

25) J. Krechting soll allen verfügbaren Raps in die Ölmühle bringen und das Öl aufbewahren.

26) Ein Mann (namentlich erwähnt) hat für die Süßmittel und die Ge-würze zu sorgen.

27) Die Ältesten werden selbst für Bier und Brot sorgen, so daß keiner Mangel leide.

28) Ein Mann (namentlich erwähnt) soll den Schutt und die Trümmer abtragen; zu diesem Zweck soll er einen zwei- oder vierspännigen Wagen besorgen; er soll das Kupfer, Blei, Zinn von den herabge-stürzten Kirchtürmen und Spitzen einsammeln.

29) Jeder Fremde, ob Bruder, Landsmann oder Verwandter, der in die Stadt kommt, soll Bernd Knipperdollinck sofort vorgeführt wer-den.

30) Ein getaufter Christ soll mit einem Neuankömmling sich weder in ein Gespräch einlassen noch mit ihm essen.

31) Das Angeln und Fischefangen durch irgendeine List ist verboten.

32) Es ist bei Todesstrafe verboten, das Feldzeichen zu wechseln und von einer Abteilung zur anderen überzuwechseln.

33) Wenn ein Christ stirbt, ob von den Feinden getötet oder aus einem anderen Grund, sollen seine Hinterlassenschaft und seine Waffen Bernd Knipperdollinck gebracht werden. Dieser übergibt sie den Ältesten, die darüber entscheiden werden, wem sie zugesprochen werden sollen.

Diese Reihe von Verordnungen, wobei der Prophet nur als Sprachrohr der Entscheidungen der Ältesten fungiert, institutionalisiert eine Machtübernahme. Die frühere traditionelle Ordnung, Bürgermeister – Rat – Gilden, ist abgeschafft. Nur die Männer an der Spitze des Neuen Israels sind die gleichen geblieben, zumindest ein Teil von ihnen, aber sie müssen jetzt ihre Rechte und Pflichten mit den Vertretern der Zugewanderten teilen. Gewiß, die Tatsache, daß die Maßnahmen nach außen hin – in Anbetracht des Belagerungszustandes und des biblischen Anspruchs – vernünftig und verständlich erscheinen, trägt zur Erhärtung der Vorstellung bei, wonach das Reich Münster mit seinen Neuerungen und seinem biblischen Bezug wirklich dazu ausersehen ist, als Versammlungsstätte der Heiligen zu dienen und die Gottlosen zu vernichten.

Zur Feier der neuen Ordnung wird in jedem der Gemeinschaftshäuser an den Stadttoren ein Abendmahl zelebriert. Vierhundert Gäste sind es jedesmal, die sich wie zu einem »Hochzeitsmahl« einfinden, nachdem sie sich gereinigt haben. Jene, die zerstritten waren, müssen sich vorher versöhnt und einander vergeben haben. Die, die noch Geld oder Silber haben, müssen es abliefern.

Während Gebratenes und Bier gereicht werden, gehen die Prädikanten durch die Tischreihen und predigen.

»Glaubt ihr auch, daß es ein richtiges Abendmahl ist, wie Christus es eingesetzt hat?« fragen sie.

»Ja«, wird ihnen geantwortet.

»Seid ihr bereit, um Gottes Willen alles zu erleiden?«

»Ja.«

Nach dem Abendmahl pflegen die Prädikanten runde, handgroße Kuchen anzubieten. Sie legen sie auf die Tische und sagen:

»Seht, liebe Brüder und Schwestern, gleich wie wir euch vormachen, so sollt ihr uns nachtun alle zusammen.« Langsam brechen sie den Kuchen in zwei Teile, essen die eine Hälfte und bieten die andere an und trinken dann einen Schluck Wein dazu. Alle tun es ihnen nach. Und gemeinsam singen sie einen Psalm, der den Abschluß der Cena, des ritualen Abendmahls im Gedenken an Christus, bildet. Die Prädikanten stellen sich anschließend an die Tür des Gemeinschaftshauses, schütteln die Hand und geben jedem Bruder und jeder Schwester den Friedenskuß:

»Geht im Namen des Herrn«, sagen sie, »und Gottes Friede sei mit euch.« Dann setzen sich die wachhabenden Männer an die Tische.

Der neue Prophet, der ehemalige Schankwirt der »Drei Heringe«, Jan van Leyden, reitet von einem Abendmahl zum anderen. Man könnte glauben, daß er überall gleichzeitig ist.

Münster, die Perle Westfalens, ist zu dieser Zeit tatsächlich »die Heilige Stadt Jerusalem, herniederfahren aus dem Himmel von Gott, die hatte die Herrlichkeit Gottes (...) und wird nicht hineingehen, irgendein Unreines und nicht, der da Greuel tut und Lüge, sondern allein, die geschrieben sind in dem Lebensbuch des Lammes«.

Sobald Jan van Leyden erscheint, zerfließen die Brüder und Schwestern vor Dankbarkeit und Liebe. Er wird geachtet und verehrt »wie einzig nach dem Vater«[34]. Und um der Gewißheit, daß man im Besitz der Wahrheit ist, noch mehr Nachdruck zu verleihen, zieht einer der Wiedertäufer des Nachts aus, um das Dorf Wolbeck anzuzünden, wo ein Teil der Heeresführer des Bischofs sich aufhält und wo alle Schießpulvervorräte lagern!

VIII

Der Sturm

Schatzung und Fronarbeit – Intrigenspiel – Zweitausendacht-
hundert Kanonenkugeln – Zwei Tage Verspätung – Gottes Ehre
– Nachtwache – Sturmangriff – Noch einmal von vorn – Aufruf
an alle Fürsten – Dringlichkeit – Ein Feuer vom Himmel gefallen
– Blutdürstige Hunde – Smöker wechselt das Lager – Wie eine
Erdwalze

Im Mai ist der Sold wiederum ausgeblieben, und der Bischof weiß
nicht, wie er das nötige Geld aufbringen soll. Dem Kölner Erzbischof, der ihm seinerzeit Hilfe zugesichert hatte, schickt er eine Ge-
sandtschaft, aber die Boten kommen mit leeren Händen zurück; das
einzige, was sie heimbringen, ist die Verwunderung des Erzbischofs:
wie solle man sich erklären, daß noch kein Angriff auf Münster erfolgt sei?
So beginnt Bischof Franz von Waldeck alles zu Goldgulden zu machen. Zuerst leiht er sich 25 000 vom Adel und von der Kaufmann-
schaft. Die Zinslast haben die Gemeinden zu tragen. Der Klerus muß
eine Abgabe von etwa 10 % von seinen jährlichen Einnahmen leisten.
Erhoben wird auch eine »Pflug- und Viehschatzung«, die nahezu
45 000 Goldgulden erbringt, was allerdings äußerste Unzufriedenheit
aufkommen läßt: ein Stift in Osnabrück weigert sich, die abverlangten
500 Gulden – mit dem Hinweis, er habe bereits 800 »gegen die Türken«
als Kleinodienschatzung aufgebracht – zu zahlen.
Etliche Bauern, die zu Schanzarbeiten herangezogen werden, verweigern die Zahlung der Viehschatzung. Coesfeld setzt eine Befreiung von
dieser Steuer und einem Großteil der »Pflugschatzung« mit dem Argu-
ment durch, daß die Gemeinde bereits der Reiterei Unterkunft gewäh-
re.
Am 15. April hatte der Bischof Philipp von Hessen die Landsknechte

zurückschicken müssen, die dieser ihm ausgeliehen hatte und die er für seinen Feldzug in Württemberg braucht. Einige Tage später wird dieser Verlust durch das Einrücken der von Hauptmann Steding in Sachsen angeworbenen Truppen wieder wettgemacht. Außerdem bringt der »burgundische« Statthalter Schenck von Tautenberg – jener Mann, der einen Monat zuvor die Nachhut der Wiedertäufer zerschlagen hat – dem Bischof 4000 Gulden und 41 Fässer Schießpulver, was dem Gerücht einer möglichen Intervention der Habsburger und Burgunder Nahrung gibt.

Philipp von Hessen ist zwar Protestant und durchaus willens, der wiedertäuferischen Ketzerei ein Ende zu bereiten, deswegen aber keineswegs ein bequemer Bundesgenosse für den katholischen Franz von Waldeck; den Hessen bewegt die Furcht, daß die Münsteraner Söldner gleich nach dem Sieg von den Habsburgern – seinen Feinden in Württemberg – abgeworben werden. Die rheinischen Fürsten von Köln, Kleve und Trier tun ihrerseits alles in ihrer Macht Stehende, um Zwietracht zwischen dem Bischof und seinen hessischen und habsburgischen Verbündeten zu säen. In Anbetracht des damaligen Zersetzungszustandes des Reiches hängt der Frieden in dieser Region nur noch von dem empfindlichen Gewebe aus Bindungsängsten und übergangenen Allianzen ab; jede Initiative des einen oder des anderen gefährdet allzeit das Gleichgewicht des Gesamtgebäudes, das dann Stück für Stück – eine Handvoll Landsknechte hier, ein feierliches Versprechen dort, ein ausgleichender Verrat, einige Tausend Gulden – wieder ins Lot gebracht werden muß. Ein leichtes Spiel für die Wiedertäufer, den Zynismus der Großen dieser Welt und deren Geringschätzung des Seelenheils der Menschen anzuprangern.

Am 7. Mai, einem Donnerstag, trifft der Bischof mit den Fürsten von Köln und Trier sowie dem Herzog von Kleve in Neuß zusammen; jeder von ihnen erklärt sich bereit, für den bevorstehenden Angriff zweihundert Reiter und hundert Schanzarbeiter bereitzustellen, zusätzlich zu der 10 000 Goldgulden betragenden Anleihe und den vier Fähnlein Söldnern jeweils. Zum Ausgleich dafür ernennt jeder Fürst je zwei Kriegsräte, deren vorherige Zustimmung bei jeder entscheidenden Kriegsoperation eingeholt werden muß.

Nichts von alledem wird in der vereinbarten Zeit in die Tat umgesetzt, als habe es sich für die rheinischen Fürsten nur darum gehandelt, die Dinge zu verschleppen und einen Keil in die Bündnisse des Bischofs mit Philipp von Hessen und dem Hause der Habsburger und Burgunder zu treiben – letztere stehen übrigens in Verdacht, die Hand auf Münster legen zu wollen. Der hochmütige, starrsinnige, ungeduldige Bischof beschließt, diesem ewig andauernden Belagerungszustand, seinen Schulden und dem Intrigenspiel der großen Diplomatie auf einen Schlag ein Ende zu machen. Er befiehlt, den Angriff vorzubereiten.

Der Kriegsrat Franz von Waldecks hat, wie wir wissen, beschlossen, den Außengraben, der um die Stadt herumführt, in Höhe des Jüdefeldertors trockenzulegen. Zuerst hatte eine vorgeschobene Schanze zum Schutz der Erdarbeiter gegen die Belagerten errichtet und anschließend das unterirdische Durchbrechen des Ufers in Angriff genommen werden müssen. Dreihundert in vier Schichten eingeteilte Bauern lösen sich dabei Nacht für Nacht, unter der Anleitung von Baupionieren, ehemaligen »Berggräbern« aus Sachsen, ab. Es reicht jedoch nicht aus; die Arbeiten kommen nicht voran. Weiterhin entschlossen, die Dinge zu beschleunigen, wendet sich Franz von Waldeck an die Bauern der Nachbardiözese. Daraufhin schickt das Emsland sechshundert Männer für Sonntag, den 10., Cloppenburg vierhundert noch vor dem 17., usw. ... Zwei Wochen lang gleicht die Schanze einem gut abgeschirmten wahren Ameisenhaufen, in dem endlich und trotz des Artilleriebeschusses durch die Belagerten die Arbeit gut vorankommt.

In der sicheren Erwartung, daß der Außengraben schließlich doch trockengelegt wird, befindet der Bischof am 13. Mai, daß der Sturmangriff am 24. im Morgengrauen stattfinden soll, am Pfingstsonntag also, und dies nach einer viertägigen Beschießung.

Auf allen Stufen der Militärhierarchie herrscht jetzt der Befehl: Klarmachen zum Gefecht. Zu diesem Zeitpunkt zählt man über 6000 rund um die Stadt aufgeteilte Soldaten, die nur auf diesen Augenblick gewartet haben.

In jedem Lager stehen zwölf Wagen zum Transport von Sturmgerät bereit: Leitern, Enterhaken, Schilde, Munition. Gespanne von je 10 Pferden sollen sie bis zum Graben ziehen. In der Nacht vor der Erstürmung sollen Reisigbündel in dem schlammbedeckten Graben aufgestapelt werden, um das Passieren zu erleichtern.

Die Beschießung soll am 19. einsetzen. Die fünfunddreißig Artilleristen erhalten Befehl, täglich je zwanzig Kugeln abzufeuern und dabei vorzugsweise auf Türme und Verteidigungsanlagen zu zielen. Siebenhundert Kanonenschüsse täglich, und dies vier Tage lang, das bedeutet 2800 Kugeln aus Eisen und Stein insgesamt: Münsters Verteidigungsanlagen können unmöglich unbeschädigt davonkommen.

Unter den Belagerten flüchten einige von Angst ergriffen – die nur geblieben waren, um ihre Güter zu retten. Den Hauptleuten des Bischofs berichten sie, die Wiedertäufer sähen dem Sturm gelassen entgegen, jeder an dem ihm zugewiesenen Posten, ausgerüstet mit enormen Mengen an Gerät, um die Steigleitern abzuwehren, an Steinen und Pech, um die Angreifer damit zu bewerfen, an Fackeln und Reisigbündeln, die sie in Brand stecken wollen … Sie befänden sich in einem Zustand äußerster Erregung und bereiteten sich auf den Endkampf vor, bei dem Gott in der Mitte seiner Auserwählten erscheinen solle.

Am 16. Mai, drei Tage vor dem festgesetzten Beginn der Beschießungsaktion, wird das Bischofslager von einer Sturmtruppe der Belagerten überrascht, die dreizehn Feldgeschütze und eine Notschlange – die dem Erzbischof von Köln gehörte – zerstören, die Räder der Versorgungswagen zerschlagen, zwei Tonnen Pulver zerstreuen und ungefähr dreißig Tote hinterlassen, bevor sie mit drei Gefangenen heimkehren. »Heute abend gegen vier Uhr«, schreibt einer seiner Kriegsräte an den Fürsten von Kleve, »ist eine gewisse Anzahl Bürger der Stadt über uns hergefallen …«

Am nächsten Tag richten die drei Gefangenen einen Brief an ihre Freunde mit der Bitte um Entsendung einer Abordnung nach Münster, die über den Gefangenenaustausch verhandeln soll. An diesem selben Sonntag erhalten die Belagerer unerwartet Verstärkung durch einen Hauptmann und seine sechshundert Söldner, die vom Norden her kommen, wo sie keine Arbeit mehr gefunden haben.

Die Instandsetzung der Artilleriegeschütze zwingt den Bischof, den für die Beschießung und den Sturm vorgesehenen Termin um zwei Tage zu verschieben. Zwei Tage mehr oder weniger: man fragt sich ohnehin, wie Münster diesem gewaltigen Unternehmen standhalten soll. Der Landgraf von Hessen teilt dem dänischen König in einem Schreiben mit, daß die Landsknechte des Bischofs in zwei Wochen spätestens frei sein werden, ferner, daß er sie sich schon jetzt sichern sollte, um zu verhindern, daß sie sich bei den Habsburgern verdingen.

Am 20. lassen die Wiedertäufer dem Bischofslager zwei Antworten auf Botschaften überbringen, die sie in den vorangegangenen Tagen erhielten:

»Antwort der Gemeinde Christi zu Münster an die Belagerer Albert von Belzig und Jörg von Wolframsdorf:

Wir, die Ältesten der Gemeinde Christi in Münster ... haben das an uns gesandte Schreiben in seinem Inhalt gut verstanden. Darin habt ihr uns zu verstehen gegeben, daß ihr die Sache überlegt, mit uns ins Gespräch zu kommen.

»(...) Wir sind jederzeit bereit, mit euch oder sonst jemandem zu sprechen, auch Gottes Ehre und dem Besten Rede zu stehen, ja über unseren Glauben und unser Leben und ganzes Handeln jedermann Rede und Bescheid zu geben.«

Sie schreiben, daß sie »ein redliches Gespräch« wünschen, »damit die ganze Welt in Erkenntnis der Wahrheit mit Gott Frieden schließe«.

Vorausgesetzt natürlich, man könne sich über die Bedingungen eines solchen Treffens einig werden: wie weit vor dem Tor, wer, welche Losung ...

Erneut weisen sie darauf hin, es ließe sich rasch eine Lösung finden, wenn Fürsten und Lehnsherren bedächten, »wider was und gegen wen sie Krieg führen«. Sie erwarteten eine schriftliche Antwort.

»Fürchtet Gott und gebt ihm die Ehre.«

Ein weiteres Antwortschreiben ergeht diesmal an den Bischof: seine Aufforderung zur Kapitulation wird schlechterdings abgelehnt:

»Dieweil die Wahrheit ja auf Erden kein Recht finden oder Wohnung haben kann, so wollen wir Gott, unseren Herrn, der im Himmel wohnt und der Gottlosen spottet, Richter sein lassen.

Sonst sind wir auch wohl geneigt, über unser Handeln jedermann Rede und Antwort zu geben und deswegen zu uns kommen zu lassen und freundliche Gespräche abzuhalten.

Und so es sich als wahr erwiese, daß wir einen gottlosen Vorsatz hätten, wollen wir nicht allein davon ablassen, sondern auch der Strafe Gottes und der ganzen Welt unterworfen sein.

Wir wollen darüber hinaus E. G. Trachten nach unserem, auch unserer Weiber und Kinder Blut zu vergessen suchen, und darin Unsern Gn. Herrn Gott befehlen, der richte zwischen uns und unseren Feinden!«

Doch bald sind es nicht mehr Briefe, die man austauscht. Am 22., dem Freitag vor Pfingsten, soll die Beschießung Münsters beginnen. Dem revidierten Plan entsprechend wird der Angriff erst vier Tage später stattfinden, am Dienstag, dem 26. Mai also, in den frühen Morgenstunden.

Der längste Tag ist der Montag nach Pfingsten, der Tag vor dem großen Angriff, untermalt von dem ständigen dumpfen Bollern der Artillerieschüsse, deren Einschläge auf den Mauern der Stadt aufmerksam verfolgt werden. Bei den Belagerern steht alles bereit. Die Degen sind geschärft und poliert, die Spieße gewetzt, die Hakenbüchsen justiert, die Pulversäcke gefüllt, die Bleikugelvorräte überprüft, das Leder gefettet, die Kürassen auf Hochglanz geschliffen.

Die Landsknechte werden an ihren Eid erinnert, »sich an alle Kriegsartikel, wie es rechten und guten Soldaten ziemt, zu halten«. Die Männer, die als erste die Gräben passieren und die Steigleitern hochklettern sollen, werden bestimmt; als Belohnung für ihren Mut wird ihnen doppelter Sold und besondere Achtung zugesichert. Die Rolle ist so riskant, daß es mangels Freiwilliger sogar vorkommt, daß man sie den zum Tode Verurteilten mit dem Versprechen einer Begnadigung anvertraut. Man schenkt den Männern, die in Ermangelung von etwas Besserem die Zeit mit Würfelspielen, Frauen und Berichten von Kämpfen totschlagen, reichlich Bier und Wein ein.

Inzwischen sind die obersten Feldherren um den Bischof versammelt. Letzte Befehle, letzte Einzelheiten.

Im Lager Nr. 3, nahe der Schweinetränke, gegenüber dem Jüdefeldertor, sind die »Geldrer« nach reichlichem Biergenuß in einen dumpfen Schlaf gesunken. Am Spätnachmittag schlägt einer von ihnen, noch benebelt, träge ein Auge auf, sieht die Sonne am Horizont, springt auf die Füße und ruft: »Der Morgen dämmert: Alarm! Alarm!« Die anderen springen hinterher, greifen in Windeseile zu ihrer Ausrüstung und preschen taumelnd zum Graben vor. Ihr gewaltiges Lärmen entfesselt die gesamte mit Mühe und Not gezähmte Gewalt. Es ist wie ein Damm, der bricht. Tausende von Menschen setzen nun in einem apokalyptischen Durcheinander zum Sturm auf Münster an, bleiben im Graben stecken, wo die Reisigbündel noch nicht angebracht sind, befestigen die Leitern so gut sie können, liefern sich der verbissenen Abwehr der Belagerten aus. Die Hauptleute folgen ihren Männern, die obersten Feldherren ihren Hauptleuten...

Zwei Stunden später, als die Nacht anbricht, sieht man sich vor der unabweisbaren Notwendigkeit, den Befehl zum Rückzug auszugeben und das Desaster einzugestehen. Der Bischof wird all seine Kriegsvorbereitungen wieder von vorne aufnehmen müssen, seine vergeudete Versorgung neu organisieren, nur eines Trunkenbolds wegen, der zwischen Abend- und Morgendämmerung nicht mehr unterscheiden konnte.

Am nächsten Tag, dem 26. Mai, legt Franz von Waldeck dem Landgrafen Philipp von Hessen Rechenschaft ab: »Wir mögen Euch nicht verbergen ...«, fängt sein Brief an. Er erklärt, daß »etliche betrunkene Landsknechte unversehens und ohne Befehl angegriffen haben«, gesteht zweihundert Tote und Verwundete zu und bringt seine wahre Furcht zum Ausdruck: der Ruf Münsters als einer unbezwingbaren Stadt, der die Fahnenflucht begünstige, dem Anwerben von Söldnern im Wege stehe, vor allem aber die Verstellung glaubwürdig erscheinen lassen könne, wonach Gott die Wiedertäufer beschütze. »Die Landsknechte«, schreibt er, »beginnen, unruhig zu werden.«

Tatsächlich hat eine gewisse Anzahl von ihnen in dieser Nacht das Bischofslager verlassen, um sich den Belagerten anzuschließen, die auf den Wällen, verrückt vor Freude, singen und tanzen, durch Gottes Kraft gestärkt.

Aber der Bischof ist durch nichts zu entmutigen. Zum einen seines Temperaments wegen, zum anderen aus einem Pflichtgefühl in seiner Eigenschaft als katholischer Fürst heraus, ebenso aber auch aus Berechnung: erst wenn er Münster zurückerobert hat, kann er seine enormen Geldanleihen zurückzahlen. Er fängt bei Null wieder an, aber seine Strategie bleibt die gleiche: Geld auftreiben und den Graben auffüllen. Ein neuer Schanzenmeister, Hans Franke, prüft erneut alle Möglichkeiten der Trockenlegung. Am 5. Juni läßt der Bischof alle Fronpflichtigen der Diözese einziehen. Somit werden am 7. Juni 2000 Männer anrücken, am 8. 2650, am 13. 2600, am 14. 3800. Die Bauern sollen zehn Tage lang arbeiten, die Städter drei Wochen.

Am 7. reitet der Bischof zusammen mit 75 Personen in seinem Gefolge erneut nach Neuß, wo er mit dem Erzbischof von Köln und dem Herzog von Kleve, die aus ihrer Unzufriedenheit keinen Hehl machen, zusammentreffen will.

Am 13. treffen zwei Gesandte Burgunds im Lager unterhalb der Stadt Münster ein. Sie sind gekommen, um die bedingungslose Hilfe der Königin Maria anzubieten, welche um die Niederlande fürchten muß, und die zur Zerschlagung der wiedertäuferischen Bedrohung beitragen möchte. Der Herzog von Braunschweig-Grubenhagen, den der Bischof als Statthalter der Diözese für die Zeit seiner Abwesenheit eingesetzt hat, entsendet einen Geheimboten zur Unterrichtung des Grafen von Hessen. Dieser setzt den in Neuß weilenden Erzbischof von Köln und den Herzog von Kleve in Kenntnis und empfiehlt ihnen, den Bischof zu unterstützen, damit er nicht unter den Einfluß Burgunds gerate ...

Die beiden rheinischen Fürsten zeigen sich plötzlich verständnisvoll und befürworten ein umfangreiches Hilfsprogramm, wobei jeder von ihnen einen Monat lang 4000 Solde für Landsknechte und 1000 Solde für Schanzenarbeiter übernimmt. Rechnet man den zusätzlichen Betrag für den Kauf von Pulver hinzu, bedeutet dies für jeden ungefähr 20000 Goldgulden, für welche der Bischof ihnen als Pfand die Ämter Dülmen, Wolbeck, Ramdorf, Bocholt und Stromberg überläßt.

Unter voller Ausnutzung ihrer Autorität richten der Erzbischof und der Herzog einen Appell »an alle Fürsten, Kurfürsten, Herzöge, Potentaten, ehrliebende Menschen des heiligen Römischen Reiches«, daß sie dem Bischof helfen mögen, »der Stadt zu gebührendem Gehorsam zu verhelfen«. Und daß diejenigen, die keine Soldaten schicken können – so betonen sie – dafür zumindest Pulver senden mögen. Außerdem bitten sie die Verantwortlichen der Lagerstellungen, sie mögen darauf achten, daß das Lager nicht in Ausschweifung und Liederlichkeit verfalle. Der oberste Hauptmann und die Kriegsräte sollen alle Gotteslästerungen, alles Fluchen, Zanken, Keifen, Schlagen und Volltrunkenheit untersagen lassen ...

Schließlich verlangen sie vom Bischof, mit keiner anderen Obrigkeit als mit ihnen über die die Verteidigung betreffenden Fragen zu verhandeln und sie umgehend zu unterrichten, wenn er jemals von anderer Seite Hilfsangebote erhalten sollte.

Der Bischof greift die Gelegenheit auf, um darum zu bitten, daß jeder für die Bedürfnisse seiner eigenen Kriegsräte aufkomme, und vor allen Dingen daran zu erinnern, daß er im nächsten Monat Geld brauchen werde. Die rheinischen Fürsten geben ihm sechs Wochen, nach deren Ablauf er selbst für die Kosten einer Fortsetzung des Krieges aufkommen müsse.

In seine Diözese heimgekehrt, trifft Franz von Waldeck die Abgesandten aus Burgund an, welche angesichts des allgemeinen Argwohns seiner Kriegsräte dort auf ihn gewartet haben. Beide Karten ausspielend packt er die Gelegenheit beim Schopf und bittet sie, Brüssel um eine Anleihe von 80000 Goldgulden zu ersuchen: eine enorme Summe.

Seinerseits beschließt er, eine Einkommenssteuer in der Diözese zu erheben: die »Schatzung des zehnten Pfennigs«, (10 %) für Einheimische und des »dritten Pfennigs« (33 %) für Ausländer; dazu noch eine Grundsteuer auf die Güter und eine Personenschatzung für Handwerker und Dienstleute. Niemand entgeht dieser schrecklichen Steuerlast. Der Bischof läßt sogar verkünden, daß er selbst den achten Pfennig seines Jahreseinkommens bezahlen und daß das Domkapital Münsters 4000 Goldgulden für die Kriegsschatulle beisteuern werde. Abgesehen davon wird jeder Ritter und jeder Patrizier des Bistums zur Gewährung eines Darlehens von 100 Goldgulden gezwungen, bei einem 5 %-Zins und für zwei Jahre. Insgesamt sollten alle diese Maßnahmen über 40000 Gulden erbringen.

Aber das Geld wird sofort benötigt. Da die Stadt nicht eingenommen wurde und die Landsknechte sich durch die Plünderung nicht selbst haben auszahlen können, schuldet ihnen der Bischof bereits jetzt für drei Wochen den Sold. Nach dem Wortlaut des Vertrags soll der Dienst der vom Bischof verpflichteten Söldner am 30. Juni auslaufen. Vor diesem Termin muß er also Geld aufbringen. Seinen persönlichen Sekretär schickt er zu Philipp von Hessen nach Kassel. Er brauche dringend 6000 Goldgulden, die er innerhalb von 10 Tagen erstatten werde. Sonst befürchte er das Schlimmste.

Tatsächlich beginnen die Landsknechte unruhig zu werden. Treu, solange man sie bezahlt, werden sie widerspenstig, sobald sie nur mit Soldversprechungen abgespeist werden – und schon mehr als einmal hat man erlebt, wie eine Kompanie samt Waffen und Gepäck das Lager wechselte. Die beiden Hauptrisiken ihres Berufes sind der Tod und die Zahlungsunfähigkeit ihrer Arbeitgeber. Wenn sie dafür wenigstens noch die wilde Freude am Plündern und am Beutemachen hätten ... Aber in Münster sieht die Zukunft trotz der vom Bischof getroffenen umfangreichen Maßnahmen nicht allzu vielversprechend aus.

Während die Bauern mit ihren Hacken und Spaten, ihren Schubkarren und Kiepen weiterhin die Erde an einer Stelle abtragen, um sie an anderer Stelle aufzuhäufen, warten die Landsknechte auf ihren nächsten Einsatz, wobei sie sich die Zeit mit Würfelspiel und einfachen Sicherungsaufgaben vertreiben. Genau zu dieser Zeit starten die Belagerten – sie haben mittlerweile Geheimgänge unter den Wällen gegraben – auf einmal Überfälle und Zermürbungsangriffe, tauchen völlig unerwartet mitten zwischen den Zelten auf, um ebenso blutige wie blitzartige Gemetzel zu verüben.

Im Norden der Stadt gelingt es ihnen, ein Lager der Landsknechte zur Ruhezeit im Handstreich zu nehmen, indem sie unter deren eigener Deckung vorrobben. Wer nicht fliehen kann, wird hingemetzelt. Während die Entsatztruppen sich zum Angriff vorbereiten, rammen die Wiedertäufer Stahlnägel in die Zündlöcher von neunzehn innerhalb der Schutzdächer aufgestellten Geschütze, zertrümmern mit Beilen die

Räder der Kanonen und Wagen, zerstören die Pulverfässer und verstreuen das Schießpulver in den Sand unmittelbar vor dem Lager. Als die Entsatztruppen anrücken, ergreifen die Wiedertäufer die Flucht, werden von ihren Verfolgern dicht bedrängt, schaffen es aber, diese bis zu der Stelle zu locken, wo sie das Pulver in den Sand gestreut haben, an das sie nun Feuer legen. Soldaten, berichtet Kerssenbrock, »wurden jämmerlich verbrannt«. Andere wiederum glauben in ihrem Todesschrecken, daß das Feuer vom Himmel gefallen sei. Diejenigen schließlich, die die Flüchtenden verfolgen, geraten unter den mörderischen Beschuß der auf den Wällen aufgestellten Kanonen, die bis zur Mündung mit den aus dem Dom herausgerissenen Gitterstücken vollgestopft sind.

Die einzige Schlappe der Wiedertäufer in diesen Tagen, in denen ihnen alles hold zu sein scheint, ist der Verlust einer unweit des Mauritztors gelegenen Windmühle, die sie befestigt hatten und die ihnen als vorgeschobener Posten diente. Weil der Hauptmann der gegenüberliegenden Kasematte beschlossen hatte, sie ein für allemal dem Erdboden gleichzumachen, konnten seine Landsknechte sie einnehmen, wenn auch nur in erbittertem Kampf, in dessen Verlauf die Verteidiger vernichtet wurden. Der Hauptmann selbst verlor dabei allerdings durch einen feindlichen Steinwurf ein Auge und »verbrachte den Rest seines Lebens ohne Kriegsdienste«.

Doch der Verlust der Windmühle am Mauritztor wird alsbald durch einige kühne Handstreiche wettgemacht, die nur gut vorbereitete Fanatiker zu unternehmen wagen und erfolgreich durchführen können. Jedesmal, wenn es ihnen gelingt, in ähnlicher Weise aus der Stadt herauszuschlüpfen, hinterlassen sie gedruckte Flugblätter, die in den Stellungen der Belagerer augenblicklich von Hand zu Hand weitergereicht werden. So wohl auch dieses, wahrscheinlich von Bernhard Rothmann verfaßte und an die Landsknechte gerichtet:

»Der allmächtige Gott, der Ursprung aller Dinge«, schreibt er, »wolle mich erleuchten, wie ich an euch, blinde und verstockte Menschen derart schreiben soll ...«

Er schimpft sie »blutdürstige Hunde«, verdeutlicht allerdings gleich hinterher, daß die eigentlich Schuldigen die sind, »die euch unrecht unterrichten«. Wie könnten sie nur dem Bischof ihre Hand reichen, fragt er nachdrücklich, nicht ohne Arglist, »obwohl ihr ihn ohne Geld wißt? Denn er preßt euren Sold von den Bauern, Priestern und Bürgern ...«

Er beschwört sie, es sich noch einmal zu überlegen: »Es ist Christus, den ihr bekämpft, der Herr aller Fürsten ... Er lacht eurer Drohungen ... Ihr seid gegen Gott in den Krieg gezogen.«

Rothmann widerlegt die Lügen, die über sie verbreitet werden, denen zufolge »bei uns der Vater bei der Tochter, die Mutter bei dem Sohn und der Bruder bei der Schwester liege ...« Und, wenn sie das anzweifelten, so sollten sie doch kommen und mit ihren eigenen Augen prüfen und die Wahrheit der Heiligen Schrift anhören; und wenn sie nicht überzeugt seien, könnten sie wieder weggehen: »Wir werden euch nämlich nicht gegen euren Willen zurückhalten.« Willkommen aber seien alle jene, die bleiben möchten: »Das Wort Gottes wird euer Sold sein.«

Den Krieg fürchteten die in Münster nicht, da sie ohnehin gegen den »Teufel« und »seine Mutter«, gegen die babylonische Hure, gegen den Herzog von Hessen, gegen die Feldschlangen und die Falkonetten durch Gott geschützt seien. Und für ihre Feinde hätten sie ein »Gericht von Kalk und Pech« gemischt, mit dem sie beim Sturm »ihre Mäuler bis zur Sättigung füllen werden ...«

Im Verlaufe dieses selben Monats Juni sollen, Kerssenbrock zufolge, einige hundert Landsknechte aus dem Bischofslager desertiert sein, die einen, um sich den Belagerten anzuschließen, die anderen, um einem so zweifelhaften Kampf aus dem Wege zu gehen. Unter letzteren finden sich die Protestanten aus dem meißnischen Lager, just die, die verächtlich behauptet hatten, »mit Münster fertig zu werden, werde leichter und rascher sein wie mit warmer Brotsuppe«.

In diesen Tagen haben die Belagerten einen prominenten Überläufer aufgenommen, einen Hauptmann, jenen Smöker, alias Gerhard Münster, einen Mann mit bestem Namen, der das Vertrauen des Bischofs besaß und in die Niederlande zur Anwerbung von Söldnern ausgeschickt worden war.

Um allem die Krone aufzusetzen, weigern sich inzwischen die Bauern, die dem pausenlosen Störfeuer der Belagerten ausgesetzt sind, die Erdarbeiten in nächster Nähe der Stadt zu verrichten. Unter diesen Umständen, vor allem wenn man den Graben nicht auffüllen kann, ist nicht zu ersehen, wie man erneut und erfolgreich zum Sturm ansetzen könne. Die Einsicht zwingt sich auf, daß alle diese Tage harter Arbeit mit einem Ergebnis enden, das gleich Null ist. Mitten in dieser aussichtslosen Lage wird man plötzlich auf den Vorschlag eines Schanzenmeisters, eines gewissen Offerkamp, aufmerksam. Seine Idee ist von der bestechenden Einfachheit großer Entdeckungen geprägt. Da man ja nicht nahe genug an die Stadtmauern herankommen könne, um den Graben aufzufüllen, erklärt er, genüge es, weit hinten anzusetzen und eine gewaltige Schanze zu errichten, einen Erdwall, dessen steiler Hang nach Münster zeigen würde und einen leicht abfallenden Rücken hätte. Dort, in sicherem Schutz, sollten die Bauern arbeiten, die Erde zu einem immer größer werdenden Aufbau türmen und sie auf die andere Seite schütten, so daß sie die gigantische Düne »wie eine Erdwalze« immer weiter nach vorne schieben würden.

Der Plan wird angenommen. Neuntausend Bauern werden für diese Arbeit rund um die Uhr benötigt. Die Erdwalze wird sich von nun an täglich um einen Fuß weiter fortbewegen. Die Unternehmung verspricht, lang und kostspielig zu werden, erscheint aber ebenso unaufhaltbar. Man stellt sich bereits vor, wie die gigantische Welle bis zur ersten Befestigungsanlage vorrollt, wie sie diese unter ihrer Masse vergräbt, wie der Graben aufgefüllt wird, wie eine einfache Wagenspur, wie die in Paradeformation marschierenden Landsknechte sich in die von Entsetzen gepackte Stadt ergießen …

Mitte Juni erfolgt der erste Spatenstich. Am 7. und 8. Juli kommen so viele Männer aus Osnabrück an, daß man sie nicht einmal alle mit Arbeit eindecken kann. Spätestens Ende August wird es mit Münster, der Rebellin, ein Ende genommen haben.

IX

Der Sommer der Frauen

Für tausend Jahre – Die neue Judith – Verrat – An der großen
Linde – Vorgeladen aber säumig – Der Prophet und die Magd –
Gideons leibliche Söhne – Gemeinhin lasterhaft – Jagd auf die
Frauen – Meuterei – Die Gulden des Bischofs (Fortsetzung) –
Ultimatum – Gott mit uns – Das Lied der Landsknechte

Münster hat seine Märtyrer begraben, die klaffenden Wunden in seinen Mauern versorgt und sich siegesbewußt wie für die nächsten tausend Jahre in das tagtägliche Leben geschickt: Meditationen am Morgen, Verteidigungsübungen – vierzig Posten stehen Tag und Nacht an
jedem der Stadttore Wache –, gemeinsame Mahlzeiten, grundsätzliche
und haarspalterische Debatten über diese oder jene Passage der Heiligen Schrift oder bestimmte theoretische Fragen. Bei Tisch zum Beispiel ist eine heftige Diskussion zwischen Bernhard Rothmann und
Knipperdollinck entbrannt: darf man Söldner zur Verteidigung der Sache Gottes verpflichten? Eine endlose Debatte zwischen Prädikanten
entwickelt sich daraus, die schließlich auf eine praktische Entscheidung hinausläuft: Landsknechte werden für die Verteidigung Münsters nicht angeworben; wer von ihnen sich aber freiwillig meldet, wird
in die Gemeinschaft gern aufgenommen.

Schon mancher Landsknecht – zumal, wenn er keinen Sold erhalten
hat – hat bereits lebhaftes Interesse für den neu in Umlauf gebrachten,
frisch geprägten Gulden bekundet, der sieben- bis achtmal soviel wert
ist wie der des Bischofs. Christen ist Geldbesitz seit Matthys verboten,
und wenn welches im Handel mit der Außenwelt gebraucht wird, so
gilt einzig und allein der Münster-Gulden nunmehr »auf der ganzen
weiten Welt«.

Andere Münzen wurden schon vorher geprägt; auf der einen steht die

Inschrift: »Das Wort wird Fleisch«; auf der anderen: »Das Wort wurde Fleisch«. Der Prophet Jan ist es, der sie vergibt: Brüder und Schwestern hängen sie sich um den Hals.

Schulen sind eröffnet worden; an den Psalmen lernen die Schüler lesen und schreiben. Einmal in der Woche werden die Kinder in Zweierreihen in den Dom geführt, wo sie Predigten anhören und die Psalmen auf deutsch singen. Wenn sie morgens in die Schule kommen, singen sie gemeinsam, ebenso, bevor sie nach Hause gehen.

Man richtet sich wie für tausend Jahre ein, ohne dabei zu vergessen, daß man zunächst den Untergang der Welt werde über sich ergehen lassen müssen. Jan, der Prophet, hat keinen Zeitpunkt genannt. Gewiß weiß jeder, daß kein Sterblicher diese Stunde kennt, aber man weiß auch, daß es bereits später ist, als es scheint. Bevor das Volk der Auserwählten ruhmreich hinaustreten und sich in alle Welt zerstreuen kann, muß der Bischof sterben und verschwinden und mit ihm die Domherren, seine Konkubinen, seine Hofnarren, seine Ratgeber, seine Soldaten, seine Verbündeten. Denn daß er nicht aufgibt, ist klar zu ersehen. Unnachgiebig wie der Teufel hat er da doch auf einmal die Landschaft verkehrt herum gedreht, läßt am Horizont einen kolossalen Erdwall in den Himmel wachsen, eine Sturmmaschinerie, die so langsam vorankriecht, daß man glauben könnte, sie bewege sich nicht vom Fleck.

Etwa Mitte Juni sucht eine Frau die zwölf Ältesten auf. In einer Predigt habe sie die Geschichte jener Judith gehört, erzählt sie, die, weil ihre Stadt von Holofernes belagert gewesen sei, sich prächtig geschmückt habe und in das Lager der Assyrer hinuntergegangen sei, darum bittend, deren Anführer vorgeführt zu werden, dem sie Betylna und ganz Judäa verkaufen wolle. Von ihrer Schönheit betört, empfing Holofernes sie arglos unter seinem Zelt, und als er eines Nachts betrunken war, schnitt sie ihm den Kopf ab und brachte ihn den Kindern Israels mit zurück. Gelassen erklärt Hilla Feicken weiter, Gott habe ihr eingegeben, der Judith nachzueifern. Man solle ihr gestatten, sich zu zieren und in das Lager hinunterzugehen; sie werde es schon schaffen, bis zu diesem notorisch geilen Bischof vorzudringen. Die Ältesten richten ihre Blicke auf sie: sie ist eine schöne Frau, gut gebaut, mit regelmäßigen Gesichtszügen und von jener äußeren Gelassenheit, die oft erbittertste Entschlossenheit verbirgt. Der Prophet Jan und Knipperdollinck zögern, beraten sich und fragen sie, wie sie das anstellen wolle. Wie die Judith, sagt sie, habe sie vor, zu behaupten, die Stadt an den Bischof ausliefern zu wollen; und im übrigen zweifle sie nicht, daß Gott ihr im rechten Augenblick durch Eingebung weiterhelfen würde.

Schließlich willigen die Ältesten in das Unternehmen ein. Mit ihrem schweren, durch eine geflochtene Tresse gehaltenen Haarknoten, ihrem Schmuck, ihrer Schminke wird Hilla wie eine Königin behandelt und gepflegt. Im letzten Augenblick übergibt Knipperdollinck ihr 12 Gulden und zwei Goldringe. Außerdem nimmt sie ein Hemd aus feinstem Leinen als Geschenk für den Bischof mit – der Stoff sei, so erzählt man später, mit einem schnell wirkenden Gift imprägniert. In der ersten Morgenstunde des 16. Juni verläßt sie Münster. Die Eingeweihten sehen ihr von den Wällen aus nach, wie sie sich in stolzem Gang entfernt. Sie sehen auch, daß sie von Landsknechten festgenommen wird.

Vom Feldwebel zum Hauptmann, vom Hauptmann zum Oberbefehlshaber wird Hilla Feicken bis nach Telgte zum Drosten von Wolbeck gebracht. Sie wüßte einen Weg, so sagt sie, um in die Stadt zu gelangen, ohne Blut zu vergießen, aber sie wolle diesen allein dem Bischof anvertrauen. Warum sie zur Verräterin werde? Weil ihr Mann und sie selbst beschlossen hätten, sich von diesen Wiedertäufern loszusagen ... Um hinauszugelangen, habe sie warten müssen, bis ihr Mann an einem der Tore Wachdienst hatte ... Schön und gelassen, so beherrscht wie sie ist, überzeugt sie ohne Mühe. Man werde sie dem Bischof vorführen, bis dahin wird sie mit allen Rücksichten behandelt.

Am übernächsten Tag verläßt ein anderer Münsteraner die Stadt, dieser aber auf geheimen Wege: es ist der Bürger Hermann Ramers, bei dem Jan van Leyden während seines ersten Aufenthalts in Münster gewohnt hat. Er ist ein Freund Knipperdollincks und hat wie alle die Wiedertaufe empfangen. Er bittet dringend darum, einen Offizier zu sprechen, und verrät ihm den Plan der Hilla Feicken. Als Gegenleistung erbittet er Gnade für sich selbst und die Verschonung seiner Frau, seiner Kinder und seines Besitzes bei der Einnahme der Stadt.

Hilla Feicken wird abgefangen. In ihrem kleinen Gepäck führt sie tatsächlich das Hemd mit, dessen Stoff vergiftet sein soll. Sie wird ins Gefängnis geworfen und unter Folter verhört.

Frage: Auf welchem Wege sei sie nach Münster gekommen?

Antwort: Sie sei geboren bei Sneek in Westfriesland. Ihr Vater sei Tagelöhner. Sie sei seit dem vergangenen Winter verheiratet. Durch Briefe und Reisende hätten sie erfahren, daß Münster das neue Jerusalem sei.

Ihr Mann sei vor ihr nach Münster gereist, dann habe er ihr geschrieben, sie solle nachkommen. Sie habe den Armen ihr Hab und Gut gegeben und sei gezogen, ihre Seligkeit in dem Wort Gottes zu suchen.

Frage: Was habe sie in Münster gemacht?

Antwort: Sie wohne im Niesing-Kloster. Sie arbeitete an den Wällen wie alle anderen Frauen auch.

Frage: Warum habe sie die Stadt verlassen?

Antwort: Weil sie die Eingebung gehabt hätte, sie solle die neue Judith sein ... Nein, niemand habe ihr geholfen. Knipperdollinck habe ihr Geld mit auf den Weg gegeben und etwas zu essen.

Frage: Was sie von der Kindertaufe halte?

Antwort: Sie meine, daß der Glaube vor der Taufe da sein müsse.

Frage: Fürchte sie nicht die Folter und den Tod?

Antwort: Niemand könne sie um ihre Seligkeit in Gott bringen, und der Scharfrichter habe keine Macht, sie zu enthaupten.

Die Nachricht von Ramers Verrat und der Gefangennahme Hillas hat sich rasch bis nach Münster verbreitet, wo man sich eingesteht, daß Gott seinen Kindern keine Prüfung erspart. Man schlägt vor, den Verräter gegen andere Gefangene auszutauschen: der Bischof lehnt ab.

Aber schon beschäftigt eine neue Angelegenheit die Gemüter der Stadt. Am Sonntag sitzt Smöker, der Hauptmann des Bischofs, der zu den Münsteranern übergelaufen war, mit vier Landsknechten in einer Kneipe. Kurz vor der Schließung verlangen sie abermals zu trinken, doch Everdt Remmensnyder, der Kneipenwirt, verweigert ihnen das Bier, ebenso seine Frau – eine ehemalige Nonne. Als »der alte Moralprediger und jene heimliche Hure« das Haus verlassen haben, hält sich nun Smöker an die Kinder, dann an den Hausknecht und droht, wenn sie das Bier nicht brächten, ihnen den Schädel mit dem Zinnkrug einzuschlagen. Daraufhin geht einer der Soldaten selbst in den Keller, um den Krug vollzumachen.

Als Remmensnyder zurückkommt, geht Smöker auf ihn los: »Du Galgenstrick! Du Halunke! Du bist lange genug Herr in diesem Haus gewesen! Da uns alles gemeinsam ist, hat dein Regiment ein Ende!«

Der Wirt eilt zu den Ältesten, um sich zu beklagen. Schon am nächsten Morgen, einem Montag, werden Smöker und die vier Landsknechte nach einem kurzen Prozeß zum Tode verurteilt. Man bringt sie auf dem Domplatz, wo eine neue Hinrichtungsmethode ausprobiert wird. An einer Linde hängt ein Seil mit einem Ring an dessen losem Ende. In diesen müssen die Todeskandidaten einer nach dem anderen den Kopf stecken. Dann werden sie erschossen. An freiwilligen Schützen fehlt es nicht: der Prophet, Jan, hat gesagt, der Vater liebe ganz besonders jene, durch deren Hand das Volk Israels reingehalten würde.

An diesem selben Tag tagt auch das Bluttribunal in Bevergern, und der Scharfrichter schreitet auf Hilla Feicken zu. Durch ihre Worte, ihr Äußeres beeindruckt, vielleicht tiefer bewegt als sie selbst, läßt er seine Axt auf den Frauennacken niedersausen, schreibt Kerssenbrock, so als wolle er »eine dicke Eiche fällen«. Die Leiche der neuen Judith wird auf das Rad geflochten, den Vögeln im Himmel zum Fraß.

In diesen langen Sommertagen lebt das Volk der Auserwählten von der eigenen Substanz. Das Gefühl äußerster Dringlichkeit aus den Anfangszeiten der Belagerung ist einer glühenden Verinnerlichung gewichen. Jeder Sieg wird als positives Zeichen der Unterstützung durch Gott aufgefaßt; jeder Mißerfolg, jede Enttäuschung gibt der glühenden Überzeugung weitere Nahrung, derzufolge die große Revolution notwendig ist, da noch so viel Schlechtigkeit in diesem Tränental herrsche.
Für diese ausschließlich auf sich selbst bezogenen Gruppen gibt es keine größere Selbstrechtfertigung als eine apodiktische, nuancenlose Disziplin; und keine Gewohnheit schleift sich so schnell ein, wie die, im Namen der Allgemeinheit Individuen zu beseitigen.
Für die dürftige Armee der Verteidiger sind Smöker und die vier Landsknechte gewiß kein unbeträchtlicher Verlust: Mit um so größerer Überzeugung wurden sie geopfert.

14. Juli: an diesem Tag – so langsam mahlen die Mühlen der Justiz – wird Jan Matthys durch den Gerichtshof in Den Haag wegen seiner subversiven Umtriebe im November des vergangenen Jahres verurteilt. »Unter Strafe des Bannes und der Konfiszierung seiner Güter« geladen, wird der »Vorgeladene und Säumige« beschuldigt, »sich als Prophet der Stadt Amsterdam« ausgegeben zu haben und dort »diese Irrlehre von der Wiedertaufe gepredigt zu haben«. Er habe vorgegeben, durch den Geist gesandt zu sein. Er habe viele Menschen in die Irre geführt und zahlreiche Taufen vorgenommen, bevor er nach Münster in Westfalen weitergezogen sei. »Der Vorgeladene und Säumige«, fordert die Anklage, »gehört an Leib und Gütern gestraft und korrigiert zu sein«, und zwar »als Verführer und Betrüger«. Im Namen des

Kaisers, beschließt der Graf von Holland, daß dem »Vorgeladenen und Säumigen (...) alle Vorrechte und aller Schutz, die er in dieser Sache hätte haben können, entzogen werden«, und erklärt ihn »gebannt und verbannt auf Lebenszeit. Alle seine Güter werden konfisziert.« Vor vier Monaten und zehn Tagen genau haben ihn die Söldner des Bischofs zerstückelt.

Aber seine Botschaft läßt die Herzen noch immer erglühen. Weniger dogmatisch, gewiß, und weniger furchterregend, hat der Prophet Jan das Erbe angetreten: Gleichheit der Menschen, Teilung der Reichtümer, Abschaffung des Geldes, Gemeinschaftsleben mit offenen Häusern, Pflichtaufgaben, Abschaffung der Bücher. Zudem hat er die frühere Hierarchie und die alte Regierungsform umgestoßen, um Gesetze einzuführen, die unmittelbar von der Schrift abgeleitet und geeignet sind, die Bedingungen einer vollkommenen Restitution der Kirche in ihren Anfängen zu schaffen.

Doch die einschneidendste Änderung im Sittenleben der Gemeinschaft, die jedenfalls, die das Volk der Auserwählten am tiefsten spalten wird, sollte noch kommen: mehrere Schwestern für einen Bruder; anders gesagt: mehrere Frauen für einen Mann. Man wüßte nicht mit Bestimmtheit zu sagen, ob dies ein lang gehegter Plan des Propheten Jan war, einer seiner Träume vielleicht, wie sie Männern eben ein Leben lang folgen, oder ob es sich schlechterdings aus der damaligen Situation ergab: eine für diesen einfallsreichen, gewitzten Geist denkbar willkommene Gelegenheit, mehrere Probleme der Stadt auf einen Schlag zu lösen: Überzahl der Frauen, Fehlen von Kindern, die die Zukunft sichern sollen, unbewußtes Bedürfnis, die soziale Revolution[35] zu transponieren – ganz zu schweigen natürlich, was den Propheten selbst betrifft, von dem Verlangen, die eigene Macht zu bezeugen und von dem urbiblischen Wunsch nach persönlicher, zahlreicher Nachkommenschaft.

Ein Beispiel: ein Landsknecht, ein Überläufer aus den Reihen des Bischofslagers, wird nach herrschendem Reglement Knipperdollinck vorgeführt: Dieser verhört, indoktriniert und behält ihn – um ihn eventuell weiterhin beobachten zu können – einige Tage in seinem Haus, in dem immer noch der Prophet Jan und Divara, seine Gefährtin vor Gott, wohnen, die ihrerseits kurz davor steht, Jan Matthys' Kind auf die Welt zu bringen. Eines Nachts beobachtet unser Landsknecht, wie der Prophet das Zimmer Divaras verläßt, um sich zu einer der Hausmägde, Else, zu schleichen.

Entrüstet ruft der Mann alle Bewohner des Hauses zusammen, spricht von Betrug, Pflichtvergessenheit; Knipperdollinck und Jan van Leyden gelingt es, ihn zu beruhigen: »Und Abraham? Hatte der nicht mehrere Frauen? Und David? Und Jakob?«

Die große Debatte ist eröffnet. Bernhard Rothmann und die Ältesten werden zu Rate gezogen. Aber das Thema ist ein heißes Eisen. Die Prädikanten stürzen sich auf die Bibel, befragen die Heilige Schrift, und sie werden fündig:

»Und Gideon hatte siebzig leibliche Söhne, denn er hatte viele Frauen«, (Buch der Richter, Kap. 9, 30) . . .

»Lamech nahm aber zwei Frauen, eine hieß Ada, die andere Zilla«, (1. Buch Moses, Kap. IV, 19).

»Diese acht gebar Milka dem Nahor, Abrahams Bruder, und seine Nebenfrau mit Namen Rehuma . . .«, (1. Buch Moses, Kap. XXII, 20).

Es führt kein Weg an der Erkenntnis vorbei: nirgendwo in der Bibel steht geschrieben, daß der Mann mit einer einzigen Frau leben soll! Im Gegenteil, der heilige Paulus erklärt in dem ersten Brief an Timotheus sogar ausdrücklich, daß Bischöfe und Diakone nur »eines Weibes Mann« sein sollen (III, 1, 12): Der schlichteste Geist kann daraus schließen, daß andere Männer also mehrere haben dürfen.

An triftigen Gründen fehlt es ebensowenig wie an Beispielen. »Gott hat einen Segen des Wachstums und der Vermehrung in uns gepflanzt«, schreibt Rothmann, und er hat Adam und Eva befohlen, die Erde zu bevölkern. Ist es nicht eine Sünde, den Samen des Menschen zu vergeuden? Und vergeudet ist allemal der, der nicht zur Zeugung führt – wenn die angetraute Frau zum Beispiel unfruchtbar ist, oder schon schwanger oder zu alt . . .

Der Ältesten-Rat und die Prädikanten veranstalten eine drei Tage währende Predigt und rufen zu einer großen Versammlung auf. Ein Beschluß wird noch nicht gefaßt, so tief berührt das Thema die empfindlichsten Stellen der menschlichen Seele bei dem einen wie bei dem anderen.

Obwohl die Frauen in der Stadt in der Überzahl sind, sind sie in der Regierung Münsters nicht vertreten. Die damalige Zeit ist ihnen nicht wohlgesonnen. Gewiß erfüllen sie – jede in ihrem eigenen Heim – in bestimmter Art und Weise eine Herrscherinnen-Rolle, vorausgesetzt natürlich, sie lassen sich auf das Spiel von Herr und Dienerin ein. »Gott«, so verkündet Rothmann, »hat bei uns alle Weiber in den Gehorsam der Männer gestellt.« Noch mehr aber sind sie seinem Arg-

wohn ausgeliefert: In diesen Zeiten, in denen eine diffuse Angst herrscht, bleibt die Frau die, die die Sünde über den Menschen bringt, die die Schlange inspiriert, die gewöhnlichste Verkleidung des Bösen. Jede Frau ist eine potentielle Hexe und erzeugt Angstgefühle. – »Die niederträchtige Frau, die perfide Frau, die feige Frau, die alles befleckt, was rein ist und gottlose Gedanken hegt« ... schrieb im XII. Jahrhundert der Cluny-Mönch Bernard de Morlas. »Sie ist gewöhnlich, untreu eitel, sittenlos und gefallsüchtig«, schreibt 1512 der elsässische Prediger Thomas Murner. »Sie ist der Köder, mit dem der Satan das andere Geschlecht in die Hölle hinabzieht.« Und Glapion, der Beichtvater Karls V., weigert sich, das Zeugnis Maria Magdalenas über Christi Wiedergeburt überhaupt anzuerkennen: »Denn die Frau hat, unter allen Kreaturen, ein wechselhaftes und wandelbares Gemüt, weshalb sie nicht gut Zeugnis ablegen kann wider die Feinde unseres Glaubens ...«
In einer Gesellschaft, die ihre Vorliebe für patriarchalische, in der Heiligen Schrift [36] gepriesene Werte beibehalten hat, wird der Mann nachdrücklich angehalten, seine Ehefrau fest in den Griff zu nehmen.
In Münster zieht sich diese Debatte – wie man sich unschwer vorstellen kann – über mehrere Tage hin, aber schließlich verkündet der Prophet: »Der Wille Gottes ist, daß wir die Welt vermehren, daß ein jeder drei oder vier Frauen nehme, soviel er von ihnen haben will, aber wir sollen gütlich mit den Frauen leben.«
Alle Frauen sind davon betroffen: Jungfrauen, Mägde, Witwen, adlige Frauen, ehemalige Nonnen und selbst die, deren Männer die Stadt verlassen haben und die nur geblieben sind, um ein Auge auf den Besitz zu haben.
Alleinstehende Männer, besonders die holländischen und friesischen Zuwanderer, streifen durch die Stadt, betreten die Häuser und suchen sich Ehefrauen aus. Die Zügellosigkeit geht so weit, daß die Jagd auf die Frauen verboten werden muß. In Zukunft muß der Mann allein das Haus betreten und um die Hand der Frau anhalten. Wenn sie ablehnt oder einem anderen schon versprochen ist, muß er anderswo sein Glück suchen, »bis daß Gott der Frau das in den Sinn gibt«. Aber wenn »ihr Geist das nicht zeuget, daß sie einen Mann will haben«, und die Frau sich hartnäckig weigert, kann der Mann sich an die Prädikanten wenden, die gegebenenfalls die Frau zwingen können, einen x-beliebigen zum Mann zu nehmen. So wird eine gewisse Greta – die in Münster geblieben war, um auf den Besitz aufzupassen, während ihr Mann bereits die Stadt verlassen hatte – gezwungen, die zweite Ehefrau des

Wirtes Everdt Remmensnyder zu werden, der schon eine abtrünnige Nonne geheiratet hat.

Der Prophet Jan geht mit gutem Beispiel voran, indem er neben Divara und der Magd Else eine junge Frau, Maria Heckers, ehelicht. Tilbeck, der ehemalige Bürgermeister Knipperdollinck und Kibbenbrock, die Gebrüder Redecker, Bernhard Rothmann gehören zu den ersten, die die neuen Prinzipien in die Tat umsetzen.

Bevor die Eheleute zusammenziehen, wird zunächst ein Drei-Tages-Gebet zur Pflicht gemacht – »für den Ruhm Gottes ... und um die Welt zu mehren«. Dann, als die Zeit der ersten Exzesse vorbei ist, wird die Formalität vereinfacht: »Wollt ihr mich zum Mann nehmen? Ich begehre Eurer!« Nur zwei oder drei Brüder sind bei dieser Austausch-Zeremonie nötig, damit die Ehe als besiegelt gilt. Wenig später sollte es unter Verzicht auf alle Formalitäten sogar ausreichen, »daß ein jeder sein Herz dem anderen gab«. Aus dem Tohuwabohu der quasi improvisierten Eheschließungen ist die des Schreiners Gresbeck mit der Tochter des Patriziers Albert Cleivorn festzuhalten; etwas, was in anderen Zeiten schlicht unvorstellbar gewesen wäre. Als einzige ihrer Familie ist sie in Münster zurückgeblieben, und beide werden in ihr Haus, im Alten Steinweg Nr. 9, hinter dem Salzmarkt, einziehen.

Eine merkwürdige Verbindung auch die Christophs von Waldeck, einem Bastardsohn des Bischofs. Bei einem leichtsinnigen Spaziergang in der Nähe der Wallanlagen gefangengenommen, war er schleunigst wiedergetauft worden; Jan van Leyden nahm ihn in seine Dienste. Er heiratet die junge Engele, eine Tochter von Christian Kerkerinck, selbst verwandt mit einer anderen Engele Kerkerinck, die Jan flugs seinerseits heiratet, wodurch er mit einem Schlag zu einem triumphierenden Verwandten des Bischofs Franz von Waldeck wird.

Fasziniert schildert Kerssenbrock in zutiefst betroffenem Ton das Verhalten der ehemaligen Klosterschwester, die von der »Glut der Geilheit« ergriffen und »schamloser als jedes Tier« ist. Denn als guter Katholik empfindet er unbeschreiblichen Abscheu gegenüber solchem Bruch eines der heiligsten Tabus seines Glaubensbekenntnisses. Damit steht er nicht allein. In Münster selbst schwelt eine Revolte. Zum erstenmal ist eine Anweisung des Propheten Jan umstritten. So umwälzend die früheren Maßnahmen auch gewesen waren: man hatte sie akzeptiert, weil sie auf einen Ausgleich in der Verteilung der Reichtümer zwischen Armen und Besitzenden oder zwischen Einheimischen und Zugewanderten hinzielten; oder aber auch, weil sie den Erfordernissen einer Kriegssituation gerecht wurden. Jede dieser Maßnahmen war die ureigene Antwort der Wiedertäufer auf Fragen, die sich unter tausendfach wiederholten Umständen gestellt hatten. Doch die Polygamie erscheint zu plötzlich; eine Form des Zusammenlebens, die die Gemüter unvorbereitet trifft.

Am Donnerstag, dem 30. Juli, abends, begehrt eine Frau, die Stadt mit ihrem Kind verlassen zu dürfen. Sie weigert sich zu glauben, daß »ein Mann mehrere Frauen haben oder die eine für die andere verlassen kann«. Sofort bildet sich eine Menschentraube – Bürger, Männer und Frauen, Landsknechte –, die Knipperdollinck zwingt, die Frau wieder freizulassen, und ihn an ihrer Stelle in den Keller des Rathauses sperrt, übrigens zusammen mit dem ihm zur Hilfe geeilten Propheten Jan selbst.

Der Schmied Mollenhecke wird zum Anführer derer, die die Vielweiberei als skandalös empfinden. So formiert sich alsbald eine Meuterergruppe, die in der Stadt nach Schuldigen sucht. Sie schleppen zum Beispiel den Prädikanten Schlachtschaf aus dem Bett – er lag gerade mit vier Frauen darin –, sperren ihn am Prinzipalmarkt in den Käfig des Prangers ein, wo er von den Frauen mit Straßendreck und Steinen beworfen und verhöhnt wird …

Tilbeck aber, der erste unter den Ältesten, schlägt Alarm. Treue Brüder besetzen die Tore Münsters, andere formieren sich gefechtsmäßig und treffen auf dem Marktplatz ein. Mollenhecke und seine Anhänger ziehen sich ins Rathaus zurück, wo sie alsbald durch alle Stockwerke gejagt werden. Schußwechsel. Männer fallen. Jan, der Prophet, sowie Knipperdollinck werden aus dem Keller befreit. Ein Artilleriegeschütz wird auf den Platz geschleppt, das Rohr auf das Rathaus gerichtet. Feuer! befiehlt Jan van Leyden. Die Kanonenkugel dringt durch eines der Fenster. Die Meuterer schwenken Hüte zum Zeichen, daß sie sich ergeben. Hundertzwanzig werden zusammen mit Mollenhecke gefangengenommen, darunter ein Landsknecht, Nikolaus Dethmar, der noch Zeit gefunden hat, 4000 Gulden aus der Kriegsschatulle zu entwenden.

Die Ältesten befinden, daß die Gefangenen unter der großen Linde hingerichtet werden sollen. Die Exekutionen beginnen gleich am nächsten Tag. Die Leichen werden in zwei auf dem Platz ausgehobenen Gruben verscharrt. 25 Männer werden erschossen, und dann – sei es um Pulver zu sparen oder um zu verhindern, daß der Feind erfährt, was geschieht – werden 25 weitere an den darauffolgenden Tagen erstochen, enthauptet oder von allen, die »Lust hatten«, mit »kurzen Degen durchgehauen«, erzählt Gresbeck. Nikolaus Dethmar, der Landsknecht und Dieb, wird vor seiner Hinrichtung gefoltert. Die anderen werden schließlich begnadigt – nicht zuletzt, weil die Stadt Verteidiger braucht.

Denn wenn auch der gewaltige Erddamm noch immer unbeweglich erscheint, so hat er doch in Wirklichkeit an Boden gewonnen. Und die Spione des Propheten wissen zu berichten, daß von einem neuen Sturm die Rede ist. Der Schanzenmeister Offerkamp schätzt, daß sein beweglicher Erdwall Ende August an Münster heranreichen wird. Am 20. Juli sind 2300 neue Männer eingetroffen, und der Bischof beschließt, zwischen dem 12. und dem 31. August jeden dritten Mann in den acht Ämtern seiner Diözese – mitten in der Erntezeit – einzuziehen.

Im übrigen hat er mehrere Aufstände hier und da niederwerfen müssen, weshalb er bei denen, die den Einberufungsbescheiden nicht sofort Folge leisten, nunmehr von Amts wegen Zwangsvollstreckung vornehmen läßt. Gleichwohl übersteigen die Kosten dieser riesigen Arbeit seine Möglichkeiten. Anfang Juli hat er der Königin Maria eine Schuldverschreibung im Betrag von 12000 flämischen Gulden überbringen lassen und vier Tage später ein weiteres Schuldanerkenntnis über 10000 Karlsgulden, insgesamt also an die 15000 Goldgulden. Durch denselben Boten ersucht er um eine erneute, bedeutende Anleihesumme: 90000 Goldgulden. Gleichzeitig gelingt es Philipp von Hessen, auf dem Verhandlungswege dem Erzherzog von Österreich und dem König von Ungarn fünfhundert Reiter und dreitausend Landsknechte »im Namen des Königs« für die Belagerung Münsters abzuringen – anstatt einer Hilfe gegen die Türken. Die Nachricht über das, was als ein de-facto-Bündnis zwischen den Habsburgern und Hessen erscheinen muß, versetzt die rheinischen Fürsten von Köln und Kleve, welche ihrer in Neuß eingegangenen Verpflichtung entsprechend den größten Teil der Kriegskosten für den Monat Juli übernommen haben, in helle Panik.

Am 5. August, als der Erzbischof von Köln höchstpersönlich bei Franz von Waldeck erscheint, ist der Sold der Landsknechte jedoch bereits seit einer Woche überfällig.

Die beiden Prälaten erwägen gemeinsam, den Kreis der regelmäßigen Hilfespender zu erweitern und in ihn ganz besonders König Ferdinand, die Kurfürsten von Mainz, Trier, Sachsen, Brandenburg, die

Herzöge von Braunschweig und von Sachsen aufzunehmen ... Das Ballett der Kuriere beginnt von neuem ...

Unterdessen machen sich der Bischof und der Erzbischof nach Essen auf, wo sie am 19. August den Herzog von Kleve treffen wollen. Es handelt sich jetzt weniger um eine diplomatische Aktion als darum, einen Aufstand der Landsknechte vor dem angesetzten Termin des neuen Sturms zu verhindern. Der Erzbischof von Köln und der Herzog von Kleve verpflichten sich, 20000 Goldgulden zu leisten, und erklären sich – um das Schlimmste abzuwenden – damit einverstanden, ein Viertel davon gleich zu bezahlen, den Rest eine Woche später.

Am 25. August regnet es. Der gigantische Erdwall ist praktisch am Rande des Außengrabens zwischen dem Hörstertor und dem Mauritztor angelangt; die Flanke des Grabens ist erneut durchbrochen worden, so daß das Wasser wie durch ein Spundloch entweicht. Der Bischof richtet ein Ultimatum an die Belagerten, in dem er Leben und Freiheit denen garantiert, die die Stadt ohne Waffen verlassen. Der Prophet Jan van Leyden antwortet, er brauche die Gnade des Bischofs nicht, die Güte des Vaters genüge ihm.

In der festen Überzeugung, daß sein Vorschlag der Bevölkerung gar nicht erst unterbreitet würde, läßt der Bischof mittels Pfeilen und hohler Kugeln Kopien des Ultimatums über die Mauern schießen. Doch der Ältestenrat verbietet bei Todesstrafe deren Lektüre.

Am 27. beginnt die Beschießung der Stadt. Es regnet immer noch; es ist einer dieser spätsommerlichen, nicht endenwollenden Regen, ein wahrer Kugelhagel dicker Tropfen auf Trommeln, auf Pulverfässer, auf das aufgeweichte Tuch der Zelte, auf die Stimmung der Truppe. Gegenüber dem Jüdefeldertor füllt der Graben sich wieder mit Wasser, wird – was für den Bischof noch schlimmer ist – die Erdwalze, der gigantische Erdwall, der von so weither angerollt kommt, die monstruöse Welle, allmählich zu Schlamm; zerfließt, weicht auf, tropft herab, ein einziger, bedrückender Schlammsee, durch den die Bauern nicht mehr stapfen mögen, so angewidert sind sie von der ganz umsonst geleisteten Arbeit.

Am 31. August um fünf Uhr morgens wird trotz allem durch einen Alarmschuß das Signal zum Sturm gegeben. Die Landsknechte greifen an mehreren Stellen gleichzeitig an und befestigen ihre schweren Leitern, auf denen sie zu dritt im Schutz der großen Schilde hinaufklettern können. Die Verteidigung der Belagerten ist verbissen, präzise aufgebaut, von Jan, dem Propheten, höchstpersönlich und vorzüglich abgestimmt; er setzt seine Vorräte sparsam und bewußt ein. Sie stehen alle an den Wällen, die Wiedertäufer, die Männer an den Waffen, die Frauen bei den Töpfen mit kochendem Pech, wobei die Kinder hier und da für Nachschub sorgen. Es ist nunmehr sechs Monate her, daß sie unter sich sind, eingeschlossen; sechs Monate, während der sie dieselben Handgriffe wiederholt haben, sechs Monate, in deren Verlauf sie den Gulden und den Bombarden des Antichristen trotzen; sechs Monate, seit von Säuberungsaktion zu Fluchtversuchen ihre Gruppe immer geeinter, immer stärker wurde und sich wie Stahl in der Schmiede härtet. Nach der ersten Abwehr setzen die Landsknechte erneut zum Sturm an, werden wieder zurückgeworfen, verbrüht, durchbohrt, von den in den Mauern versteckten Geschützen zerschossen, mit ihren Leitern zurückgeschoben, unter Steinblöcken erschlagen ... Einen Augenblick lang gelingt es ihnen, auf dem zweiten Wall Fuß zu fassen. Ein wilder Kampf Mann gegen Mann, den Tod im Visier. Dort steht der Ausgang des Kampfes auf dem Spiel. Die Landsknechte fallen zurück ... Ende ...

»Kommt wieder!« rufen die Wiedertäufer. »Kommt doch wieder, wollt ihr schon abweichen?«

Die Landsknechte sammeln ihre dreitausend Toten ein, während das Volk der Auserwählten der Stadt Münster in einer endlosen Prozession auf dem Wehrgang einen Freudenkranz flicht. Gott ist mit uns, er hat es eben erneut im Angesicht der Welt bewiesen. Und jeder Tag, der vergeht, und jede gemeisterte Bewährungsprobe bringt uns dem unsäglichen Augenblick, an dem Christus vom Himmel herabsteigen wird und bleiben wird unter uns tausend Jahre, um eine neue Welt zu gründen, ein Stück näher. Wer es nicht glaubt, ist wie einer, der an Gott nicht glaubt. Im Lager des Bischofs ist es die Stunde der Trauer und Tragödien, die Stunde der Inventur, der Abrechnung. Haufenweise desertieren die Landsknechte unter Verzicht auf ihren Sold lieber, als eine dritte, ebenso zum Scheitern verurteilte Bestürmung abzuwarten.

Einer von ihnen, ein gewisser Spieß, erdichtet das Lied von Münster, das in 17 Couplets erzählt, wie der Bischof die Stadt ungerechterweise angriff, indem die Wiedertäufer nichts Böses taten, und wie, nach einem »Drei Tage und drei Nächte« währenden Beschuß der Türme und Mauern er »die Stadt an fünf Enden anfiel«. Vergeblich!

Die Landsknechte sagen Münster Ehr
Daß sie ihn getan haben Gegenwehr,

Zu Rittern sollt man sie schlagen.
— ...

Edele und Unedele sind tot geblieben
Viel tausend, der Nam sind geschrieben
In das Feldhauptmanns Register,
Den darf man keinen Sold nicht geben
Er misset, die außen bleiben.
O Gott, vergib dem solche Tat,
Der Schuld an dieser Fehde hat!
Mannich Mensch ist zu Tode gekommen,
Daß ja den Seelen werde Rat!
Hat uns Spieß der Landsknecht gesungen ...

Groll. Leid. Haben die Wiedertäufer zu Münster zu guter Letzt und am Ende doch noch recht behalten?

Nach einigen Tagen der Danksagungen und Ausbesserungsarbeiten an den Wällen ruft ein gewisser Johannes Dusentschur, ein humpelnder ehemaliger Goldschmied aus Warendorf, das Volk auf dem Prinzipalmarkt zusammen. Vom Himmel, sagt er, habe ihm der Vater eine Eingebung gegeben: Der Prophet Jan müsse zum König der ganzen Erde gekrönt werden.
»Er wird über alle Kaiser, Könige, Fürsten und alle Gewalten der Erde herrschen; er wird über allen Obrigkeiten stehen, aber keine über ihm. Er wird das Zepter und den Stuhl Davids (...) einnehmen, bis Gott das Reich von ihm zurückfordern wird.«

Zweiter Teil

I

Der König der Welt

Der Stuhl Davids – Die Hofordnung – Königin Divara – Vier
Paar Laken – Zwei stumme Mädchen – Rot und grau – König
Jan – Hinrichtungen – Heilig, heilig, heilig – Knipperdollincks
Späße – Alle Engel – Drei Tage Gefängnis – Von Ewigkeit zu
Ewigkeit

»… Er wird das Zepter und den Stuhl Davids einnehmen, bis Gott das
Reich von ihm zurückfordert!« Vor den Augen der betroffenen,
schweigenden Menschenmenge fordert Dusentschur, der Gold-
schmied, die Ältesten auf, ihm das empfangene Schwert zurückzuge-
ben. Dann tritt er auf Jan van Leyden zu:
»Empfange das Schwert der Gerechtigkeit«, verkündet er mit lauter
Stimme, »und mit ihm alle Gewalt, mit dem du alle Völker der Erde
unterwerfen wirst.«
Er salbt ihn mit einem duftenden Öl:
»Ich salbe dich auf Befehl des Vaters und rufe dich im Angesichte des
ganzen Volkes zum König des neuen Zion aus.«
Der stets feindlich gesonnene Chronist Kerssenbrock behauptet, der
Holländer habe sein bisheriges Tun ausschließlich auf diesen Augenblick hin gelenkt, deshalb auch alles in den Besitz der Gemeinschaft
überführen lassen und sich Schritt für Schritt aller Gewalt bemächtigt.
Vielleicht hat Kerssenbrock aber dabei die bemerkenswerte Fähigkeit
dieses Stegreifkünstlers einfach unterschätzt, die Gunst der Stunde zu
nutzen. Der Sieg vom 31. August verschaffte ihm auch einen gewissen
Vertrauensvorschuß, ganz abgesehen von der Tatsache, daß eine mes-
sianische Bewegung schon von ihrem Selbstverständnis her einem Er-
folgszwang unterliegt, und von Ereignis zu Ereignis eilen muß. Das
Warten auf die letzten Tage darf kein Stillstand sein. Es nährt sich von

schockartigen Vorfällen, von aufrüttelnden Ereignissen. Seine Intensität ist derart, daß man es nicht lange ertragen kann ...

Jan van Leyden fällt auf die Knie:

»Oh, mein Vater«, fleht er, »da ich weder an Alter noch an Einsicht und Weisheit der Verwaltung einer solchen Macht gewachsen bin, nehme ich zu deiner Güte meine Zuflucht, um demütig deinen Schutz zu erflehen, damit ich erkenne und wisse, was vor dir wohlgefällig ist.«

Er strahlt Demut aus, wie jene entrückten Heiligen auf Ikonen. Und dann endlich erhebt er sich und wendet sich an das Volk:

»Liebste Brüder, ich habe schon vor vielen Tagen durch Offenbarung des Vaters gewußt, daß dies geschehen würde. Aber es mußte von einem anderen verkündet werden, damit ihr verstehen könnt, daß dies alles durch göttliche Fügung eintrifft ... Wenn ihr wüßtet ... ich wollte viel lieber ein Schweinehirt sein und den Pflug halten! ... Was ich tue, das muß ich tun, wenn mich Gott dazu erkoren hat.« Einige in der Menge wundern sich, murmeln schon: wie könne sich die Stadt der Gleichen überhaupt mit einem König abfinden? Und warum, fragen die Münsteraner sich, mit einem fremden König?

Leiderfüllt breitet Jan van Leyden die Arme aus:

»Pfui, ihr murrt gegen die Anordnung des himmlischen Vaters!«

Drei Tage lang lesen und kommentieren Bernhard Rothmann und die Prädikanten die Bibeltexte aus dem Buch Jeremias und Hesekiel, in welchen beschrieben wird, wie der Vater seine Schafe um sich versammelt und ihnen Hirten gibt, die sie weiden sollen – und sie sollen mein Volk sein, und ich will ihr Gott sein. Mein Diener David soll ihr König sein, ihr Fürst auf ewig ... Ich will sie einsetzen, will sie mehren, will mein Sanktuarium für immer in ihre Mitte stellen. Meine Hütte soll bei ihnen sein. Ich will ihr Gott sein, und sie sollen mein Volk sein ...

Magische, bedrängende, beschwichtigende Worte, die überwältigende, verschwommene Bilder wachrufen und die so viel sind wie Vorsatz und Erinnerung zugleich, Worte von geheimnisvoller Macht. Jan van Leydens Prädikanten spielen mit ihnen, ebenso wie sie geschickt mit der dumpfen Drohung der Hölle umgehen, die den erwartet, der die Stimme des allmächtigen Gottes nicht erhört. Einzeln könnten die Auserwählten dem vielleicht widerstehen, aber nicht in der Menge, wo der letzte Rest an Vernunft und Kritikfähigkeit, den sie noch haben, verlorengeht ... Hat der Prophet aus Leyden ihnen gegen die gefährliche Koalition von Papisten und Lutheranern schließlich nicht zum Siege verholfen? Wie hätte es ein Schankwirt ohne Gottes Hilfe so weit

Der Wiedertäuferkönig Jan van Leyden

Nach dem Stich von Heinrich Aldegrever

bringen können? Wäre er ein Schwindler, hätte er sie von Beginn an betrogen. Er, der König gewordene Prophet, erfüllt ihr Schicksal.

Zu allererst setzt er die zwölf Ältesten ab, die Befehlshaber, Hauptleute, alle früher ernannten Amts- und Würdenträger. Alles muß von Grund auf neugestaltet werden.

Hundertsechsundvierzig Ämter sind in der von König Jan aufgestellten Hofordnung verzeichnet. Knipperdollinck wird zum Statthalter ernannt, Tilbeck zum Hofmeister, Bernhard Rothmann zum Worthalter. Er ist es, der dem Dom gegenüber auf einer Bank stehend den Anwesenden die Liste der königlichen Diener verliest. Die Dosierung von Münsteranern und Zugewanderten ist sorgfältig abgestimmt: die meisten ehemaligen Notabeln, Räte, Gildenmeister oder wohlhabenden Handwerker besetzen wichtige Posten. Den Einwanderern aus Friesland und Holland gegenüber sind sie zahlenmäßig nur in subalternen Ämtern unterlegen.[38]

»Für mich«, erläutert der König, »brauche ich keine Räte oder Diener, aber ich habe sie eingesetzt, damit jeder sich an ihre Macht gewöhnt, wenn morgen der Vater mich zu sich rufen sollte ...« Mit sicherem Instinkt hatte er zu den ewigen Prinzipien der Beherrschung von Volksmengen gefunden: Vorgeben, daß man ihre Gefühle teile, diese sogar zum Ausdruck bringen, ehe man sie umwandelt und schließlich in ihr Gegenteil verkehrt.

Hier, in einem Reich, das kaum noch von dieser Welt ist, verkörpert er nunmehr die kirchliche und die weltliche Gewalt, er ist Papst und Kaiser in einer Person, vereint in sich die beiden irdischen Gesichter Gottes.

Bereit, der göttlichen Berufung zu folgen, will er jetzt zuerst die Allmacht des Vaters durch den Pomp und die Erhabenheit seiner eigenen Herrschaft zur allerhöchsten Vollendung bringen. Er beginnt damit, daß er sich in dem schönsten unter den Palästen am Domplatz einrichtet, in der Kurie Melchiors von Büren, des prunksüchtigen Obermundschenks des Bischofs. Das benachbarte Haus, in dem der Dompropst gewohnt hatte, ist den Ehefrauen des Königs vorbehalten – durch einen Durchbruch in der Grenzmauer wird eine Verbindung hergestellt.

Er setzt seine hohen Würdenträger in ihre Ämter ein und gestattet es niemandem sonst, seine Rittmeister, seine Pagen, seine Wächter, seine Küchenmeister auszuwählen. Divara, die erste seiner Ehefrauen, die ein Mädchen geboren hat, wird zur Königin gekürt; auch sie soll ihren

Hof haben, ihre Hofdamen, ihr Gesinde. Seine anderen Frauen – er steigert deren Zahl je nach Laune – werden zu Dienerinnen der Königin, zu Konkubinen des Königs oder zu Spielfrauen gemacht. Sie haben Divara »ohne Neid zu gehorchen«.

Für sie beide bestellt er wahrhaft königliche Gewänder, wählt die Farben – grau und rot – die Stoffe, die Schnitte selbst aus; er gestaltet Kronen für ihrer beider Stirn, Schmuck, ein Wappensymbol: eine von zwei Schwertern durchbohrte Weltkugel – das eine der Schwerter ist aus Gold, das andere aus Silber; zwischen den Griffen ein goldenes, auf der Kugel stehendes Kreuz, auf dem der Spruch eingraviert ist: »Ein Köninck der Gerechtigkeit über all«, was den König als Herrn der Welt ausweist.

Und während die Handwerker sich fleißig an die Arbeit machen, ersinnt er die einzelnen Artikel des Hofprotokolls, das alsbald das Leben im Neuen Jerusalem regeln soll, und läßt sie es auch einstudieren.

Dieser Herbst hat etwas Verrücktes an sich. Die Soldaten des Bischofs haben unterhalb der Stadt die Erdarbeiten wieder aufgenommen, doch Belagerte und Belagerer wissen, daß erst in einigen Wochen wieder etwas passieren wird. Es ist eine von Zeitdruck unbeschwerte Phase, wie durch Wunder bewahrt, freischwebend zwischen gestern und morgen, unwirklich.

Dusentschur, der hinkende Goldschmied, dem Gott seinen Wunsch kundtat, Jan van Leyden solle König werden, ist zum offiziellen Propheten des Hofes avanciert. Seine Visionen haben beinahe Gesetzeskraft. »Der Vater«, offenbart er eines Tages, »verdamme den überflüssigen Gebrauch von Speisen und Kleidern sowohl bei Frauen als auch bei Männern«. Er gibt die Einzelheiten der Botschaft preis:

»Jeder Mann solle also nur zwei Röcke, zwei Paar Hosen, zwei Wämse, (...) vier Hemden und zwei Kopfbedeckungen, jede Frau aber zwei Röcke, einen Mantel, zwei Paar Hosen, vier Hemden, vier Jacken und ebensoviele Mützen haben.«

Wagen fahren durch die Straßen. Innerhalb von drei Tagen wird aus Truhen und Schränken soviel herausgeholt, daß 83 Fuhren nötig sind. Die Diakone persönlich gehen in die Häuser:

»Gottes Friede sei mit euch, liebe Brüder und Schwestern. Ich komme nach Gottes Befehl ... und soll besehen, was ihr habt in eurem Haus ... Habet ihr mehr als ihr brauchet, das sollen wir von Gottes wegen von euch nehmen ...«

Bettwäsche wird auf diesem Wege requiriert – nur vier Paar Laken pro

Bett darf man behalten – und zusammen mit den Kleidungsstücken an die Bedürftigen unter den Zugewanderten, Friesen, Holländer oder Landsknechte verteilt.

Was den »Überfluß an Speisen« betrifft, so läßt der König aus den Abstellkammern und Kellern den größten Teil der Rind- und Schweinefleischvorräte beschlagnahmen. Er werde es, so sagt er, »in der Zeit der Not zurückgeben«.

Die Art, wie man sich kleidet, bleibt weiterhin symbolträchtig. Dem König gebührt Farbenglanz und Pracht, dem Volk Schlichtes und schmuckloser Leinenstoff. Zwei kleine Mädchen machen sich die Jagd nach Überflüssigem zur Pflicht. Es sind zwei kleine acht bis neun Jahre alte, stumme Mädchen. Wenn sie auf der Straße Brüdern begegnen, die nach damaliger Sitte über dem Knie Hosenbänder tragen, treten sie heran, stellen sich vor ihnen auf, deuten mit dem Zeigefinger auf die Bänder und stoßen häßliche, Stummen eigene Laute aus. Die Männer müssen die Bänder abnehmen und sie abgeben: sonst klatschen die Mädchen in die Hände, springen in die Luft, tanzen um sie herum und alarmieren so das ganze Viertel.

Von den Frauen verlangen sie die schönen Halstücher heraus, die sie mit um so lauterem Geschrei fordern, je kostbarer, bestickt oder »gekräuselt« sie sind. Manche der Frauen machen sich die Lektion zu eigen, verbrennen alles, was zu ihrem Putz dient, zerbrechen ihre Spiegel, um »demütig und rein« zu sein und nicht länger in Sünden zu leben. Andere, nicht überzeugte, lassen ihre Halstücher und die hübschen »Gefältel«, die man unter der Mütze zu tragen pflegt, zu Hause. Um nicht barhäuptig durch die Straßen gehen zu müssen, setzen sie die schwarzen Kappen ihrer Männer auf und gehen wie Landsknechte aufgemacht durch die Straßen. Sogar ihre gewöhnlich roten Schlafhauben färben sie schwarz.

Mit dem, was sie so zusammengetragen haben, machen die kleinen stummen Mädchen ein Freudenfeuer. Eine merkwürdige Raserei erfaßt sie, sie wälzen sich am Boden, raufen sich die Haare, und »verstellen sich greulich mit ihrem Angesicht«. Wer versucht einzugreifen, sie zu beruhigen oder festzuhalten, wird selbst von unerklärlichen Anfällen erfaßt: »O, Vater, o, Vater«, schreien die Frauen, »Gib Gnade!«

Die Sache hat in der Stadt soviel Aufhebens gemacht, daß der König und die Prädikanten die Mädchen zu sich rufen lassen. Dabei stellen sie fest, daß sie »einen Geist bei sich haben« – einen bösen, behaupten einige, und lassen sie isolieren »bis daß sie den Geist quitt wurden«.

Den Frauen wird es wieder gestattet, Hals- und Kopftücher zu tragen, ohne daß sie fürchten müssen, beraubt zu werden.

Sobald sie ihre Prachtgewänder in Empfang genommen haben, begeben sich König und Königin mit den Würdeträgern in der vom Protokoll festgelegten Formation in die Stadt.

Zuerst kommen die Herolde und die Zinken- und Trompetenbläser, gefolgt von vier Wächtern mit wallenden Federwischen, die wiederum den Räten in ihren neuen, mit schweren Ketten aus Edelmetall verzierten Uniformen vorangehen, dann der Hofmeister, Tilbeck, der feierlich einherschreitet und mit seinem langen weißen Stab auf den Boden pocht. Vor dem König marschieren zwei in rot und grau gekleidete Pagen; der rechte trägt die Bibel, der linke das Schwert, die Symbole der beiden in der Person des Königs vereinten Gewalten, die auch die Insignien des heiligen Paulus', des Schirmherrn Münsters, sind. Der eine der Pagen ist der Sohn des Bischofs, Christoph von Waldeck.

Der König reitet auf einem mit kostbaren Stoffen bekleideten Paradepferd – dafür haben irgendwelche bischöflichen Gewänder herhalten müssen. Er trägt ein Hemd aus feinster Spitze, die seinen dünnen, rotblonden Bart vorteilhaft zur Geltung bringt, ein mit Perlen und Edelsteinen besticktes Wams aus Samt, einen Mantel aus golddurchwirktem Tuch, goldene Sporen. An der Seite steckt ein Schwert in einem Goldfutteral. Sein Zepter ist mit drei goldenen Reifen verziert, und die Finger starren vor edelsteinblitzenden Ringen, darunter ein Siegelring, den er am Zeigefinger trägt, zweiundzwanzig Gulden schwer und aus rheinischem Gold, das härteste damals.

Hinter dem König kommen Knipperdollinck, steif und feierlich in seiner Aufmachung aus schwerem Brokat, dann der Kanzler Krechting, Nilan, der einäugige Henker, genannt der Zyklop, und schließlich die übrigen Mitglieder des Hofstaats und des Personals. Der König ist auf jeder Seite von 28 Trabanten mit Kürassen und Hellebarden flankiert, die das jubelnde Volk auf gebührliche Distanz halten sollen.

Wir schreiben September, und es ist ein herrlicher Tag, als er zum erstenmal in diesem Aufwand durch die Stadt reitet, durch seine Stadt: ein wunderbares, strahlendes Bild, das der Menge, die sich in ihm wiedererkennt, Freuden- und Jubelschreie entlockt; sie erkennt sich auch in ihm wieder, wenn er sagt, daß Gott kommen werde, um seinen Platz unter seinen Schafen einzunehmen. Er hat immer wieder erklären lassen, daß man nicht seine Person verehren solle, sondern Gott in ihm – und nichts ist für Gott schön genug.

Und an diesem Tag ist er so selbstsicher, der König Jan von Münster, daß er sogar aus der Stadt hinausreitet, die Stadtmauern passiert und einen Ausritt außerhalb der Mauern wagt, sei es, um den Bischof herauszufordern, sei es, um sich zu vergewissern, daß die Stadt, deren König er ist, nicht eine jener Seifenblasen ist, in die sich Träumer manchmal flüchten.

Welches Kind ist nicht schon gern einmal ein Märchen lang in eine Königsrolle geschlüpft? Wahrscheinlich – so wie wir Jan van Leyden kennen – hat er sich im Alter des Steckenpferds früher als andere als Märchenprinz gesehen, hat auch er, wie er da auf seinem Besen ritt, seine Prinzessinnen befreit und Horden von Ungläubigen in die Flucht geschlagen.

Die Wirklichkeit sah so aus, daß seine Mutter eine Magd war und von ihrem Hausherrn geschwängert wurde, einem gewissen Bockel, Bürgersmann aus Leyden. Der Bürger war verheiratet, und bis zu dem Tod seiner Frau, blieb die Magd was sie war, und der kleine Jan ein Bastard.[39]

Als endlich seine Frau gestorben war, hatte Bockel die Magd geehelicht, dem Kind das Alphabet beibringen lassen und ihn zu einem Schneider in der Pappengracht in die Lehre geschickt. Gewiß liebte Jan die Verkleidung und die wunderschönen Stoffe, aber ein Schneidergeselle zu bleiben, wenn man vom Thron geträumt hat! Sobald als möglich schiffte er sich nach London ein, wo er vier Jahre verbrachte. Mit zwanzig nach Leyden heimgekehrt, heiratete er Elisa, die Witwe eines Flußschiffers, sie war älter als er und besaß eine Wirtschaft. Aber bald fühlte er sich darin allzu beengt, entdeckte seine Kaufmannsseele und machte sich auf nach Portugal, wobei er sich mit dem Gedanken trug, vielleicht sogar eine Schiffsflottille zu befrachten, bis zum Rand voll mit Gewürzen und Edelhölzern, kehrte schließlich aber doch in die Schankwirtschaft zurück, wie Seeleute eben in den Hafen heimkehren.

Um das Leben in den »Drei Heringen« erträglicher zu gestalten, kam er auf die Idee, eine Bretterbühne aufzustellen und dort Vorführungen zu geben, wobei er alle Rollen selbst spielte und biblische Szenen inszenierte, die er nur einmal zu lesen brauchte, um sie auswendig zu können; unter den verräucherten Balken improvisierte er Possen und Dramen; mit einem Wort, einer Geste, einer schwungvollen Bewegung seines Gewands veränderte er die Welt, war, wer er sein wollte, und schlug seine Zuhörerschaft – Schiffer mit schweren, rissigen Händen – in seinen Bann.

Aber auch das war ihm nicht genug. Als er hörte, was die Wiedertäufer zu erzählen hatten, jene, die ebenfalls die Welt verändern wollten, um die Endzeit näherrücken zu lassen, machte er sich erneut auf den Weg. Die Idee gefiel ihm. Es war an einem Morgen im Mai 1533 – wir haben miterlebt, wie er die Schankwirtschaft »Zu den drei Heringen« verläßt. Es folgen zwei Monate in Münster, wo er seine Zeit beim Zuhören feierlich dozierender Prädikanten verbringt, dann wieder die Rückkehr in die Schankwirtschaft und eine erneute Enttäuschung. Es bedurfte noch des Auftretens Matthys' mit seiner Frau Divara . . .

Das war kaum ein Jahr her. Was für eine Wegstrecke in einem Jahr! König! Und er ist noch nicht einmal fünfundzwanzig! Wenn seine Mutter ihn nur sehen könnte! Welch eine Genugtuung für die Magd eines Bürgermannes! Zumal sie selbst aus der Nähe Münsters stammte: sie war dort geboren, wo ihr Sohn gerade um sich herum das Schicksal der Welt inszenierte.

Am Prinzipalmarkt hat Jan van Leyden ein Podest mit drei Stufen aufstellen lassen, »wie es sich für einen König gehört«, mit purpurnen Teppichen und seidenen Kissen geschmückt, auf dem ein weitausladender, mit Seide bespannter Stuhl thront. Dreimal in der Woche begibt er sich in festlichem Aufzug dorthin, um »die Klagen des Volkes« – zu hören. Er ist der neue David und der neue Salomon in einer Person. Auch Divara, die Königin, kommt auf einer weißen Stute geritten, voran ihr Hofmeister Heinrich Rodde, gefolgt von den anderen Frauen des Königs und ihrem Hofstaat. Die Prädikanten nehmen auf einem anderen Podest Platz.

In diesen letzten Septembertagen betreffen die Klagen und Streitigkeiten die Ehe. Das Gesetz über die Polygamie erweist sich nämlich als nicht leicht in der Anwendung. Der Zwang für jede Frau, das Gebot »wachset und mehret euch« in die Tat umzusetzen, verbietet ihr praktisch, allein zu bleiben. Selbst die ganz jungen Mädchen, die Dreizehn-, Zwölf-, ja sogar die Elfjährigen, werden im Handumdrehen vermählt. Die ärztliche Betreuerin der Stadt, die Frau Knuppers, hat ungefähr fünfzehn von ihnen aufgenommen, die die Männer »erbärmlich geschändet« hatten.

Die Frauen, die sich dem Willen und der Laune des Mannes nicht unterwerfen, setzen sich der Gefahr aus, in das Klostergefängnis in Rosental eingesperrt zu werden – wenn sie Glück haben –, bis daß sie sich reumütig zeigen.

Als sich herausstellt, daß die Ehefrau eines ehemaligen Kanonikus aus Utrecht schwanger ist, nimmt dieser sich eine andere. Sie ist die erste, die ihren Protest öffentlich zum Ausdruck bringt. Ihr Mann hat Klage erhoben. Dies ist einer der Fälle, über die der König gerade am Prinzipalmarkt zu Gericht sitzt: Die Frau des Domherrn wird zum Tod verurteilt, doch das Urteil soll erst nach der Geburt des Kindes, die für Januar ansteht, vollstreckt werden. Jan weiß durchaus, daß man sich manchmal die Gunst des Volkes durch Gnadenerweise erkaufen kann, daß man aber auch oft strafen muß, damit es sich fügen lernt.

Eine weitere Frau, Elisabeth Holschers, wird von ihrem Mann vor Gericht geschleppt. Sie hat es zwei- oder dreimal abgelehnt, ihren ehelichen Pflichten Genüge zu tun. Außerdem habe sie gelästert: »Oh Vater, wenn du mächtig bist, mache, daß ich dieses Ehebett niemals wieder lebendig besteige!«, hat sie gesagt. Sie sollte die erste sein, der Nilan, der Zyklop, den Kopf abschlug. Man schreibt den 25. September.

Am nächsten Tag, ein neuer Fall: eine gewisse Katharina Kockenbekkers wird vor den König zitiert: das Gesetz in ungehöriger Weise verdrehend, hat sie zwei Männer innerhalb von zwei Tagen geheiratet. Kopf ab! Derselbe Spruch für Margaretha, eine Frau aus Osnabrück, die sich weigerte, Schlachtschafs frommen Predigten zuzuhören – sie hat ihm sogar ins Gesicht gespuckt. Ab und an, an manchen Spätnachmittagen, nach der öffentlichen Vollstreckung der Urteile, bestellt der König eine Kapelle und eröffnet selbst den Hofball.

Vor allem in Kampfpausen, wie in diesem gerade beginnenden Herbst, begehren die Frauen auf: die Propheten werden für sie wieder zu bloßen Männern, von denen sie sich nichts vormachen lassen müssen. Wenn die Umstände es aber erfordern, wenn Gott durch die Stimme des einen oder des anderen spricht, dann stehen sie – und zwar wesentlich eher als Männer – allzeit bereit da, aufgewühlt, vehement und wenn nötig, sogar zum Sterben bereit.

Aber im Augenblick sind sie nur Opfer oder Zuschauerinnen, und im Oktober sollte es an Unterhaltungsstoff nicht fehlen. Denn diese Macht, die jetzt in den Händen eines einzelnen liegt, braucht auch nur einer ihm streitig zu machen. Der erste, der es versucht, ist Knipperdollinck, in chronologischer Reihenfolge der erste Feind des Bischofs, der erste Eingesperrte in der Geschichte, die erste Stütze Bernhard Rothmanns, die bedeutende Persönlichkeit Münsters, der ehemalige

Kön+igin Divara (auch Gertrud von Utrecht genannt)

Nach dem Stich von Heinrich Aldegrever

Wahlmann und frühere Bürgermeister, die ehemalige Finanzgröße der Stadt, von Jan, dem Propheten, auf den Rang eines Scharfrichters deklassiert, und jetzt, was wahrscheinlich am schlimmsten ist, nunmehr zweiter Mann im Staat. Schon als Jan van Leyden ihm in der Nachfolge Jan Matthys' zuvorgekommen war, hatte er durch das Abschlagenlassen der Kirchtürme von sich reden gemacht. Und jetzt, da dieser Holländer zum König geworden ist, da er über alles richtet, kann Knipperdollinck nicht mehr frei atmen.

Am 11. Oktober, während das Volk um den König am Prinzipalmarkt versammelt ist, taucht der ehemalige Kaufmann plötzlich auf der Bildfläche auf und schreit: »Tut Buße! Bekehret euch!« Mit Schaum um den Mund, einem irren Blick, scheint er von Raserei erfaßt zu sein: »Heilig, heilig, heilig«, ruft er, »wir sind ein heilig Volk!« Mitten in dem verstörten Schweigen der Anwesenden beginnt er zu tanzen, sich zu winden, zu springen, sich den Bart auszureißen, vollzieht Kunststücke um den Thron des Königs Jan: »Herr König, ich soll dein Narr sein!« Er wälzt sich am Boden, albert herum, springt mit einem Satz wieder auf, reißt einem Wächter die Hellebarde weg und schreitet mit erhobenem Haupt, die Waffe auf der Schulter, einher: »Siehst du wohl, Herr König, so wollen wir gehen, wenn wir ausziehen aus der Stadt ... So wollen wir durch die Welt gehen und wollen die Gottlosen strafen ...«

Auf einmal entdeckt er einen Hellebardenträger, der schon viele Sünderköpfe hat rollen lassen: »Du sollst alle Gottlosen köpfen!« Dann macht der ehrenwerte Bernd Knipperdollinck einen Handstand und kippt schließlich über, mitten in die Reihen der Frauen.

Dann beruhigt er sich plötzlich, flüstert dem einen oder dem andern ins Gesicht: »Der Vater hat dich geheiligt; empfange den heiligen Geist.« Er befeuchtet die toten Augen Blinder, – die sich dort eingefunden haben in der Hoffnung, ihre Sehkraft wiederzuerlangen – mit seinem Speichel und verkündet, daß er noch am selben Tag sterben und dann von den Toten auferstehen werde. Er tritt zu einem Krämer:

»Du wärst wohl auch gern heilig ... Den Kram willst du nicht verlassen! ... den mußt du verlassen, willst du heilig sein!«

Man weiß nicht, ob Gott oder der Teufel sich Knipperdollincks bemächtigt hat. Der König, bis dahin noch unsicher, gibt plötzlich sein Zepter aus der Hand, gleitet von seinem Thron hinunter, fällt auf die Knie, zitternd, mit gefalteten Händen, die Augen geschlossen. Frauen beginnen zu kreischen, was die Vernünftigsten unter den Anwesenden vollends verwirrt. Der Geist plagt manche Seele.

Aber Knipperdollinck ist es schon nicht mehr, dem die Aufmerksamkeit gehört, sondern der König; – der Stille, und nicht der in Ekstase Geratene.

Knipperdollinck begreift, daß er für die Besetzung der ersten Rolle endgültig ausgespielt hat. Er geht auf den König zu, hilft ihm wieder aufzustehen, setzt ihn auf den seidenbezogenen Stuhl. Das Leben scheint in Jan van Leyden zurückzukehren. Seine Stimme klingt von zitternder Erregung noch nach: »Liebe Brüder und Schwestern«, spricht er, »was sehe ich große Freude ... und ihr sehet aus allzumal als Engel ... Der Eine ist noch schöner denn der Andere ... So heilig seid ihr allzumal ...«

Das Kreischen der Frauen, der Ohnmacht nahe, hält an. Sie rufen nach dem Vater. Er möge kommen, hier und jetzt, mitten unter sie, er möge auf den Prinzipalmarkt zu Münster herniederfahren.

Erneut versinkt der König in unbeschreibliche Andacht, aus der er eine großartige Idee schöpft, die geeignet ist, alle Geister und alle Kraft zu mobilisieren.

»Sehet, liebe Brüder und Schwestern«, spricht er, »daß wir sollen rund um die Welt ziehen ... ich soll sein ein König über die ganze Welt und soll darüber herrschen.«

In dieser seltsam anmutenden Konfrontation ist Knipperdollinck der rettungslos Unterlegene. Er ist nicht in der Lage, das tatsächliche Gewicht, das er in der einflußreichen Schicht der Bevölkerung noch immer besitzt, einzusetzen, und versucht, mit Wahneinfällen zu operieren; es ist das einzige ihm – dem Leidenschaftslosen – verbleibende Mittel, aus sich selbst herauszukommen und die Menge mitzureißen. Aber er weckt keine Emotionen, ist nicht zu jenen überwältigenden Improvisationen imstande, die das einfache Volk in Trance versetzen. Er verwechselt Theater und Jahrmarkt.

Nun versammelt er das Dutzend Freunde um sich, das mit ihm im Februar eingesperrt war, als die Stadt sich zum ersten Mal in zwei Lager spaltete. Er setzt sie auf eine Bank, flößt ihnen den Geist ein, gibt jedem einen Apostel-Namen, kündigt an, daß der Geist sich gleich offenbaren werde. Dann läßt er sie auf die Bank steigen; an Ort und Stelle beginnen sie, sich in den Hüften zu wiegen, zu tanzen. Der Geist bleibt aus. Knipperdollinck insistiert, macht sich um seine Apostel eifrig zu schaffen, flüstert ihnen ins Ohr. Vergebens.

Daraufhin winkt der König seine persönliche Wache, steht auf und geht nach Hause, wie jemand, der die Vorstellung des Tages langweilig und mißlungen findet.

Am nächsten Tag macht Knipperdollinck einen erneuten Anlauf, tanzt und rast um den Thron. Wütend zieht sich Jan van Leyden in seinen Palast zurück. Knipperdollinck setzt sich auf den königlichen Stuhl, sagt, man brauche zwei Könige, einen für das Fleisch, den anderen für den Geist ... Jan van Leyden kommt zurück. Die beiden Männer zanken sich. »Ich habe dich zu einem König gemacht«, sagt Knipperdollinck voller Bitterkeit. »Ich sollte von rechten ein König sein!« Jan van Leyden heißt ihn zu schweigen. Aus der Menge steigt ein häßliches Gemurmel herauf.

König Jan überläßt dann Knipperdollinck sich selbst und wendet sich einmal mehr an das Volk der Erwählten. »Dasselbe, was Knipperdollinck sagte, das lasset auch nicht angehen«, spricht er, »denn er ist nicht bei Sinnen.« Er winkt seinen Hellebardenführern, die den Kaufmann in die Mitte nehmen und davonschleifen. Jan spricht. Durch seine Wortgewaltigkeit hat er die Macht an sich gerissen, durch seine Wortgewandtheit herrscht er denn auch und durch seine Fähigkeit, die richtigen Worte im richtigen Augenblick zu finden, Gefühle aufsteigen zu lassen, mit deren Echo er wiederum seine weitere Rede speist. Er spricht niemals die Vernunft seines Volkes an, immer nur seine Phantasie und seinen natürlichen Hang zur Autorität. Verachten Volkstribune nicht gerade das, was sie nicht fürchten müssen?

Und wenn Jan van Leyden gesprochen hat – »Er sprach Wunderbares«, berichtet der Schreiner Gresbeck, – geht jeder befriedigt nach Hause.

Knipperdollinck bleibt drei Monate im Gefängnis. Er hat noch zu viele Anhänger und Freunde, als daß der König sich seiner entledigen könnte; außerdem braucht er ihn noch. Er schreibt es ihm auch, um ihn »freundlich zu ermahnen« und daran zu erinnern, daß er jemanden brauche, der über den anderen Würdenträgern stehe, um ihr Wirken zu koordinieren; dann ruft er ihm ihre frühere Freundschaft in Erinnerung: »Entfremde Dich mir nicht ... Die Wohltaten, die mir von Dir und Deiner Frau erwiesen sind, habe ich wohl im Gedächtnis ... Seien wir also treu; unser Lohn wird groß sein ...«

Er gestattet sich einen Rat: »Lege den Hochmut ab, fliehe die Zweifelsucht, halte Dich lieber an das Gebet.« Und vielleicht in der weisen Voraussicht einer Zukunft, von der er schon ahnt, daß sie beschwerlich sein wird, empfiehlt er ihm, sich nicht zu beunruhigen, wenn viele zu verzweifeln begännen, da man ja gerade daraus folgern könne, daß »die Zeit nahe sei«. »Stehe wohlbehalten fest im Glauben«, schließt er; »für Dein Fleisch wird Gott sorgen.« Und er zeichnet, Jan van Leyden, mit seinem Motto: »Gots kracht ist mein macht.«

Knipperdollinck antwortet, er verstünde nicht, was ihm passiert sei, der Teufel habe ihn wohl dazu getrieben, er sei aber im Gefängnis von einer göttlichen Offenbarung gesegnet worden: Jan van Leyden sei tatsächlich ein König nach dem Willen des Vaters. Er wird freigelassen und nimmt wieder seinen Platz an der Spitze der Regierung ein, wenn auch neben dem Thron.

Ein König ist noch nicht, so sagt man, wer seinen Rivalen nicht besiegt hat. Aber diesmal ist Jan van Leyden der unumstrittene König der Stadt Münster. Jetzt und von Ewigkeit zu Ewigkeit.

II

Der Bischof gräbt sich ein

Die Blockhäuser – Die Gulden des Bischofs (Fortsetzung) – Der fünfte Pfennig – Ein schöner Lenz

Zwei Tage nach dem mörderischen Angriff vom 31. August berief Franz von Waldeck, bischöflicher Fürst von Münster, Osnabrück und Minden seinen Stab zu einer Sitzung ins Lager St. Mauritz ein. Die Stimmung war düster, die Bilanz katastrophal. Söldner waren in Scharen desertiert, ohne auch nur das Trocknen ihres durchnäßten Sturmgepäcks abzuwarten. Auch ein Teil des Adels machte sich auf den Heimweg, die Reiterlager lösten sich – eines nach dem anderen – auf, die Armee schien ebenso zu zerfallen, wie der große Erdwall sich in Schlamm aufgelöst hatte.

Es sah aus, als bliebe der Bischof der einzige Standhafte. Diese Fanatiker wollten ihn herausfordern? Gut, er würde darauf eingehen. In Wirklichkeit war für ihn die einzige Chance, seinen Schuldenberg jemals abzutragen, die, Münster zurückzuerobern und zwar sehr schnell.

Zum Zeichen dieser seiner Entschlossenheit befand er an jenem Tage, die offenen Söldner-Lager zu festen Blockhäusern umzubauen; Reitertrupps würden jeweils die Verbindung herstellen. Mit der Einigelung seines Heeres könnte er die Hälfte der früheren Mannschaftsstärke einsparen: nunmehr würden dreitausend Landsknechte ausreichen; so bekundete er zugleich seinen Willen, zu bleiben, wo er einmal war, fest im Boden verwurzelt. Und wenn man die Stadt nicht im Sturm nehmen könne, dann würde man sie eben aushungern. Dieser Winter würde für Münster hart werden.

Fünfzigtausend Emdener Gulden mußten wieder für Oktober und November aufgebracht werden. Um erneute Unterstützung ersucht, antworteten die Fürsten von Köln und Kleve, es müsse zuerst geklärt werden, wie ihnen die Ämter auch tatsächlich verschafft würden, die sie sich für die vorherige Geldbeleihung als Pfand ausbedungen hatten. Der Bischof mußte wie schon früher damit drohen, sich anderweitig Hilfe zu verschaffen.

Wenn man seinen Aufzeichnungen Glauben schenken darf, hatte die Belagerung ihn zu diesem Zeitpunkt bereits die enorme Summe von 600 000 Gulden gekostet. Seine Bemühungen sind vielseitig orientiert. Am 6. September beantragt er beim Herzog von Kleve – seit 1530 verantwortlich für den Kampf gegen die Türken –, den Niederrheinisch-Westfälischen Kreis einzuberufen. Er möchte den Kurfürsten und den Herzog von Sachsen für sein Unternehmen gegen die wiedertäuferische Ansteckungskrankheit gewinnen, und er bittet den Erzbischof von Köln, den kurfürstlichen Erzbischof von Mainz ebenfalls dafür zu interessieren.

Unterdessen muß der in Telgte am 14. September beratende Landtag des Bistums feststellen, daß die Landsknechte schon seit vier Wochen keinen Sold erhalten haben, so daß man sie unmöglich entlassen könne, selbst wenn man Geld sparen wolle. Außerdem beliefern die Bauern die Lager nicht mehr mit Nahrungsmitteln: Der Regen, sagen sie, hätte die Wege unpassierbar gemacht. Franz von Waldeck droht ihnen, die Landsknechte loszulassen, damit die sich selbst bedienen.

Hinsichtlich der Finanzierung beschließt der Landtag, da die Sache drängt, die Ritterschaft und den Klerus durch eine Besteuerung ihrer Güter zur Ader zu lassen, wobei die Erhebung nicht auf die Pächter der Güter umgelegt werden dürfe. Außerdem solle jeder besitzende Bürger den 5. Pfennig seines Einkommens abliefern. Der Bischof lehnt jeden Freistellungsantrag rigoros ab und unterdrückt die zahlreichen Proteste.

Nach Berechnung gestattet das Prinzip der Blockhäuser, fast sieben Fähnlein Landsknechte einzusparen, was den Kostenaufwand für einen vierwöchigen Sold von 25 000 auf 13 000 Emden-Gulden zurückschraubt. Allerdings müssen vier Schanzenmeister eingestellt, 2000 Arbeiter vom Erzbistum Köln ausgeliehen, 2500 Bauern des Oberstifts und jeder dritte Mann vom Niederstift aufgeboten werden. Außerdem muß man auch für die auf diese Weise bei den Lehnsherren, denen die

Bauern unterstehen, auftretenden Probleme lösen und 70 Holzhauer, 85 Zimmerleute finden...

Anfang Oktober sind die sieben Blockhäuser fertiggestellt:

»1. Das Blockhaus im Tal; viereckig, Umfang 300 Schritt, mit einem 25 Schuh dicken Wall, der den Wassergraben um 10 Schuh überragt, zwei Geschützen und sechs Doppelhaken.

2. Das Blockhaus auf der Geist.

3. Das neue Blockhaus.

4. Das Geldrische Blockhaus.

5. Das Klevische Blockhaus mit einem trockenen Graben.

6. Das Swerhuis-Blockhaus, das best beschützte mit seiner dicken Schanze und seinem Wassergraben, der 1½ mannstief ist.

7. Das Blockhaus bei St. Mauritz mit den meisten Geschützen: 4 an der Zahl und 16 Hakenbüchsen.«

Hinter den sieben Blockhäusern: sieben Reiterlager. Der Adel wird wieder zum Dienst verpflichtet; wer sich davon befreien will, muß auf seine Kosten einen Ersatzmann zur Verfügung stellen.

Mitte Oktober ist die Gesamtanlage fertig. Doch während man erfährt, daß die Wiedertäufer nur noch feiern, mit beliebig vielen Frauen, – was wird nicht über die Ausschweifungen der abtrünnigen Nonnen alles erzählt! –, sogar einen König haben, dezimiert eine Seuche die Söldner im Klevischen Blockhaus, das sie niederbrennen müssen, um es zu reinigen, und dafür ein Nachbardorf – Havixbeck – plündern, bis sie durch die Reiterei des Bischofs vertrieben werden. Man merkt jetzt vor allem, daß das System der Blockhäuser und Trupps nicht sicher ist. Die Münsteraner bewegen sich dort fast nach Belieben, schicken Boten aus, um Briefe wegzubringen oder Nahrungsmittel einzukaufen.

Am 10. Oktober schickt der Rat zu Bremen seinen Syndikus zum Bischof: um die Belagerung zu beenden, solle man eine für beide Seiten annehmbare Lösung auf dem Schlichtungswege aushandeln, schlägt er vor. Antwort von Franz von Waldeck: Er habe, so sagt er, bereits um die Hilfe des Kaisers und der Fürsten ersucht und könne über keinerlei Friedensbedingungen mehr allein entscheiden, zumal seine Verbündeten mit der münsterischen Angelegenheit ein Exempel statuieren wollten und die Versessenheit der Wiedertäufer weder Gnade noch einen Friedensvertrag verdiene.

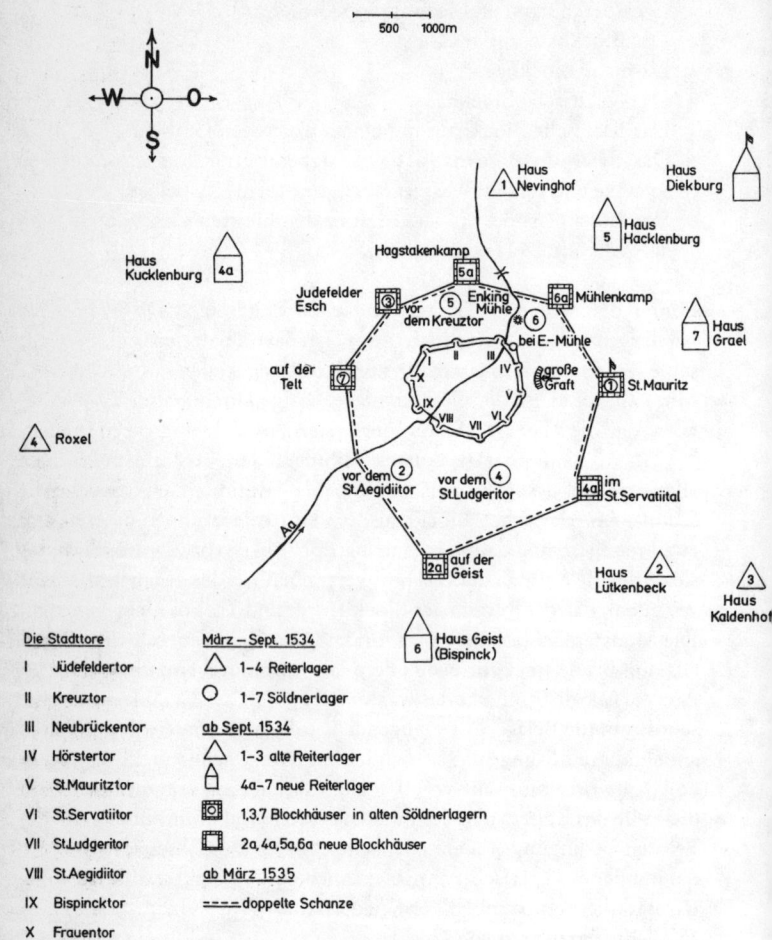

Die Belagerung von Münster
1534 – 1535

500   1000m

N
W — O
S

Haus Nevinghof △1

Haus Diekburg

Haus Hacklenburg △5

Haus Kucklenburg △4a

Hagstakenkamp

5a

Judefelder Esch ③

⑤ Enking Mühle

6a Mühlenkamp

vor dem Kreuztor

⊕⑥ bei E.-Mühle

Haus Grael △7

auf der Telt ⑦

I   II   III
X   IV
IX   V
VIII VII VI

große Graft

①im St.Mauritz

Haus Roxel △4

vor dem St.Aegidiitor ②

vor dem St.Ludgeritor ④

4a im St.Servatiital

Ag

auf der Geist 2a

Haus Lütkenbeck △2

Haus Kaldenhoff △3

Haus Geist (Bispinck) △6

Die Stadttore	März – Sept. 1534
I Jüdefeldertor	△ 1–4 Reiterlager
II Kreuztor	○ 1–7 Söldnerlager
III Neubrückentor	**ab Sept. 1534**
IV Hörstertor	△ 1–3 alte Reiterlager
V St.Mauritztor	⌂ 4a–7 neue Reiterlager
VI St.Servatiitor	▦ 1,3,7 Blockhäuser in alten Söldnerlagern
VII St.Ludgeritor	▢ 2a,4a,5a,6a neue Blockhäuser
VIII St.Aegidiitor	**ab März 1535**
IX Bispincktor	==== doppelte Schanze
X Frauentor	

Quelle: Dr. K.-H. Kirchhoff

III

Das große Abendmahl

Die drei Posaunen – Eine Krone aus purem Gold – Die Spielver-
derber – Trinkt alle davon – Die siebenundzwanzig Apostel –
Das Schafott – Zwei Goldstücke – Der Fürst und der Gefangene
– Fabricius' Auftrag – Wie durch Gottes Engel ...

Kaum ist der Fall Knipperdollinck zu den Akten gelegt, da wird Dusentschur, der hinkende Prophet, von einer neuen, folgenschweren Vision heimgesucht: Die Zeit ist gekommen, sagt er, die Stadt zu verlassen. Der Vater habe ihm offenbart, daß Seine glorreichen Posaunen
dreimal geblasen werden sollten. Wenn sie zum erstenmal anhüben,
müsse man sich bereithalten. Beim zweitenmal müßten alle sich auf
dem Berg Zion einfinden. Und beim drittenmal, dann endlich, sollte
das Volk der Auserwählten aus der Stadt Münster ziehen, ohne sich
umzudrehen.
Und die Alten? fragt man. Und die Kranken?
Alle müßten ziehen. Außerdem, versichern die Prädikanten, würden
die Lahmen dann gehen und die Blinden sehen können. Wer nicht zur
verabredeten Zeit erscheine, der würde wie ein Gottloser behandelt
und hingerichtet werden.
Und die bischöflichen Truppen? Und wie sollten sie es schaffen, durch
die Lager der Landsknechte hindurchzugelangen?
Gott selbst würde die Feinde schlagen. Fünf Wiedertäufer genügten
denn auch, um hundert Feinde zu besiegen, denn zehn werden so viel
sein wie tausend!
Was solle man mitnehmen?
Nichts als die Waffen.
Und was werde aus der Stadt, die sie verließen?

Wilde Tiere würden die Straßen bevölkern, und sie werde sich in einen Wald verwandeln ...

... Die erste Posaune erklingt am Morgen jenes Tages, an dem ein großes Abendmahl auf dem Domplatz stattfinden soll, für dessen Durchführung man bereits Gerüste, Bretter und Bänke zusammengestellt hat.

Dusentschur und der Posaunenbläser laufen durch die Straßen der Stadt. Ihre Begleiter lassen wissen, daß der Herr sich zusammen mit seinem Volk erheben und sich dann gemeinsam mit ihm nach dem Gelobten Land aufmachen werde, wenn die Stunde geschlagen haben werde. Alles gehe also in Erfüllung. Einige ersticken fast vor Glück, Jubel, Tränen der Freude; das Herz schlägt ihnen immer höher, während anderen das Blut in den Adern erstarrt; entsetztes Grauen vor dem, was sich da zusammenbraut und jeden einzelnen, die erbärmliche Kreatur, der schrecklichen Gerechtigkeit des Vaters ausliefert.

Als die Posaune zum zweitenmal anhebt, verläßt man sein Haus, geht, ohne sich umzudrehen, auf den Dom zu. Die Gassen und Straßen füllen sich mit dem Volk der Auserwählten, die auf dem Weg zu Gott sind. Die Männer haben ihre blitzblanken Harnische angelegt und tragen ihre Waffen, die Frauen Körbe voll unnützer Schätze und gehüteter Nichtigkeiten, Mütter pressen ihre Kleinkinder fest an sich, Blinde werden an der Hand geführt, Gebrechliche auf dem Rücken getragen. Allenthalben Bedrückung, Einkehr, Stille.

Es mag neun Uhr sein, als alle sich um den Berg Zion versammeln – ungefähr 5000 Frauen, schätzt Kerssenbrock, 1200 Männer, 400 alte Leute und Kleinkinder. Der König ist nicht da. Die bewaffneten Männer stellen sich in sieben Reihen auf. Man wartet auf den dritten Posaunenschlag, auf den, der das Signal bedeutet, der den Blinden das Sehvermögen und den Lahmen ihre Beine wiedergeben soll. Man betet.

Plötzlich, um zehn Uhr, erscheint der König mit seinem Gefolge auf dem Platz, prächtiger denn je. Er ist in voller Rüstung, hat gleichwohl auch seine hohe Krone aus purem Gold aufgesetzt – ein Reiter trägt seinen Kriegshelm. Um ihn herum seine persönliche Garde und eine berittene, speziell trainierte Truppe, die sich vor den sieben Reihen der Miliz aufstellt.

Die Königin trifft ebenfalls ein. Sie sitzt in einem Wagen, umgeben von ihrem Hofstaat und den anderen Frauen des Königs.

Auf dem Platz paradiert Jan van Leyden, läßt sich betrachten, ebenso wie er selbst um sich schaut, schreitet die Front der Truppen ab. Wahrscheinlich ist dies einer der Höhepunkte seines Lebens. Das ganze Volk Israel ist versammelt, verfolgt jede seiner Bewegungen, hängt an seinen Lippen, an seinen Blicken. In diesem Moment ist er tatsächlich der König der Welt – ebenso wie man auf der Theaterbühne König sein und für die Zeit einer Vorstellung ein Publikum, das sein Verhältnis zu sich selbst verloren hat, in seinen Bann schlagen kann. Er wird sprechen. Er genießt das Hinauszögern dieses Augenblicks. Endlich spricht er.

»Die Posaune des Herrn wird nicht geblasen!«, sagt er. »Das ist nicht mehr denn ein Versuch an euch, was ihr bei dem Vater tun wolltet, ob ihr gehorsam wolltet sein. Wir werden so nicht ausziehen und lassen die Stadt ledig stehen.«

Die Auserwählten sehen einander zugleich ungläubig und hoffnungsvoll an. Der König deutet auf die Tischreihen, die eine ganze Seite des Platzes einnehmen:

»Ein jeder setze sich zu dem heiligen Abendmahl an die Tafeln ... Seid mit dem Herrn fröhlich!«

Hochrufe, Jubelschreie. Die Reiter helfen sich gegenseitig aus ihren Harnischen, die Männer stellen die Gewehre zusammen, während die Köche und die weiblichen Hilfskräfte, die die Tische für das riesige Bankett decken, die Feuer anmachen und die Rinderstücke aufspießen.

Den ganzen Nachmittag sollte man brauchen, um die drei Fleischgänge zu servieren: fast noch rohes Fleisch als erstes, wozu gekochtes Gemüse als Beilage serviert wird, dann geräucherten Schinken und Würste und schließlich Braten, goldfarben, triefend von Fett. Der König, die Königin und ihre hohen Würdenträger bedienen selbst. Der König ist jetzt mit einem samtenen Faltenrock gekleidet, auf dem Goldketten prangen, und Divara, die strahlend Schöne, trägt auch ihre Krone.

Jeder Mann sitzt bei seinen Frauen, und die, die nur eine haben, so erinnert sich der Schreiner Gresbeck, »die haben beschämt gesessen.« Durch das viele Fleisch, das Bier, die Zeit, die verstreicht, und die Erleichterung angesichts des falschen Alarms macht sich eine schwüle Hitze auf dem Platz breit. Nur die Prädikanten sind die Spielverderber. »Hier sind noch ein Teil Leute, auf dem Berg Zion«, sagen sie immer wieder, »ehe daß die Glocke zwölf schlägt, sollen sie lebendig und tot sein.« Die Prophezeiung macht an den Tischen die Runde. Man erkennt nicht recht, wer von den Brüdern und Schwestern mitten in dieser freudigen Stimmung sterben solle. Unvermittelt fordert Knipperdollinck den König auf, ihm den Kopf abzuschlagen, und sagt, er werde in drei Tagen von den Toten auferstehen. Der König lehnt ab.

Die Zeit des Abendmahls ist herangerückt. In der Mitte des Volkes Israels brechen der König, die Königin und die Würdenträger des Reiches jeder einen kleinen, runden Kuchen, essen die eine Hälfte auf und trinken etwas Wein dazu. Dann geht der König zu den Tischen und bietet jedem der Auserwählten kleine Kuchen aus einem Korb an.

»Nehmt«, sagt er, »eßt und verkündet den *Tod des Herrn!*«

Die Prädikanten ermahnen die Versammlung, geeint und dem Herrn treu zu bleiben und stimmen ihren Erkennungspsalm an: »Ehre sei Gott in der Höhe auf Erden und den Menschen allen ein Wohlgefallen.«

Danach steigt Dusentschur auf einen Stuhl, um sich Gehör zu verschaffen. Nicht mehr das gesamte Volk der Auserwählten solle die Stadt verlassen, offenbart er, sondern nur 27 Apostel, die möglichst bald abzureisen hätten, heute nacht noch. Sie sollen in vier Städte ziehen, die Brüder taufen und sie aufwiegeln, um dann mit ihnen zusammen den Bischof von dessen hinteren Reihen her zu überraschen. Er schlägt ein aus vier Teilen bestehendes Register auf, verliest fünf Namen:

»Ihr sollt ziehen binnen Warendorf. Die Stadt soll in dem höllischen Feuer verbrennen, geschieht es, daß sie den Frieden nicht wollen annehmen!«

Dasselbe gilt für Soest, Osnabrück und Coesfeld. Es sind insgesamt siebenundzwanzig. Nachdem sie in diesen vier Städten für Aufstände gesorgt hätten, sollten sie sich in Hamm einfinden, um ihre weitere Aktion zu koordinieren. Unter den Benannten sind vier Prädikanten, Schlachtschaf, Vinne, Klopris und Strahlen – die drei letzteren sind seit Anbeginn der wiedertäuferischen Aktivitäten in Münster dabei –, Julius von Franeker, der eine Weile Bischof und einziger Taufvater gewesen ist, sowie der Patrizier Hermann Kerckerinck... Man kann daraus schließen, wie ernst der Auftrag genommen wird. Dusentschur selbst steht auf der Liste: auf ausdrücklichen Wunsch des Königs soll der Prophet seine eigenen Prophezeiungen mit denen von Soest in Erfüllung bringen.

Während sie sich bereitmachen, spricht König Jan zu seinem Volk:

»Wäret ihr bereit, die Befehle Gottes auszuführen? Zu sterben, wenn er es verlangte?«

Ein einziger, gewaltiger Schrei hallt zurück, Trunkenheit der Körper und Seelen, verbunden mit jener brennenden Gewißheit, daß ihre Stärke keine Grenzen kennt. Eine Menschenmenge ist nicht nur die bloße Addition ihrer einzelnen Bestandteile. sie ist ihr eigener Zweck, eine grandiose, unergründliche Seele, bedrängt von heftigen Trieben, fähig, alles mit ihrer Raserei zu überrennen, eine Seele, die sich gleichwohl dem voller Inbrunst fügt, der im geeigneten Augenblick ihre Hoffnung, ihre Wünsche zu artikulieren versteht.

Dieser Theaterkönig und diese apokalyptisch anmutende Menschenmenge sind wie füreinander geschaffen – sie wäre übrigens nach Matthys' Tod auseinandergegangen, wäre er nicht gewesen, und ohne sie wäre er, wie schon früher, in die »Drei Heringe« heimgekehrt.

Diese Stunde des Festes ist auch die Stunde des Todes, vielleicht die, die die Prädikanten angekündigt hatten. Das Volk der Auserwählten weiß vermutlich nicht, was es ganz verschwommen erwartet, der König weiß vielleicht nicht, was er tun soll. Und dennoch ...

Im Gewühl der Tische bleibt Jan van Leyden vor einem Mann stehen, dessen Gesicht ihm unbekannt ist. Es ist ein neuer Gefangener, den man zum Abendmahl gebracht hat in der Hoffnung, ihn mit Braten und Bier zu bekehren.

»Mein Freund, welche ist deine Religion?«, fragt der König ihn.

Der Soldat ist vom vielen Trinken noch benommen. Er antwortet vage, er verstünde nicht viel von Religion, und man habe ihm vor allem von Frauen und vom Zechen erzählt.

»Mein Freund, wenn du zum Heiraten hierher gekommen bist, warum bist du dann nicht in Hochzeitskleidung?«

Der Soldat antwortet, man habe ihn nicht aufgefordert, alle diese Kebsweiber zu heiraten, und er wünschte sich jetzt ganz woanders. Von Wut gepackt greift der König nach seinem Schwert und schlägt ihm den Kopf mit einem einzigen Hieb ab. Der Tod ist auf einmal mit von der Partie.

Als sie fertig sind, nehmen die siebenundzwanzig Apostel Abschied von ihren Frauen – hundertvierundzwanzig! – und werden im Fackelzug an die Tore geleitet [40].

»Geht und bereitet uns den Ort!«, spricht der König. »Wir werden folgen und eure Verächter mit dem Schwerte strafen.«

Während die Männer sich in die Nacht entfernen, werden der König, die Königin, die Offiziere und die Wächter am Haupttisch des Berges Zion ihrerseits bedient.

Die nach Warendorf Gesandten sind durch das Tor im Osten der Stadt gezogen. Es sind ihrer fünf, unter ihnen der Prädikant Johannes Klopris, der gelehrteste von allen; der Herzog von Kleve hatte ihn seinerzeit als einen Anhänger Zwinglis aus Büderich ausgewiesen. Dann war er in Köln wegen Ketzerei ins Gefängnis geraten, konnte sich aber später befreien und fliehen. Im Februar des vergangenen Jahres war er in Münster eingetroffen und hatte eine Frau, mit der er vier Kinder hatte – eine »Hexe«, sagt Kerssenbrock –, nachkommen lassen und sie geheiratet. Er hatte als einer der ersten in Münster die Wiedertaufe empfangen, und zwar am 5. Januar 1534, zur gleichen Zeit wie Bernhard Rothmann. Seit Einführung der Vielweiberei hat er eine andere Frau genommen, Margarethe.

In dieser Nacht passieren seine Gesellen und er unbehelligt die feindlichen Linien und machen sich das Durcheinander zunutze, das dort herrscht, nachdem die klevischen Landsknechte in ihrem Blockhaus Feuer gelegt hatten. In Warendorf angekommen, nach Münster und Coesfeld die drittgrößte Stadt des Stifts, beginnen sie nach Wiedertäufer-Sitte den Markt und die Gassen abzulaufen und fordern das gemeine Volk auf, Buße zu tun. Darauf begeben sie sich in das Haus Erp Hollands, eines Ratsherrn, der ihnen als Sympathisant bekannt ist. Sie verkündigen den Frieden über Haus und Hausbewohner. Dort bleiben sie mehrere Tage und taufen neue Brüder und Schwestern, die sorgfältig auf einer Liste festgehalten werden, welche wiederum in der Kammer des Ratsherrn aufbewahrt wird.

Vom Rat wird ihnen das Recht zugesprochen, in der Stadt zu bleiben und unter seinem Schutz öffentlich zu predigen. Nun verbreiten die ausgesandten Apostel die münsterische Lehre in aller Offenheit und rufen zum Aufruhr auf. Weitere Apostel, sagen sie, seien woanders unterwegs. Wenn die neuen Auserwählten in genügender Anzahl vorhanden seien, sollten sie nach Münster, dem neuen Jerusalem, ziehen und es befreien.

Der Bischof, der davon rasch Wind bekommen hat, richtet an alle Amtsleute seiner drei Bistümer folgenden Befehl: »Liebe Getreue! (...) Wir bringen in glaubwürdige Erfahrung, daß die Inhaber der Stadt Münster etliche ihrer Anhänger und wiedertäuferischen Prädikanten in unsere (...) Städte abgesandt in der Absicht, (...), einen allgemeinen Aufruhr anzuzetteln.« Er empfiehlt, beständige Aufmerksamkeit walten zu lassen und sofortige Repressalien auszuüben. Was Warendorf betrifft, adressiert er eine »freundliche« Ermahnung an den

Rat. Auf einen weiteren Brief mit der Aufforderung, die Apostel auszuliefern, antwortet der Rat auf eine Weise, die der Bischof als anmaßend bezeichnet. Am Mittwoch, dem 21., genau eine Woche nach dem Ausziehen der Wiedertäufer, steht der Bischof mit einer kriegsbereiten Truppe vor den Toren Warendorfs.

Der Rat braucht nicht lange zu beratschlagen. Die Stadt ist nicht in der Lage, eine Belagerung durchzustehen. Es wird beschlossen, die Tore zu öffnen und den Bischof hineinzulassen.

Im Handumdrehen ergießen sich die Soldaten in alle Straßen der Stadt, schleppen vollgeladene Geschütze auf den Marktplatz, richten sie gen Himmel und feuern sie in die Luft. Die Salve erzeugt einen derartigen Donnerschlag, daß die Stadt in ihren Fundamenten erzittert und alle Glasfenster um den Markt zersplittern.

Die Apostel werden dem Bischof übergeben und im Rathaus gefangengenommen. Sie ziehen ihre Mäntel aus und werfen die in Münster geschlagene, ihnen vom König mit auf den Weg gegebene Goldmünze auf den Boden.

Sie werden erst am nächsten Tag, Donnerstag, den 22. Oktober, verhört und der Folter unterworfen. Gottfried Strahlen, der zweitwichtigste Prädikant der Gruppe, sagt, sie seien gekommen, um das Volk zur Rebellion aufzuwiegeln, welches dann Münster befreien solle. Sie hätten Anweisungen gehabt, in Erp Hollands Haus zu gehen, danach zum Rat.

Frage: Wieviel Personen sind in Warendorf getauft worden?

Antwort: Ihre Namen stünden auf einem Zettel, der sei im Besitz Erp Hollands. Ungefähr siebenundzwanzig.

Frage: Hat er unter dem Zwang des Königs oder der Propheten gehandelt?

Antwort: Nein, er meinte, dadurch selig zu werden.

Strahlen antwortete auf verschiedene Fragen technischer Art über Münster und gibt an, es sei für gut ein Jahr Proviant vorhanden, erzählt auch nebenbei, er habe drei Frauen.

Heinrich Ummegrove und Antonius von Prim, ein Sackfabrikant aus der Eifel, bestätigen das Geständnis Strahlens. Dietrich von Alfen distanziert sich von ihnen, indem er behauptet, auf Befehl des Königs weggezogen zu sein, und die Zahl von 50 Wiedergetauften preisgibt.

Was Johannes Klopris, den wichtigsten von ihnen, anbetrifft: der Bischof schickt ihn zusammen mit der Goldmünze aus Münster dem

Kölner Erzbischof als Geschenk. (Er sollte am 1. Februar 1535 zum Feuertod verurteilt werden.)

Am 24., einem Samstag, wird auf dem Marktplatz ein Schafott aus neun leeren Fässern aufgebaut, auf dem dicke, mit Sand bestreute Bretter ausgelegt werden. Strahlen, Ummegrove, von Prim und von Alfen werden einer nach dem anderen enthauptet. Dann kommen drei Warendorfer Bürger an die Reihe. Der erste von ihnen ist Erp Holland. Der zweite Bernhard Boutemans, der mit Steinen die Arme und Beine der Christus-Statue auf dem Kirchhof zerschlagen hat. Der dritte, Johannes Stopenberg, hat öffentlich erklärt, »man sollte dem Bischof lieber ein Haarseil durch den Hintern ziehen, als daß er so im Bistum nach seinem Gutdünken und Wohlgefallen schalte«. Alle drei geben zu, wiedergetauft worden zu sein. Weitere verdächtige Bürger sind auf der Burg Sassenberg in Haft genommen worden.

Die Leichen der Gefolterten werden vor den Toren der Stadt zur Erbauung der Bürger und Durchreisenden aufs Rad gelegt. Ehe er davonreitet, hinterläßt der Bischof einen bewaffneten Trupp – die Stadt solle sich in acht nehmen.

Die Apostel, die nach Soest ausgeschickt werden, um Aufruhr zu stiften, verlassen Münster in südlicher Richtung. Es sind acht, darunter Dusentschur, der Prophet, der Patrizier Kerckerinck und der Prädikant Schlachtschaf, jener, den man mit vier Frauen im Bett vorgefunden hatte. Als sie in der ihnen bestimmten Stadt eingetroffen sind, gehen auch sie straßauf, straßab und lassen überall da, wo sie Menschen antreffen, ihren Bußeruf erschallen. Sodann nehmen sie Verbindung zu der Frau Potter auf, die ihnen ihr Haus zur Verfügung stellt; anschließend werden sie im Rathaus vorstellig, wo die Ratsherren gerade eine Sitzung abhalten.

Wer sind sie? fragen die Ratsherren. Woher kommen sie? Mit welchem Recht maßen sie sich an, eine Ratssitzung ungerufen zu unterbrechen? Sei seien geschickt vom König des Neuen Jerusalem, antwortet Dusentschur, um das Evangelium zu verbreiten, und brauchtes bestimmt keine Erlaubnis, wenn es um die Seligkeit der Menschen gehe.

Die Ratsmitglieder besprechen sich; dann befehlen sie ihnen, sich davonzumachen, auf jeden Fall aber hätten sie die Gewohnheiten der Stadt Soest gefälligst zu respektieren. Daraufhin wirft Dusentschur, der Prophet, zwei der Münster-Taler vor die Füße der Ratsherren, »um damit öffentlich zu erkennen zu geben, daß die Soester des Wortes und des Reiches Gottes unwürdig seien«. Alle acht ziehen sich in das Pottersche Haus zurück.

Zweimal hintereinander läßt ihnen der Rat an den darauffolgenden Tagen einen Ausweisungsbefehl überbringen. Dann verfügt er ihre Festnahme. Die Apostel werden hochnotpeinlich befragt, und unter der Folter gestehen sie, daß alle über fünfzehn Jahre alten Einwohner Münsters wiedergetauft sind, verkünden, daß Christus von Maria kein Fleisch und Blut empfangen habe, daß beim Nachtmahl jeder ein kleines Stück Brot abbreche und esse »im Gedächtnis an unseren Herrn«; daß das aber Brot wäre, das Brot bliebe, und sie bestätigen zu guter Letzt, daß alle ihre Güter zusammengeführt wurden. In Anwendung des kaiserlichen Edikts verurteilt der Rat sie zum Tode.

Zehn Tage, nachdem sie Münster verlassen haben, am Freitag, dem 23. Oktober, werden sie enthauptet. Einer von ihnen, der gelassen darauf wartet, an die Reihe zu kommen, sagt ebenso zuversichtlich, wie es Hilla Feicken getan hatte, daß Gott ihn beschütze und daß er das Schwert des Henkers nicht fürchte.

»Dann wollen wir es versuchen«, erwidert ihm dieser.

»Wir werden sehen . . .«

Er läßt sein Schwert mit solcher Kraft niedersausen, daß »es leicht einen dreifachen Nacken durchdrungen hätte«, schreibt Kerssenbrock. Ihre Leichen werden innerhalb der Stadtmauern begraben.

Die nach Coesfeld Gesandten verlassen die Stadt durch das Tor nach Westen. Sie sind zu acht; zu ihnen gehören der Friese Julius von Franeker, der erste Bischof der Wiedertäufer in Münster, Hermann Regewart, ein ehemaliger Pastor in Warendorf und Johannes Beckmann, früher Kaplan am Martinistift.

Auch sie werden bald gefangengenommen und gefoltert. Johannes Beckmann schwört, sich nur dazu verpflichtet zu haben, Satan und der Welt zu entsagen; er erklärt, Jan van Leyden habe sich dem Volk gegenüber selbst zum König proklamiert, und es werde schon gemurrt wegen der Pracht seines Hofstaats.

Auszüge aus dem Verhör Hermann Regewarts:

Frage: Wisse er, ob Jan van Leyden auch König der Wiedertäufer außerhalb Münsters sei?

Antwort: Er bekenne, daß er daran gezweifelt habe, ob der König über die ganze Welt herrschen könne, er habe aber nicht gewagt, mit irgend jemandem darüber zu reden.

Frage: Gedenken Jan van Leyden und die Wiedertäufer jede andere Obrigkeit auszuschalten?

Antwort: Dusentschur, der Prophet, habe gesagt, alle andere Obrigkeit müsse beseitigt werden.

Frage: Wieviel Roggen, Butter, Salz und sonstiger Proviant sei noch in Münster vorhanden?

Antwort: Sie hätten genug Weizen, und Dusentschur, der Prophet, habe versprochen, es würde ihnen in den nächsten zwei Jahren an Kost nicht mangeln – aber es werde seiner Meinung nach an Salz und Butter bald fehlen.

Einer der übrigen Apostel stammt selbst aus Coesfeld. Mit seiner Mutter habe er Ochsen nach Münster auf den Markt getrieben, als das Wiedertäufertum noch geheim war. Er sei von den Tieren verletzt worden und habe bis zu seiner Genesung in der Stadt bleiben müssen. Dann habe es die Belagerung gegeben, und er sei wieder erkrankt, so daß er Münster nicht habe verlassen können. Nein, er habe keine Ehefrau gehabt, obwohl ihm mehrfach einige angeboten worden seien. Er wisse weiter nichts als das, was die anderen gesagt hätten, außer, daß viele Leute von Dusentschur, dem Propheten, jämmerlich verführt worden seien.

Um der exemplarischen Wirkung der Todesurteile Nachdruck zu verleihen, werden vier Apostel an vier verschiedenen Stellen der Stadt enthauptet, ein weiterer in Horstmar, einer in Borken, einer in Bocholt und einer in Vreden. Die Leichen werden zur Schau auf das Rad gelegt.

Zu der letzten der vier Gruppen, der von Osnabrück, gehören sechs Wiedergetaufte: ein Fleischerknecht, ein Schulmeister, ein Holzschuhmacherknecht, ein gewisser Kneper, der aus demselben friesischen Dorf stammt wie Hilla Feicken, der einarmige Schwering und der Prädikant Dionysius Vinne, der ganz zu Anfang des Wiedertäufertums nach Münster kam.

In Osnabrück gehen sie zunächst in das Haus Otto Spikers, eines Bürgermannes, von dem sie allen Grund haben anzunehmen, er werde ihnen helfen. Sie werfen zwei in Münster geschlagene Goldstücke als Beweis dafür, daß sie vom Vater geschickt seien, auf den Boden. Otto Spiker hebt die Stücke auf: »Sagt Eurem Vater Dank für das Geschenk, das er mir geschickt hat, aber meldet ihm, daß ich nicht zu Eurer Partei gehöre. Es steht übrigens zu befürchten, daß Euch diese Geschenke zum Unglück gereichen ...«

Die Apostel laufen durch die Straßen und fordern zur Buße auf. Eine große Schar junger Burschen folgt ihnen bis zum Markt und hört ihnen zu. Der Rat läßt die Menschenansammlung auseinandertreiben und die Apostel in den Bocksturm einsperren. Die jungen Leute, vorwiegend Wollweber, kommen verstärkt zurück und stimmen deutsche Psalme an, was in jenen katholischen Kleinstädten einem Aufruhr gleichkommt. Sie drohen damit, die Tür aufzubrechen. Der Rat befürchtet einen Aufstand, kündigt an, daß jede Gewaltanwendung mit der Todesstrafe vergolten wird und entsendet einen Boten zum Bischof.

Franz von Waldeck schickt einen Reitertrupp sowie Schützen, um die Gefangenen zu holen. Einer der Letztgenannten sagt, er wolle mit dem Bischof »über eine dem Wohle und der Erhaltung des ganzen Bistums (...) dienende Angelegenheit« reden.

Im Morgengrauen werden die Apostel, bevor die Bürger der Stadt sich ihrer Auslieferung widersetzen können, auf zwei Wagen gefesselt, die sich dann Richtung Iburg in Bewegung setzen.

Als sie am Fuß der Festung ankommen, geht der Fürst gerade auf der Mauer spazieren. Heinrich Graes, der eine Apostel, der Schulmeister gewesen war, erkennt ihn und ruft:

»Hat der Fürst keine Gewalt, einen Gefesselten freizulassen?«

Er hat auf Lateinisch gesprochen, so daß die anderen nichts verstehen konnten. Der Bischof ordnet an, man möge ihn zu ihm bringen.

Währenddessen werden die fünf anderen in den Kerker geworfen und verhört.

Frage: Wie und wann, fragt man den Prädikanten Dionysius Vinne, sei er nach Münster gekommen?

Antwort: Zwei Jahre zuvor, zum Lambertitag. Niemand habe ihn aufgefordert, zu kommen, aber er habe gehört, daß man dort das Evangelium predigte. Früher sei er Pastor in Olden Eick, im Lande von Lüttich, gewesen.

Frage: Wie seien sie dazu bewegt worden, den Propheten zu wählen?

Antwort: Sie hätten ihn gewählt, damit Gott die Stätte reinige und die Gottlosen daraus verjage. Jan van Leyden sei zuerst Apostel gewesen, dann Prophet, dann König, um jedem Gerechtigkeit widerfahren zu lassen.

Frage: Und Bernd Knipperdollinck?

Antwort: Er sei nicht von Gott als Prophet vorgesehen.

Frage: Wieviel seien sie in der Stadt?

Antwort: Noch zweitausend wehrfähige Männer, vielleicht, und fünf- bis sechstausend insgesamt.

Frage: Der Proviant?

Antwort: Sie hätten noch genug Bier, Wein und Brot für ein ganzes Jahr.

Frage: Haben sie die Bauern zum Aufruhr angestiftet?

Antwort: Sie haben nur das Wort Gottes verbreitet. »Mein Reich ist nicht von dieser Welt«, hat Christus gesagt, was bedeute, daß sein Reich ein Reich der Gerechtigkeit und der Wahrheit sei, während die Welt ein Reich der Bosheit und Ungerechtigkeit sei.

Frage: Warum hätten sie Jan van Leyden zum König gewählt?

Antwort: Einen König wählen sei etwas Normales. Er führt Jeremias Hesekiel zum Beweis dafür an, daß in den letzten Zeiten ein gerechter König herrschen werde. Er zitiert auch Matthäus: »In den letzten Tagen wird er seinen Boten schicken, der ausrotten soll alle Ärgernisse ...«

Frage: Die Vielweiberei?

Antwort: Mann und Frau sollen sich in der heiligen Ehe vereinigen, um zu wachsen und sich zu vermehren, es sei von Anbeginn anerkannt, daß der Mann mehrere Ehefrauen haben dürfe. Die Vielweiberei sei nirgends im Alten oder Neuen Testament verboten ...

Zusammen mit dreien seiner Begleiter wird auch er enthauptet. Der fünfte der Apostel von Osnabrück stirbt im Kerker. Der sechste ist Heinrich Graes, der auf Lateinisch Franz von Waldeck um eine Audienz bat.

Jan van Leyden erfährt rasch von dem kläglichen Scheitern und der Hinrichtung seiner Apostel: Dem bestürzten Volk gegenüber entschuldigt er es mit dem allzu hastigen Vorgehen und dem Übereifer Dusentschurs, der wahrscheinlich die Offenbarung Gottes falsch interpretiert habe – der beste Beweis seiner mangelnden Sorgfalt sei, daß auch er mit den anderen gestorben sei.

Tatsächlich sollte der König seinen Propheten, der ihm allmählich lästig geworden war – und das alles, weil er sich einbildete, seine Krönung mitbewirkt zu haben –, nicht lange beweinen. Er sollte auch den verlorenen Prädikanten nicht nachtrauern, die den königlichen Improvisationen gegenüber häufig Vorbehalte machten; ließe man die Gottesdiener, die Dogmatiker einfach gewähren, würde der Gang der Dinge ins Stocken geraten.

Das Scheitern des Unternehmens zeigt ihm, daß es richtig war, Kundschafter auszuschicken, bevor er den Auszug der Massen, dem er immer mehr Gedanken widmet, in die Tat umsetzt. Die Lehre, die er daraus zieht, ist, daß alles noch möglich ist: In Osnabrück und Warendorf haben die wiedertäuferischen Thesen allem Anschein nach einen positiven Nachhall gefunden. Aber man müsse noch das wahre Wort Gottes säen. Er bittet Bernhard Rothmann, der als Theologe, Redner und Schriftgelehrter fungiert, ein kleines Schriftstück mit allen Wahrheiten der Wiedertäufer-Lehre zu verfassen. Man brauche es nur noch in Umlauf zu bringen. Apostel mag man ins Gefängnis werfen, eine Idee aber kann durch nichts aufgehalten werden.

In diesen Tagen wird Jan van Leyden durch einen Briefwechsel mit Philipp von Hessen in Anspruch genommen, dem einzigen Fürsten, den er den Wiedertäufern für gewogen hält, und zu dem er eine sonderbare Zuneigung gefaßt hat. Der Landgraf verlangt sicheres Geleit für einen Bevollmächtigten, der im Einvernehmen mit dem Kölner Erzbischof, dem Herzog von Kleve, dem Bischof von Münster Sondierungsgespräche mit den Wiedertäufern aufnehmen soll. Der Gesandte heißt Theodor Fabricius und ist einer der beiden ein Jahr zuvor nach Münster geschickten lutherischen Prädikanten, der sich bei der großen Vertreibung im Februar verkleiden mußte, um fliehen zu können. In einem Schreiben, das er mit seinem Siegel versehen hat, gewährt Jan van Leyden ihm »Schutz und Sicherheit«.

Fabricius kommt am 2. November an. Zwölf Hellebardenträger geleiten ihn schweigend bis zum Rathaus. Auch die Menschen, denen er auf seinem Weg begegnet, schweigen: es ist ihnen verboten worden, mit ihm zu reden.

Dem Emissär kommt ein prunkvoller Aufzug von etwa zweihundert Personen entgegen: zwanzig Trabanten und sechs in Samt und Seide gekleidete Lakaien, die beiden Pagen mit dem Schwert und der Bibel, der Marschall Knipperdollinck, Rothmann, der königliche Redner, der Kanzler Krechting, etwa zehn weitere Würdenträger und das Hofgesinde, das den König – gekleidet in einen Leibrock aus schwarzem Samt und einen weißen Damastmantel, einen goldenen Degen an der Seite, um den Hals eine Kette mit der Weltkugel als Wappen – umgibt.

Wenn er sich zu den ihrigen zählte, sagt Rothmann zu ihm, dürfe er sich setzen. Wenn nicht, solle er stehenbleiben.

Der Prädikant bleibt stehen und trägt seine Sache vor: Wenn die Wiedertäufer versichern, daß sie den Frieden wollen, könne man weiterverhandeln.

Der König bespricht sich mit seinen Räten und antwortet: Sie hätten nie irgend jemanden bekriegt und wunderten sich über die feindselige Haltung der Fürsten. Die Fürsten, erwidert Fabricius, seien nicht gewillt, ein Unternehmen zu unterstützen, das auf Glaubensartikeln fußte, welche man als ketzerisch und aufrührerisch auffassen könne: »Liebe Herren«, schloß er seine Argumentation, »wenn ihr nicht abstehen werdet (...), wird das ganze Römische Reich euch angreifen! (...) Und wenn sieben Blockhäuser nicht genügen, werden siebzig gemacht werden! Und auf Gott dürft ihr nicht hoffen; ihr habt wohl gesehen, was aus euren Aposteln geworden ist ...«

Er zählt die Vorbedingungen für Verhandlungen auf: Absetzung des Königs, Verzicht auf die Polygamie, Wiederaufnahme der vertriebenen Bürger. Als Gegenleistung garantiere er eine positive Wendung des Krieges. Man entgegnet ihm, daß der König von Gott eingesetzt sei, daß die Ehe zwischen einem Bruder und mehreren Schwestern eine gute Ehe sei ... Sie seien bereit, die vertriebenen Bürger wiederaufzunehmen, vorausgesetzt, sie nähmen die Wiedertäuferlehre an. Sie würden keinen neben sich dulden, der nicht ihres Glaubens sei. Diesen letzten Punkt, schreibt Fabricius in seinem Bericht, »hätten sie zum dritten Mal wiederholt.«

Der Prädikant verlangt, daß diese Antwort schriftlich niedergelegt werde, doch der König lehnt ab: er könne, so sagt er, sie wohl im Gedächtnis behalten. Dann wird ihm angeboten, die Nacht in Münster zu verbringen. Nicht ohne Angst nimmt er die Einladung an.

Der König selbst führt ihn durch die Stadt, zeigt ihm vor allem die Wehranlagen, über die Fabricius vermerkt, daß die durch Beschuß und Angriffe verursachten Schäden nicht mehr zu sehen sind. Die Männer seien aufs beste gekleidet und diszipliniert. Am Prinzipalmarkt, erläutert ihm der König, hielte man unabhängig vom Wetter die Predigt im Freien, ob es regnete oder hagele: »Denn wir wissen wohl, daß uns unter der Predigt nichts Beschwerliches widerfährt!« Fabricius staunt über die halb zerstörten Kirchen und den Dom. »Ehe sie das Papsttum und den Pfaffenmißbrauch wieder annähmen«, erwidert man ihm, »wollten sie eher das Kind im Mutterleib töten ...«

Im Palast wird Fabricius von vier der Königsfrauen – allesamt trefflich gekleidet und geschmückt – empfangen. Das Abendessen sei angenehm verlaufen. Am folgenden Morgen bittet er den König um eine endgültige Aussage über seine Haltung: »Er wolle bei seinem Glauben bleiben«, antwortet der König. Die Räte fügen hinzu, daß eine Verhandlung mit den Weltlichen in Erwägung gezogen werden könne, daß es aber undenkbar sei, die Stadt dem Bischof zu übergeben. Der Prädikant hat das Gefühl, daß einige unter ihnen zu Verhandlungen durchaus bereit sind, daß sie aber befürchten, bei der »großen Linde« zu enden, da wo auf dem Domplatz die Hinrichtungen stattfinden.

Unter Eskorte verläßt Fabricius die Stadt und verfaßt einen Bericht an den Bischof. Darin hält er unter anderem fest, es sei für die Münsteraner ein Kinderspiel, bei Nacht den Ring der Söldnerlager zu durchdringen. Das einzige Mittel, eine echte Belagerung durchzuführen, sei rund um die Stadt einen Graben auszuheben, der von einem Blockhaus zum anderen führe. Aber der Bischof, immer auf der Suche nach neun Gulden, um zehn daraus zu machen, vielleicht auch, weil er der Sache müde ist, verwirft diesen Vorschlag.

Nur wenige Tage sind vergangen, seit Fabricius Münster wieder verlassen hat. Eines Morgens erscheint ein Mann an den Stadttoren. Er sei Heinrich Graes, sagt er, einer der siebenundzwanzig Apostel. Er wird zuerst Knipperdollinck, dann dem König vorgeführt und erzählt, wie, als er im Gefängnis saß und auf seine Hinrichtung am nächsten Morgen wartete, der Vater ihm durch Offenbarung gedeutet hätte, er könne bedenkenlos aus dem höchsten Fenster seines Kerkers hinunterspringen und so wieder ins Neue Jerusalem einziehen. Trotz des hohen Risikos sei er hinuntergesprungen und heil am Boden gelandet – als habe ihn ein Engel in seinem Fall festgehalten –; er sei dann durch das Lager des Bischofs hindurchgeschlüpft in der Gewißheit, daß die Gottlosen keine Macht über ihn hätten.

Welch ein Empfang! Er wird gefeiert, man küßt ihn, man berührt seine Kleidung, er wird verehrt – in den Predigten wird sein Abenteuer erwähnt, um herauszustellen, daß Gott denjenigen, die IHM vertrauen, immer zur Seite steht. Es dauert nicht lange, und von Erzählung zu Erzählung wird die Geschichte immer mehr ausgeschmückt: Bruder Graes, heißt es, sei von einem Engel, der ihn aus seinem Kerker befreit habe, gefesselt in die Stadt gebracht worden; der Beweis? Man könne seine Fesseln besichtigen.

Der König wird zu diesem so bedeutsamen Bruder immer vertrauter. Bald avancierte er zu seinem neuen Propheten und wird von ihm auf die verwaiste Stelle des unglücklichen Dusentschur eingesetzt! Er hört zu gern, was Graes immer wieder erzählt: Im Lager des Bischofs ginge das Gerücht um, daß auf der ganzen Welt große Bewegungen für das neue Jerusalem im Gange seien. Und der Vater habe ihm offenbart, daß die von Amsterdam und Deventer zu erwartende Verstärkung in ebenso großer Anzahl nachrücken werde, wie es Sterne am Himmel und Sand am Meer gebe.

IV

Die Restitution

Verführt und »abfällig« geworden – Luther in seinem Dreck –
Marias Sproß – Der Armen Schweiß – Vom Gebrauch des
Schwertes – Eherne Klauen

Alle, die von jetzt an Münster verlassen, bekommen den Auftrag, die
im wesentlichen von Bernhard Rothmann verfaßten und in Knipperdollincks Keller gedruckten Schriften zu verbreiten. In der Gewißheit,
daß ihre Doktrin Gottes glühende Wahrheit in sich birgt, sind die Wiedertäufer überzeugt, durch die Verbreitung der Schriften die Seelen all
jener entflammen zu können, die die Lehre nicht kennen und doch
unbewußt darauf warten. Das wichtigste dieser Schriftstücke ist die
»Restitution«; Einzelexemplare werden nachts vor die Blockhäuser
der Landsknechte hinübergeworfen oder auf Stöcke gesteckt.
Der genaue Titel lautet: »Eine Restitution oder eine Wiederherstellung
rechter und gesunder christlicher Lehre, Glaubens und Lebens, aus
Gottes Gnaden durch die Gemeinde Christi zu Münster an den Tag
gegeben.«
Die Vorrede preist die sichersten Mittel zur Erlangung der Seligkeit an.
Es folgen die einzelnen Punkte der Doktrin, die einer nach dem ande-
ren abgehandelt werden.

>   Von dem greulichen Abfall aller Dinge
>   und Restitution derselben.

Die Kirche der Anfänge wurde von einem demütigen Christus und
demütigen Aposteln gegründet. Doch dann haben die Gelehrten, ihren

eigenen Ruhm suchend, sie »verführt« und sie dem »Abfall« anheimgegeben. Mit Unterstützung der Fürsten der Erde hat die »babylonische Hure« mit ihrer »vergifteten Weisheit« und ihrer »vorgetäuschten Heiligkeit« die Christen verleitet, von ihrem Glauben abzustehen.

Gott selbst »hat die Restitution angefangen, da er Martin Luther geweckt hat« – obwohl dieser nun »in seinem eigenen Stolz und Dreck liegen bleibt« –, und die »Greuel des Antichristen« aufgezeigt hat. Aber ebenso wie der Abfall vom rechten christlichen Glauben nicht an einem Tag geschah, wird die Restitution nicht an einem Tag zustandekommen können.

Im umgekehrten Sinne wird die Rückkehr zur Heiligkeit der Kirche durch die Gelehrten herbeigeführt. Zuerst war Erasmus, dann Luther, dann Zwingli, aber auch Melchior Hoffmann, Jan Matthys und nun »unser Bruder, Jan van Leyden«.

Von göttlicher heiliger Schrift und ihrem rechten Verstand

Als Grundlage für die Lehre und Strafe genügt die Bibel. Der Sinn der göttlichen Schrift wurde durch ihre Auslegung durch den Menschen verschleiert. Kraft der Bilder lehrt das Alte Testament, was kommen wird. Im Neuen Testament ist Christus unter den Menschen erschienen, und was er lehrt, muß zur Erfüllung gebracht werden.

Von der Ankunft Christi im Fleisch und seiner Menschwerdung

Der Christ ist »das einzige und ewige lebendige Wort Gottes«. »Es ist ein greulicher und lästerlicher Abfall«, zu glauben, daß das Fleisch Christi aus einer anderen Materie entstanden sei, nämlich aus Maria. »Wir (...) glauben und bekennen, daß Christus unser Herr und Heiland nicht von Mariens Samen oder ihrem allerreinsten Blut (...) Fleisch und Mensch geworden ist (...), sondern Gottes Wort und einziger Sohn ist selbst vom Himmel gekommen.« »Das Wort ist Fleisch geworden, nicht Mariens Sproß.«

Von der rechten und ordentlichen Lehre Christi

Der Mensch soll zu Buße und Reue angehalten werden; erst wenn er wirklich bereut hat, kann ihm die Erlösung verkündet werden. Diese Absolution ist die wahre Taufe. Man soll der Lehre Christi in Gehorsam, Gerechtigkeit und Heiligkeit folgen; dies ist das rechte Evangelium.

Von der Taufe

»Der Widerchrist hat durchaus ein Kinderwaschen gemacht« ... Zum Glück ist den Wiedertäufern durch Gott die Wahrheit offenbart worden.

Von der heiligen Kirche oder
Gemeinde Christi

Zwei Bedingungen müssen erfüllt werden, um in die Gemeinschaft der wahren Christen aufgenommen zu werden: glauben mit dem rechten Glauben und alles einhalten, was Christus befohlen hat. Tausendvierhundert Jahre ist es her, daß der Papst die Wahrheit verfälscht hat, aber nun will Christus »seine Gemeinde wieder aufbauen«.
Die halbe Wahrheit Luthers ist keine Wahrheit. Die Lutheraner halten sogar die Messen auf Deutsch, »gerade so, als wäre im Lateinischen schlechter zu handeln als im Deutschen.«

Von Haltung der Gebote Gottes
und den guten Werken

»Der Mantel (der Papisten) ist so sehr zu kurz, daß man ihre Schande wohl sehen kann.« Mehr braucht dazu nicht gesagt zu werden. Was die Evangelisten betrifft, so »verkündigen sie öffentlich, daß die guten Werke nicht zur Seligkeit verhelfen.«

Von lebendiger Gemeinschaft der Heiligen

Wie »die ganze Welt das genugsam bezeugt«, ist die von den Aposteln gegründete Gemeinschaft zerstört worden. Durch Gottes Eingebung haben es die aus Münster unternommen, sie zu restituieren, indem sie »nicht allein unsere Güter insgeheim in den Händen der Diakone allgemein gemacht haben (...), sondern auch eines Herzens und Mut Got-

tes preisen und geneigt sind, (...) untereinander uns beizustehen ...«
»Was der Liebe abträglich sein möchte, ist in der Kraft der Liebe der
Gemeinschaft bei uns gefallen (...), so wollten wir lieber in den Tod
gehen, als uns wieder dahin wenden«. Denn diese Rückbesinnung auf
den alten Stand hieße, wieder der Eigensucht zu verfallen, und zum
Eigentum zurückzukehren, hieße, daß »man kauft und verkauft, arbeitet um Geld (...), esse und trinke der Armen Schweiß«. So aber sind
sie sicher, »dem Herrn zu gefallen.«

Von dem Abendmahl und dem Brotbrechen

Die Wiedertäufer versammeln sich, um »den Tod des Herrn zu verkündigen und in rechter Liebe zueinander, das Brot miteinander zu
brechen«.

Von dem rechten und christlichen Ehestand

»Die Ehe ist eine Vereinigung von Mann und Weib, den Segen Gottes
zu bekommen, das heißt Kinderchen zu zeugen, die seinen Namen in
Ewigkeit preisen«. »Gott hat (...) allen anderen Gebrauch, Lust und
Unzucht verboten (...) Also sind ein Mann und Weib in der Ehe, daß
sie Kinder suchen und nichts anderes«.

Von Recht und Herrlichkeit des Mannes in der Ehe

Wenn der Mann von Gott den Segen bekommen hat, mehrere Frauen
zu befruchten, so soll er solchen Segen nicht mißbrauchen, und sich
nicht mit einer begnügen. Außerhalb der Ehe ist jeder Geschlechtsver-
kehr Ehebruch und Hurerei.

Vom Recht und Untertänigkeit der Frauen in der Ehe

Die Frau soll ihrem Mann gehorchen, wie der Mensch Christus gegenüber gehorsam sein soll, seinem Herrn und Gebieter. »Alle, jung wie
alt« sollen vom Mann »regiert« werden.

Von dem Reich Christi und desselben
Herrlichkeit auf Erden

Christus ist gekommen und wurde dann »von seinen Knechten verworfen«. Aber er wird wieder herrschen. Er wird auf der Erde erscheinen, sein Reich einnehmen und seine Feinde umbringen. Dies ist eindeutig. Der Teufel wollte weismachen, daß der Tag der Rache Gottes im Himmel oder in der Hölle ausgerichtet werde, und nicht auf Erden.

Von christlicher Obrigkeit und dem
Gebrauch des Schwertes

Die Obrigkeit ist »Gottes Dienerin«: Dies ist ein Prinzip, das lange Zeit mißbraucht wurde, aber in Münster restituiert werden soll. Das Schwert dient dazu, das Reich zu reinigen. Es gehört sich, Gott zu preisen, bis er »uns aus toten Knochen mit Fleisch und Sehnen bezogen hat«.

Eine weitere Schrift ist jener »ganz tröstliche Bericht von der Rache und Strafe des babylonischen Greuels an alle wahren Israeliten und Bundesgenossen Christi, hier und da verstreut, durch die Gemeinde Christi zu Münster (Dezember 1534).

»Wie also eine Zeit des Abfalls und der Verwüstung gewesen ist, so gibt es auch eine Zeit der Rache und Restitution aller Dinge.«

Bis zur Rückkehr Christi auf Erden hat Gott einen neuen David »erweckt«, damit er »ein Friedensreich bereitet«. »Bei uns ist es ein Schüsselwäscher, wie David ein Schafhirte gewesen war.« Wenn die Zeit gekommen ist, wird er sein Reich in die Hände Gottes legen. Aber die Heiligen sollen nicht länger warten, um all die zu strafen, die sich Christen nennen und »ihre Tyranneien und Laster« üben. Gott wird den Heiligen helfen, und wird ihnen »eiserne Hörner und eherne Klauen gegen ihre Feinde geben«.

»Wer verstehen kann, der verstehe und stelle sich unter das Panier göttlicher Gerechtigkeit (...), bei uns hat schon ein Vorbild begonnen, das tatsächlich aber in der ganzen Welt bevorsteht.« Sie fordern diejenigen auf, die sich ihnen anschließen wollen, nicht länger zu zögern: »Denn wenn die Posaune angeht, wollen viele Ungläubige gläubig werden und hertreten. Denen wird Gott dann keinen Dank wissen.«

Der Kreistag zu Koblenz

Eine Bedrohung für alle – Ein Viertel der Kosten – Zweitausend
Kugeln – Speck und Wurst – Angesteckt – Fleisch für den König
– Mit dem Brandeisen – Ein voller Korb – Bis zum Sommer – Die
Rückkehr Heinrich Graes' – Von der Rache

Nach jeder Niederlage sieht sich der Bischof gezwungen, die Liste derer zu verlängern, die er um Hilfe angehen muß, und büßt dabei jedesmal ein Stück mehr an politischer Unabhängigkeit und Handlungsspielraum ein.

In einem Rundschreiben, das er überallhin verschickt hat, faßt er noch
einmal alle Argumente zusammen, die ihm geeignet scheinen, die Fürsten zu einer Hilfsaktion zu bewegen. Die Wiedertäufer, schreibt er,
stellten eine Bedrohung für alle dar. Sie lehnten jegliche Obrigkeit ab,
verwürfen die christlichen Sakramente und Zeremonien, die Andacht,
das Gebet, die Feier; sie ließen die Kirchen abreißen. Sie hätten die
Gütergemeinschaft eingeführt, negierten Zinsdarlehen und Steuern,
hätten die Vielweiberei institutionalisiert – manche wären mit fünf,
sechs oder sieben Frauen verheiratet – und wollten die ganze Welt
erobern.

Sie seien eine aufrührerische Sekte und drohten damit, die umliegenden Städte und Dörfer aufzustacheln. Sie hätten heimlich Sendboten
nach Holland ausgeschickt, die sich um Verstärkung bemühen sollten.
Glücklicherweise sei eine erste Rottung mehrerer Tausend Wiedertäufer zerschlagen worden.

Der Bischof schreibt dazu, daß er allen, die die Stadt zu verlassen bereit
seien, Straffreiheit zugesichert habe; gleichwohl sei sein Angebot mit
Verachtung quittiert worden. Nun müsse man Münster aus den Hän-

den »dieser verdammten, schrecklichen Sekte« befreien. Sieben Blockhäuser seien um die Wälle errichtet worden, 700 000 Goldgulden in der bisher acht Monate während Belagerung aufgebraucht worden. Um diesem Übel ein Ende zu setzen, brauche er zwar die Hilfe Gottes, aber auch die seiner Kreisnachbarn und Verbündeten. Zum Nachweis seiner Beteuerungen füge er die Abschriften der Verhörprotokolle bei.

Zu diesem Zeitpunkt, dem 25. Oktober, hat er auf seine Bittschriften hin bereits sowohl vom Rheinischen Bund, in dem der Landgraf von Hessen, die Kurfürsten von Mainz, Trier und der Pfalz vereinigt sind, als auch vom Bischof von Würzburg, der eine Art Flankenschutz gegen das Habsburger Haus in Süddeutschland bietet, Absagen bekommen. Die Enttäuschung wird durch ein eminentes Hilfsangebot wettgemacht: das des Kurfürsten Hans-Heinrich I. von Sachsen, der ihm zuvor schon zweimal – am 10. August und am 20. September – wegen der übereilten Hinrichtung des Syndikus' Johann von der Wieck seine Unterstützung versagt hatte. Tatsächlich ist der Kurfürst, weil Protestant, den Argumenten des Bischofs gegenüber weniger empfänglich gewesen als vielmehr denen Philipp von Hessen, der noch immer davon überzeugt ist, Münster könne sich ihrem Lager anschließen. Fabricius' Mission verfolgt übrigens das gleiche Ziel, was um so tückischer ist, als dem Bischof die Hände gebunden sind.

Der Kurfürst von Sachsen verpflichtet sich, ein Viertel der Kosten für die Belagerung zu übernehmen, vorausgesetzt allerdings, Franz von Waldeck erklärt sich mit der Einsetzung einer Kommission einverstanden, die die Lager prüfen und gegebenenfalls militärische oder taktische Maßnahmen empfehlen soll. Franz von Waldeck muß sich außerdem verpflichten, das Bistum nicht in fremde Hände zu übergeben und eine eventuelle Vermittlung der Fürsten prinzipiell anzuerkennen.

Seine vielseitigen Unternehmungen, das unentwirrbare Netz seiner eingegangenen Verpflichtungen versetzen Franz von Waldeck nun in die Lage, für die Kosten der Monate Oktober, November und Dezember aufkommen zu können. Freilich ist er dabei der Unterstützung Burgunds verlustig gegangen – die er übrigens vorwiegend dann in Anspruch nahm, wenn er bei den rheinischen Fürsten etwas erreichen wollte. Da Burgund nicht mehr hoffen kann, die Hand auf das Bistum zu legen, weicht es – auf dem Weg über Königin Maria – den wiederholten Aufforderungen des Bischofs vom 31. Oktober und

15. November aus: Man müsse die Meinung des Kaisers dazu einholen, oder aber: es bedürfe der Entscheidung durch einen Landtag, vielleicht der Einberufung eines hohen Rates, lautet die Antwort . . .

Am 15. November treffen die kursächsischen, kölnischen und klevischen Räte in Wolbeck zusammen, um die Besichtigung der Belagerungseinrichtungen, wie im letzten Abkommen vorgesehen, vorzunehmen. Sie gehen überall durch, messen aus, begutachten, stellen Fragen und legen dem Bischof zwei Tage später in Warendorf ihren Bericht vor. An Mängeln wird wenig gerügt, aber eine bestimmte Anzahl von Änderungsvorschlägen gemacht:

– Die Blockhäuser sollten durch eine Schanze miteinander verbunden werden, was die nächtlichen Ausfälle der Belagerten unterbinden könnte; bis es soweit wäre, würde es sich empfehlen, für nächtliche Patrouillen die Mannschaftsstärke der Reiter zu erhöhen.

– Jedes Blockhaus sollte mit dreißig Doppelhaken ausgerüstet werden; in fünf der Blockhäuser fehle noch jeweils ein Geschütz; der Pulvervorrat reiche für zwei Monate aus; zusätzlich zu den 1600 vorhandenen Kugeln sollten weitere 2000 geliefert werden.

– Über die Aa müßte bei der Enking-Mühle eine Brücke gebaut werden, um die Verbindung zu erleichtern.

– Innerhalb der Blockhäuser seien die strohgedeckten Hütten der Landsknechte zu sehr brandgefährdet; man solle sie besser mit Erdklumpen belegen. Unter den Landsknechten scheine es keine Anhänger der Wiedertäufer zu geben; schließlich wünschte Wilken Steding, der oberste Hauptmann des Fußvolks, die Ernennung eines Oberbefehlshabers.

Bis der – für den 13. Dezember angesetzte – Kreistag zu Koblenz über das Bündel der Probleme befinden kann, beschließt der Bischof, seine Bemühungen auf zwei Hauptpunkte zu konzentrieren: die Undurchlässigkeit der Blockhäuser-Linie und das Sammeln von Nachrichten.

Die zahlreichen Ausfälle der Belagerten, Boten, Marktbeschicker bringen es tatsächlich mit sich, daß einige sich, leichtsinnig oder nicht, ertappen lassen. So die beiden Landsknechte Kort van den Werde und Johann Kettel van Till, die am 6. Dezember verhört werden.

Frage: Wie sind sie nach Münster hereingekommen?

Antwort: Sie seien betrunken gewesen. Sie seien dem König vorgeführt worden, der sie gefragt hätte: »Warum kommt ihr? Ihr wißt wohl, daß ich keinen Sold gebe, nichts als Kost und Kleidung?« Da hätten sie geantwortet: »Wir begehren nichts mehr als die anderen

Knechte, die herinnen sind.« – Der König habe sie gefragt, ob sie mutig seien und ob sie die Taufe begehrten. Sie hätten gesagt: Ja. Man habe ihnen »aus einem Buch vorgelesen«, dann seien sie getauft worden ... Der König habe sie ausführlich über die Blockhäuser ausgefragt, über ihre Größe, ihre Ausrüstung und ihre Stärke. Sie hätten die Fragen beantwortet.

Frage: Auf wieviel schätzen sie die Proviantvorräte in der Stadt?

Antwort: Man habe ihnen gute Kost gegeben und versichert, daß es bis Ostern Speck genug gäbe. Aber sie hätten gehört, daß in einigen Bürgershäusern nur noch eine Seite Speck übrigbliebe und in anderen gar nichts mehr. Dann hätten sie vier Mann mit viel Geld nach Friesland ausgeschickt, um Proviant zu kaufen. Sie seien wie Leute vom Rhein oder aus Büren verkleidet. Der eine von ihnen sei ein hochgeschossener Mann und werde Albert oder Beneventura genannt; er sei derjenige, der nach Friesland entsandt wurde, die anderen seien nach Holland. Alle hätten Briefe und Bücher mitgenommen, die sie unterwegs abgeben sollten. Sie hätten auch erfahren, daß zwischen Münster und Kleve ein Edelmann wohnte, der dreitausend Gulden erhalten habe, um Proviant zu horten; den wollte er den Belagerten bis eine Meile vor Münster bringen. Jeden Tag redeten sie davon, zur Verproviantierung auszubrechen. Es wären sogar schon einmal einige Waghälse herausgeschlüpft, nach Altenberg gelaufen, hätten dort Schinken und Hühner gekauft, um sie dann in Egberts Blockhaus weiterzuverkaufen, wie die Bauern; damit wollten sie spionieren, ehe sie nach Münster zurückgingen. Außerdem habe der König ihnen versprochen, wenn sie herausgingen und Proviant mitbrächten, würden sie genug Gold und Geld für ihr ganzes Leben bekommen. Der König solle gesagt haben: »Laßt sie die Würste essen, wir wollen den Speck essen.«

Frage: Sind noch Prädikanten in der Stadt?

Antwort: Soviel sie wüßten, wären noch vier da ... Sie hätten Knipperdollinck nicht gesehen, hätten aber gehört, daß er tot sei.

Frage: Wüßten sie, daß ihre Apostel gefangengenommen wurden?

Antwort: Ja. Aber sie hätten auch erfahren, daß die Könige von Schottland und England die Wiedertaufe angenommen hätten. Der König habe das genutzt, um das Volk zu trösten ... Zu Ostern solle es keine Feinde mehr vor der Stadt geben, so werde erzählt.

Auf weitere Fragen antworten die beiden Landsknechte, daß keine Frauen mehr zu bekommen wären, außer denen der hingerichteten Prädikanten. Sie sagen auch, daß viele Landsknechte Münster den

Rücken kehren würden, wenn sie sicher wären, die Gnade des Bischofs zu erhalten.

Ein weiteres Verhör: das Werner Scheifferts, der aus einem alten Geschlecht der Gegend stammt und am 5. Dezember aus freien Stücken Münster verließ. Er wird am 11. verhört.

Frage: Weiß er, ob noch viel Proviant da sei?

Antwort: Die Vorräte schrumpften jeden Tag. Vier Diakone seien damit beauftragt, jedes Haus nach Vorräten zu durchsuchen. Dort, wo sie viel gefunden hätten, hätten sie das Überflüssige mitgenommen, um es unter die anderen zu verteilen. Kürzlich hätten vier weitere Diakone die Kornvorräte aus den Häusern abtransportieren lassen und gelagert. Niemand dürfe für seinen eigenen Bedarf Brot backen oder Bier brauen. Das Brotmehl sei eine Mischung aus Gerste, Roggen und Hafer ... Der König bitte die Leute, auf den Vater zu vertrauen, der sie nie verlassen werde: »Ehe sie Not litten, sollten die Steine Brot werden«, sagt er. Alle hofften, daß die Bauern sich den Wiedertäufern anschließen würden und mit Proviant zu ihnen zögen ... Es heißt, daß beim nächsten größeren Fest, vielleicht zu Weihnachten, Speck, Trockenfleisch und Butter verteilt werde.

Frage: Wie sehen die Wiedertäufer die Zukunft?

Antwort: Sie hofften, daß alle Fürsten, alle Lehnsherren, alle Städte und Gemeinden sich ihnen bald anschlössen ... Köln, Wesel und Aachen hätten Wiedertäufer nach Münster geschickt, um »ihren Handel zu vermehren« ... Diese hätten erzählt, daß die Könige Frankreichs, Englands und Schottlands die Wiedertaufe empfangen hätten ... Rothmann habe in einer öffentlichen Versammlung, in einer Gastwirtschaft, gesagt, alle Könige und Fürsten würden dem König untertan und seine untergebenen Diener werden, ebenso würden alle Königinnen zu Dienerinnen der Königin Divara und zu Nebenfrauen des Königs gemacht werden ... Aber man habe den König im Verdacht ... Es heißt, er hätte Geld nach draußen schaffen lassen und trüge sich mit der Absicht, zusammen mit den Seien zu entkommen.

Frage: Womit verbringen die Leute in der Stadt ihre Zeit?

Antwort: Da es keine Arbeit mehr an den Wällen gäbe, sie aber die Rottung und den Müßiggang unterbinden möchten, ließen sie die Häuser längs der Mauer abreißen ...

Einige Tage vor Weihnachten wird ein weiterer Wiedertäufer aufgegriffen, der aus der Stadt zu fliehen versucht hat. Es ist der Diener des Malers Ludger tom Ring. Der Maler selbst hätte Münster bei der großen Vertreibung im Februar verlassen; »von der Wiedertäuferei angesteckt«, hatte sein Diener es vorgezogen, zu bleiben. Er hatte nun beschlossen zu gehen, weil er die »Geschichte satt« gehabt hätte, wie er sagt.

»Sie haben etliche Bücher im Drucke an die Holländer geschickt«, erzählt er, »worin angezeigt wird, wie die Holländer kommen sollen; sie haben auch sonst nach Knechten ausgesandt, (...) die man besolden soll.«

»Sie müssen Pferdefleisch essen und haben nur noch zwei Stiege Pferde und etliche Kühe. Die Milch braucht man zu kleinen Kindern und schwangeren Frauen, und das Fleisch wird allein von dem König verspeist.«

»Man hat alles Korn aus den Häusern gesammelt und auf einen Haufen gemacht und einen Obersten darüber gesetzt. Wer Brot backen will, hole denn das Mehl von den Verordneten, und dasselbe ist gemengt mit Gerstenmehl.«

»Der König ist umgefahren und hat aus jedem Haus Speck genommen. Wer zwei Seiten hatte, dem hat er die eine genommen, wer eine, die Hälfte davon, und hat den Speck in seinen Hof gefahren. Aber da nun alles aufgegessen ist, will er noch einmal Haussuchung tun, und wenn jemand ein Stück hat, will er es auch noch zu sich nehmen...«

Bei all diesen Zugeständnissen, die stets mehr oder weniger mit dem Brandeisen herausgepreßt werden, ist es schwierig, zwischen der eigentlichen Aussage, dem Gerücht und der mutwilligen Übertreibung von Gefangenen zu unterscheiden, die ihren Peinigern nach dem Munde reden, um die Qual möglichst schnell zu beenden. Die Übereinstimmungen der einzelnen Verhöre sind jedoch aufschlußreich. Gleichwohl bringt der Diener des Malers noch Unbekanntes ans Licht:

– Sie haben die Straßen und Tore umbenannt. (Wer für eine Straße oder ein Tor den alten Namen gebraucht, erzählt Gresbeck, muß zur Strafe einen Eimer Wasser trinken);

– Sie haben Fässer mit Staub und Kohle gefüllt und sie auf das Rathaus gebracht, um dem Volk weiszumachen, es sei Schießpulver;

– Sie haben zwei Truppen mit Waffen ausgerüstet, die nur auf den Befehl des Königs warteten, um auszurücken.

– Es gibt einen Mann in Gimbte namens Lemmerdinck, dessen Sohn in Münster ist. Der ist zweimal aus der Stadt gewesen und hat vier Männer mit Geld und Büchern nach Detten gebracht. Dann hat er seinen Vater aufgesucht, der ihm einen Schinken und einige Hemden gegeben habe. Er habe bei einer seiner Schwestern in Greven übernachtet. Der eine der Männer, der mit ihm weggegangen ist und Peter Symons heißt, ist zurückgekommen und hat das feindliche Lager am hellichten Tag passiert. Abends sind ihm zwei Männer und eine Frau gefolgt; sie hatten einen Korb bei sich voller Pfeffer, Kräuter, Kohl und Zucker, das Ganze »war wohl vier- oder fünfhundert Gulden wert gewesen«. – Ein anderer Mann, aus Wesel, hat Briefe gebracht und ist dann wieder weggegangen.

– Sie haben auch ein Lied auf das Neujahr 1535 gedichtet, das »seit tausend Jahren« das fröhlichste sein werde . . .

– Alles Geld und Silber der Stadt ist an sieben oder acht Stellen verteilt worden;

– Man hat die Leute glauben lassen, daß der Bischof die Wiedertaufe als »recht und göttlich« ansähe und daß, wenn der König ihn als Herrn anerkennt, beide sich die Macht teilen werden, und der Bischof wird dann auch mehrere Frauen nehmen;

– Es heißt, wenn das ganze Volk aus Münster ziehe, würde der König und sein Hofstaat sich – als Kaufleute verkleidet – mit allem Gold und Silber davonmachen.

Das Wichtigste von allem, was der Diener des Malers so bereitwillig erzählt, ist freilich, daß die in Münster Eingeschlossenen in den kommenden Weihnachtstagen einen bewaffneten Ausfall planen. Sie wollten einen Angriff gegen eine Kirche starten, möglicherweise in Roxel, und alle, die sich darin befänden, töten.

Im Lager des Bischofs verbringt man Weihnachten in Alarmbereitschaft. Nichts geschieht. Am nächsten Tag, dem 26. Dezember, endet der Kreistag zu Koblenz, wo fünfzig Teilnehmer 34 Städte oder Staaten des Reiches vertreten haben – den Niederrheinisch-Westfälischen Kreis, den Oberrheinischen – darunter Mainz, Trier, Köln, die Pfalz, Worms, Speyer, Nassau, Lüttich, Paderborn, Hessen, Kleve . . . Sachsen, das nicht zu diesem Kreis gehört, war auf seinen ausdrücklichen Wunsch zu der Tagung zugelassen worden.

Franz von Waldecks Gesandte waren mit dem Auftrag angereist, unmißverständlich darzulegen, daß der Bischof, falls ihm nicht sehr bald eine »stattliche« Hilfe zugesichert werde, die Sache fallen lassen werde. Es ist anzunehmen, daß er es auch tatsächlich hätte tun müssen – und dies gerade in dem Augenblick, in dem, wie es die Geständnisse der Gefangenen übereinstimmend belegen, Münster bald an Nahrungsmitteln Mangel leiden wird.

Diplomatisch gesehen ist die Lage nicht einfach: Der Landgraf von Hessen ist nicht geladen worden; wahrscheinlich handelt es sich dabei um ein Manöver der katholischen Fürsten von Köln und Kleve; die Königin Maria ist, obwohl eingeladen, nicht erschienen; was den Kurfürst von Sachsen betrifft, so hat er seine Einladung, die irrtümlicherweise an den Herzog Georg gegangen ist, zu spät erhalten ...

Die Schlußakte des Kreistages bestimmt, daß die Teilnehmer die Kriegskosten der kommenden sechs Monate, bis zum Sommer also, zu übernehmen haben, was ausreichen dürfte, um diese Besessenen in Münster in die Knie zu zwingen. Für die Kosten der dreihundert Reiter wird der Bischof nach wie vor aufkommen müssen.

In den Verabschiedungen des Kreisständetages, die sich im wesentlichen mit den Empfehlungen der Besichtigungskommission decken, wird folgendes festgehalten:

– die sieben Blockhäuser sollen mit dreitausend »guten, gemusterten und bewährten« Knechten besetzt werden; zwischen den einzelnen Blockhäusern soll ein doppelter Schanzgraben mit aufgesetzten Staketen gezogen werden; die zweite Linie im Rücken der Landsknechte sollen dreihundert Reiter bilden, die Wachdienst halten, jeden Verkehr der Landsknechte mit außen unterbinden sollen und letztere überwachen; die amtierenden Oberbefehlshaber werden abgelöst. Der neue Oberkommandierende soll Wirich von Dhaun, Graf zu Falkenstein, Herr zu Oberstein, werden. Ihm sollen acht Kriegsräte zugeordnet werden, die sich im Lager jeweils für einen Monat und zu viert ablösen sollen.

– Sollte Münster in den nächsten sechs Monaten erobert werden, so sollte dort keine neue Ordnung ohne das ausdrückliche Einverständnis der vertragsschließenden Parteien eingeführt werden;

– Wenn sich schließlich erweisen sollte, daß die in Koblenz beschlossenen Hilfe nicht ausreicht, so soll der Bischof von Münster Kaiser Karl V. bitten, im April einen Kreistag nach Worms einzuberufen, an dem alle Länder des Reiches teilnehmen sollten. – So würde sich Jan van Leyden, der frühere Kneipenwirt und König der Letzten Tage, dann mit seinen 1200 Soldaten und den 5000 Frauen seines Volkes der ersten Weltmacht gegenüber sehen und jenen Kaiser gegen sich haben, in dessen Ländern »die Sonne niemals untergeht«.

Wie man annehmen darf, sieht der Bischof darin neuen Grund zur Hoffnung. Gewiß bleibt ihm kein persönlicher Handlungsspielraum, aber zumindest kann er mit einiger Zuversicht das Ende seiner Schwierigkeiten absehen.

Zumal ihn am 5. Januar 1535, am Tag vor Epiphania, während er noch in Iburg weilt, ein Mann zu sprechen verlangt: Heinrich Graes, der zusammen mit den Aposteln aus Münster gefangengenommene Schulmeister, dem man um den Preis einer selbstmörderischen Mission das Leben gelassen hatte: er hatte dem Bischof vorgeschlagen, nach Münster zurückzukehren, um dort möglichst viele Informationen zu sammeln, und anschließend darüber Bericht zu erstatten.

Der Mann erklärt, wie es ihm gelungen ist, glaubhaft zu machen, daß er mit Hilfe eines Engels habe fliehen können und daß er aufgrund dessen sogar zum Propheten ernannt worden sei. Wochenlang habe er an den Ratssitzungen des Königs, an den geheimsten Gesprächen teilgenommen und an allen Entscheidungen mitgewirkt. In der Furcht, sein »Märchen« könne in Münster eines Tages durch einen Überläufer oder einen Gefangenen aufgedeckt werden, hatte er stets eine Gelegenheit gesucht, Münster zu verlassen.

Eines Tages, als der König auf seinem Gerechtigkeits-Thron sitzt und »die Streitsachen seines Volkes« schlichtet, täuscht Graes vor, von prophetischer Raserei ergriffen zu sein, tobt, schreit, daß der Vater ihm befehle, nach Wesel, Deventer und Amsterdam zu gehen, um die zerstreuten Brüder und einige Tausend bewaffnete Männer zu sammeln: »Ich werde der sein, der das neue Jerusalem nach Vertreibung der Feinde von der Belagerung befreien wird!« Er fügt hinzu, er sei zuversichtlich und er fürchte keine der Gefahren des Unternehmens.

Diesen göttlichen Auftrag in Frage zu stellen, ist so gut wie ausgeschlossen. Zur Beglaubigung dieses Auftrags übergibt ihm König Jan ein mit seinem Siegel versehenes Schreiben: »Wir Johann, der gerechte König des neuen Tempels und Diener des allerhöchsten Gottes ...« In dem Schreiben weist er besonders darauf hin, daß »der Prophet vom himmlischen Vater erleuchtet und mit unserer Vollmacht ausgesandt ist, um die umherzerstreuten Brüder die Worte des Lebens zu lehren ...« Jan van Leyden bittet, man möge dem Überbringer dieses Schreibens vertrauen. »Gegeben zu Münster, in der Stadt Gottes und unter unserem Siegel im 26. Jahre unseres Alters.« Zweihundert Gulden seien ihm mit auf den Weg gegeben worden.

Während man auf der einen Seite der Stadt ein Ablenkungsmanöver vollzogen hätte, sei er in Begleitung eines Dieners auf der anderen Seite durch die feindlichen Linien gedrungen. Er sei jedoch nicht weiter gegangen als bis zum ersten Blockhaus und habe sich dort den Landsknechten ergeben.

Nun gibt er dem Bischof die Geheimnisse des Königs und der Stadt preis: die Losungen und Erkennungszeichen, die Häuser und Keller, wo Waffen heimlich versteckt wurden, die Namen der Verbündeten draußen, die Ausfallpläne ...

Er weiß zu berichten, daß der König und sein Rat beschlossen hätten, acht- bis zehntausend Landsknechte anzuwerben, und zwar je zu vier Goldgulden im Monat; sie sollen auch freie Hand für Raubzüge bei ihrer Jagd nach Herren und Fürsten haben. Die Botschaft sei überallhin verschickt worden: in den Norden, nach Holland, Friesland, nach Wesel. Jemand sei zu einem Edelmann auf dem Land mit 15 000 Gulden unterwegs, damit dieser sich der Sache annähme.

Zudem seien sechs Männer nach Straßburg, nach Friesland und Holland ausgeschickt worden mit dem Auftrag, Revolten anzuzetteln. Etwa tausend in Münster gedruckte Bücher mit dem Titel »Von der Rache« seien in Dörfern verteilt worden, um das Volk zum Aufruhr zu verleiten.

Der Proviant sei praktisch erschöpft, sagt er. Es blieben nur 300 Kühe und 44 Pferde übrig. »Man braucht wohl zwanzig Kühe, um das gemeine Volk umher einmal zu speisen.« Graes schätzt die Anzahl der Wiedertäufer auf ungefähr 1300 Männer, 6000 Frauen und Kinder. Er behauptet, mit Bernhard Rothmann gesprochen zu haben, der ihm seine Befürchtungen mitgeteilt hätte: »Wenn uns Gott nicht rettet von unseren Feinden, so weiß man keinen Rat, denn Roggen und Gerste ist sehr knapp und wird wohl in einem Monat oder zweien auf sein.« Dafür bliebe noch etwas Hafer übrig.

Er erzählt, man erlaube jedem, der es wolle, die Stadt zu verlassen. Mehr als 200 Wiedertäufer wären auf diese Weise schon weggezogen. Sie gingen durch das Ludgeritor im Süden aus der Stadt heraus, dann weiter an den Wällen entlang am Aegidiitor vorbei und folgten von da aus dem Lauf der Aa in Richtung Kampen und Mecklenbeck.

König Jan habe geschworen, daß die Befreiungsarmee schon unterwegs sei, berichtet Heinrich Graes.

VI

Ein Jahr!

Ein falscher Prophet – Der Artikelbrief des Königs – Vor dem
Jahr 37 – Liebe Einwohner – Besondere Gründe – Unser Blut –
Für vier Goldgulden – Turban Bill, der Däne – Else Dreier –
Mein Herr und Gebieter – Ein Stäbchen und ein Loch – Die
Königstochter – Van Geels Heer – Bald ist Ostern

Dieser Graes! Infamer Verräter! Welch ein Abgrund an Niedertracht!
Ein Engel, sagt er, habe ihn befreit! Ein Engel! Verrat war ihm nicht
genug, obendrein mußte er noch Gott schmähen! Als der Bote, mit
dem er aufgebrochen war, im Laufschritt zurückkommt, als er atemlos
erzählt, daß der Prophet sich den Landsknechten ergeben habe, daß
Graes zum Verräter wurde, ist ihnen, als ob die Erde einstürze. Alles
kann man verstehen, nur den Verrat nicht. Bestürzung. Die Nachricht
holt alle auf die Straßen. Menschenansammlungen, Kummer – ist dies
nicht ein Zeichen, daß Gott uns verlassen hat?
Die Glocke ruft das Volk auf dem Prinzipalmarkt zusammen.
Rothmann hat sich als erster gefangen. Rothmann hat stets und zu
allem eine stichhaltige Erklärung parat. Im Grunde, so argumentiert
er, solle man sich über Graes' Verrat nicht länger verwundern, sondern
den Vater loben, daß er seinen göttlichen Plan unbeirrt weiterverfolge:
»Es werden falsche Propheten aufstehen, die Zeichen geben und Wunder vollbringen werden, um das Volk der Erwählten in die Irre zu führen ...« Wer könne da noch klagen, daß Gottes Wort in Erfüllung
gehe? Bedauerlich daran sei vielmehr, so fährt er in seinem Eifer fort,
daß Graes von unseren Plänen erfahren habe und daß er wahrscheinlich schon dabei sei, sie dem Bischof zu verraten.
Pläne? Welche Pläne? Manche sind beunruhigt, andere machen ihrer
Empörung Luft: »Alles ist Büberei!« Dieser Tag ist ein schwerer Tag.

Weder läßt sich vergessen, daß die Apostel abgefangen wurden, noch, daß die Nahrung immer knapper wird. Die Stimmung ist düster. Was sind das für »Pläne«, die sie untereinander ausgeheckt haben? Es wird gemurrt. Stimmt es, daß der Verräter 3000 Gulden mit auf die Reise genommen hat? Wenn es nur dreitausend gewesen wären! Sechstausend sollen es sein! Rothmann verbessert: »Wir haben Henricus genau 200 Gulden mitgegeben. Dieselben sollten zum Besten jener Brüder aus Holland und Friesland sein, die er sollte geholt haben.«

Nun schaltet sich der König ein. Rothmanns Mangel an Geschick ärgert ihn. *Er* spricht weder von Plänen noch von Gulden, sondern einzig und allein von dem Willen Gottes. Er schwört, daß die falschen, aus dem Drachenmaul direkt entsprungenen Propheten bei lebendigem Leib in den von Schwefel und Feuer brodelnden Teich hinabgestoßen werden ... Daß sie bis in die Ewigkeit gepeinigt werden ... Tag und Nacht ... Jahrhunderte lang ... Er reiht Wort um Wort, Vers um Vers aneinander, doch er spricht sie nicht wie die Prädikanten es tun, um zu beweisen, zu überzeugen. Er spricht sie wie ein zorniger Vater, wie eine besorgte Frau, wie eine Mutter, die ihrem Kind etwas vorsingt, wie ein Ochsenhirt zu seinen Tieren spricht, er sagt sie, ohne daß man sie zu verstehen, ja nicht einmal mit Ohren aus Fleisch und Blut zu hören brauchte, er spricht das Herz an, die Angst, den drohenden Hunger, er spricht sie, wie man sie vielleicht geschrieben hat, jene geheimnisvollen Worte, die von Gott erzählen und die Seelen trösten.

Gewiß, die siebenundzwanzig Apostel sind abgefangen worden, gewiß hat Graes Verrat geübt, aber ihr wißt doch, daß andere Sendboten unterwegs sind – haben wir nicht selbst vier von ihnen in der Silvesternacht bis zum St. Servatiitor hinausgeleitet? Sie sind jetzt unterwegs nach Hamm, wir werden bald von ihnen hören. Andere wiederum, die schon sehr weit gekommen sind, haben das bewußte Ziel erreicht, alle Hoffnungen übertroffen – nämlich die, zu denen Graes, der schändliche Verräter, der falsche Prophet, angeblich hinzustoßen wollte.

König Jan – und wenn er gesprochen hat, geht man nie mit leeren Händen heim – kündigt auch an, daß er eine Charta ausgearbeitet habe, die die Regeln des Zusammenlebens wahrer Christen vorschreibt. Sie ist Katechismus und Polizeiverordnung zugleich, ein Reglement, das seine Autorität in der Stadt auf einen noch festeren Sockel stellt als je zuvor – während am Horizont düstere Wolken aufziehen.

Zusammenfassend schreibt der »Artikelbrief des Königs« vor:

1) Unter den Bundesgenossen Christi soll kein anderer König, keine

weitere Obrigkeit walten, als von Gott verordnet, und die nach
Gottes Wort handeln.

2) Der König, seine Richter und alle Würdenträger sollen nach Gottes Wort Recht sprechen.

3) Keiner soll je das Amt des Königs anstreben, noch versuchen, es
seinem Willen zu beugen.

4) Niemand soll ungestraft die Schrift umdeuten.

5) Wenn ein Prophet Gottes Wort fälschlich prophezeit, soll er von
der Gemeinschaft abgesondert und getötet werden.

6) Niemand soll sich betrinken, böse, unzeitig, unzüchtig und eigen-
süchtig sein, denn daraus erwächst nur Zank und Hader. Fleisches-
lust, Hurerei, Ehebruch sollen bestraft werden.

7) Es soll sterben, wer sich erdreistet, zur Meuterei aufzustacheln.

8) Wenn jemand einen Streit vom Zaune bricht und seinen Widersa-
cher tötet, soll er seinerseits sterben. Wenn aber der Angegriffene
den Urheber in Notwehr tötet und dies nachweisen kann, kann der
für unschuldig erklärt werden.

9) Niemand soll den anderen ohne Beweise beschuldigen oder ankla-
gen, sonst wird er selbst angeklagt.

10) Niemand soll die Stadt ohne die Erlaubnis seines Hauptmannes
oder seiner Obrigkeit verlassen.

11) Wenn ein Mann ohne Wissen seiner Frau und ohne Urlaub seiner
Obrigkeit sich drei Tage und drei Nächte lang fernhält, kann die
Frau einen anderen zum Mann nehmen.

12) Niemand soll bei Tag oder bei Nacht zu den Wachen gehen, außer,
wenn ein besonderer Auftrag vorliegt oder wenn ein feindlicher
Angriff es rechtfertigt. Jeder Zuwiderhandelnde soll verhaftet werden.

13) Mit der Todesstrafe soll der belegt werden, der einen Unschuldigen oder einen Gebrechlichen durch babylonische Hurerei verletzt, ausgenommen, es handelt sich um einen bewaffneten Feind.

14) Niemand soll irgendwelche Beute unterschlagen, sondern sich mit
dem zufriedengeben, was von der Obrigkeit nach Billigkeit zugeteilt wird.

15) Wenn ein Christ sich dem Feind ergibt und anschließend zu den
Christen zurückkehren möchte, der soll nicht aufgenommen, sondern bestraft werden.

16) Kein Christ soll bei Leibesstrafe mit seinem Bruder um Geld Handel treiben.

17) Kein Bruder darf von einer Gemeinde in die andere überwechseln, er beweise denn, daß er in allen diesen Gemeinden unschuldig ist. Kann er es nicht, wird er gnadenlos bestraft.

18) Wenn ein Bruder bei den Christen dienen will, kann er aufgenommen werden, selbst wenn er – ehe er den Verstand erlangt – den Glauben der Christen nicht annehmen möchte.

19) Wenn jemand bereit ist, zu einem angemessenen Preis Proviant zu liefern, dem soll freies Geleit gewährt werden.

20) Niemand soll einer heimischen Obrigkeit gegenüber Widerstand leisten, die Gottes Wort noch nicht gehört hat, solange diese niemanden zu unchristlichem Verhalten oder zur Glaubensentsagung zwingt.

21) Sollte ein Heide bei den Christen Zuflucht suchen, um der Strafe für seine Verbrechen zu entgehen, soll er nicht beschützt, sondern bestraft werden.

22) Wer sich für jemanden verbürgen will, soll selbst nicht weniger als drei Bürgen aufweisen können.

23) Keiner soll gerichtet werden, ohne gehört worden zu sein. Jeder Angeklagte soll dem König und seinen Richtern vorgeführt werden, um sein gerechtes Urteil zu empfangen.

24) Niemand soll einen anderen zur Ehe zwingen. Die Ehe ist ein natürliches Liebesband.

25) Keiner soll heiraten, der an Epilepsie leidet, an Lepra, an der gallischen Krankheit oder an irgendeiner ähnlichen Krankheit.

26) Sollte sich eine Frau als Jungfrau ausgeben und keine sein, so soll sie streng bestraft werden.

27) Jede nicht verheiratete Frau soll sich in der Gemeinde Christi einen Schirmherrn aussuchen.

»Gegeben durch Gott und Johann den Gerechten und König im Neuen Tempel, Diener des höchsten und heiligsten Gottes seines Alters im 26., seines Reiches im ersten Jahr, den anderen Tag des ersten Monats nach der Menschwerdung Jesu Christi, des Sohnes Gottes, 1535.«

In diesem gerade beginnenden Jahr muß er sich in die Rolle des Propheten fügen, dem Gott seine Befehle und seinen Willen direkt übermittelt. So erklärt er denn auch eines Tages, daß er nicht lange mehr selbst regieren, daß der aber, in dessen Hände er das Reich legen werde, über die ganze Welt herrschen werde, daß ihm niemand widerstehen können werde, daß die Berge sich in Täler verwandeln würden und daß alles geschehen werde, bevor man das Jahr 37 schriebe. Ein andermal, als das Volk der Verzweiflung anheimzufallen droht, verspricht er ihm, daß auch, wenn nur fünf von ihnen übrigblieben, diese Zahl ausreichen würde, die Stadt zu halten ... Ja, der Vater habe ihm sogar gesagt, daß sie, wenn keine Hilfe käme, ihre Lanzen und Büchsen nehmen, die Kanonen volladen und aus der Stadt ziehen sollten ... Sie würden die Bischofslinien überqueren, wie die Hebräer das Rote Meer überquert hätten, und sie würden nach Holland weiterziehen ... Hätten die Hebräer Moses kein Vertrauen geschenkt, hätten die Armeen des Pharao sie vernichtet; aber sie seien ihrem Anführer gefolgt, wären in die Fluten hinabgestiegen, und die Fluten hätten sich vor ihnen geöffnet ...

Manchmal rufen die von der Wache:
»Da kommen Brüder!«
Man stürzt hin, sieht, wie Männer im Zick-Zack durch den Beschuß der Landsknechte angerannt kommen. Fast unwillkürlich ruft man:
»Hierher, Brüder! Schnell! Gebt acht!«
Weil man keine Zeit hat, die Zugbrücke zu senken, wirft man eilends eine Bohle quer über den Graben.
Kaum haben sie das Tor erreicht, da begrüßt man sie, umarmt sie. Freilich darf noch niemand offen mit ihnen reden. Sie müssen zuerst verhört werden, man muß erfahren, wo sie herkommen, wer sie sind – gegen Bischofsspione kann man nicht mißtrauisch genug sein –. Cort Cruse führt sie in die Salzstraße in das »Heidenhaus«, wo alle Neuankömmlinge zuerst hingebracht werden. Dort sieht Knipperdollinck sie sich an, belehrt sie; dann werden sie getauft. Sie sind neue Brüder.
Dies ist für den König meistens Anlaß, erneut seine Zuversicht zu bekräftigen. Sicherlich werden andere unterwegs abgefangen oder gehen mit ihren Schiffen unter, werden von Verrätern denunziert, aber es sind ihrer, der wahren Freunde Gottes, so viele, daß sie irgendwann wie eine Flutwelle die Verteidigungslinien des Bischofs überrollen und vernichten werden. Ein jeder aus dem flachen Lande weiß, daß die Welle stärker ist als der Deich.

Eines Tages werfen die Feinde, wie sie es des öfteren tun, gedruckte Abschriften eines von Heinrich Graes, dem falschen Propheten, geschriebenen Briefes über die Mauer.

»Liebe Einwohner,

Weil es sich begeben hat, daß mir Gott die Augen geöffnet hat, daß ich gesehen habe, wie falsch und vergiftet der Handel eingebrockt ist, den man jetzt in Münster treibt, und mich also Gott aus der Stadt gefordert hat zu einem Spiegel, daß sich ein jeder an mir spiegele, daß es alles Betrug ist (...), deshalb ist meine demütige Bitte, daß ihr einmal die Augen auftun wollet, es ist hohe Zeit ...

(...)

Die früheren Propheten sind alle Propheten gewesen, gleich wie ich. Daß ihr armen, dummen Menschen nicht merken könnt, daß es allzusammen Betrug und Verleitung ist, womit ihr umgeht!

Wolltet ihr euch noch bekehren und den ungöttlichen Handel verlassen, ihr würdet alle euer Leben behalten.

Hiermit seid Gott befohlen!

Zu mehrerer Erkenntnis, daß ihr den Schriften glauben möget, habe ich mein Signet hier unten dran gedruckt, welches euch bekannt ist.«

Das Verbot, bei Todesstrafe Briefe von Gottlosen zu lesen, gilt noch immer, und so haben wahrscheinlich nur wenige von der Botschaft des früheren Schulmeisters erfahren.

Am 10. Januar sehen sie von den Wällen aus, wie eine größere Delegation die Blockhäuser inspiziert. Sie bringen rasch in Erfahrung, daß es sich um den neuen Oberbefehlshaber des Bischofsheeres handelt, um den Grafen Wirich von Dhaun, der ihnen im übrigen – mit dem Ziel, sie zur Aufgabe zu überreden – eine Zusammenfassung der in Koblenz auf dem Kreistag getroffenen Entscheidungen überbringen läßt.

An diesem selben Tag beginnen die Belagerten mit dem Abfassen eines an den Landgrafen Philipp von Hessen gerichteten Schreibens:

»Wiewohl wir aus dem, daß Ihr dem papistischen Bischof, der unser geschworener Feind ist, Hilfe und Beistand geboten, auch aus dem, daß Fabricius, Euer an uns creditierter Gesandter, sich bei uns vernehmen ließ, daß Euch von den evangelischen Fürsten, uns weiter zu bekriegen, angetragen; dennoch bewegen uns besondere Ursachen (...), so daß wir an Euch schreiben wollten ...«

Sie wunderten sich darüber, so schreiben sie, daß der Landgraf, ein Protestant, das Evangelium soweit habe vergessen können, daß er sie bekämpfe, sie, deren Schriften verboten seien, weil ja nichts stärker als die Wahrheit ist. Es sei jämmerlich, bringen sie bedauernd zum Ausdruck, daß gerade die, die sich auf das Evangelium beriefen, auf diese Weise das wahre Evangelium verfolgten.

Sie bitten den Landgrafen, seine Haltung zu überdenken und die gegen sie erhobenen Vorwürfe sorgfältig zu überprüfen: »Wenn uns jemand mit der Wahrheit nachweist, daß wir unrecht haben, sollte es uns das Leben kosten.«

»Denn unsere Erlösung säumet nicht, und das Feuer, das von Gott angesteckt ist, werden alle Wasser der Erde nicht auslöschen können. Die Welt weine oder lache, so wird auch der kleine Stein zu einem solchen Berge wachsen, daß er die ganze Erde bedeckt ...«

Sie verwerfen die von anderer Seite oft geübte Kritik, daß sie einen König hätten: Philipp von Hessen wisse wohl, daß keiner der Artikel aus den Prophezeiungen der heiligen Schrift unerfüllt bleiben solle und daß die Schrift sie im Gegenteil ausdrücklich vorsähe. Zum Abschluß beteuern sie denn auch ihre Bereitschaft, mit dem Landgrafen zu sprechen, vorausgesetzt allerdings, die Mittler seien »verständige Brüder« und nicht jener Fabricius, der »mit geschmückten Lügen an- und abzieht«. In einem Nachtrag zu diesem Brief beschreiben sie einen Kampf, der sich gerade abspielt, während sie das Schreiben verfassen: der Graf von Dhaun sei dabei, die Befestigung Münsters zu prüfen. Ein letztes Mal insistieren sie: »Auch wollet Ihr, begehren wir, mit billigem und bescheidenem Urteil die Sache allenthalben erwägen. Wir wissen wohl, wie gering wir sind und geachtet werden. Aber bedenkt, Gott wird unser Blut so teuer anrechnen, als wären wir alle als Fürsten und Herren geboren.«

Ihrem Schreiben, das erst am 14. abgeschickt wird, fügen sie eine Kopie einer Rothmannschen Schrift, »Von der Verborgenheit der Schrift des Reiches Christi« bei und empfehlen Philipp von Hessen, sie aufmerksam zu lesen.

Der Bote verläßt Münster mit einer Reihe von Briefen, die für die Fürsten des westfälischen und oberrheinischen Kreises bestimmt sind, die gerade in Koblenz versammelt sind und die ihrerseits durch den Grafen von Dhaun sie zur Aufgabe ermahnen. Nach alter Gewohnheit versuchen sie, durch die offenere Haltung, die sie den Fürsten gegenüber einnehmen, den Bischof von seinen Verbündeten zu isolieren; sie beklagen sich, daß man sie falsch einschätzte, bitten darum, man möge ihre Argumente eher als das Geschwätz ihrer Feinde anhören; und wenn man ihnen beweisen könne, daß sie im Unrecht seien, so würden sie dies auch anerkennen.

Fünf Tage später sind es die Landsknechte, an die sie sich wenden: »Liebe Landsknechte, die ihr rings um unsere Stadt (…) liegt und die ihr um Geld den römischen Bischöfen und Pfaffen gegen uns und die Wahrheit Christi dient …«

»Wenn ihr die Wahrheit wüßtet, würdet ihr viel lieber uns (…) treuen Dienst beweisen.« Zumal sie bei diesem Tauschgeschäft nichts zu verlieren hätten: »Um vier vollwichtige Goldgulden mit Zutat, freier Beute der beschorenen Mönche und Pfaffen: Diese Besoldung wollen wir jedem nach Gehalt seiner tapferen Geschicklichkeit geben.«

Am Schluß bringen sie ihren Protest vor und drohen: »Weiter so wißt ihr ohne allen Zweifel, wie gnädiglich wir immer mit denen umgegangen sind, die wir von euch gefangen haben.« Deren Gefangene, so erklären sie, seien geschont, belehrt und mit guten Kleidungen versorgt worden. Dagegen wären die von den Landsknechten abgefangenen Wiedertäufer enthauptet und »der Fleischbank überliefert« worden.

»Wir haben nun lange genug eurer Obersten Blutvergießen ungerächt geduldet. Mit denen, die wir jetzt gefangen haben und die wir noch mit unserer Hülfe bekommen können, werden wir in gleicher Weise verfahren (…), es sei denn, daß ihr uns hierauf mit verständiger Antwort besser bescheidet und euch billiger anstellt und beweiset.«

Die Angebote der Belagerten an die Landsknechte werden kurz darauf noch deutlicher. Tatsächlich wird beschlossen, durch Anheften an die Blockhäuser und weitgestreute Verteilung folgende Vorschläge zu verbreiten: Jeder einfache Söldner, der zu den Münsteranern überläuft, bekommt 4 Goldgulden, jeder Büchsenschütze 5, jeder Landsknecht mit Waffen und Harnisch 6.

An dem Tag, an dem der Bischof davon erfährt, dem 3. Februar, warnt er den Landgrafen von Hessen: »Deshalb erheischt es unsere große Notdurft, gegen diese Anwerbung soviel als möglich Vorsorge zu tragen.« Er bittet ihn, Städte, Herzog- und Fürstentümer warnen zu lassen, die Nachricht an seine Nachbarn weiterzugeben und die Truppen überwachen zu lassen, um ein Überlaufen zu verhindern.

Diese »arglistigen Anschläge« hat der Bischof durch einen »redlichen und frommen« Landsknecht, Turban Bill, einem von den Wiedertäufern abgefangenen Dänen erfahren, dem vor kurzem die Flucht gelungen ist. Er hatte lange genug in Münster zugebracht, um sich Vertrauen zu erwerben und sich frei bewegen zu können, hatte sogar zeitweise zur Königswache gehört, war ein Trabant gewesen mit schwarzem

Wams, der den goldenen Ring trug. Die in seinen Plan Eingeweihten hätten ihm Botschaften und Aufträge zugesteckt.

So hatte Margaretha Tenekens ihm einen Brief für einen gewissen Johann de Coesfeld anvertraut. Anna Hoenes gab ihm 5 Gulden, damit er ihr später zur Flucht verhelfe. Angeklagt, sich nicht nur des Fluchtversuchs schuldig gemacht zu haben, sondern auch noch einen dem Volk Gottes gehörenden Geldbetrag entwendet und versteckt zu haben, werden beide Frauen verurteilt und enthauptet. Anna Hoenes hatte bei der kleinen Brücke nach Überwasser 17 Gulden gefunden und sie nicht abgegeben. Enthauptet wird Hans von Beckum, der überführt wird, Turban Bill zur Flucht verholfen zu haben, damit dieser ihm einen Passierschein verschaffte. Enthauptet werden auch Hieronymus Profaeß und Heinrich Holsten, die in die Pläne des Dänen eingeweiht waren und ihn nicht angezeigt hatten. Enthauptet schließlich auch Matthias Arch, weil er für zwei Gulden Turban Bill Waffen verkauft habe, womit er gegen das »Gesetz über Geld und Handel mit Geld« verstoßen habe.

Eine weitere Frau, Else Dreier, hatte sich besonders für Turban Bills Pläne interessiert. Vor Inkrafttreten der neuen Gesetze über die Ehe war sie die Geliebte Knipperdollincks gewesen, dann hatte der Kaufmann sie zugunsten einer zweiten, jüngeren Ehefrau gewissermaßen verstoßen. Sie hatte es ihm nie verziehen und ihm das Leben so schwer gemacht, daß der Statthalter des Reiches sich genötigt gesehen hatte, das königliche Gericht anzurufen, welches sie daraufhin feierlich zu besonnenerem Verhalten ermahnt hatte. Doch Else Dreier hat ihren eigenen Kopf und beschließt, Münster zu verlassen; sie hört von einem Dänen, der ... Aber sie wird denunziert, ins Rosental-Gefängnis geworfen, zum Tode verurteilt und zum Prinzipalmarkt geschleppt. Als Knipperdollinck sieht, wie der Scharfrichter zögert, reißt er ihm das Schwert aus der Hand und schlägt mit einem gewaltigen Schlag den Kopf seiner früheren Geliebten im Namen Gottes und des Königs ab. »Er scheute sich nicht, das Blut zu vergießen, das ihn oft erwärmt hatte, und errötete nicht, sich derjenigen als grausamer Feind zu zeigen, in deren Umarmung er so oft die Liebe genossen.«[41]

In puncto Liebe mildert der König durch seine neue Gesetzgebung das Los der Frauen. Wer von ihnen nachweisen kann, zur Eheschließung gezwungen worden zu sein, kann sich im Rathaus in eine Liste eintragen lassen und die Scheidung begehren. Die durch die ersten Ehegesetze verursachten Auswüchse werden den ausgesandten und hingerichteten Prädikanten zur Last gelegt. Etwa hundert Frauen, so scheint es, lassen sich einschreiben, unter ihnen eine gewisse Anzahl von geschändeten, von der Knupperschen, der Hebamme und Heilkundigen, gesundgepflegter Mädchen. Nunmehr müssen beide Partner in die Ehe einwilligen. Allerdings müssen die Frauen nach wie vor ihren Ehegatten als ihren Herrn anerkennen. So geschieht es denn auch, daß einige von ihnen, getrieben vom Widerspruchsgeist, Menschen auf der Straße anhalten und fragen: »Habt Ihr meinen Herrn nicht gesehen?«, wohlwissend, daß der Herr und Meister in diesem Augenblick seine Gunst einer zweiten, einer dritten, ja vielleicht sogar einer vierten Ehefrau erweist. Schnell wird der Satz zu einer Art Losung, zum herausfordernden, witzigen Spruch der Frauen, zu ihrem Mittel, den Widerstand zu proben. – »Habt Ihr meinen Herrn nicht gesehen?«

Andere wiederum, die darunter leiden, die Gunst eines und desselben Mannes mit fünf oder sechs anderen teilen zu müssen, tun ihren Unmut kund: »Viele Ferkel machen den Trank dünne.« Alsbald wird denn auch in der Öffentlichkeit verboten, über die Ehe zu lästern und seinen Mann spöttisch mit »Herrn« anzureden, damit diese Sarkasmen endgültig aufhören.

Die Frauen der Sendboten müssen sechs Wochen auf deren Rückkehr warten, danach dürfen sie wieder heiraten. Wenn eine nicht verheiratete Frau nach dem Artikelbrief des Königs sich einen Schirmherrn ausgesucht hat, kann sich der Ausgewählte dieser Pflicht nicht entziehen und muß sich vor allem in Bezug auf die Kost, die die Gemeinschaftshäuser immer spärlicher verteilen, um sie kümmern. Als Gegenleistung ist sie gegenüber dem Schirmherrn ihrer Wahl zum Gehorsam verpflichtet. Ihren Frauen gegenüber sind die Männer eine Verpflichtung anderer Art eingegangen: ihnen den Glauben an das neue Reich abzuverlangen; sie müssen darüber Rechenschaft ablegen. Es ist die »Stimme Gottes«, die König Jan davon unterrichtet.

Gleichwohl reicht eine gesetzmäßige Regelung natürlich nicht aus, die vielfältigen und endlosen Streitereien in Haushalten mit mehreren Frauen beizulegen, da die Erst-Ehefrau sich nur widerwillig in die Pflicht fügt, mit »Fremden« und »Abgefallenen« den Mann zu teilen, den sie ihren eigenen wähnte. Eines Tages wurde in der Aa die Leiche einer Frau gefunden; sie war weder gefesselt noch wies sie Spuren von Schlägen auf. So konnte das Gerücht Verbreitung finden, wonach es sich um den Selbstmord einer im Stich gelassenen Ehefrau handelte. Die meisten Gerichtssitzungen befassen sich mit Ehestreitigkeiten.

Man erinnert sich des Falls der Barbara Buttendieck, die wegen Aufsässigkeit zum Tode verurteilt wurde und deren Hinrichtung, weil sie schwanger war, bis nach der Geburt des Kindes aufgeschoben worden war. Da sie nun das Kind zur Welt gebracht hat, wird sie wieder vor Gericht zitiert. Eingedenk der Tatsache, daß sie – erstens – das Volk der Auserwählten um eine Einheit vermehrt habe – zweitens –; lange genug Angst ausstehen mußte, um ausreichend Buße zu tun – drittens –, daß ihr Mann zu der zerschlagenen Gruppe der siebenundzwanzig Apostel zählte, erklären die Richter sie für begnadigt. (In diesen Tagen wird auch der Schreiner Eberhard Kribbe, der sich immerhin der Majestätsbeleidigung strafbar gemacht hatte, aufgrund seines außergewöhnlichen Geschicks in der Ausübung seiner Handwerkskunst vom König begnadigt.)

Was die erste Ehefrau Knipperdollincks betrifft – »eine anständige Frau«, meint Kerssenbrock anerkennend –, die seit Monaten immer wieder gegen die Vielweiberei protestiert, so läßt der König sie auf den Prinzipalmarkt bringen, wo sie vor den Augen aller und zu ihrer großen Schande ein bloßes Schwert halten muß, bis sie Reue zeigt. Erst dann wird ihr vergeben.

Nunmehr hat der König ungefähr zwölf Frauen [42], doch allein Divara ist Königin. Eine der zuletzt geheirateten ist Elisabeth Wantscherer, die eines Tages als Klägerin vor seinem Gericht erschienen war. Nachdem ihr erster Mann gestorben war, hatte sie erklärt, habe ihr Vater für sie einen anderen ausgeguckt; da sie ihn nicht wollte, habe ihr Vater sie geschlagen, bis sie sich habe erweichen lassen. Da sie ihn jetzt kennengelernt habe, erklärte sie erneut, daß sie ihn nicht ertragen könne und beantrage die Auflösung ihrer Ehe. Der Vater, vorgeladen, bestätigt die von seiner Tochter geschilderte Sachlage. Das Gericht fällt den Scheidungsspruch, doch versäumt es nicht, der jungen Frau eine Moralpredigt zu halten; sie schulde ihrem Mann und Herrn Gehorsam.

»In dieser Stadt«, sagt sie, »ist kein Mann, der mich zähmen kann!«

Man wirft sie in den Kerker. Ihre Dreistigkeit wird dem König zugetragen. Möglicherweise in Stimmung versetzt durch das Temperament jener Elisabeth läßt er sie zu sich rufen, nimmt sie in Augenschein und befindet:

»Wenn du dich künftig gehorsam und artig betragen willst, will ich dich heiraten!«

Elisabeth Wantscherer zögert keinen Augenblick:

»Wenn Deine Magd, erhabener König, die Gnade in den Augen meines Königs erlangen könnte, wird mein König seine Magd dazu völlig bereit finden.«

Sie sei sogar bereit, fügt sie hinzu, die Füße all seiner Frauen zu waschen, wenn es sein müsse. Der König heiratet sie auf der Stelle.

Die meisten der mit dem König Vermählten sind noch sehr jung, oft sind sie auch die Töchter oder Nichten hoher Amtsträger des Reiches: Anna und Klara Knipperdollinck – in Wirklichkeit stammen diese beiden aus einer ersten Ehe der Dame Hangesbeck, Ehefrau des Knipperdollinck –, Anna Kibbenbrock, Engele Kerckerinck, Christina Rodde: eine wahrhaft königliche Art, Politik zu betreiben.

Um Divara hat sich das Leben der Königsfrauen organisiert. Zusammen bewohnen sie das an den Königspalast angrenzende Haus, sind prächtig gekleidet und schmuckbehangen und ausschließlich damit beschäftigt, dem König zu gefallen. Er nimmt seine Mahlzeiten bei ihnen ein; dies ist übrigens der Zeitpunkt, in dem er seine Entscheidung trifft, welcher von ihnen er in dieser Nacht seine Gunst erweisen wird.

Er hat eine Holztafel anfertigen lassen, wie man sie in Stiften vorfindet und wodurch angezeigt wird, wer beim nächsten Gottesdienst mit dem Beten an der Reihe ist: ein Loch unter jedem Namen und ein an einer Schnur hängendes Holzstäbchen. Während unter der Führung des Hofmeisters, Heinrich Rodde, Köche und Diener eifrig um die Tischgäste hantieren, betrachtet Jan van Leyden in der Tafelrunde jede seiner Frauen nacheinander, wortlos, unbewegt, erwägt, phantasiert, begehrt – und wenn seine Wahl endlich feststeht, steckt er das Stäbchen in das dazu passende Loch unter dem Namen der Auserwählten des Tages bzw. der Nacht.

Seine Entscheidung darf weder Neid noch Bitterkeit aufkommen lassen. Die königliche Allmacht wird großzügig gespendet, und so kommt jede Frau des öfteren an die Reihe. Wenn die Auserwählte »zum Beilager nicht geschickt« ist, wie Kerssenbrock sagt, wählt sie ihre eigene Ersatzfrau. Ansonsten wird sie ins Bad geführt, »damit sie die königliche Majestät nicht abstößt« – wird gewaschen, mit wohlriechenden Essenzen begossen, in Purpur und Leinen gekleidet und mit Schmuck behängt. Ältere Frauen, »die sich darauf verstehen«, bereiten das vor, »was die Lust reizen kann«, durchflechten das Haar mit Goldfäden, bedecken ihre Brüste mit einem ganz dünnen Schleier ...

Vergebens überwacht der König die königlichen Bäuche. Er, der sich

jene unzählige, den Königen der heiligen Schrift versprochene Nachkommenschaft erhofft, muß sich damit abfinden, daß außer Divara nur
Margaretha Moderson ihm ein Kind gebärt – wieder ein Mädchen, eine
zusätzliche Enttäuschung. Nach der von ihm eingeführten Regel wird
die an einem Sonntag geborene Tochter Divaras, mit einem mit »A«
beginnenden Namen getauft: A, Averall, das heißt »Über alles«; die
Margarethas, an einem Montag geboren, also am Tag »B« wird »Bly-
da« genannt, was »die Fröhliche« bedeutet.

Gresbeck erzählt, bei der Geburt Averalls hätte der König eine öffentliche Predigt gehalten, um zu erklären, daß »seit Gottes Geburt solch
Kind nicht geboren wäre«.

Hiermit schließt unser Schreiner das Kapitel Frauen und Königskinder
ab und bemerkt nur noch, daß »der König die schönsten Frauen hatte,
die in der Stadt waren, edel und unedel«.

Seinerseits freut sich Kerssenbrock in erster Linie, daß zahlreiche Mün-
steranerinnen unfruchtbar blieben. »Denn ein ganz verderbtes Geschlecht wäre aus solchen Eltern hervorgegangen ...«, schreibt er.

Winter. Mit den ersten wirklichen Entbehrungen, den ersten ernstzu-
nehmenden Zweifeln beginnt die nahezu vollkommene Geschlossen-
heit des erwählten Volkes brüchig zu werden. Unterhalb der Mauern
kämpfen die Bauern, die wie Maulwürfe die Schanzen ausheben, mit
ihren bloßen Spaten gegen die gefrorene Erde oder den schlammigen
Boden. Und dennoch: der zwischen den Blockhäusern verlaufende
Graben wird allmählich zu einem Ärgernis. Man kann sich nicht mehr
so frei bewegen wie bisher, und es ist fast unmöglich geworden, sich
mit Nahrungsmitteln von draußen zu versorgen. Nur noch vereinzelt
kommen Boten durch.

Aus der Distanz verfolgt man von Ort zu Ort die vier Männer, die in
der Sylvesternacht mit den zu verteilenden Schriften und den für die
Anwerbung von Söldnern erforderlichen Geldern aufgebrochen sind.
Man weiß, daß sie bereits Hamm erreicht haben, dann Kamen, Dortmund, Essen, Kettwig, daß sie sich dann vor Neuß »beim Pickarts-
brunnen« getrennt haben. Der eine der vier, Zilli Leitgen, besucht bei
dieser Gelegenheit seinen Vater in Niedeck, um eine Familienangele-
genheit zu erledigen: seine Mutter habe »ein Hurenstück begangen«,
und er möchte seinen Vater davon unterrichten, damit er seine Frau aus
dem Hause fortjage und eine andere nehme. Nach Erledigung seines
Auftrages entflieht er nachts durch ein Fenster. Er wird am 14. Februar
im Jülichschen verhaftet. Im Verhör gesteht er bereitwillig, bringt den

Männern des Bischofs gleichwohl nichts Interessantes außer den Namen von Freunden, die sie unterwegs besucht haben. Monate sind es schon her, seit er Münster verlassen hat.

Weitere Nachrichten: aus Holland diesmal und schlechte obendrein; Gruppen von Wiedertäufern, die sich nach Münster in Marsch gesetzt hatten, um es zu befreien, sind vernichtet worden. In Leyden, wo die Inquisitoren gewesen sind, wird die Wirtin der Schankwirtschaft »Zu den drei Heringen«, die legitime Frau des Münsteraner Königs, der Komplizenschaft und der Wiedertäuferei angeklagt – der Gipfel für eine verlassene Ehefrau. Zusammen mit ihren beiden Kindern wird sie hingerichtet.

Den König erschüttert die Sache nicht weiter – es war ein anderes Leben, beinahe ein anderes Stück, könnte man meinen. Von den Ereignissen in Holland, die er durch diese Botschaft erfährt, hält er vor allem fest, daß Johann van Geel, der Münster seit mehreren Monaten verlassen hat, in Amsterdam Erfolg verbuchen konnte, die die kühnsten Hoffnungen übertreffen. Unter dem Vorwand, heimlich das wiedertäuferische Ungeziefer zu bekämpfen, war es ihm gelungen, sich die Hilfe Königin Marias zu sichern, wobei er sich unter anderem verpflichten mußte, Münster Karl V. auszuliefern. In Wirklichkeit versucht er, im Untergrund ein Heer zusammenzubringen, das sich auf seinen Befehl hin in Bewegung setzen soll, um Amsterdam, wo viele Menschen ihnen wohlgesonnen sind, einzunehmen und anschließend das Neue Jerusalem zu befreien.

Ein Jahr. Die große Vertreibung, das war Ende Februar 1534 gewesen, und nun geht der Monat Februar 1535 zu Ende. Es war die Zeit, in der Matthys, der Bäcker, jeden Tag das Weltende für den nächsten Morgen ankündigte. Gott hat die sieben Kelche seines Zornes noch nicht auf Babylon, die Hure, ausgeleert. Aber Babylon wird fallen, es wird zu einer Behausung für Dämonen werden, zum Schlupfwinkel aller unreinen Seelen, zur Zufluchtstätte jedes unreinen, abscheulichen Vogels, weil alle Nationen vom Wein seiner Unkeuschheit getrunken haben...

... Dann erst wird vom Himmel, von der Seite Gottes, die Heilige Stadt, das Neue Jerusalem auf die Erde herniedersinken, hergerichtet wie eine Ehefrau, die sich für ihren Ehemann schön gemacht hat. Und eine kräftige Stimme wird erschallen: Hier ist der Tabernakel Gottes mit den Menschen. Er wird unter ihnen wohnen, und sie werden sein Volk sein, und Gott selbst wird unter ihnen sein. Er wird jede Träne aus ihren Augen wischen, und der Tod wird nicht mehr sein, und es wird weder Trauer mehr geben noch Schreie, noch Schmerz, denn die ersten Dinge werden ausgelöscht sein.

Jan Matthys hatte vielleicht nicht begriffen, daß man zuerst die Ankunft Gottes vorbereiten müsse, Münster, das Neue Jerusalem, vorbereiten wie eine Ehefrau für ihren Mann.

In dieser Zeit des Wartens treffen die guten Nachrichten Johann van Geels zusammen mit den ersten, noch dumpfen Frühlingsboten ein. Unter der Erde und in den Menschen arbeitet es. Eines Tages offenbart der König seinem Volk, daß das Wort Gottes ihn nachts ereilt habe und daß nun endlich – jetzt kann er es sagen – Münster zu Ostern befreit werde, das in jenem Jahr auf den 28. März fällt. Und wenn es geschehen sollte, daß es nicht eintreffe, dann solle man ihn mitten auf dem Prinzipalmarkt verbrennen.

VII

Die Umklammerung

Graes macht weiter – Wie es sich gehört – Achtzehntausend
Mann – Von Dhauns Kostenrechnung – Keine Vermittlung –
Der große Graben

Hört ein Verräter je auf zu verraten? Heinrich Graes, der Apostel, der
angeblich von einem Engel gerettet wurde und die Belagerten täuschte,
hat für den Bischof noch lange nicht ausgedient. Franz von Waldeck
schickt ihn, immer noch mit dem Geleitbrief Jan van Leydens ausgerüstet – »Wir, Johann, der gerechte König des neuen Tempels ...« – in die
Städte, in denen die meisten Wiedertäufer vertreten sind; er soll sich
unter sie mischen und ihr Vertrauen gewinnen. Zwei Männer werden
ihn begleiten, die sich ebenfalls als Wiedertäufer ausgeben sollen: der
eine von ihnen ist Johann Schwerthen, der im Jahr davor Münster verlassen hat; seine Frau war dort geblieben, ein gefährliches Weib, das
sich zu Fuß und zu Pferde hervortat, sobald es darum ging, sich mit
den Landsknechten zu schlagen; der zweite war Schreiber bei einem
Ratsherrn gewesen. Beide täuschen vor, Graes mit viel Verehrung zu
dienen und nennen ihn einen Propheten. Ihre Dreier-Rolle ist derart
ausgeklügelt, daß der Bischof es sogar für nötig hält, die Fürsten brief-
lich zu ersuchen, sie nicht, bevor sie ihn davon unterrichtet hätten,
wegen wiedertäuferischer Umtriebe hinzurichten, falls sie ihrer habhaft werden sollten.
Graes und seine beiden Helfershelfer sind bis nach Wesel, südwestlich
von Münster vorgedrungen. Mit Hilfe des Schreibens Jan van Leydens
weiß sich der ehemalige Schulmeister rasch den Anhängern der Wiedertäufer zu erkennen zu geben, drängt darauf, sofort nach Münster zu

ziehen, um die Stadt zu befreien, erreicht, daß alle sich mit Waffen gerüstet, reisefertig an dem und dem Tag, an dem und dem Ort versammeln – und verrät sie anschließend. Die Sache erregt großes Aufsehen in der Stadt, löst ernstzunehmende Unruhen aus, derer die Obrigkeit Herr zu werden versucht.

Die verschiedenen Verhöre von Gefangenen erlauben es dem Bischof, das Ausmaß der Untergrundaktivitäten abzuschätzen, die die aus Münster samt Geld und den Brandschriften Bernhard Rothmanns entsandten Boten der Wiedertäufer in nur wenigen Wochen geleistet haben. Vier Verbände sollten gebildet werden, um die tödliche Umklammerung des Bischofs zu durchbrechen: einer in Eschenbruch an der Mars, einer in Holland, der dritte in Maastricht und Aachen, der vierte in Friesland, in Groningen.

Was sich im Groninger Land zugetragen hat, hat der Bischof durch einen Brief von Georg Schenk von Tautenberg, dem Statthalter Karls V. in Friesland, erfahren.

Am 24. Januar unterrichtet er den Bischof, daß die Wiedertäufer sich »in der Absicht, einigen Aufruhr anzuzetteln«, versammelt hätten. Der Herzog von Geldern, der gerade unterwegs nach Friesland sei, habe Truppen geschickt, um sie auseinanderzutreiben.

Der Hauptprophet, Hermann Schohmacher und andere Anführer seien festgenommen worden, »mit denen man jetzt fest Verhör angestellt, und die bestraft werden sollen, wie sich solches gehört.« Ein gewisser Jakob aus Münster sei im übrigen abgefangen worden; er habe verraten, daß das Ziel der Wiedertäufer sei, sich in Holland und in Norddeutschland zu sammeln und sich anschließend zum Neuen Jerusalem in Marsch zu setzen. Der König von Münster solle ihnen entgegenkommen und sich an ihre Spitze stellen. Seine Absicht sei, alle auszurotten, die sich ihm nicht unterwerfen. Jener Schohmacher war ausersehen, Jan van Leydens Fähnrich zu werden. »Dieweil nun die Versammlung sich dermaßen verstreut, die Anführer gefangen und nur zu besorgt sind, daß die Flüchtlinge andererorts wieder neuen Aufruhr erwecken ... habe ich I. f. G. solches nicht verbergen wollen ...«, schließt der Statthalter seinen Brief.

Mit diesen Heilslehren verhält es sich wie mit Epidemien: einer genügt, um sie zu übertragen.

Kaum eine Woche später, am 2. Februar, erhält Franz von Waldeck ein zweites Schreiben, diesmal von Graf Arnold von Bentheim-Steinfurt: »Wie mir die Räte von Zwolle gesagt haben«, schreibt er, »haben sie etliche Schriften und Kenntnis bekommen, denen sie zum Teil Glauben schenken, daß diesen oder morgigen Tag ungefähr achtzehntausend Menschen von der wiedertäuferischen Sekte zusammen kommen und sich in dem Stift Utrecht ein Viertel Wegs von Ommen auf einem Feld, genannt Cemeler Berg, versammeln werden.«

Der Graf teilt mit, daß die eilends zusammengerufenen Vertreter der Städte Deventer, Zwolle und Kampen erwirkt hätten, daß die Utrechter Garnison und Reiter in Alarmbereitschaft versetzt wurden und daß jeder vierte Bauer im Umland aufgeboten wurde, »in der Absicht, wenn die genannte Versammlung einen Fortgang nehme, dieselbe niederzuhalten.«

Tatsächlich gelingt es den Utrechter Truppen in den darauffolgenden Tagen, die Täuferansammlungen auseinanderzutreiben. Wo aber würde die nächste stattfinden? Der Bischof gibt sich keinen Illusionen hin: solange Münster der Koalition der Fürsten standhält, wird das Evangelium Jan van Leydens dieselbe Anziehungskraft, denselben Mobilisierungseffekt behalten.

Aber wie soll man mit Münster fertig werden? Am 10. Januar übernimmt Wirich von Dhaun den Oberbefehl. Am 22. inspiziert er die Truppe. Die Stimmung ist miserabel: die Landsknechte sind seit sechs Wochen nicht bezahlt worden, und die vom Koblenzer Kreistag versprochenen Gelder lassen auf sich warten. Abgesehen davon wird von Dhaun allmählich klar, daß man zu knapp gerechnet hat: 15 000 Goldgulden monatlich werden niemals ausreichen. Tatsächlich war man bei der Veranschlagung der Summe vom Stand des 15. November ausgegangen: 2621 Söldner mit 3800 Solden (manche von ihnen erhielten doppelten, ein Hauptmann den fünffachen Sold) zu je vier Goldgulden, insgesamt also 15 200 Gulden. Hinzugerechnet werden muß das Elite-Fähnlein, das in Warendorf stationiert war, seit die Apostel dort Unruhe gestiftet hatten. Nach Münster zurückverlegt, belastet es die monatliche Kostenrechnung um weitere 810 Solde für nur 345 Mann, das heißt um weitere 3240 Emden-Gulden.

Von Dhaun macht die Rechnung neu auf und streicht 300 nicht gerechtfertigte Doppelsolde. Zu diesem Zeitpunkt schätzt er die Zahl der Landsknechte, die er zusätzlich braucht, auf 1000. Die vorhandene Gesamtstärke beträgt 2966 Mann: eine unter den gegebenen Umständen viel zu geringe Zahl, als daß man auf den Vorschlag Heinrich Graes' und eines weiteren Überläufers, Jorgen Vischer, eingehen könnte, einen Angriff auf das Kreuztor zu wagen.

Der Oberbefehlshaber vertagt seine zweite für den 12. Februar angesetzte Musterung der Truppen. Das Geld aus Köln ist noch nicht eingegangen, und die Landsknechte, die ihren Sold für den zweiten Monat und für die Hälfte des dritten fordern, beginnen zu murren. Man ist einer Meuterei nur knapp entgangen, als die 8700 Goldgulden aus Koblenz und die 6000 Emden-Gulden aus Kleve, in die Kisten des Kriegsschatzmeisters verpackt, eintreffen – aber noch fehlen 5000 Goldgulden für den dritten Monat, und am 12. März, dem nächsten Zahltag, wird man weitere 16000 brauchen.

Die Gesandten des Bischofs durchkämmen das Land. Der Landgraf von Hessen streckt vor, was er kann, veranlaßt seine Freunde, den Herzog von Sachsen und den Kurfürsten von Mainz, zur Zahlung ihrer Anteile, erwirkt sogar, daß König Ferdinand, der Bruder des Kaisers, von Wien aus eine ernste Ermahnung an alle säumigen Fürsten richtet.

Nachdem der Bischof die 17000 Goldgulden für von Dhaun vorgestreckt hat, sind seine Kassen leer. Die Meuterei steht diesmal kurz vor dem Ausbruch, und wer je einen Aufstand unbezahlter Landsknechte erlebt hat, weiß, wie wütende Söldner sich an ihren Dienstherren und am Umland gütlich halten – wenn es dabei bleibt. Ganz abgesehen davon, daß dies den Triumph der Wiedertäufer bedeuten würde ...

Das Bistum Münster muß daneben noch die Unterhaltungskosten für die Reiterei allein tragen, d. h. für sechs Monate ungefähr 16000 Goldgulden aufbringen. Wie reich begütert muß dieses Land sein, um seit einem Jahr die Bürde all dieser Steuern ertragen zu können, ohne dabei völlig ausgeblutet zu sein.

Im Februar haben die Hansestädte – Münster ist mit ihnen verschwistert – dem Bischof ein Vermittlungsangebot unterbreitet. Es nimmt niemanden Wunder, wenn er darauf mit einer klaren, wenig freundlichen Ablehnung antwortet: eine Lösung auf dem Verhandlungsweg bedeutet für ihn den Ruin. Seine einzige Chance, die seit einem Jahr in enormer Höhe geleisteten Kosten je wieder zurückzuerlangen, ist, wieder in den Besitz aller Titel und Pfänder gegenüber seinen Gläubigern zu kommen; der totale Sieg, die Niederschlagung der Wiedertäufer, die Beschlagnahme ihrer Kriegskasse und all ihrer Güter. Mittlerweile ist er dazu verurteilt, bis zum bitteren Ende durchzuhalten – zumal ihm die demokratischen Tendenzen, die sich in Lübeck, einer der Fürsprecherinnen des Vermittlungsangebots, breitmachen, suspekt erscheinen, so als hätten die Hansestädte sich zum Ziel gesetzt, dem Protestantismus in Münster zum Einzug zu verhelfen. Jeder Verhandlungsversuch, antwortet er den Abgesandten aus Lübeck, Hamburg und Bremen am 27. Februar, würde dazu führen, daß die Wiedertäufer »ganz Deutschland und darauf die ganze Christenheit gleichsam als wie mit einer Pest anstecken und zu einem allgemeinen Aufruhr verführen, ja in das größte Verderben stürzen würden.«

Seit dem 12. Februar hat sich der Oberbefehlshaber Wirich von Dhaun zum obersten Schatzmeister gewandelt. Der doppelte, von einem Wall und Palisaden verstärkte Schanzengraben, der sich über mehr als sechs Kilometer durch die Erde zieht, ist ein ebenso gigantisches Werk wie der rollende Erdwall vom vergangenen Sommer. Wenn er fertig ist, wird er die Stadt wie ein Schraubstock umklammern. Kein Wiedertäufer wird zwischen den Blockhäusern, in welche Richtung auch immer, hindurchschlüpfen können. Münster, das mit Proviant schon knapp ist, wird sich auf kurze Sicht ergeben müssen.

Gleichwohl ist man bei den Arbeiten nicht so schnell vorangekommen, wie Graf von Dhaun es erhofft hatte. Der Grund: schlechtes Wetter, der Unwille der Lehnsherren, ihre Bauern freizustellen, der Unmut der Bauern, sich dem Partisanenkrieg der Wiedertäufer auszusetzen. Als bekannt wird, daß die Münsteraner für Ostern einen Ausfall vorbereiten, droht von Dhaun dem Bischof, die Länder darüber zu unterrichten, daß all die Verzögerungen nicht von ihm zu verantworten sind. Der Bischof kommt ihm zuvor und versendet selbst ein Geheimschreiben: Man habe ihm mit dem Versprechen finanzieller Hilfe, die nicht eingetroffen sei, den Oberbefehl über die Belagerung entzogen, und nun beschuldige man ihn, die Arbeiten zu verzögern! Um seine Verärgerung auszudrücken, weigerte er sich, die Landsknechte aus dem auf ihn geleisteten Eid zu entlassen und sie von Dhaun zu überstellen.

Ein Jahr ist es nun schon her, seit der Bischof sich eingegraben hat. Aber das Ziel ist nahe: Jan van Leyden hat es selbst festgelegt auf Ostern, den 28. März.

VIII

Ostern 1535

Eine rollende Festung – Das vertraute Lied – Eine mühselige
Woche – Alle Sünden Israels – Stürme – Mitten ins Herz

Nichts ist besser geeignet als Pläneschmieden, das Warten erträglich zu
gestalten und die Zeit auszufüllen. Und der bewußte Plan, den Graes
selbst ersann, während er sich eifrig seiner Prophetenrolle widmete,
bietet mehr als einen Vorteil. Gott, so hatte er damals verkündet, hätte
ihm das Bild einer rollenden Festung eingegeben, mit deren Hilfe die
Kinder Israels dem feindlichen Bischofslager unversehrt entkommen
könnten, um dem Heer der Wiedertäufer aus Holland und Friesland
entgegenzugehen.

König Jan hatte sofort Gefallen an der Idee gefunden, und mit jener
Mischung aus Genialität und Realismus, die er immer wieder bewiesen
hatte, paßte er sie ihren Bedürfnissen und ihren Mitteln an. Es ging
darum, eine bestimmte Anzahl stabiler Wagen herzustellen, sie zu panzern und mit Geschützen auszurüsten: die gesamte Feuerkraft der
Stadt soll darauf konzentriert werden. Die von Zweigespannen gezo-
genen Wagen sollen sich in Zweierreihe vorwärtsbewegen, das Heer
Gottes werde in ihrer Mitte hinausmarschieren.

Einer der nicht unwesentlichen Vorteile dieses Projekts ist das geschäf-
tige Treiben, das es für Wochen im Herzen der eingekreisten Stadt erzeugt, dieser Hintergrund aus dumpfen Geräuschen, aus Gerüchen
von Schmiede- und Zimmereiarbeiten, dem Gewimmel, den Rufen,
diesem ungeheuren Schwung, der Hast zu schaffen, diesem Wunsch,
Gutes zu leisten – wer baut, muß einfach hoffen. Und über allem: der
Frühling, der das Leben bringt.

Alles bei den Abbrucharbeiten angefallene verfügbare Holz ist eingesammelt worden; die alten Eichenbalken verwandeln sich in Radkrän-
ze und Speichen; bei der Hobelarbeit der Wagner, die mit ihren schweren Stangenbohrern die Radnaben aushöhlen, fallen lange blonde Lok-
ken ab, die die Kinder aufheben. Auf Feuerstellen werden die dicken
Eisenreifen zum Glühen gebracht, die die Stärksten dann mit dicken
Metallhämmern auf die Räder treiben. Deichselstangen und Wagen-
deichseln werden durch flache Eisen miteinander verbunden – das Ge-
tön der Ambosse, das kreischende Hin und Her der Spannsägen, das
Zischen gelöschter Flammen, der Hauch der dicken Blasebälge: alles
klingt wie ein ganz normales Alltagslied.
Die Geschützmeister bereiten ihre Geschütze vor; sie haben sogar eine
große Feldschlange gießen lassen und durch das Verbinden der Läufe
von sechs oder acht Hakenbüchsen Orgelpfeifen gebaut, die auf einmal
abgefeuert werden können. Die Hufschmiede beschlagen die Pferde,
die Sattler steppen Harnische ab, nähen Lederwämser zum Schutz gegen Feuer; Ungelernte schleifen die blanken Waffen, Frauen bereiten
Lappen und Salben gegen mögliche Verwundungen vor.
Zusätzlich zu den eigentlichen Panzerwagen werden noch Schutzzäu-
ne gebaut, wandschirmähnliche Panzerungen, bespickt mit eisernen
Stiften zur Abschreckung von Reitern und Pferden; sie sind transpor-
tabel, bestehen aus bequem zusammenfügbaren und von innen her beliebig versetzbaren Einzelteilen.
Einmal in der Woche werden die Männer in zwei Gruppen aufgeteilt
und für alle möglichen Gefahren trainiert. Nach einem Jahr der Übung
sind sie nunmehr zu geschickten, disziplinierten, wahrhaft gefährli-
chen Kämpfern geworden. Um so furchterregender – sagt Gresbeck –,
als sie sich aus dem Töten nichts machen und auch ihren Toten nicht
nachtrauern.
Keinem geht, auch nicht zeitweise, jener Sonntag, der 28. des Monats,
an dem sich alles erfüllen soll, aus dem Sinn.
Wer bei dem Ausfall dabei sein will, wird aufgefordert, sich mit den
anderen zu einer Gruppe zusammenzuschließen; wer lieber bleibt,
wird zur Wache abgeordnet. Austeilen der Waffen und Harnische, An-
probe, Justierung, Austausch, Rollentausch. Der König ernennt Obristen und Hauptleute, bestimmt fünf Fahnenträger.
Unter den Freiwilligen sind dreihundert Frauen. Der König mustert
sie, wählt fünfzig aus, versieht sie mit Spießen und Hellebarden. An-
derentags werden diejenigen, die in der Stadt bleiben sollen, zusam-

mengerufen, in Wachmannschaften eingeteilt, mit Waffen ausgerüstet und der Bewachung der Tore zugeteilt. Jede der Frauen wird von den Hauptleuten auf ihren Posten und in ihre Aufgaben eingewiesen. Während der Übungen gehen sie in Reihen geordnet auf ihre Station und singen einen Psalm Davids:

> »Der Herr ist mein Fels
> und meine Burg und
> mein Erretter.
> Gott ist mein Hort
> auf den ich traue,
> mein Schild und Berg
> meines Heils
> mein Schutz und meine Zuflucht
> mein Heiland, der du mir hilfst
> vor Gewalt ...«

Die Sturmglocke läutet die Alarmübungen ein; dann eilt jeder im Laufschritt auf den ihm zugewiesenen Posten.

Ein Gerücht geht um, wonach hunderttausend Holländer und Friesen, Brüder und Schwestern aus dem Heer Gottes, erwartet werden. Man wird ihnen entgegengehen, wird Münster befreien, dann Osnabrück einnehmen, dann Köln, dann Trier.

Der Palmsonntag ist gekommen. Am Ende dieser Woche voller Mühsal ist endlich Ostern. Und während der ganzen Woche bleibt der König eingeschlossen, unsichtbar, ohne ein Lebenszeichen von sich zu geben. Er betet, sagt man, er ist bei Gott.

Am Domplatz steht alles bereit. Sechzehn Wagen sind gebaut worden – für weitere fehlte das Holz –, gefährliche Kriegsmaschinen, vollgerüstet wie sie sind, hinter ihren Schutzwänden, mit Geschützen, Feldschlangen, Falkonetten und jenen furchterregenden Orgelpfeifen. Es ist schwer vorstellbar, daß Landsknechte und Reiter sich ihrem Vorrücken in den Weg stellen könnten, zumal ihre Beweglichkeit es den feindlichen Artilleristen unmöglich macht, sie fest ins Visier zu nehmen. Gresbeck selbst ist sehr beeindruckt und überzeugt, daß, wenn Gott nicht gegen die Wiedertäufer ist, niemand sie bei ihrem Auszug werde aufhalten können.

Vielleicht haben die Belagerten in Münster ihrem Schicksal niemals zuversichtlicher entgegengesehen als gerade in diesem Augenblick, da sie durch das gemeinsame Vorhaben, durch die aufgeteilte Arbeit geeint sind, besessen von der Vorstellung eines baldigen Eintreffens göttlicher Ereignisse. Es ist fast nichts mehr zu essen vorhanden. Wer spricht auch vom Essen, fünf Tage vor Ostern, während Gott mit dem König Zwiesprache hält; es sind doch nur noch vier Tage, drei Tage ... Zumindest wird man ihnen nicht vorwerfen können, sie hätten nicht gefastet!

Im Jahr davor hatte man den Ostersonntag mit dem vergeblichen Warten auf Verstärkung verbracht. Matthys, der Prophet, war anmaßend geworden und hatte dies mit dem Leben bezahlen müssen. Einsatzbereit schließen sich die Wiedertäufer mit ihrer ganzen Kraft dem Gebet König Jans an.

Karfreitag, Karsamstag.

Ostern, endlich, das Fest der Wiederauferstehung, der Tag, den Gott für die festliche Begehung des Sieges über das Leben auswählte, an dem er den Menschen aus der Schicksalhaftigkeit des Todes erlöste.

Das Volk wird am Prinzipalmarkt zusammengerufen. Und als der König erscheint, mag man seinen eigenen Augen nicht trauen. Aschfahl, abgemagert, schmerzerfüllt, gekleidet in ein einfaches Hemd, scheint auch er durch alle Stationen des Leidens und Sterbens Christi hindurchgegangen zu sein. Er streckt die Arme aus:

»Liebe Brüder und Schwestern ...«

Er spricht über sein Leid. Gott, sagt er, habe die Sünden aller Israeliten auf seine Schultern gelegt, und diese Last habe ihn in all diesen Tagen bedrückt, aber er habe sie für das Wohl aller mit Frohsinn und Dankbarkeit ertragen ... Sie seien jetzt von der Bürde der Sünde frei ... Erlöst von allem Schlechten, aller Unreinheit ... Darin läge die wahre Erlösung, das einzige und wahre Heil ... Wenn sie in Sünden zurückverfielen, würden die Brüder aus Holland und Friesland auf sich warten lassen ... Wenn sie aber dem Vater vertrauten, würden diese bald eintreffen ... Der Vater werde die Seinigen niemals verlassen, selbst wenn er ihre Standhaftigkeit auf die Probe stelle ... Man dürfe vor allem die Hoffnung nicht verlieren – oder wollten sie Gott eine Frist setzen?

Bernhard Rothmann und die Prädikanten stimmen ein Dankeslied an:

Ich aber will zu Gott rufen,
und der Herr wird mir helfen.
Abends und morgens und mittags,
will ich klagen und heulen;
so wird er meine Stimme hören.
Er erlöst mich von denen,
die an mich wollen,
und schafft mir Ruhe,
denn ihrer sind viele
wider mich.
Gott wird hören und
sie demütigen.
Sela.

Die Schwierigkeiten – Unwetter, Denunziationen – haben die Mobilisierung des Befreiungsheeres verzögert. Es wird nicht zu Ostern in Münster sein, denn erst jetzt, zu Ostern, flattert plötzlich in Westfriesland das Banner der Wiedertäufer über den vier vorgesehenen Sammelpunkten. Sofort eilen Brüder herbei, scharen sich, bemächtigen sich des zwischen Sneek und Bolswarden gelegenen Oldenklosters. Es ist eine starke Stellung; Kloster und Dorf sind mit einem Graben und einem Ziegelwall umschlossen.

Sobald er von der Besetzung Oldens hört, läßt Georg Schenk von Tautenberg, der große Wiedertäufer-Jäger, seine zweihundert Landsknechte und ebensoviel in der Eile aufgebrachtes Landvolk aufmarschieren. Als er seine Ohnmacht begreift, läßt er schweres Geschütz heranfahren, das am 1. April auch eintrifft und sofort für die Bombardierung des Klosters eingesetzt wird. Um die feindliche Verteidigung zu testen, setzt er einen »verlorenen« Sturm an. Er läßt jeden dritten Mann im Land aufbieten. Der zweite Sturm bleibt ebenso erfolglos. Die Verteidigung der Wiedertäufer ist ebenso entschlossen wie effizient. Die Landsknechte erleiden hohe Verluste, aber der Statthalter, Schenk, ordnet einen dritten, dann einen vierten Sturm an. Seinen Männern gelingt es, in einigen Häusern in der Nähe der Wälle Fuß zu fassen. Erneuter Beschuß. Auf einer aus Kähnen bestehenden Brücke passieren die Landsknechte den Graben. Am 7. April schließlich vernichten sie die in einer Woche blutiger Stürme wildgewordenen Söldner die letzten Stellungen. Am nächsten Tag zählt man in den Trümmern acht- bis neunhundert Leichen von Wiedertäufern.

Auf dem Fluß Issel versenkt der Herzog von Geldern drei zur Verstärkung entsandte Schiffe – sie gehen mit Mann und Maus unter. Küsten und Flüsse werden Tag und Nacht bewacht.

In Wesel, wo die durch Graes, den Schulmeister und Verräter, hervorgerufenen Unruhen noch andauern, reitet der Herzog von Jülich am 5. April an der Spitze mehrerer Reiterabteilungen ein, um die schwelende Revolte niederzuwerfen. Am 18. – nachdem er die Ordnung wiederhergestellt hat – läßt er Otto Vincke, Wilhelm Schlehbusch und vier weitere als Anführer der Rebellion bekannte Bürger enthaupten. Ihre Leichen werden außerhalb der Stadtmauern begraben. Andere wiederum, der Anhängerschaft für die in Münster Eingeschlossenen überführt, erlangen am 18. April die fürstliche Gnade unter der Bedingung, daß sie, in ein weißes Leinengewand gekleidet, einen Bußgang rund um den Friedhof machen; dann müssen sie stehend einem Gottesdienst beiwohnen.

In Münster ist mittlerweile bekannt, daß von Norden keine Rettung mehr kommen wird.

Entmutigt lassen Brüder und Schwestern unter Lebensgefahr Briefe hinausschmuggeln, worin sie Verwandte oder Freunde darum bitten, beim Bischof vorstellig zu werden, um Gnade für sie zu erwirken und wenn möglich einen Geleitbrief zu beschaffen, mit dem sie das feindliche Lager passieren können. In diesem Sinne schreibt Gresbeck an seinen ehemaligen Lehrherrn und an seine Schwiegerfamilie, fleht sie um einen Paß an, sonst »werden meine Frau und ich des Hungers sterben«. Eine junge Holländerin, Cornelia Claes, nach Münster gekommen, weil ihr Onkel sie schlug, wenn sie zu den Predigten der Wiedertäufer ging, entdeckt auf einmal, daß sie »jämmerlich verführt worden ist«, schreibt, sie möchte gern »wieder aus der Stadt hinaus, wenn sie mit irgendwelchen Mitteln und Wegen von dort wegzukommen wüßte.« Ihr Onkel, Jakob Simons, ist eine wichtige Persönlichkeit Haarlems. Er läßt den Kaiser über Königin Maria, die wiederum den Statthalter Frieslands, Georg Schenk, beauftragt, den Fall in die Hand zu nehmen, um Verzeihung bitten. Schenk entsendet einen Priester zum Bischof von Münster, mit der Bitte, diesem »ein Schreiben an i. f. Gnaden Befehlshaber auf den Blockhäusern zu verleihen, daß er in die Stadt reisen möchte, um mit dieser vorgenannten Frauensperson ins Gespräch zu kommen und einen Weg finden, dieselbe Person herauszubringen.« Und wenn er schon dabei ist, solle er auch zwei weitere

Frauen, Diewer Harrix und Aef Peters herausbringen helfen ... Ein weiterer Anwärter: Johann Swerthen, ein Bote des Bischofs, der seine Frau in Münster zurückließ, damit sie sich um ihren Besitz kümmern sollte, und der sich nun darum bemüht, die Verzeihung Seiner Gnaden für sie zu erreichen.[43]

Bernhard Rothmann versucht in einer letzten Predigt, die Gemeinschaft wieder in den Griff zu bekommen:

»Ihr sollt euch nicht auf die fremden Brüder verlassen«, sagt er. »Kommen sie aber, so geschieht das durch Gottes Willen ... Wir nehmen wohl den Teufel aus der Hölle zur Hilfe, wenn wir Gottes Willen vollbringen können!«

Warum ist es so weit gekommen, fragt man hier und da. Und warum verbrennt sich der König nicht mitten auf dem Prinzipalmarkt, wie er es versprochen hatte?

Die Antwort der Prädikanten und der Würdenträger ist einhellig und voller Demut: »Wir haben Gott damit erzürnt, daß wir auf unseren Verstand und unsere Klugheit gesetzt haben ... Wir müssen die Zeit abwarten, bis daß Gott uns erlöst ...« Der König beteuert: es ist nicht Gottes Wille, so sei ihm offenbart worden, »daß wir unsere Feinde mit unserer Macht schlagen.«

Und was sonst?

»Dann wird Gott sie ins Herz schlagen, daß sie weglaufen sollen.«

Und wer würde wagen, an Gott zu zweifeln? Sie vielleicht?

Die Aufgabe des Plans der rollenden Festung hat zumindest einen Vorteil: Man kann die Pferde verspeisen. Ungefähr fünfzig bleiben übrig. Für eine einmalige Fleischausteilung, wenn jeder nur einmal davon essen soll, müssen 19 geschlachtet werden.

IX

Himmlische Nahrung

Drei Mannschaften – Wie König David – Das Stechspiel – Narrenpossen – Der Bauchgott – Sakrileg – Die Losung – Lazarus und der böse Reiche – Mit den Engeln – Zwölf Herzöge

Seit Ostern hat sich die Hungersnot alarmierend zugespitzt. Die haltbare Nahrung ist so gut wie erschöpft, die Blockade der Stadt nunmehr lückenlos. Die Gemeinschaftshäuser geben keine Mahlzeiten mehr aus, jeder einzelne Mann muß für das Überleben seiner Frauen und Kinder selbst sorgen. Mehr und mehr Frauen gebären tote Kinder. Manche sterben an Hunger. Ihre Leichen werden auf Handkarren geworfen und ohne jede Andacht verscharrt – in Münster sind normale Gefühlsregungen nicht mehr auf der Tagesordnung, und die Prädikanten schwören ohnehin, daß den Toten das Himmelreich gehöre.

Zum Teil sind die Wagenburgen demontiert, die Geschütze auf den Zinnen wieder in Stellung gebracht worden, um vornehmlich den Schutz der etwa fünfzig verbleibenden Kühe zu gewährleisten, wenn sie draußen vor der Stadtmauer geweidet werden. Die Männer sind in drei Wachmannschaften aufgeteilt worden, die einander an den Toren ablösen.

Von erneuter göttlicher Eingebung heimgesucht, ordnet der König eine Drei-Tages-Feier auf dem Berg Zion an, der geheiligten Ritualstätte der Münsteraner. Jeder Tag ist jeweils einer der Wachmannschaften vorbehalten – ungefähr vierhundert Männer und tausendfünfhundert Frauen.

Das Volk wird aufgerufen, sich vor dem Dom zu versammeln. Es erscheint der König in der Mitte seiner Frauen, seiner Ratgeber und Diener. Er trägt ein kostbares seidenes Gewand, und seine schwere Goldkette pendelt von seinem Hals herab. Er betritt eines der schönsten Fachwerkhäuser, die den Platz säumen und kommt an einem Fenster wieder zum Vorschein, die Heilige Schrift in der Hand. Er liest vor, wie König David die Feinde Israels mit Gottes Hilfe besiegte, wie trotz der schweren, tagelangen Prüfungen, trotz der Hungersnöte und der Pestseuchen, David und die tapferen Stämme Israels Gottes Wille vollbrachten.

Die Prädikanten und die Schulmeister halten sich unter dem Fenster auf, von wo der König spricht. Umgeben von Kindern, singen sie mit dem Volk im Wechselgesang die Psalme Davids:

>»Ich danke dem HERRN von ganzem Herzen
und erzähle alle Deine Wunder.
Ich freue mich und bin fröhlich in Dir
und lobe Deinen Namen,
Du Allerhöchster,
daß meine Feinde zurückweichen mußten;
sie sind gestürzt und umgekommen von Dir.
Denn Du führst mein Recht und meine Sache
Du sitzest auf dem Thron, ein rechter Richter
Du schiltst die Heiden und bringst die Gottlosen um;
ihren Namen vertilgst Du auf immer und ewig.
Der Feind ist vernichtet, zertrümmert für immer,
die Städte hast Du zerstört;
Jedes Gedenken an sie ist vergangen.«

Und so singt das Volk der Erwählten von Münster, daß der Herr die nicht allein läßt, die ihn suchen, daß er das Blut rächt und sich der Elenden erinnert. Es schreit nach Mitleid – habe Mitleid mit mir, Du Ewiger Vater, siehe das Elend, in das mich meine Feinde gestürzt haben, bringe mich weg, fern von den Toren des Todes!

>»... Denn der Herr hält mich.
Ich fürchte mich nicht vor vielen Tausenden,
Die sich ringsum wider mich legen.
Auf, Herr, und hilf mir, mein Gott!
Denn Du schlägst alle meine Feinde
auf die Backe und zerschmetterst

der Gottlosen Zähne.
Bei dem Herrn findet man Hilfe.
Dein Segen komme über Dein Volk.«

Wenn die Seele endlich in einen rauschähnlichen Zustand versinkt, in dem der Hunger, die Angst, die Worte Gottes und der unendliche Trost, beieinander zu sein, verschmelzen an der Grenze zwischen dem Reich der Menschen und dem unaussprechlichen Reich Gottes, wenn der Geist sich endlich von der einlullenden, wogenden Bewegung, die alle wie eine träge Dünung erfaßt, forttragen läßt, dann erst kann Jan van Leyden, der neue David, erneut bekräftigen, daß dieser Gott noch immer lebt, der Gott Davids, der die Philister schlug und sein Volk errettete, und daß er das, was er einmal vollbrachte, hier wiederholen werde.

Dann steigt der König hinunter und setzt sich zu den Königinnen an einen langen Tisch; alle Männer machen es ihm mit ihren Frauen nach. Die Diakone stellen etwas Brot und Bier vor ihnen auf die Tische: »So müßt ihr es mit Gott aushalten, bis daß Gott es bessert, wenn unsere Erlösung kommt«, sagen die Prädikanten dazu.

So wenig es auch an Brot und Bier geben mag, das allein wird wohl genügen, um den Tag Gottes abwarten zu können. Selbst der bissige Gresbeck, sonst stets zum Spott geneigt, wird sich noch an die beschauliche Heiterkeit jener Tage erinnern.

Wenn die Mahlzeit beendet ist, richten sie zwei Stangen auf und hängen Rosmarinkränze daran, während einige der letzten Pferde herbeigeholt und die langen, in der Hand schwingenden Lanzen vorbereitet werden. Sie werden wie die Ritter ein Stechen veranstalten. Im Galopp reitet man von einem Ende des Platzes aus mit vorgehaltenem Spieß wie gegen einen Feind an. Es geht darum, mitten im Lauf einen Kranz herunterzuholen. Der König macht den Anfang. Er reitet seinen schönen grauen Zelter mit grünem Überwurf und dem goldverzierten Harnisch, setzt seinen Kriegshelm auf und greift nach der Lanze einer seiner Wachen. Trommeln schlagen, Trompeten erschallen. Der König prescht vor und spießt zielsicher unter rauschendem Applaus den anvisierten Kranz auf. Die anderen versuchen der Reihe nach auch ihr Glück. Woanders wird Ball gespielt, wird gelacht, vergessen. Als der Tag sich zum Ende neigt, ergreift Krechting, der Kanzler, das Wort, um zu sagen, daß »Gott es so haben will«. Gemeinsam singen sie »Allein Gott in der Höhe sei Ehre« und gehen dann auseinander.

Am nächsten Tag, nach der Mahlzeit, nimmt der König die Königin bei der Hand und eröffnet den Tanz. Aus dem Rathaussaal werden Querpfeifen und Violen herangeholt, und bald musizieren oder tanzen alle. »Soll man wieder tanzen, so wird es wieder gut werden nach der alten Weise«, sagen die Jüngeren. Es ist, bemerkt Gresbeck, »als ob sie gefangen gesessen hätten und als wären sie einmal losgelassen.« Sie sind wie jene, von denen in der Schrift die Rede ist: »David und ganz Israel tanzten vor Gott und mit aller Kraft und sangen und spielten Harfe, Laute, Tamburin, Zimbel und Trompeten.« Vielleicht verlassen sie in diesen Stunden denn auch tatsächlich ihr Gefängnis aus Zweifel und Hunger. Heute ist es Rothmann, der das Tanzen zu rechtfertigen versucht, während gleichzeitig der Feind vor den Toren lauert.

»Liebe Brüder und Schwestern«, spricht er, »ich habe wohl gemerkt, Euer ein Teil gehen und sehen sauer und sind spöttisch darauf, daß man wieder tanzet ... Dasselbe ist Gottes Wille. Wir Christen sind aller Dinge frei, die man in der Welt brauchen mag ... und allerlei Freunde, die wir brauchen können, die mögen wir wohl brauchen, daß wir da keinen Arg haben, Gott zu Lobe und zu Preis, und die Gottlosen loben den Teufel dadurch! Wer Lust zu tanzen hat, der tanze, die sollen noch tanzen, solange als sie wollen!«

So tanzt man bis in den Abend hinein und legt sich dann ermattet und berauscht schlafen.

Für den dritten Tag ist ein Rennen auf dem Domplatz angesetzt. Der König tritt gegen seine Räte und Diener an. Er gewinnt jedesmal, »so rasch war er zu laufen«.[44]

Drei Tage lang haben sie »den Geck getrieben«, und nun kehren die Stunden des Hungers zurück. Die Diakone durchsuchen alle Häuser bis in die letzten Winkel, werden hier und da armseliger Schätze habhaft; finden Speckschwarten im Bettstroh versteckt, Brotkanten unter Reisigbündeln, letzte Krümel von Getreide in Säcken, einige Eier, die man für schlechtere Tage aufbewahrte.

In Wirklichkeit bleibt bis auf kleinste Mengen schlechten Brots in der Stadt fast nichts mehr. Ab und zu läßt der König einige Pferde schlachten – fünfzehn am 3. April – oder etwas Schmalz und Salz austeilen, einen Becher Mehl für mehrere Tage und mehrere Personen. Vier Verantwortliche sind ernannt worden, die Gärten und Landparzellen an Familien vergeben sollen, wobei jede entsprechend der Anzahl ihrer Mitglieder bedacht wird. Die Zäune um die Gärten sind abgerissen worden, um die Landverteilung durchführen zu können. Von den

Plätzen wird das Pflaster entfernt, um Kohl anzupflanzen, Gassen werden gepflügt, gerecht, besät: mit Rüben, Bohnen, Erbsen, Salat ... Man ißt Brennesselsuppe, taucht Kerzen anstelle von Speck in allzu dünne Brühen. Immer wieder legen ihnen die Prädikanten nahe, »daß sie alle Zeit ihre Sinne nicht auf Essen und Trinken setzen sollten«; »Ihr dürft Euch nicht so sehr auf den Bauchgott verlassen«, sagen sie.

Der König läßt sich eine andere Belustigung einfallen. Sie soll im Dom stattfinden, und das Volk soll in zwei Hälften dorthin geladen werden, die eine vormittags, die andere nachmittags.

Morgens wartet der König, daß die Anwesenden Platz genommen haben, bevor er mit seinen Pagen, seinen Frauen, den Würdenträgern des Reiches und dem früheren Diener eines Domherrn, einem gewissen Karl, der ein Meßgewand trägt, Einzug hält. Das ganze beginnt mit der Abhaltung der Hauptmesse. Langsam steigt Karl die Stufen zum Altar hinauf und beginnt mit seinen Narrenpossen. Er äfft den Priester beim Gottesdienst nach, schreit herum, schneidet Fratzen, verheddert sich in falschen lateinischen Wörtern, parodiert die ritualen Handlungen, erteilt im Spaß die Sakramente. Bei jeder neuen Posse, die er treibt, bricht das Volk in Lachen aus, johlt vor Vergnügen.

»Liebe Brüder und Schwestern«, resümiert Rothmann nach dem ›Ite missa est‹, »alle die Messen, die in der Stadt geschehen, und die Messe, die der Narr getan hat, halte ich eine Messe so heilig als die andere.«

Nachmittags: Eine weitere Messe steht an. Drei Priester halten sie diesmal gemeinsam. Zusammen bringen sie zuerst das »Gaudeamus«, dann das »Gloria in excelsis Deo«.

»Gloria in excelsis Deo«, schmettern die Offizianten wie einen Aufruf in die Menge.

»Et in terra pax hominibus bonae voluntatis«, echot das Volk ...

Tiefernst wird dann aus den Episteln und aus dem Evangelium vorgelesen. Everdt Remmensnyder, der Kneipenwirt, hält die Predigt. Und plötzlich fängt er an, sein Publikum mit obszönen Worten, unflätigen Ausdrücken, Landsknechtswitzen zu überschütten, schließt die Lebendigen und die Toten in einem Atemzug in seine abscheulichen Gebete ein. Dann vollziehen der König und die Königin die Opferung; ihnen folgend bringen alle Anwesenden dem Messediener – dem ehemaligen Bürgermeister, Hermann Tilbeck, und heutigen Generalintendanten des Reiches – alles, was sie an abstoßenden Dingen in der Stadt finden konnten: Katzenköpfe, tote Ratten, Fledermäuse, alte, abgetragene Schuhe, Pferdehufe und »andere unsaubere Dinge« ... Bei jedem neuen Fundstück, von dem einen oder dem anderen hervorgeholt, bei jeder neuen Scheußlichkeit biegt sich alles vor Lachen. Alle diese Opfergaben türmen sich auf dem Altar, bis man auf die Idee kommt, sie sich an den Kopf zu werfen, was in eine allgemeine, monströse Schlacht, in ein schwindelerregendes Sakrileg ausartet ...

Als die Messe endlich weitergeht und man zur Elevation schreitet, hebt der falsche Priester, Remmensnyder, mit dem Rücken zu den Zuschauern, die Hostie über seinen Kopf in die Höhe. In diesem Augenblick lüften die beiden anderen, jeder auf seiner Seite, ihr Meßgewand, so »daß sie ihm in den Hintersten sahen«. Welch ein Jauchzen!

Und als nach dem ›Agnus Dei‹ der Kneipenwirt und falsche Priester auf den Evangelisten, Johann van Schwerthen, zum Bruderkuß zugeht, präsentiert ihm dieser sein Hinterteil. Unter Lachsalven kentert der Dom wie ein Schiff im Sturm. Welch eine Revanche für Jahrhunderte katholischer Herrschaft, welch ein Sieg über den Bischof! Spott ist die Waffe schlechthin. Die Travestie zerstört, beseitigt, kehrt die herrschende Ordnung um. Es siegt, wer lacht.

Nach der persiflierten Segnung läßt der König Pfeifen und Trommeln schlagen und tritt mitten im Hauptschiff zum Kampf gegen seinen Fechtmeister an, abwechselnd mit dem Degen, mit dem Spieß, dem Stock, mit dem Haken und mit der Hellebarde.

Dann geht jeder heim – was für ein Tag!

Zu Hause wartet der Hunger. Man ißt jetzt alles, wahllos: Pferdeköpfe, die letzten Katzen und Hunde, Frösche, Schnecken, Gras und Moos als Salat. »Eßt nicht so viel Moos«, empfehlen die Prädikanten. Aber was, bitte, sonst?

Manche fassen den Entschluß, die Stadt zu verlassen; aber von den Wällen aus schießen die Wachen auf sie wie auf Kaninchen. Und wenn sie diesen ersten Todesstreifen überwunden haben, fallen sie unter dem Kugelhagel der feindlichen Landsknechte.

Unter den Flüchtenden ist auch Hans Nagel, auch er ein falscher Bruder. Er hatte sich seinen Weg durch das Lager der Landsknechte freikämpfen müssen: Von den Wällen aus hatte man sehen können, wie er Schläge einstecken mußte, dann war er losgerannt und auf die Stadt zugelaufen. Er hatte auf die Löcher in seinem Brust-Panzer verwiesen, und man hatte ihn freudig aufgenommen. Die Taufe war ihm auf eigenen Wunsch erteilt, und er war zum Trabanten des Königs – mit schwarzsamtenem Wams – gemacht worden. Im Frühjahr war er mit den Gärtnern zum Löwenzahnpflücken vor die Stadtmauern gegangen und hatte die Gelegenheit genutzt, zu seinem Herrn, dem Bischof, zurückzulaufen. Gott hätte ihn dafür beinahe bestraft. Er war so tief in den sumpfigen Boden eingesunken, daß die Landsknechte ihm heraushelfen mußten.

Freilich, so wie der Bischof seine Spione unter die Neuankömmlinge einschleust, mischt Jan van Leyden die seinigen unter die Flüchtenden. Hierfür sucht er sich einen Friesen aus, Sybbeken Frese, der das Befreiungsheer zur Eile antreiben soll. Außerdem lautet sein Auftrag, die Namen aller von den Babyloniern abgeurteilten und hingerichteten Brüder aufzulisten. Er hat weder Geld noch führt er ein Schreiben bei sich. Er lernt nur das Losungswort der Wiedertäufer auswendig:

»Gottes Friede sei mit uns«, sagt der eine.

»Der Herr sei mit Euch alle Zeit«, muß der andere antworten.

Man rechnet damit, daß er in einem Monat zurück sein wird.

Treffpunkt Dom: Heute hat der König ein auf drei Seiten mit Vorhängen behangenes Gerüst im Chor aufstellen lassen. Er steigt selbst hinauf in Begleitung eines Dieners der Königin Divara. Die beiden spielen die Parabel von dem bösen Reichen und vom armen Lazarus. Der König trägt ein schlichtes Gewand und macht den Lazarus.

Es war einmal ein reicher Mann, der war in Purpur und feines Leinen gekleidet und führte jeden Tag ein fröhliches und aufwendiges Leben.

Ein armer Mann namens Lazarus lag vor seiner Tür, mit Geschwüren übersät, und lechzte nach den Krümeln, die vom Tisch des reichen Mannes herabfielen, und selbst die Hunde kamen noch, um seine Geschwüre abzulecken.

Der Arme starb und wurde von den Engeln in Abrahams Schoß gelegt. Der Reiche starb auch, und er wurde begraben.

Im Reiche der Toten hob er den Blick empor und sah, während er seine Pein ertrug, Abraham in der Ferne, und der hatte Lazarus auf seinem Schoß.

Er rief aus:

»Vater Abraham, habe Mitleid mit mir und schicke Lazarus zu mir, daß er seine Fingerspitzen ins Wasser tauche und mir die Zunge damit benetze, denn ich leide Qualen in diesem Feuer.«

Abraham antwortete: »Mein Sohn, erinnere dich daran, daß dir in deinem Leben die irdischen Güter zuteil wurden, während Lazarus in seinem nur die Pein hatte; nun findet er hier Trost, während du leidest.«

Der Reiche mag noch so viel flehen, schwören, daß er bereit ist, zu büßen, er wird doch am Schluß des Stückes, trotz Heulens und Klagens, unter dem Applaus der Anwesenden von Dämonen hinter die Kulissen weggetragen.

Welch seltsames Spiel! Der, der auf der Bretterbühne in den »Drei Heringen« so gern König spielte, steigt nun, da er König ist, auf einmal auf ein Gerüst, um den Armen zu spielen ...

Das Schauspiel ist ein voller Erfolg, und man geht – weil der Schrift entlehnt – auf die Ermahnung, die Beschwernisse des Lebens geduldig zu ertragen, bereitwillig ein. Gleichwohl erlebt die Geschichte eine besondere Wendung: Den Diener Divaras, den, der den Reichen spielte, hat seine eigene Rolle offenbar nicht überzeugen können. Als der König erfährt, daß er sich mit Fluchtgedanken trägt, läßt er ihn festnehmen und an der Linde am Berg Zion für's Exempel hängen; er hatte bis zum Schluß die falsche Rolle gespielt.

Gleichwohl wird Jan van Leyden durch diese Episode zum Nachdenken angeregt, ebenso wie durch die stets wachsende Zahl derer, die Fluchtgedanken hegen und die man eigentlich enthaupten müßte. Vielleicht in der Hoffnung, sich jener unnützen Esser, jener kleingläubigen Brüder entledigen zu können, beschließt er, allen, die es wollen, zu erlauben, Münster zu verlassen. Wenn es sein muß, sagt er, werde er allein mit den Engeln in der Stadt zurückbleiben, um sie zu bewachen. Die zum Weggehen Entschlossenen müssen sich im Rathaus registrieren lassen. Dann legen sie ihre Kleidung ab und ziehen die Lumpen über, die man ihnen zuwirft. Ein Diener des Statthalters begleitet sie bis zu den Toren und verdammt sie an dieser Stelle »mit Leib und Seele« dafür, daß sie zu Verrätern an ihrem Glauben wurden.

Es sind vor allem Frauen und Kinder, die fliehen. Das Prinzip der Vielehe zerbricht. Außerstande, mehrere Frauen zu ernähren, läßt der Mann sie ziehen; oft bleibt nur die erste Frau am häuslichen Herd – die Rückkehr zur alten Ordnung: ein Mann – eine Frau – ihre Kinder.

»Ein Teil Wiedertäufer hätte wohl ein Stück Brot genommen für eine Frau von dem, der es ihnen angeboten hätte«, sagt Gresbeck. Abgesehen davon, fügt er hinzu, daß einem mit leerem Magen das Hofieren mehrerer Frauen schwerfalle.

Am 1. Mai befördern die Belagerer gedruckte Blätter in die Stadt. »Es ist mehr als verwunderlich«, so schreiben sie, »daß Ihr Euch so jämmerlich habt verleiten lassen, (...) auch alles Gut gemein zu halten, Eure Siegel und Briefe zu verbrennen ... Die falschen Propheten (...) sind Eure Herren gewesen und ihr arme, elendige Eigenleute ...«

Im Text wird besonders darauf hingewiesen, daß sie an Hunger, Durst und Elend sterben, daß sie »bei den Heiden und den Türken« nicht grausamer unterdrückt wären und daß der König große Mengen ihres Vermögens außerhalb der Stadt hat schaffen lassen ... Es ist höchste Zeit, die Augen zu öffnen und in diesem falschen König nichts anderes als den »öffentlichen Hurenwirt und Rüpel«, der er in Wirklichkeit ist, zu sehen. Wenn sie Gnade finden wollen, so sollen sie ihn gefangennehmen und dem Kaiser und den Fürsten, der einzigen »von Gott dem Herrn verordneten Obrigkeit« ausliefern. Wenn nicht, so seien sie verloren.

Man weiß nicht, wer den Aufruf der Belagerten liest, und ob er überhaupt gelesen wird; der Tod erwartet jeden, der dabei ertappt wird. Zumal Jan van Leyden, nachdem die Zeit des Feierns vorbei zu sein scheint, die Gemeinschaft wieder in den Griff zu bekommen versucht. Seit Ostern ist schon ein Monat vergangen, und selbst wenn man weiß, daß van Geel immer noch in Amsterdam weilt, um das Befreiungsheer zu organisieren, so kann man nicht länger mehr nur von dieser Erwartung leben. Der neuen Phase des Kampfes gegen das Böse entsprechend muß eine neue Ordnung geschaffen werden.

Am 3. Mai erläßt Jan van Leyden ein Gesetz, das 12 Herzöge einsetzt; jeder von ihnen bekommt ein Lehnsgut. Für den Krämer, Johann Dencker, fällt auf diese Weise das Herzogtum Sachsen ab, für den Kupferschmied, Heinrich Xantus [45], Mainz ... Die zwölf neuen Herzöge, die ihre Territorien verwalten werden, sobald diese befreit sind, stammen alle aus Münster oder aus dem Umland, die meisten von ihnen aus wohlhabenden Familien. Jeder trägt eine Kette aus dreizehn Goldpfennigen. Der König hat – dem Landgrafen Philipp weiterhin treu ergeben – Hessen noch nicht vergeben ...

Bevor sie in den Besitz ihrer »Herzogtümer« gelangen, muß jeder der neuen Fürsten – mit Unterstützung von 24 wohlgerüsteten Trabanten – jeweils einen Stadtteil Münsters übernehmen und unter dem Auge des Königs für Verteidigung und Disziplin sorgen.

Die erste Amtshandlung besteht darin, die Einwohner in allen Häusern zu zählen – wie David seinerzeit die Zählung des Volkes Israel anordnete.

Es wird berichtet, daß Georg Schenck von Tantenberg, Frieslands Statthalter, die Verkörperung des Antichristen, der Würgeengel der Wiedertäufer, mit siebentausend seiner Mannen im Kampf gegen eine Brüderschar den Tod gefunden habe.

Es wird erzählt und erzählt ...

»Es ersetzt gekochtes Rindfleisch«, wie Gresbeck schreibt.

Abgemagerte Kinder mit aufgeblähten Bäuchen spielen träge in den leeren Resten der rollenden Festungen auf dem Berg Zion.

Hunger vergißt man nie. Aber vielleicht erwartet alle noch Schlimmeres. Erst, wenn nichts mehr zu ertragen ist, so hat es der König versprochen, wird Gott die Steine zu Brot verwandeln. Und tatsächlich haben manche versucht, in Steine zu beißen. Aber die Zeit ist noch nicht gekommen.

X

Wie wollen sie es schaffen?

Der große Schanzgraben – Babylonische Greuel – Sie grasen wie
das Vieh – Bischof sucht Scharfrichter – Das Weiße von den
Wänden – Bis in den Tod – Der schöne Monat Mai – Der Am-
sterdamer Angriff – Dreck und Kot – All' das Blut

Am 6. April inspiziert der Feldherr Wirich von Dhaun den großen
Schanzgraben mit seinem nahezu unüberwindlichen System an Gräben, Wällen und Palisaden, das die einzelnen Blockhäuser untereinander verbindet und Münster nunmehr vollends einkreist. Er zeigt sich
zufrieden, verbietet den Landsknechten, den Graben – unter welchem
Vorwand auch immer zu überschreiten und Verbindung mit den Belagerten aufzunehmen, wie es häufig bei Belagerungen der Fall ist –, um
die Isolierung der Stadt dadurch noch zu verschärfen.
Jetzt braucht man nur noch abzuwarten. Der Oberbefehlshaber hat
ohnehin keine große Wahl bei der anzuwendenden Strategie. Die meisten Fürsten und Städte, die ihre Geschütze leihweise zur Verfügung
gestellt hatten, haben sie nach einem Jahr zurückgefordert, und ein
Frontalangriff ist zum Scheitern verurteilt, solange nicht vorher die
Verteidigungsstellungen unter Trommelfeuer eingenommen werden.
Inzwischen hat Graf von Dhaun sein Hauptquartier von Wolbeck in
das Enking-Lager, in die Nähe der Mühle verlegt. Von dort aus beherrscht er die Szene. Die Stadt soll ihm wie eine reife Frucht in den
Schoß fallen: alles eine Frage der Geduld.
Anfang April treffen die Reichskreise auf Einladung des Bischofs und
die nachdrückliche Aufforderung König Ferdinands in Worms zusammen. Nur der Sächsische und der Burgundische Kreis verzichten darauf, ihre Vertreter zu entsenden.

Ferdinand legt sein ganzes Gewicht in die Waagschale, um dem Bischof zu der finanziellen Hilfe, die er gefordert hatte, zu verhelfen, und unterstützt von Dhauns Protest: Die auf den vorherigen Kreistagen eingegangenen Verpflichtungen seien bis jetzt nicht erfüllt worden, klagt dieser. Um die Gesandten aufzuschrecken, werden die Bekenntnisse der Gefangenen vorgelesen, wobei der aufrührerische Charakter des Wiedertäufertums und der positive Widerhall, den es sowohl unter den Bürgern als auch bei den einfachen Leuten findet, besonders hervorgehoben werden.

Am 17. April verabschiedet der Kreistag zu Worms die enorme Hilfe in Höhe von 105 000 Goldgulden – jeder Teilnehmer soll einen ganzen Monatsanschlag dafür aufwenden, sowie ein Viertel des »Romzuges« –; allerdings müssen einige Bedingungen erfüllt werden:

– Der Bischof soll die Landsknechte unverzüglich dem Oberbefehl Wirich von Dhauns überstellen, was zu tun er bis zu diesem Zeitpunkt sich strikt geweigert hatte.

– Der Oberbefehlshaber ist berechtigt, die Übergabe der Stadt, die einem erneuten und kostspieligen Gemetzel vorgezogen wird, entgegenzunehmen; er darf über alle Gefangenen richten, mit Ausnahme der Anführer, die dem Bischof überantwortet werden sollen.

– Die Klausel, die die Schaffung einer »neuen Ordnung« in der eroberten Stadt ohne vorherige Ansprache und Einverständnis der Vertragsschließenden verbietet, wird in verschärfter Form bekräftigt.

Der nächste Kreistag wird für den Monat Juli angesetzt; daran teilnehmen sollen das Habsburger Haus sowie der Burgundische Kreis und Österreich (in Worms war König Ferdinand ausschließlich in seiner Eigenschaft als persönlicher Vertreter des Kaisers aufgetreten). Die Einnahme Münsters ist zu einer Staatsangelegenheit geworden.

Schließlich setzen sich die oberdeutschen Reichsstädte mit ihrem Wunsch durch, mit einem Vermittlungsvorschlag an die Münsteraner heranzutreten. Dieser wird Anfang Mai unterbreitet. Die Antwort, die das Datum des 10. Mai trägt, nimmt die üblichen Themen wieder auf: man solle ihnen ihre Irrtümer nachweisen, dann würden sie willig ihre Strafe dafür annehmen; sollte man sie aber verfolgen, weil sie die vermeintliche römisch-christliche Gemeinde verlassen hätten, dann gäben sie mit dem größten Vergnügen zu, daß sie es, wenn nötig, wieder und wieder tun würden. »Der Kelch des babylonischen Greuels wird von der Hand der babylonischen Hure von Fürsten und Herren der Erde getrunken«.

Also geht die Belagerung weiter. Graf von Dhaun beschließt, die Münsteraner daran zu hindern, ihre Kühe unter dem Schutz eigener Artillerie auf die Weiden im Aatal zu treiben, wie sie es täglich tun. Keine Kühe: also keine Milch mehr. Der Graf möchte zwischen dem Graben der Landsknechte und den Wällen der Stadt zwei Vorwerke errichten lassen, die die Weiden unter dem Kreuzfeuer ihrer Geschütze halten sollen. Aber der Bischof sträubt sich gegen den Gedanken, noch einige Hundert Bauern für die Schanzarbeit aufbieten zu müssen. Der Graf wird nervös, beklagt, daß man ihm die Mittel zur Kriegsführung verweigere, erklärt, man werde mit diesem Bischof nichts Vernünftiges erreichen, der ihm lauter Knüppel zwischen die Beine werfe, fürchtet, man werde noch einen Sommer dort verbringen müssen... Franz von Waldeck gibt schließlich nach. Jeden Tag müssen die Bauern zum Sonderdienst bei der Linie der Blockhäuser antreten. Das Graben nimmt kein Ende. Zum Glück sparen die Belagerten mit Pulver und schießen nur noch »auf Nummer sicher« oder auf strategisch wichtige Ziele.

Zwischen den Stadtmauern und dem großen Schanzgraben irren jetzt mehrere hundert Menschen umher; sie haben die Stadt verlassen, aber die Landsknechte hindern sie am Passieren des Grabens. Sie sind nicht mehr drinnen, aber auch noch nicht draußen. Von Dhaun befürchtet, Jan van Leyden werde sich auf diese Weise der Greise, der Kinder und Invaliden entledigen, also seinen toten Ballast abwerfen, um nur noch die wehrfähigen Männer und Frauen zu behalten. Er weiß mit diesen Flüchtlingen, deren Lage sich dramatisch zuspitzt, nichts anzufangen. Sie ernähren sich nur noch von Kräutern und Blättern, »rupfen das Gras wie die Vierfüßler« und speien es wieder aus. Kleinkinder schreien sich den Hunger aus dem Leib. Mütter flehen die Soldaten an, sich zu erinnern, daß auch sie Menschen seien, daß sie vielleicht auch Kinder hätten, und betteln darum, die Abfälle mit den Hunden teilen zu dürfen...

Der Oberbefehlshaber weiß keinen Rat. Gemeinsam mit dem Bischof werden lange Debatten über diese Frage geführt. Alle zu töten oder an Hunger sterben zu lassen, erscheint problematisch, bedenkt man, daß das Christliche Abendland die Entwicklung aufmerksam verfolgt. Sie zu nähren, würde im günstigsten Fall heißen, Münster von seinen schwächsten Elementen zu entlasten, schlimmstenfalls aber, der Rebellion weitere Nahrung zu geben. Und wenn man sie einfach ziehen ließe? Dann liefe man Gefahr, daß sie anderswo ihre ketzerische Lehre verbreiteten.

Die Räte schlagen vor, an den Münsteraner König zu schreiben und ihm zu drohen, ihm alle zurückzuschicken, die er aus der Stadt vertreibt; aber der Bischof, – für den dies wahrlich nicht der erste vergebliche Brief wäre – hält diesen Schritt von vornherein für aussichtslos. Er setzt sich statt dessen dafür ein, einige der Flüchtlinge zu erschießen und ihre Leichen als Abschreckung vor den Toren zur Schau zu stellen. Gesagt, getan. Vier Gefangene werden enthauptet, ihre Leichen auf Pfähle gesteckt oder auf das Rad gelegt; daneben ein Anschlag: allen werde es so ergehen, die von nun an die Stadt verlassen würden. Sollten sie sich aber ergeben, würde man die Unschuldigen verschonen.

Die Lage in Münster ist inzwischen so, daß die Belagerten die Stadt trotz dieser Drohung verlassen. So fliehen am 4. Mai zwei Männer: ein Bürger der Stadt und ein Landsknecht, der um die Weihnachtszeit zu den Wiedertäufern übergelaufen war; sie erzählen, daß die Münsteraner der allerschlimmsten Not preisgegeben seien. Am 5. erscheint eine Frau mit einem Kleinkind bei den Landsknechten; sie weisen sie ab, aber sie kommt zurück, sagt, sie wolle lieber jetzt mit ihrem Kind sterben als langsam an Hunger verelenden. Die Frauen der Landsknechte nehmen das Kind in Obhut, und die Mutter versteckt sich hinter einer Hecke in der Nähe des Blockhauses zusammen mit zwei weiteren Frauen, die dort schon seit acht Tagen sind; ab und zu werfen die Landsknechte ihnen einen Knust oder Abfälle herüber. An diesem selben Tag gelingt einem jungen Münsteraner zu Pferde die Flucht; er berichtet, daß es nach der kürzlich erfolgten Zählung in der Stadt noch 1007 Kinder unter zwei Jahren gebe und daß es an Milch fehle. Am Tag darauf ist es ein Landsknecht, der entkommt; ein Jahr lang sei er in Münster gewesen – ihn beschuldigen die belagernden Söldner des Verrats und richten ihn hin.

Wirich von Dhaun bittet Philipp von Hessen und den Kurfürsten von Trier um Rat: Man könne nicht »alle diese Vertriebenen in einer großen Summe erschlagen«, schreibt er ihnen. Die Antwort der beiden Fürsten ist ausweichend. Trier schlägt vor, man solle sie in kleinen Gruppen gefangennehmen; der Landgraf seinerseits rät ihm, »nach seinem Gewissen« zu handeln, wobei zu bedenken wäre, daß die Leute, die wichtige Nachricht für den Bischof brächten, möglichst nicht hingerichtet werden sollten.

Der Oberbefehlshaber ersucht um die Einberufung eines Landtages. Mittlerweile werden die aus Münster flüchtenden Männer verhört und getötet. Die beiden Scharfrichter des Bischofs schaffen die Arbeit nicht; vergeblich fordert er die Unterstützung des Henkers der Stadt Bielefeld an; der läßt wissen, er verzichtete in diesem Fall lieber auf sein Amt: ein Beweis, daß die Belagerer nicht überall guten Ruf genießen. Die Frauen, Greise und Kinder irren weiter unterhalb der Stadtmauern umher und finden nichts anderes zu essen als Gras und Erde. Sie sind jetzt einige Hundert, ein Volk von Gespenstern, die in Trauben vor den Blockhäusern hinter den Hecken kauern. »Die sehen alle so weiß unter den Augen wie ein gewaschenes Tuch«, schreibt der Kriegsrat Justinian von Holtzhausen an seinen Vater, »und die Leiber sind ihnen geschwollen, sie haben große Bäuche und Beine (...) Sie fallen jede Stunde heraus, so daß man bestimmt darauf rechnet, daß sie sich wegen Hungers in kurzer Zeit ergeben müssen.«

»Gestern«, erzählt er, »wurden in meiner Gegenwart zwei Brüder, ein Müller und eines Büchsenmeisters Sohn aus Münster gefangen genommen, die alle zugleich bekennen, daß die gemeinen Leute in der Stadt nichts anderes zu essen haben als Wurzeln, Sauerampfer und das dergleichen zu essen tauge. Aber auch davon haben sie nicht nach Notdurft.« Der Müller erzählt, es sei so weit gekommen, daß er »seinen Kindern das Weiße von den Wänden geschabt, mit Wasser gemengt und ihnen zu trinken gegeben hätte.« Wirich von Dhaun gegenüber erklärt er, er sei gewiß, daß »in Münster nicht über zweieinhalbhundert wehrhafte Männer wären«, und daß die anderen sehr geschwächt seien.

In seinem Brief betont Kriegsrat Justinian die unvorstellbare Not der Belagerten und wünscht, daß nicht nur der Mensch, sondern auch Gott und das ganze Firmament sich ihrer erbarme. Unterdessen werden die männlichen Flüchtlinge – »an die fünfzig letzten Dienstag« – weiter erschlagen.

Der Landtag findet am 19. Mai in Dülmen statt. Der Bischof ist erkrankt und bleibt fern. Man wird sich einig, daß die Männer, die sich ergeben sollten, dem Oberbefehlshaber überantwortet werden, die Frauen aber von dem Drosten von Wolbeck in das Haus Diekburg gebracht werden. Dann müsse man weitersehen. Jedenfalls empfehle es sich, diese Frauen unter Bewachung zu halten, bis der Krieg zu Ende sei. Die Räte möchten die Entscheidung darüber dem Bischof überlassen; sie befürchten, »daß man sie zu Richtern und Henkern über Frauen machen könnte.«

Der Landgraf, erneut um seine Meinung gebeten, flüchtet sich in eine Ausrede: »Denn wie es geriete, möchte man dann uns die Schuld geben«. Am 1. Juni schlägt er jedoch – wenn auch sehr vorsichtig –, vor, man könne vielleicht die Frauen ihren Glauben abschwören lassen und sie dann freilassen; die Männer würde er – wenn er entscheiden müßte und weil man ja Unterschiede machen müsse – festnehmen und bis zur Eroberung der Stadt in Gewahrsam halten; erst dann würde er sich bemühen, über Schuld oder Unschuld jedes einzelnen zu entscheiden.

Nach seiner Genesung läßt der Bischof den Beschlüssen des Landtages entsprechend etwa dreihundert Frauen nach Diekburg bringen. Sie müssen der Wiedertäuferei abschwören, die vom Bischof auferlegte Buße annehmen und dürfen sich nicht von dem ihnen vorgeschriebenen Aufenthaltsort entfernen. Vierzehn weigern sich, ihren Glauben zu widerrufen und werden hingerichtet; zweihundert werden unter den Bedingung begnadigt, daß Verwandte durch Zahlung bestimmter Geldsummen sich für sie verbürgen; siebzig von ihnen schließlich, die draußen keine Familie vorweisen können, müssen auf Freunde hoffen, die für sie die Bürgschaft übernehmen.

Am 1. Juni schreiben Wirich von Dhaun und die Kriegsräte erneut an die Münsteraner, um sie zu ermahnen, »von ihrem unchristlichen und ungegründeten Vorhaben abzulassen«: »Wo ihr aber solches zu tun nicht gemeint, so warnen und befehlen wir euch hierauf zum allerernstlichsten, eure Mannspersonen, Weiber und Kinder in der Stadt zu behalten und hinfort nicht mehr herauszukommen. Wo darüber jemand begriffen wird, wollen wir dieselben als unsere höchsten Feinde zum allerernstlichsten verfolgen lassen. Danach sollt ihr euch wissen zu richten.«

Schon am nächsten Tag wird dem Oberbefehlshaber eine Antwort zuteil: »Daß ihr schreibt, wir sollen euch keine Mannspersonen noch Weib oder Kinder mehr hinausschicken, (...) darauf sollt ihr wissen: wir haben euch keine gesandt und werden euch auch keine senden (...) Mit denen mögt ihr machen, was ihr wollt. Die auf eigene Hand von uns zu weichen begehren, die lassen wir ziehen ...«. Und im übrigen, da man ihnen »ihre Schuld« immer noch nicht bewiesen habe, sähen sie nicht, warum sie sich ergeben sollten. Sie werden sich weiterhin an die Wahrheit halten, »bis in den Tod«.

Die »Wahrheit« entdeckt der Kriegsrat Justinian voller Entsetzen von Tag zu Tag ungeschminkter. Fasziniert befragt er die, die die Stadt verlassen: »Sie sagen, wir fälschten die Schrift und seien Türken und Heiden!« Von den anderen Räten hat er völlige Freiheit erhalten, die Belagerten zu Verhandlungen zu überreden, aber er weiß nicht, wie er an sie herantreten soll: »Denn es kann nicht ein Zettel, einen Finger lang, der hineingeschossen oder geworfen wird, vor die Gemeinde kommen«, so groß ist der Terror, der in der Stadt herrscht. »In Summa, es ist keine ehrbare Polizei noch Regiment leider mehr in der Stadt, sondern sodomitisch Leben drinnen, wie alle Gefangenen, die ich selbst aufs höchste ermahnt und gefragt habe, sagen.«

Am 29. Mai berichtet Justinian seinem Vater, daß die Münsteraner seit sieben Wochen kein Brot mehr gegessen haben; daß sie nur noch zwölf Pferde haben, aber ihre letzten Kühe wie Kostbarkeiten aufbewahren. Das Volk esse nichts anderes mehr als Laub und ungekochtes Gras, oder aber Suppen mit Schuhleder und Pferdeknochen gekocht: »Kreide mit Wasser gemengt, ist den Kindern eine tägliche Speise, auch den Alten. Sie sterben sehr Hungers in der Stadt, so daß oft sechs, acht oder zehn in ein Grab gelegt werden ...«

Mai, der schöne Monat Mai.

Wie schaffen sie es, weiter durchzuhalten?

Mitte des Monats wußte man, worauf sie gewartet hatten: Amsterdam war nahe daran gewesen, durch Umsturz in das Wiedertäuferlager zu geraten! Das Ganze fand in der Nacht vom 10. auf den 11. statt. Van Geel und eine kleine Truppe hatten das Rathaus umstellt. Ihr Plan war, die Sturmglocke zu läuten: das Signal, auf das mehrere Hundert Wiedertäufer warten, um sich zu sammeln. So hätten sie, ohne auf Widerstand zu stoßen, die Stadt in ihre Gewalt gebracht und am nächsten Morgen von See her Verstärkung bekommen, hätten ähnlich wie in Münster eine Wiedertäufer-Regierung gebildet und wären aufgebrochen, Jan van Leyden und seine Gemeinschaft zu befreien. Einer ihrer Leute aber, – wohl unzureichend in die Einzelheiten des Komplotts eingewiesen –, hatte das Seil hochgezogen, weil er fürchtete, die Wachen könnten die Sturmglocke läuten, um die Bürger zu alarmieren! Van Geel und seine Männer suchten es vergebens! In der Meinung, daß der Termin verlegt worden sei, waren die Wiedertäufer in ihren Betten geblieben, während die schließlich alarmierten Bürgermeister im Trab herbeieilen.

Im Rathaus verbringen die Wiedertäufer die Nacht mit dem Singen der David-Psalme, während die Bürger der Stadt, die endlich begriffen haben, was gespielt wird, Geschütze heranrollen. Der Bürgermeister Colin wird während des Angriffs getötet, aber die Türen des städtischen Bauwerks werden aufgestoßen. Johann van Geel steigt zur

Turmspitze und zieht die Falltür hinter sich zu. Er wird durch eine von draußen abgeschossene Kugel tödlich getroffen.

Wiedertäuferische Verstärkungstruppen dringen von See kommend in die Stadt ein, in der Meinung, daß sie schon eingenommen sei. Sie werden niedergemetzelt. Am 14. »wurden einige Rebellen auf die Fleischbank gelegt: man riß ihnen das Herz aus dem Leib, und sie wurden anschließend geviertelt. Jan van Kampen, der vermeintliche Bischof Amsterdams, der sich versteckt hatte, wurde schließlich unter einem Torfhaufen entdeckt. Er wurde peinlich verhört, aber er leugnete stets, an der Rebellion teilgehabt zu haben. Er wurde in dem Haus des Volkes mit einer Mitra auf dem Kopf zur Schau gestellt; danach wurde ihm die Zunge abgeschnitten, dann die Hand und der Kopf, und man verbrannte seine Leiche.«

»In Summa ist gewiß, daß der größere Teil dieser Städte der bösen Sekte geneigt sind«, kommentiert Kriegsrat Justinian. »Gott wolle sie gnädig ausrotten.«

Die Besessenen von Münster wissen nun, daß dieses Befreiungsheer, nach dem sie seit Ostern von den Zinnen aus Ausschau halten, nicht mehr eintreffen wird; warum also ergeben sie sich nicht?

Wie lange werden sie noch durchhalten?

Worauf warten sie?

Am 24. Mai hören die Belagerer, wie in Münster Trompeten geblasen werden und Glocken läuten. Dann, wie vom Donner gerührt, sehen sie, wie eine Zugbrücke sich langsam senkt und eine ganze Truppe in voller Rüstung herauskommt, zweihundert Mann etwa, Banner und Köpfe hoch erhoben, mit blitzenden Kürassen, wie der König persönlich – eine prächtige Erscheinung auf seinem grauen Zelter – die Parade wie vor einem Angriff abnimmt.

Graf von Dhaun läßt Alarm blasen. Doch bevor die schwere Kriegsmaschinerie sich in Bewegung setzen kann, ist die Armee der Toten, immer noch in tadelloser Anordnung, in ihre Festung zurückgeschritten.

Worauf hoffen sie noch?

Es heißt, in der Stadt seien alle Unterhaltungen verboten, nicht einmal die zwölf Herzöge dürften ohne Erlaubnis zusammentreffen, aus Furcht, sie könnten gegen den König ein Komplott schmieden.

Es heißt, der König habe eine sechzehnte Frau genommen, Knipperdollinck sei schwer erkrankt, die Geschützmeister dürften ohne die ausdrückliche Erlaubnis des Königs keine einzige Kugel abfeuern. Es sollen nur noch anderthalb Tonnen Schießpulver vorhanden sein.

Es heißt, der König habe erklärt, er »würde die Stadt nicht übergeben bis auf den letzten Mann und sollte er Kot und Dreck essen.«

Flüchtlinge wissen vom Tod Klaus Sniders zu berichten, früher einer der reichsten Männer der Stadt; er hatte seine Frau zum Verlassen der Stadt überredet und ihr ein Schreiben an den Bischof mit der Bitte um einen Passierschein mitgegeben. Als er keine Antwort bekam, verfaßte er ein zweites, vertraute es einem zur Flucht entschlossenen Freund an, aber der Freund brachte es direkt zum König, und der verlas es öffentlich: darin bot Klaus Snider dem Bischof seine Dienste an und ersuchte um Gnade. Urteilsspruch: der Tod.

Darauf gerät der Mann in Wut und greift den König an: »Wer hat dich zu einem König gewählt? Der leidige Teufel? Du verzweifelter Bösewicht und Bluthund ... Du hast uns geweissagt, wir sollten zu Ostern erlöst werden ... Es sind schon zwei Monate her ... Du sollst über mein und alles vergossene Blut vor dem obersten Richter Rechenschaft geben am Jüngsten Tag! ...«

»Kannst du warten bis dahin?« spottet der König, »ich will dein Richter sein!«

Und schnitt ihm den Kopf ab. Die Leiche Klaus Sniders wurde in zwölf Stücke geteilt – dreizehn, wenn man den Kopf hinzuzählt. Es wird berichtet, daß ein holländischer Prädikant, Meister Clos, das Herz und die Leber mit nach Hause nahm, sie kochte und aufaß.

Von vielen weiteren Hinrichtungen ist die Rede – wenn auch die Schilderungen nicht immer aus erster Hand stammen.

Wie zum Beispiel die des Fähnrichs Johann von Jülich. Er wird denunziert, weil er dem Glauben abschwören wollte, und zusammen mit einem weiteren Königsgegner ins Gefängnis gesteckt; beide können fliehen. Der Fähnrich wird eingeholt und exekutiert.

Wie die von Heinrich Radan, der vom König zweimal die Erlaubnis bekommen hatte, die Stadt zu verlassen: bevor er ging, hatte er von Andreas von Köln ein Schwert und einen Panzer ausgehandelt gegen das Versprechen, einen Geleitbrief zu beschaffen. Angezeigt und exekutiert.

Wie die der Frau des Verräters Graes und der Dame Gertrud, der Frau des Arztes Konrad, die die Frechheit besessen hatten, sich mit allerlei Schmuckstücken, die sie versteckt und dem Gemeindeschatz vorenthalten hatten, zu behängen. Auch ihre beiden Köpfe rollen auf dem Berg Zion.

Wie die des Friesen Albert, der den Plan gefaßt hatte, eines der Tore zu öffnen und das verbleibende Vieh in das Bischofslager zu treiben. Denunziert und hingerichtet.

Wie die von Anna Rodehose, auch eine Aufsässige und Ungebeugte, die ihrem Mann drohte, ihm mit einem Stuhl den Schädel einzuschlagen, wenn er seine zweite Frau nicht sofort abschaffe.

Wie die Alexander von Busches, dem Läufer der Königin, der den goldenen Ring, das Symbol seines Amtes, in die Sohle eines seiner Schuhe versteckt hatte, nachdem sein Entschluß, wegzugehen, feststand. An der großen Linde gehängt.

»Es ist nicht möglich, daß sie sich in der Stadt aufs allerlängste über vierzehn Tage erhalten können«, hatte Justinian seinem Vater vierzehn Tage zuvor geschrieben. Aber sie halten immer noch die Stellung. Die Landsknechte werden nervös. Ihr Sold ist seit einem Monat überfällig, und die Kassen sind leer: »Wir haben hier nicht einen Gulden zu ihrer Bezahlung«, klagen die Kriegsräte des Herzogs von Kleve in einem Bericht. Und die Knechte rufen immer mehr nach Geld, Geld, Geld, mehr als sie je getan haben. Die Gefahr einer Meuterei unter den Knechten ist offenkundig.«

Der Bischof müht sich immer noch ab, Gulden aufzutreiben, gleichwohl plagen ihn inzwischen ganz andere Sorgen. Er hat soeben die Nachricht bekommen, daß der Herzog von Geldern Rüstungsanstrengungen betreibe, angeblich um in den Dienst Frankreichs zu treten, in Wirklichkeit aber mit dem Ziel, Münster – so wie er es damals bei Groningen getan hatte – wie eine reife Frucht zu pflücken.

Der Bischof versetzt seine Kavallerie in Alarmbereitschaft und ersucht Philipp von Hessen um Hilfe. Die Spione geraten in Aufregung, ihre Wege kreuzen sich, sie unterwandern sich, spielen einander gegenseitig aus. Karl V., so heißt es, ziehe am 8. Juni gegen Konstantinopel ins Feld; Franz I., der die Abwesenheit des Kaisers zu seinem Vorteil auszunutzen gedenke, habe den Herzog von Geldern und seine siebenhundert Reiter um Unterstützung gebeten ... Doch in Wirklichkeit bedrohte Münster zu keiner Zeit auch nur eine dieser Gefahren, und die ganze Aufregung legte sich denn auch nach wenigen Tagen.

Da das Kräftepotential nicht weiterhilft und man auch die Zeit nicht besiegen kann, setzt man nun alles daran, zum Verrat zu animieren, das – wie es die Geschichte hinlänglich beweist – immer noch sicherste und billigste Mittel, jene uneinnehmbaren Festungen zu erobern, die den Stürmen trotzen und die Belagerer in den Ruin stürzen. Dabei passiert es selten, daß man keine Freiwilligen findet, die die Rolle des Verräters spielen. Aber dieses Mal . . .

»Wir haben allen, die drinnen sind, sicheres Geleit geben wollen, wenn sie uns den König mit seinen nächsten Geheimsten lebendig oder tot liefern«, schreibt Justinian. Alle Männer, die fliehen, werden verschont, wenn sie sich bereit erklären, in die Stadt zurückzugehen, um dort eine Meuterei anzuzetteln, aber keiner nimmt das Angebot an. »Eher begehren sie, hier draußen zu sterben!«, wundert sich der ehrbare Kriegsrat, für den diese Dinge letztendlich doch unverständlich bleiben. »Und wenn sie nicht in wenigen Tagen herauslaufen (wie ich mich ohne allen Zweifel versehe), so müssen sie einander essen oder des bitteren Hungers sterben, Gott erbarme sich ihrer.«

XI

Elisabeth Wantscherer

An einem Tag im Mai – Ein Blitz – Ehre sei Gott

Elisabeth Wantscherer ist jene Frau, die alle Männer Münsters herausgefordert hatte: »In dieser Stadt ist kein Mann, der mich zahm machen wird!« Einer hatte sich gefunden: der König. Er hatte sie geehelicht.
Seit mehreren Monaten schon führt sie das Leben aller Frauen Jan van Leydens, wartet darauf, daß er sie begehrt, erscheint mit Königin Divara zu Versammlungen am Prinzipalmarkt oder auf dem Berg Zion.
Und dann, an einem jener schönen Maitage voller Duft von Freiheit tritt sie vor den König, legt allen Schmuck ab, den er ihr gegeben hat, verbeugt sich und bittet ganz ruhig darum, die Stadt verlassen zu dürfen. Zu viele Menschen, sagt sie, sterben vor Hunger.
Jan van Leyden gerät in Wut – noch nie hat man ihn so gesehen.
Er läßt das Volk zusammenrufen und schleppt Elisabeth zum Prinzipalmarkt.
Sie steht vor ihm, ungeschminkt, bar jeden Geschmeides, das man gewöhnlich an ihr sieht, blaß, abgemagert, aber aufrecht – vielleicht ist sie doch nie wirklich gezähmt worden.
Das wuchtige Schwert der Gerechtigkeit blitzt auf. Der Kopf der Elisabeth Wantscherer rollt[46]. Immer wieder tritt der König den noch zuckenden Körper, aus dem das Blut herausströmt, mit den Füßen.
Dann beruhigt er sich plötzlich, läßt das Schwert aus der Hand:
»Der Vater wollte es«, sagt er. »Sie war eine Rebellin.«
Rothmann ist da und stimmt an:

»Ehre sei Gott in der Höhe!« Und die Menschenmenge nimmt wie gebannt den Vers auf:

»Und Friede auf Erden und den Menschen ein Wohlgefallen ...«

Der König gibt den Musikanten ein Zeichen. Und auf einmal faßt sich dieses Volk von Hungernden, diese Brüder und Schwestern des Elends an den Händen und tanzt Ringelreihen um die Leiche Elisabeths, improvisiert einen wahnwitzigen Totentanz.

König Jan ist ihr einziger Wille, ihr gemeinsames Herz, wenn er so mit einem einzigen Hieb seines Schwertes Besitz ergreift von ihren Seelen, jede Abwehr ins Nichts zurückschlägt. Ein ansteckender, unwiderstehlicher Drang schwemmt sie fort, weg von den Ufern, ekstatisch, den Blick in die Ferne schweifend, gepackt von fieberhafter Sucht nach Tanzen, Tanzen, Tanzen ...[47]

XII

Die Johannisnacht

Flucht – Meine lieben Landsknechte – Sie – Gresbecks Plan –
Am Kreuztor – Der Bischof und seine Gulden (Fortsetzung) –
Menschenfleisch – In einem Jahr – Dankbarkeit – In unserer Ab-
wesenheit – Land

Gresbeck, unser Schreiner, flieht am Abend des 24. Mai. Er hat einen
Plan. Mit ihm gehen vier andere, vier im Jahr zuvor desertierte Landsknechte, darunter Hans Ek, genannt Hänschen von der Langen Straßen. Die Nacht ist angebrochen. Kriechend nähern sie sich der Block-
häuserschanze.

»Gebt acht«, flüstert Hans, »sie sind unser gewahr geworden.«

Sie ziehen sich zurück und beratschlagen. Sich ergeben? Versuchen,
zwischen zwei Blockhäusern über den Schanzgraben zu kommen? Dazu muß man sich ins Wasser hinabgleiten lassen, den Graben durch-
schwimmen, auf der anderen Seite wieder hinaufsteigen, die Schanze
hochklettern und die Pfähle der Palisaden bzw. die Dorngebüsche
überwinden.

Gresbeck faßt den Entschluß, zum Geldrischen Blockhaus zu laufen,
während Hänschen sich mit zwei Landsknechten über den Graben
wagt. Sie haben Glück. Als um Mitternacht die Trommeln die Wachab-
lösung ankündigen, verlassen die Wachen unter Mißachtung des Reg-
lements ihre Posten, bevor sie von der neuen Wache abgelöst sind.
Die drei Männer nehmen die Chance wahr und schwimmen hinüber.

Währenddessen sind Gresbeck und sein Begleiter in der dunklen
Nacht weitergekrochen, haben sich verirrt und einander aus den Augen verloren. Unmöglich, sich etwas zuzurufen. Die Landsknechte
schießen auf alles, was sich rührt. Gresbeck überlegt, ob sein Geselle

möglicherweise beschlossen hat, in die Stadt zurückzulaufen; wenn ja, bedeute dies für ihn höchste Gefahr. Er eilt in die umgekehrte Richtung, stolpert am Fuß eines Blockhauses in einen Graben, hört Stimmen, kriecht leise zurück und beschließt abzuwarten, bis es hell wird, um sich zu orientieren. Lange Stunden vergehen. Wie kann er verhindern, getötet zu werden, bevor er Zeit bekommt, zu reden? »Nun muß mir Gott helfen und muß mir barmherzig sein«, hofft er.

Im Morgengrauen robbt er aus seinem Graben heraus und geht ohne Deckung auf das Geldrische Blockhaus zu, das gegenüber dem Jüdefeldertor, in der Nähe der Tränke, liegt. Man kann ihn jetzt sowohl von den Blockhäusern als auch von den Stadtmauern aus sehen.

Er ruft die geldrischen Landsknechte an, sagt, er habe ihnen einen Vorschlag zu machen. Die schreien zurück, er solle näherkommen, während die Wiedertäufer, die ihn erkannt haben, ihn von oben zurückrufen: »Komm wieder her! Komm zurück!«

Er hat das Blockhaus fast erreicht, als die Landsknechte ihre Gewehre auf ihn richten; es sieht aus »als wollten sie ihn durchschießen«. Dann hört er, wie sie sich laut überlegen, ob man ihn vielleicht anhören sollte, nur um zu sehen, was er zu erzählen habe. »Es ist noch ein junger Mann, wir wollen ihm das Leben lassen«, sagt eine Stimme.

Halb tot vor Angst nähert sich Gresbeck dem Graben, der ihn noch von ihnen trennt:

»Meine lieben Landsknechte«, sagt er, »ich bin auch ein Landsknecht gewesen, ich bitte euch, daß ihr mich wollt gefangen nehmen ... Ich mag bei den obersten Hauptmann kommen.«

Sie fragen ihn, wie es in der Stadt stünde. Er sagt, daß großes Elend herrsche und daß viele die Stadt verlassen würden, wenn sie nicht fürchten müßten, daß der König es erfahre und sie hinrichten ließe. Er fügt hinzu:

»So habe ich es geabenteuert, und ich bin zu euch gegangen.«

Daraufhin befehlen sie ihm, in den Graben zu springen und reichen ihm Spieße, um ihm zu helfen, über die mit Hagedornsträuchern bepflanzte Schanze zu kommen.

»Los«, herrschen sie ihn an. »Aufstehen!«

Sie durchsuchen ihn, »nehmen alles von ihm bis aufs Hemd« und führen ihn mit nur einer Hose bekleidet dem Blockhaushauptmann vor.

»Du magst wohl Gott danken, daß du hier bist«, sagt der Hauptmann. »Alle diejenigen, die vor dir aus der Stadt sind gefallen, die haben sie allzumal totgeschlagen.«

Er läßt ihm etwas zu essen und trinken bringen, und die Männer stehen um ihn herum und sehen zu, wie er das ihm Vorgesetzte verschlingt. Als er fertig ist, denkt er an den Gesellen, der zurückgeblieben ist. »Ich bitte Euch, meine Lieben Landsknechte, ... Ich wollte euch bitten, da ist noch einer hinter mir ... der ist hier als ein Landsknecht gelegen auf dem Blockhaus, bevor er in der Stadt gefangen wurde ...« Eine Patrouille wird zum Suchen abkommandiert, findet ihn alsbald, bringt ihn zurück, nimmt ihm alles ab und setzt auch ihm etwas zu essen vor. Bei der Gelegenheit wird auch nach Hans von der Langen Straßen gesucht, aber der bleibt unauffindbar, aus verständlichen Gründen, wie sich später herausstellen soll ...

Zwei Reiter von Dhauns Hauptquartier treffen ein. Sie befragen Gresbeck, lassen sich »die rechte Wahrheit« über die Lage in Münster berichten und seinen Plan erläutern. Ihr Interesse ist immerhin so groß, daß sie den Landsknechten befehlen, Gresbeck und seinen Begleiter zum Oberbefehlshaber zu bringen.

Man sattelt ein altes Pferd, und die beiden Gefangenen werden in das Hauptquartier geführt, wo sich von Dhaun und der Bischof befinden. Was Gresbeck vorschlägt, ist schlicht und einfach: die Truppen nach Münster hineinzuführen.

Man weiß über den Schreiner nicht sehr viel, und wenn er in seinen Memoiren von seiner Flucht erzählt, spricht er von sich stets in der dritten Person: »Der Bürger ist aus der Stadt gefallen, da ist derselbe Bürger halbtot vor Angst gewesen, da hat der Bürger gesagt ...«

Wir haben gesehen, wie er nach Münster ging, sich für die Verteidigung der Stadt verpflichten ließ, die Tochter eines Patriziers heiratete. Gewiß hat er eine Zeit lang das Leben und die Hoffnungen der Wiedertäufer ehrlich geteilt. Aber er war ein allzu großer Realist und kritischer Geist, als daß man ihn lange zum Narren hätte halten können; so stellte er denn auch einen Katalog der Sünden der Wiedertäufer auf:

1) Sie hielten die Gebote nicht ein.
2) Sie jagten die Menschen aus ihren Häusern und nähmen ihnen alles ab, was sie besitzen.
3) Alle Güter sollten allen gemeinsam gehören.
4) Sie wollten frei sein,
5) und ohne Obrigkeit.
6) Sie wollten die Fürsten und Lehnsherren vertreiben.

7) Sie ernannten Propheten und Prädikanten und erklärten sie als von Gott gesandt.

8) Sie vernichteten die Sakramente.

9) Ebenso schändeten sie die Kirchen und Klöster.

10) Sie hielten Sonntage und Feiertage nicht ein;

11) auch die Jahreszeiten nicht und machten keinen Unterschied zwischen den Tagen; sie äßen Fleisch an Freitagen.

12) Sie begehrten des anderen Mannes Weib.

13) Sie nähmen sich so viele Frauen, wie sie wollten.

14) Sie trachteten danach, alle zu töten.

15) Sie verrieten einen jeden;

16) Sie ließen einen Teil ihrer ersten Frauen enthaupten.

17) Sie hätten alle Menschen dazu gezwungen, ihr Silber, Gold und Geld herzugeben.

18) Sie deuteten die Schrift fälschlich und interpretierten sie nach Belieben.

19) Sie hätten einen König eingesetzt und behaupteten, Gott hätte ihn dazu gemacht.

20) Sie sagten, Christus würde vom Himmel auf die Erde herabsteigen und mit ihnen bleiben tausend Jahre.

21) Sie respektierten den Ehestand nicht und bestritten eintausendfünfhundert Jahre alte Gebräuche.

22) Sie sagten, daß Maria nach Christi Geburt noch mehrere Kinder gehabt habe, so daß Christus Brüder und Schwestern hätte.

23) Es gäbe keine gerechte Verteilung der Güter.

Seine Schlußfolgerung: »Der Teufel ist ihr Vater gewesen.«

Während die anderen Gefangenen nach Wolbeck gebracht werden, wird Gresbeck an Ort und Stelle verwahrt. Er hat nämlich vorgeschlagen, aus Erdklumpen ein Modell der Stadt mit den Verteidigungsanlagen anzufertigen, vor allem mit dem Teil am Kreuztor, wo er mit Hänschen Wache gehalten hat und von dem er jeden Stein kennt.

Das Kreuztor ist ein zweitrangiges, für die Verteidigung aber unerläßliches Tor, wenn man die große Entfernung zwischen dem Tor an der Neuen Brücke über die Aa im Nordosten und dem Jüdefeldertor im nordwestlichen Winkel der Stadt bedenkt: über 800 Meter Schutzwälle mit zwei Ausbuchtungen. Aufgrund ihrer Lage auf einer Ausbuchtung des Verteidigungsringes können die Geschütze am Kreuztor bei einem

Sturmangriff durch Flankenbeschuß die unmittelbare Umgebung der beiden nächstgelegenen Tore decken und das Vorfeld der Festungswälle unter Feuer nehmen. Gleichwohl ist das Tor selbst ziemlich schwach geschützt, sein Vorwerk ist nichts als ein größerer Erdhügel, der steil zu einem 15 bis 20 Meter breiten, über eine Zugbrücke passierbaren Wassergraben abfällt. Ein gerader Wallgang führt hindurch zu der festen Brücke über den zweiten Wassergraben und dem Torbogen unter dem Torhaus bis auf den inneren Festungswall.

Wer sich des Vorwerks bemächtigt, hat auch das Tor. Um aber nicht vor die mörderischen Geschützmündungen zu geraten, die aus seinen Seiten ragen, muß man hier in einem Überraschungsangriff Fuß fassen. Gresbeck versichert, dies sei möglich. Mehrfach erläutert er vor dem versammelten Stab der Belagerer die Schwächen des Wachsystems und der Verteidigung.

Der Oberbefehlshaber zögert, die Operation zu beginnen. Jeden Tag ist er darauf gefaßt, daß der König sich ergibt oder daß seine Männer ihn gefangennehmen oder daß er vor Hunger stirbt – wie lange wollen die noch durchhalten?

Im Lager wird es inzwischen immer schwieriger, die Landsknechte im Zaum zu halten. Graf von Dhaun hat die allmonatlich stattfindende Musterung an diesem 6. Juni nicht durchführen können: er verfügt nur über 2000 Goldgulden, während er für den – überfälligen – Mai-Sold und für Juni 35 000 Gulden braucht. Die Musterung wird auf den 14. verschoben. Es wird eine schwierige, beinahe gefährliche Musterung. Die Söldner bedrängen von Dhaun »mit Drohworten und Taten«, seine Leute fürchten um sein Leben.

Erst nach der Musterung schafft der Kriegsschatzmeister etwa 16 000 Gulden herbei. Noch einmal werden alle Mittel aufgeboten, und so kommen schließlich im allerletzten Augenblick 26 522 Gulden zusammen. Es fehlen aber noch immer 10 530. Den Kriegsräten schuldet man sogar noch den gesamten Sold!

In einer Botschaft verspricht der Bischof den Landsknechten, daß sie spätestens in zwei Wochen, also noch vor Fälligkeit des Juli-Soldes, mit ihrem Geld rechnen können. In Anbetracht der äußerst kritischen Lage schickt er am 16. Juni mit größter Dringlichkeit die Kriegsräte nach Köln, Kleve, Trier, zu den Obristen der Kreise und zum Landgrafen von Hessen, um die versprochenen aber nie gezahlten Summen anzufordern. Wenn er nicht sofort Geld bekäme, droht er ihnen, »werde die Belagerung gantz zu bodden fallen«.

Tatsächlich hätten die Landsknechte wahrscheinlich schon längst eine Meuterei angezettelt, wenn sie nicht das Ende der Belagerung, und damit die Stunde des Beutemachens, schon sehr bald erwarteten.

Soviel man weiß, liegen die Belagerten nun in den letzten Zügen. Sie haben sogar begonnen, die Kühe zu schlachten, die zu schonen sie sich doch geschworen hatten, weil sie ihnen mit dem wenigen noch vorhandenen Gras Kälber und Milch hätten spenden können. Worauf hoffen sie noch? Zwischen dem 22. April und dem 15. Juni haben mindestens fünfzehnhundert Männer, Frauen und Kinder die Stadt verlassen; sechs- bis siebenhundert von ihnen wurden entweder gleich von den Landsknechten getötet oder von den Henkern des Bischofs nach einem schnellen Urteil hingerichtet. Vor den Festungswällen verwesen die unbestatteten Leichen unter dem schauerlichen Summen der Schmeißfliegen.

In der Stadt halten sich vielleicht noch sechstausend hungernde Personen auf, vorwiegend Frauen und Kinder. Begreifen sie nicht, daß sie keine Chancen mehr haben? Daß sie sich irren, zu glauben, Gott werde sie noch befreien oder die Landsknechte würden gegen den Bischof aufbegehren? Die, die die Stadt verlassen, erzählen, daß alle Angst vor dem König haben. Aber das kann doch nicht möglich sein – es muß noch etwas anderes als Angst sein; sechstausend Menschen können einfach nicht Angst haben vor nur einem einzigen Mann, selbst wenn er eine Goldkrone auf dem Haupt trägt!

Manchmal, so berichten sie weiter, versammelt sich das Volk und tanzt um den König! Wer kann das verstehen? Was mag er ihnen verheißen haben?

Tanzen! Wo man doch genau weiß, daß sie nichts mehr zu essen haben, daß sie ihr letztes Pferd geschlachtet haben – das der Königin – und daß sie jetzt so weit sind, daß sie die Bucheinbände – die von den Bücherverbrennungen Jan Matthys' verschont blieben –, essen sowie Holzspäne und Kuhfladen. Sie haben sogar – kaum noch vorstellbar – die Aborte am Ufer der Aa durchwühlt und die Exkremente in der Sonne trocknen lassen – (sie sahen inwendig wie Brot aus«. Sie erbrachen sie trotzdem wieder.

Was sie dagegen verdauen, ist Menschenfleisch. Ganz recht: »Frischen Kadavern schnitten sie die Muskeln und Fleischteile ab«, flüstert man einander voller Entsetzen zu. Wenn ein Kind stirbt, teilen Eltern und Verwandte es sofort untereinander auf. Es heißt, daß die Frau des Ratsherrn Hans Menken – ihr Name fällt, das beweist ja, daß alles wahr ist – »Drillinge gebar, die sie zerstückelte und in Salzbrühe aufbewahrte!«

Der Hunger! Ihr Fleisch wird ganz schwarz, schildert Kerssenbrock – obwohl er nicht dabei ist – die Nase spitz, der Bauch schlaff und faltig, das Gesicht bleifarben, die Augen sehen fiebrig aus und sind eingesunken, die Finger werden starr vor Magerkeit – »sie sahen Gespenstern und Schatten ähnlicher als Menschen.« Und er fügt hinzu: »Manche verfaulen und starben im Gehen.«

Worauf warten sie?

Am 2. Juni ist dem jungen Christoph von Waldeck und seiner Frau Engele die Flucht gelungen. »Seit drei Wochen ist im Haus des Königs kein Brot mehr«, enthüllt der ehemalige Page. »Nur noch Wein und Salz.«

Am 8. Juni hat eine Delegation im Auftrag des Landgrafen Philipp von Hessen dem König eine Broschüre von Urbanius Regius, »Widerlegung des Münsterischen newen Valentinianer und Donatisten« (Wittenberg 1535), eine Antwort auf ihr »Bekenntnis des Glaubens«, überbracht. In Begleitung von Knipperdollinck, Rothmann und etwa zwölf weiteren Personen ist der König selbst zum Jüdefeldertor gekommen, um das Buch in Empfang zu nehmen. Der Abgesandte nutzt die Gelegenheit, zu fragen, ob er nicht doch die Stadt aufgeben und um Gnade bitten wolle.

»Fragt mich in einem Jahr danach«, hat ihm der König mit einem Lachen geantwortet.

Endlich wollen von Dhaun und die Reichsräte die Probe auf's Exempel machen: zum Beweis dafür, daß sein Plan durchführbar ist, soll Gresbeck in Begleitung eines Rates aus Trier und zweier Hauptleute, Junker Wilken und Lenzen von der Horst nachts bis an das Kreuztor vordringen.

Eines Nachts passieren also die vier die Blockhäuserlinie und kriechen bis zum Wassergraben, der unterhalb des Vorwerks verläuft. Gresbeck steigt ins Wasser, durchschwimmt den Graben, klettert das gegenüberliegende Ufer wieder hinauf, überwindet die Palisaden und steigt den Wall hinauf. Weder in den Wachhütten noch auf dem Wall ist irgend jemand zu sehen. Dann läßt er sich wieder hinabgleiten, durchschimmt den Wassergraben und stößt wieder zu den anderen:

»Wenn wir nun ausgerüstet wären«, sagt er, »und hätten die Lands-knechte bei uns, wir wollten nun die Stadt gewonnen haben.«

Sie laufen zum Blockhaus zurück. Diesmal hat er die Offiziere davon überzeugt, daß sein Plan durchaus realisierbar ist. Man schickt ihn zum Bischof, der gerade in Bevergern weilt; zu seiner großen Überra-schung begegnet er dort Hänschen, mit dem er zusammen am Kreuz-tor auf Wache war und den er in der Nacht aus den Augen verloren hatte. Während Gresbeck damit befaßt war, von Dhaun seinen Plan vorzutragen, hatte Hänschen dem Bischof haargenau dasselbe vorge-schlagen!

Unter größter Geheimhaltung bereiten beide jetzt gemeinsam den Angriff auf das Vorwerk vor, der den Einmarsch in die Stadt ermögli-chen soll. Unter dem Oberbefehl Wilken Stedings, Vertrauensmann des Bischofs, Befehlshaber der Fußtruppen, diensthabender Chef der Belagerungstruppen, werden alle Einzelheiten der Operation aus-führlich besprochen sowie Ausrüstung und Material hierfür – Schwimmbrücken, Leitern, Enterhaken, Seile … – zusammenge-stellt.

»Bericht des Kriegsrates Justinian von Holtzhausen an den Rat der Stadt Frankfurt über die Eroberung der Stadt Münster«, 1. Juli 1535 (Auszug):

»Ungefähr vier oder fünf Wochen haben wir einen gefangenen Schrei-ner aus Münster gehabt. Der hat uns berichtet, gemalt und aus Erde abgebildet, wie die Stadt außen mit Wehren versorgt ist und vor allem an dem Ort, wo er gewacht hat.«

»Wir haben auf seine Angaben und Berichte hin und im Vertrauen auf ihn beschlossen, die Stadt an eben diesem angezeigten Ort zu ersteigen.«

»Der Bischof hat durch einen anderen Gefangenen, der den Ort auch gekannt hat, den Anschlag gemacht, Brücken und anderes bestellt und *in unserer Abwesenheit* beschlossen, die Sache in Angriff zu neh-men.«

Es geschieht in der Johannisnacht. Den ganzen Tag hat es geregnet; vielleicht hat gerade das den Bischof zum Handeln veranlaßt. Regen-schauer, Sturmböen, die die Kanonen aus ihrer Stellung verrücken, Blitze, dramatischer Himmel, Wolkenbrüche.

Gresbeck, Hänschen und Hauptmann Steding führen im wütenden Sturmregen eine Angriffstruppe von fünfhundert ausgewählten Männern an. Zwangsverpflichtete Bauern tragen die Leitern und die Schwimmbrücke. Das Feld vor dem Vorwerk ist ein einziger Morast.

Genau an der Stelle, die er erst kürzlich nachts passiert hat, bindet sich Gresbeck das Seil um die Taille, mit dem er die Schwimmbrücke nachziehen will. Er läßt sich ins Wasser hinabgleiten, durchschwimmt den Wassergraben, zieht die Brücke zu sich herüber und macht sie mit Hilfe eines Enterhakens an den Palisaden fest. Hänschen folgt dann über die Brücke, um die Sturmleitern gegen die Schanze anzulegen.

Im Schlepptau von Gresbeck und Hänschen klettern zwölf vorher ausgesuchte Männer, doppeltbesoldete Soldaten, die Leitern hoch und durchdringen in stürmischem Regen den äußeren Wall des Vorwerks, dort wo die Wachen sich aufhalten; *die* werden so schnell niedergestochen, daß sie gar nicht mehr merken, was geschehen ist.

Die Angreifer passieren dann den zweiten Graben über die Steinbrükke und laufen auf das Tor zu, wo sie einen zweiten Wachposten vorfinden. Es ist Bernd Schulte, der Kürschner. Vielleicht hat man ihm gedroht. Vielleicht erkennt er auch nur Gresbeck und Hänschen in dieser Gewitternacht. Jedenfalls braucht man ihn nicht zweimal um das Losungswort zu bitten: »Land!«, sagt er.

XIII

Halleluja! Halleluja!

Harmagedon – Wie die Scythen – Johann von Twickels Auftrag
– Waldeck! Waldeck! – Feuereinstellung – Gemetzel – Katharina
und ihr Mann – In kleinen Stücken – »Bist du ein König?« – Die
Beutemeister – Achtzehn Gulden

Das Seitentürchen, an dem Schulte, der Kürschner, Wache ging, beherrscht den Zugang zu dem Tunnel, der durch das Torhaus führt und
über den man vom Vorwerk her in die Stadt gelangt. Die beiden hasten
hindurch. Noch ein paar Stufen, und schon stehen sie unter peitschen-
den Regenböen auf münsterischem Boden.

Weiter zurück, hinter ihnen, kracht die von Gresbeck festgezurrte
Brücke im pechschwarzen Wasser zusammen. Leitern müssen miteinander verbunden und quer über den Wassergraben geworfen werden.
Einen Augenblick ist das Vorrücken der Landsknechte – Nachtgespens-
ter in triefenden Panzern – ins Stocken geraten, endlich kann es wei-
tergehen. Sie teilen sich in drei Kolonnen auf und preschen Richtung
Dom vor. Verschwommen sehen die noch steifen Wachen Gestalten
auf sich zueilen, vernehmen die Losung »Land!« und geben, niedergestochen, ihren Geist auf, noch ehe sie begreifen können, daß der Feind
in der Stadt ist.

Trotzdem ist noch Alarm geschlagen worden. Wachmänner tauchen
auf, kämpfen verbissen in dem strömenden Regen, warten darauf, daß
die – bis jetzt schlafende – Freiwache ihre Rüstung anlegt und zur Verstärkung kommt. Die Schrift hatte recht, die verkündete, daß es beim
allerletzten Gefecht, beim großen Kampf Harmagedons, zwischen den
Kräften des Guten und des Bösen »Blitze, Stimmen, Donnerschläge«
geben würde. Alles läuft ab wie vorhergesehen, und Gott hält Wort.

Das Nachströmen von Stedings Soldaten wird erneut unterbrochen: Drüben beim Galgen ist das Türchen wieder zugesperrt worden; von wem, wird man nie erfahren. Von den Wiedertäufern, behaupten die, die schon in die Stadt eingedrungen sind; vielleicht aber auch von den Söldnern selbst, mit oder ohne Befehl des Bischofs, überzeugt wie sie sind, daß vier Fähnlein von ihnen ausreichten, um im Handumdrehen mit der ohnehin erschöpften Abwehr fertig zu werden; die Stadt würde ihnen gehören, ihnen allein, mit dem Ruhm und dem Schatz, noch bevor Graf von Dhauns Adjutant überhaupt Zeit bekommen hätte, dem Oberbefehlshaber in seinen Panzer zu helfen.

Aber die Landsknechte, die geglaubt hatten, nur noch zweihundert dahinsiechende Todeskandidaten überrollen zu müssen, sehen sich plötzlich Trauben fanatisierter Soldaten gegenüber, die sich wie wilde Tiere verteidigen und denen Dunkelheit und Sturm noch zusätzlich Vorteile verschaffen. Fünfzehn Monate schon haben sie sich auf dieses Gefecht der letzten Tage vorbereitet. Jeder steht jetzt an seinem Posten, überall wird gekämpft: Erbitterte Gefechte Mann gegen Mann, aus nächster Nähe abgegebene Schüsse, wütende, todbringende Dolchstöße, entsetzliches Gemetzel im Schein der Gewitterblitze oder im Licht des plötzlich aufreißenden Himmels, wenn Windböen die Wolken zerfetzen.

An den Wällen haben die Frauen Stellung bezogen, während die Männer sich zum Prinzipalmarkt und zum Domplatz vorwärts schlagend Zentimeter um Zentimeter verteidigen. Der König hat seine Männer dem Oberbefehl des Kanzlers Heinrich Krechting unterstellt.

Diese Soldaten, die sich schon seit Wochen nicht sattessen konnten, können unmöglich noch lange durchhalten. Und dennoch sparen sie nicht mit ihren Kräften; im Gegenteil. Es hängt so vieles von ihrem Sieg ab: ihr persönliches Schicksal, aber auch der tiefere Sinn ihres Kampfes, ihr Platz im Tausenjährigen Reich, an der Seite Christi. Die Landsknechte dagegen kämpfen, weil dies ihr Beruf ist, weil sie die dreitausend Toten vom 31. August zu rächen haben und weil es ihnen allzulange schon nach jener Beute gelüstet. Der Entschlossenheit der einen steht die religiöse Raserei der anderen in nichts nach. »Mit ihren von Blut triefenden Waffen«, erzählt Kerssenbrock, »springen sie einander an die Gurgel wie Wölfe den Schafen, wie Heiden, wie Türken, wie Scythen, wie Goten, wie Barbaren ohne Religion noch Mitleid.« Auf beiden Seiten sind schwere Verluste zu beklagen, und die Leichen türmen sich an den Kreuzungen.

Als die Landsknechte versuchen, bis zum Prinzipalmarkt vorzudringen, werden sie von einer Lawine unterschiedlichster Gegenstände – Steinen, Balken, Möbelstücken –, die auf sie herabprasseln, überrascht; geordnet ziehen sie sich in eine als Sackgasse endende Straße zurück.

Aber Steding ist ein erfahrener Soldat, der schon andere gefährliche Situationen gemeistert hat. Während sich die Belagerten bereits als Sieger wähnen, läßt er die Außenmauer eines Hauses einreißen und bricht aus der Falle aus. Das Gefecht geht weiter; alles muß neu erkämpft werden.

Bei Tagesanbruch begreift Steding, daß die Unterwerfung der Stadt nicht ganz so leicht sein wird, wie er es sich vorgestellt hatte. Nicht zweihundert Männer stehen ihm gegenüber, sondern mindestens achthundert, ungeachtet der ihnen ebenbürtigen Hunderten von Frauen. Auf seiner Seite mögen vierhundert Männer sein, während etwa weitere hundert hinter dem verriegelten Türchen draußen bleiben mußten. Er schickt einen Vertrauensmann, seinen Fahnenträger Johann von Twickel, mit dem Auftrag fort, einen Weg zu suchen, aus der Stadt auszubrechen und Verstärkung heranzuholen. Kampfbereit warten die dreitausend Landsknechte Wirich Dhauns unterhalb der Festungsmauern, daß man ihnen die Tore aufmache. Von Twickel verschwindet im Zwielicht.

König Jan, der sich des Sieges sicher wähnt und seine Truppen schonen möchte, läßt Steding fragen, ob er zu einer Feuereinstellung bereit sei. Der Hauptmann geht umso bereitwilliger auf den Vorschlag ein, als es mit seiner Position nicht gerade günstig steht und er Johann von Twikkel Zeit lassen möchte, die Verstärkungstruppen zu alarmieren und ihnen Durchgang zu verschaffen.

Während über Mittelsmänner Verhandlungen in die Wege geleitet werden, sucht man nach Toten, um sie zu identifizieren; Verwundete werden behandelt. Auf beiden Seiten sind viele Opfer zu beklagen, der bewaffnete Kampf ist mörderisch gewesen. Mit dreihundert in der Stadt eingeschlossenen Landsknechten ist der König der Meinung, dreihundert Geiseln in seiner Gewalt zu haben. Wollen sie mit dem Leben davonkommen, so sollen sie ihre Waffen niederlegen, schlägt er vor. Steding fällt es leicht, zu erwidern, die Landsknechte könnten nichts beschließen, ohne die Meinung ihres Geldgebers eingeholt zu haben, da sie durch einen Eid verpflichtet seien und durch ihre traditionelle Rolle.

Währenddessen provozieren die Frauen auf den Wällen die Söldner, die, den Blick nach oben gerichtet, bis zu den Knöcheln im Schlamm versinkend immer ungeduldiger werden und sich fragen, was in der Stadt wohl los sein mag:

»Wollt ihr wissen, wo Euer großer Mann ist«, schreien sie, »Euer Hänschen?«

Sie möchten sie glauben machen, er habe es ein drittes Mal auf einen verräterischen Streich abgesehen und die ganze Aktion nur deshalb geplant, um das Heer in eine Falle zu locken.

Es ist noch nicht hell, als es den Begleitern des Fahnenträgers Stedings gelingt – nur mit der Losung der Belagerten gewappnet –, durch das Jüdefeldertor hinauszugelangen; beinahe wären sie allerdings von den Landsknechten umgebracht worden, die sie für Wiedertäufer hielten.

Vom Wall aus brüllt von Twickel hinunter:

»Waldeck! Waldeck! Die Stadt gehört uns!«

Wirich von Dhauns Truppen rücken in Münster ein. Die Wiedertäufer gruppieren sich neu auf dem Domplatz. Dreihundert mögen es sein, die sich in den verbleibenden Wagenburgen verschanzen und jederzeit bereit sind, die Geschütze abzufeuern. Die Verhandlungen werden wieder aufgenommen. Diesmal ist es ein bischöflicher Kriegsrat, der den Belagerten Schonung verspricht, wenn sie die Waffen strecken. Feuereinstellung, Unterredungen, Palaver …

Der König ist verschwunden. Mit einigen seiner Vertrauten, darunter Christian Kerckerinck, schlägt er sich zum Aegidiitor durch. Aber die Truppen des Bischofs halten die Ausgänge besetzt. Er taucht in einem Haus unter. Kerckerinck läuft ins Stadtinnere zurück.

Nunmehr ohne Führung, hilflos, erschöpft, legen die meisten Wiedertäufer die Waffen nieder. Jeder geht nach Hause. Ein bischöflicher Feldherr erkennt Heinrich Krechting wieder, seinen alten Freund. Er läßt ihn zusammen mit 24 anderen aus der Wagenburg herausholen, gibt ihm zehn Gulden als Wegzehrung und läßt ihn zu einem der Tore hinausgeleiten … Die Angehörigen dieser Gruppe sind die letzten, die die Stadt verlassen dürfen [48]. Denn das Versprechen, das Leben jener zu schonen, die sich ergeben wollen, wird nicht eingehalten.

Der Kriegsheld der Landsknechte sieht in keinem Artikel Gnade für die Besiegten vor. Sie sind lediglich dazu verpflichtet, schwangere Frauen, Wöchnerinnen und Priester zu verschonen. Bei allen anderen haben sie freie Hand. »Die Knechte würgten den ganzen Tag, was sie bekommen konnten«, berichtet Dietrich Lilie, ein Chronist aus Osnabrück. »Man kann das Morden so nicht beschreiben, wie es geschehen ist ...«. Graf Wirich von Dhaun erzählt, das Gemetzel habe bis zum Abend des 26. gedauert, das heißt einen Tag, eine Nacht und noch einen Tag.

In ihrem Rausch nach Morden, ihrer Jagd nach Beute durchsuchen die Landsknechte alle Häuser, schleppen die Wiedertäufer heraus und töten sie auf der Straße. Dieses Los ereilt Bernhard Swerthen und Magnus Kohus, die man vor ihrem Hause mit dem Säbel niederstreckt. Flüchtende werden rasch eingeholt. So der Kesselschmied Xantus, einer der zwölf Ältesten und von Jan van Leyden in den Rang eines Herzogs von Mainz erhoben; von einem Schwert in die Seite getroffen, fällt er, dem Rathaus gegenüber. So der kleinwüchsige Kibbenbrock, der ehemalige Bürgermeister, der an seiner Türschwelle am Marktplatz 29 von einem Schwert durchbohrt zusammenbricht[49].

Ein weiterer ehemaliger Bürgermeister, Hermann Tilbeck, wird beim Aegiditor getötet, seine Leiche in den nächsten schlammigen Wassergraben gezogen und mit Sand überschüttet, »so daß ihm kaum das Begräbnis eines Esels zuteil wurde.« Nahe des Schandpfahls streckt der Fleischer Johann Boentrup vergebens seine Hände aus, um Gnade zu erbitten, er wird niedergestochen. Dietrich Schlosken verkleidet sich als Bauer, aber ein Landsknecht namens Kortemolle erkennt und verrät ihn; er wird mit einer Hellebarde in Stücke gehauen.

Johann Eschemann, ein Mann von stattlichem Aussehen, mit grauen Schläfen, einer der zwölf Ältesten Israels, wird in der Kurie eines Domherrn gefaßt. Als man ihn töten will, gibt er sich entrüstet, behauptet, ein echter Domherr zu sein; damals, bei der großen Vertreibung, sei er krank gewesen und habe deshalb die Stadt nicht verlassen können. Sein Auftritt ist so überzeugend, daß die Sache zu glücken scheint; aber er wird von Überläufern verraten und auf der Stelle getötet.

Nilan, der einäugige Riese und Schützenkönig, kämpft wie besessen. Er trägt einen Helm, dicke Elchfelle schützen seinen Körper; aber er wird von mehreren mit Spießen, Säbeln und Hellebarden bewaffneten Landsknechten gleichzeitig angegriffen. Obwohl getroffen und durchbohrt, haut er Schlag um Schlag zurück, geht in die Knie, steht wieder auf, fällt wieder hin, kommt, sich an eine Mauer stützend, wieder auf die Beine. Als er schließlich bei der kleinen Brücke zusammenbricht, werfen die Landsknechte ihn in die Aa: »Er gab seinen Geist im Wasser, das er mit seinem Blute färbte, auf.« Die vier Wächter auf dem

Lambertiturm, dem einzigen, der nicht abgeschlagen wurde, liefern den hinaufsteigenden Knechten ein ausdauerndes, verbissenes Gefecht. Drei von ihnen werden schließlich durchbohrt, während der vierte lebend vom Turm hinuntergeworfen wird: »Als er unten ankam, zerbarst er, so daß alle Glieder zerrissen und Eingeweide und Blut herausflossen.«

Andere wiederum werden aus den Fenstern des Rathauses hinunter auf den Marktplatz gestoßen, wo sie auf den Lanzen der Landsknechte, die sie unten erwarten, aufgespießt werden ...

Weil die Belagerten vor Hunger jede Gesichtsfarbe verloren haben, steht allen Blaßgesichtern nichts Gutes bevor: Ihr bleiches Aussehen wurde »vielen Fremden und Unbekannten« zum Verhängnis. Zu der eigentlichen Raserei, den Feind ausmerzen zu wollen, kommt die Wut hinzu, nur auf eine so magere Beute gestoßen zu sein.

Die Männer des Königs werden einer nach dem anderen festgenommen und hingerichtet. Der verwundete Kerckerinck wird gefangengesetzt. Der König selbst, der sich immer noch in dem Haus am Aegidiitor versteckt hält, wird von einem Kind verraten. Das Haus wird durchsucht, Jan van Leyden gefunden und an Wirich von Dhaun ausgeliefert; dann übernehmen Wilken Steding und seine Landsknechte ihn, bevor er an die Kriegsräte von Münster übergeben wird, solange der Bischof noch nicht eingetroffen ist. Der König verteidigt sich nicht, er spricht kein Wort.

Bernhard Krechting, ein Richter des Reiches, hielt sich im Aegidiikloster versteckt. Er wird festgenommen und eingekerkert, »obwohl er lieber sofort sterben wollte«. Er begreift, daß man ihn »für eine härtere Strafe aufbewahrt«. Überall wird nach Rothmann und Knipperdollinck gesucht, die der Bischof für die eigentlich Verantwortlichen in der ganzen Angelegenheit hält. Eine nach der anderen werden die Hunderte von Leichen nach Identität überprüft, aber viele sind entweder unkenntlich oder enthauptet.

Am 27. Juni, zwei Tage nach dem Gefecht, werden die Frauen auf dem Domplatz versammelt. Bevor jeder Fall einzeln verhandelt wird, läßt Wirich von Dhaun wissen, daß er derjenigen das Leben schenken, ihre Güter zurückgeben und sie in ihre Rechte wieder einsetzen werde, die ihm verrät, wo sich Knipperdollinck versteckt hält.

Katharina Hobbel tritt vor. Sie läßt sich das Versprechen des Oberbefehlshabers bestätigen, dann enthüllt sie, daß Knipperdollinck am

Freitag, dem 25., bei ihr Unterschlupf gesucht, die ganze Nacht und noch einen Tag auf dem Boden des Hauses verbracht habe, daß sie ihm Wasser gebracht habe, weil ihn Durst quälte und daß sie ihn daraufhin in ein Nachbarhaus abgewiesen habe, das nach ihrem Wissen unbewohnt war.

Die Landsknechte stürzen sich auf den von Katharina angegebenen Ort: Am Neubrückentor finden sie tatsächlich den ehemaligen Statthalter des Reiches und lassen ihn auf der Stelle fesseln. Die Hobbel ist schwanger und kommt mit dem Leben davon, darf auch ihr Haus und ihren Besitz behalten, – vielleicht hing sie mehr daran als an ihrem Mann, der noch am selben Tag aufgespürt und auf dem Lambertikirchhof enthauptet wird, ohne daß sie auch nur ein Wort zu seiner Rettung gesagt hätte.

Die Jagd nach den Wiedertäufern sollte noch mehrere Tage andauern. »Was sich hat verborgen, ward mit Fleiß gesucht, hervorgerückt und getrieben, sofort ohne Gehör zerstochen und zerhackt ...« Einer der letzten, der den Durchsuchungen entgangen war, ist Everdt Remmensnyder, der Gastwirt, der den Hauptmann der Landsknechte. Smöker, wegen eines Humpen Biers hatte enthaupten lassen und der während König Jans Messeparodie den Priester gemimt hatte. Auf dem Boden eines von Landsknechten bewohnten Hauses versteckt, geht er nachts hinunter, ißt und trinkt von ihren Vorräten mit so wenig Sinn für Maß, daß die Landsknechte sich schließlich fragen, wo ihre Nahrungsmittel bleiben; sie durchsuchen das Haus und entdecken ihn im obersten Giebel. Zusammen mit Katharina Bochard und ihrem Sohn Jaspar wird er hingerichtet.

Vergeblich sucht man nach Rothmann, dem Stutenbernd. Für manche, die sich ihn nicht als Drückeberger vorstellen können, (bei jedem der früheren Stürme hatte man ihn schließlich stets in der vordersten Reihe kämpfen sehen können, er hatte sich dabei sogar eine Kugel in den Schenkel eingehandelt), ist er getötet und begraben worden, ehe er identifiziert werden konnte; für andere ist er von dannen gezogen, um die wiedertäuferische Lehre andernorts zu verbreiten. Gresbeck ist allerdings der Ansicht, daß nicht mehr als sieben bis acht Männer flüchten konnten.

Der Unmut der Landsknechte kennt keine Grenzen mehr. Nach so langer Wartezeit so wenig Beute! Überall werden Böden, Wände abgeklopft, die Kamine eingerissen, Gärten umgegraben. Vergebens. Man findet nur Habseligkeiten, die den Kontrollen der Diakone entgangen waren. Ebenso bleibt der Kriegsschatz unauffindbar. Im Rathaus in der Schreiberei wird wohl eine Truhe mit Gold- und Silbermünzen verwahrt, aber man kann nicht glauben, daß das der ganze Reichtum der »Perle Westfalens« sein soll.

Am 27. beschließen etwa fünfzig Landsknechte, sich selbst zu bedienen, brechen in das Rathaus ein und füllen sich die Taschen. Auf frischer Tat ertappt, werden sieben von ihnen auf den Domplatz geschleppt und auf der Stelle enthauptet. Die anderen, bis aufs Hemd ausgezogen und mit einem Strick aneinander gefesselt, werden in einem langen Zuge bis zum Kreuztor gebracht. Dort wirft man ihnen ihre abgenommenen Kleider zu und verbannt sie aus der Stadt.

Es heißt, daß der Bischof sein Erscheinen deshalb hinauszögere, weil er den Zorn der Landsknechte fürchte, mit denen er diese Phantombeute auch noch teilen muß.

Dennoch hält er am Dienstag, dem 29., völlig überraschend, mit einer Eskorte von drei Fähnlein ihm treu ergebener Landsknechte seinen Einzug in Münster. Die Bauern, die immer Bereiten, müssen wieder graben, um die Leichen zu verscharren, die die Straßen pflastern. Gleichwohl scheint dies die Domherren, die unter Fanfarenklängen und triumphierenden Hallelujas jubelschreiend in die Stadt einziehen, nicht zu stören. Sieger fürchten den Geruch des Todes nicht.

Gefesselt wird Jan van Leyden, der erste König von Münster, auf dem Domplatz vorgeführt. Seine Krone, sein Schwert, seine Goldsporen, sein Siegelring [50] werden dem Bischof ausgehändigt. Gresbeck, der Schreiner, ist unter den Anwesenden. Er beobachtet, wie der Bischof, eine wuchtige Gestalt, von der Höhe seines Pferdes diesen jämmerlichen Wicht mit Blicken mißt, der ihm fünfzehn Monate lang Widerstand geleistet und in den Ruin gestürzt hat, und wie er ihn verächtlich fragt:

»Bist du ein König?«

Jan van Leyden beherrscht alle Rollen:

»Bist du ein Bischof?«, peitscht es wie eine Ohrfeige zurück.

(»Wie sich die Sache weiter begeben hat, da kann ich nicht mehr weiter von schreiben«, bedauert Gresbeck).

Jan van Leyden, Knipperdollinck, Bernhard Krechting und Christian Kerckerinck werden an Händen und Füßen gefesselt – zur größeren Demütigung mit bloßen Füßen – und auf verschiedenen Wagen, damit sie sich nicht miteinander unterhalten konnten, zur Burg Dülmen gebracht.

Über das Schicksal der Frauen wird in den darauffolgenden Tagen entschieden. Grundsätzlich blieben sie während der Eroberungskämpfe verschont, mit Ausnahme derjenigen, die der Teilnahme an der Verteidigung der Stadt verdächtigt und wie Männer behandelt wurden. Auf dem Domplatz versammelt, werden sie nun eine nach der anderen dazu aufgefordert, ihrem Glauben abzuschwören.

Unter den Verschonten finden wir Gese Overkamp, die mit ihrem Mann Hermann in der Mauritzstraße 33 wohnt – er ist neunzig, sie über hundert –. Die aus Holland, Groningen und Friesland eingewanderten Frauen haben drei Tage Zeit, Münster zu verlassen. Am 7. Juli erscheinen Königin Divara sowie die Frau und die Schwiegermutter Knipperdollincks vor Gericht. Ruhig und gelassen weigern sie sich, ihren Glauben zu widerrufen und werden sofort enthauptet.

All die Hinrichtungen vermögen die Landsknechte nicht zu beschwichtigen, die auf die Auszahlung ihres Juni-Solds und auf die Teilung der Beute warten. Drei Beutemeister sind ernannt worden, die ein Inventar all dessen, was eingesammelt wurde und zum Verkauf ansteht, aufstellen sollen. Die Domherren sowie die bei der großen Vertreibung der Stadt Verwiesenen haben ein Vorkaufsrecht an ihrem eigenen Besitz. Der Erlös aus allen Verkäufen von Möbeln und anderen Gegenständen wird in die gemeinsame Beutekasse eingezahlt, doch es stellt sich bald heraus, daß die Einnahmen weit unter dem liegen, wovon die Rede gewesen und was versprochen worden war.

Wie vereinbart, bekommt der Bischof die inzwischen beschlagnahmten Geschütze zurück, gleichwohl wird dem Oberbefehlshaber und den Kriegsräten mit der fadenscheinigen Begründung, die Stadt sei nicht im Sturm, sondern »durch heimliche Anschläge« erobert worden, jeder Anteil an der Beute streitig gemacht!

Mit dem 2. Juli endet offiziell die auf dem Wormser Kreistag verabschiedete Hilfe, – wobei ein guter Teil der versprochenen Summen nicht einmal ausgezahlt wurde –. Bei den Landsknechten steht eine Meuterei kurz vor dem Ausbruch, so daß Franz von Waldeck seine Teilnahme an der am 9. Juli in Essen stattfindenden Versammlung der Fürsten absagt und am 12. für drei Monate Hauptmann Wilken Steding mit zwei Fähnlein Landsknechten in seinen persönlichen Dienst nimmt. Aber er verfügt nicht über die Mittel, die anderen Söldner aus dem Dienst zu entlassen, die in der Stadt schwerwiegende Unruhen stiften, sich inzwischen der drei Beutemeister wegen vermeintlicher Unterschlagung bemächtigt und sie in Eisen gelegt haben, vergeblich

Bernd Knipperdollinck

Nach dem Stich von Heinrich Aldegrever

foltern und erneut drohen, die Stadt diesmal auf eigene Rechnung einzunehmen. Die Kriegsräte des Bischofs und selbst Wilken Steding müssen um ihr Leben fürchten und verlassen Münster auf diskrete Weise.

Unmittelbar nach seiner Rückkehr aus Neuß stellt der Bischof 26 000 Goldgulden aus seinem eigenen Beuteanteil zur Verfügung. Am 25. fordert ihn der Landtag zu Dülmen auf, seine Schulden einzulösen. Graf Wirich von Dhaun, der Oberbefehlshaber, fordert den ihm zugesicherten Anteil, ein Zehntel, vergeblich. Er wird nicht nur nichts bekommen, sondern Franz von Waldeck schließt ihn von allen seinen Entscheidungen aus. Unter Protest verläßt Graf von Dhaun das Stift. Zum Ausgleich für ihren Einsatz erhalten Ende Juli die Söldner aus dem Erlös dessen, was gefunden und verkauft wurde, je 18 Goldgulden: eine miserable Beute. Sie verlassen Münster, eine verwüstete, halbleere Stadt, in der die Domherren wieder herrschen.

XIV

Der barfüßige König

Lieber Jan – Gleichnisse – Ein eiserner Käfig – Das Verbrechen
der Majestätsbeleidigung – Wie das Opferlamm – Dem König an
Schlauheit nicht gewachsen – Res politica – Eine außerordentli-
che Reue – Samstag, 22. Januar – Nichts zu leugnen – Eine Stunde – Zur Warnung

Es folgen Kerker, Folter, Verhöre. Von einem schnell einberufenen
Gericht zum Tode verurteilt wird Christian Kerckerinck am 27. Juli
auf der Fahrt von Horstmar nach Dülmen hingerichtet. Jan van Leyden, Knipperdollinck und Krechting werden unablässig verhört.
Bericht der hessischen Prediger Corvinus und Kymeus (Auszüge):
»Unsere Gespräche mit dem König haben wir beinahe von Wort zu
Wort, ohne auch nur ein einziges seiner Argumente außer acht zu lassen, aufgezeichnet; dabei haben wir sie in unsere Sprache umgesetzt
und der Reihe nach, in ordentlicherer Form, als er es tat, behandelt.«
»Als der König in Begleitung der Männer, die ihn aus dem Kerker
geholt hatten, unser Zimmer betrat, begrüßten wir ihn freundlich und
hießen ihn am Feuer niedersitzen. Wir fragten ihn, wie es um ihn stehe,
ob er in seinem Gefängnis Kälte oder Krankheit halber Not leide. Er
antwortete, wiewohl er Frosts halber leide und Gebrechen um das
Herz fühle, müsse er dennoch, dieweil es Gott mit ihm also gefüget,
Pazienz haben. Allgemach und immer noch mit derselben Milde –
denn anders konnte man von ihm nichts erreichen – kamen wir zusammen in einer Unterredung über sein Reich und seine Doktrin, die sich
in folgender Weise zutrug:
Erster Punkt des Verhörs:
»Die Prediger – Lieber Jan, von Euerem Reich hören wir unglaubliche
und greuliche Dinge. Wenn es so ist, wie erzählt wird, und leider ist

dies nur allzu wahr, können wir nicht begreifen, wie es Euch möglich ist, solch Unternehmen durch die heilige Schrift zu rechtfertigen.«

»Der König – Was wir getan und gelehrt haben, haben wir mit Fug und Recht getan und gelehrt, und wir können unser ganzes Unternehmen, unsere Taten und unsere Doktrin vor Gott verantworten, der darüber entscheiden soll ...«

Die Prediger wenden ein, daß in der heiligen Schrift nur von einem geistigen Reich Christi die Rede sei: ›Mein Reich ist nicht von dieser Welt‹, habe Christus ja selbst gesagt.

»Der König – Ich begreife sehr wohl, was Ihr vom geistigen Reich Christi sagt, und ich beanstande keineswegs die Passagen, die ihr zitiert. Aber Ihr müßt das geistige Reich Christi, das sich auf die Zeit des Leidens bezieht und von dem allzumal weder Ihr noch Luther eine rechte Vorstellung habt, vom anderen Reich unterscheiden, dem Reich, das in der Zeit nach der Auferstehung Christi in der Welt eingerichtet werde und tausend Jahre währen soll. Alle Bibelverse, die vom geistigen Reich Christi handeln, sind im Zusammenhang mit der Zeit des Leidens zu sehen; indessen geht es bei den Propheten und in der Offenbarung um das irdische Reich Christi, was der Zeit der Herrschaft des Herrn und der Seinen in der Welt zugeordnet werden muß. Unser Reich in Münster ist ein Abbild jenes irdischen Reiches Christi gewesen; Ihr wißt, daß Gott vieles durch Gleichnisse ankündigt und aufzeigt. Wir hatten geglaubt, daß unser Reich bis zur Ankunft des Herrn währen würde, aber ich sehe jetzt, daß ich in meinem Erkenntnisvermögen fehlgeleitet wurde und daß unsere Propheten selbst dies nichr richtig erkannt haben. Gott hat mir im Gefängnis den rechten Verstand dafür gegeben ...

Mir ist bekannt, daß Ihr diese und ähnliche Passagen dem geistigen Reich Christi zuordnet, welche gleichwohl ohne jeden Zweifel als zum irdischen Reich gehörig zu verstehen sind. Was aber sollen diese Interpretationen um das geistige Reich, wozu dienen sie, wenn nichts davon eines Tages in Erfüllung gehen soll? ... Gott hat die Welt geschaffen, um sich in den Menschen zu gefallen, denen er einen Abglanz seiner Kraft und seiner Macht verliehen hat.«

Dieses Verhör findet im Januar 1536 statt. Sechs Monate lang mußte Jan van Leyden, teilweise unter Folter, die Fragen über sein ganzes Leben beantworten, von seiner Kindheit, seinen Reisen, seiner Verheiratung in Leyden, seiner Ankunft in Münster, dem Tod Matthys' und der Gemeinschaft der Güter berichten ... Nein, er habe nicht mehr als sieben oder acht Personen eigenhändig enthauptet ... Ihm sei gänzlich unbekannt, daß man in der ausgehungerten Stadt Kinder getötet und verspeist habe ... Um nichts in der Welt hätte er Münster ausgeliefert, bevor nicht der letzte Mann Hungers gestorben sei ... Warum dann das ganze Unterfangen? Weil Gott die Welt habe strafen wollen und weil sie, die Wiedertäufer, dabei das Werkzeug Gottes gewesen seien ...

Folterinstrumente, mit denen man die Körper zermalmt, die Finger zerquetscht, die Nägel ausreißt, Geständnisse: Allesamt sind sie Teil jenes entsetzlichen Rituals in Zeiten von Ketzerei und Aufständen ... Zwischen Qualen und Verachtung fügt sich Jan van Leyden ohne sichtbares Aufbegehren in sein Schicksal, spielt seinen Part mit der untadeligen Standhaftigkeit eines Märtyrers, ist zuweilen sogar zu einer scherzhaften Erwiderung aufgelegt, gleich dem Maulhelden auf dem Jahrmarkt, der den Gaffern schlagfertig den Mund stopft, bevor er mit seinem Hut durch die Reihe geht.
»Ei, du Bösewicht«, fragte ihn eines Tages der Bischof, »wie hast du mich und meine armen Leute verderbt?«
»Pfaff, ich habe dir gar nichts verderbt, ich habe dir eine feste Stadt geliefert, die vor aller Gewalt ist. Habe ich dich nicht verderbt, so will ich dich wieder reich machen. Du sollst für Knipperdollinck und für mich einen eisernen Korb machen und uns zwei darin durchs Land führen ... und wer mich zu sehen begehrt, soll einen Weißpfennig zahlen ... So wirst du dadurch mehr Geld einnehmen als du eingebüßt hast und als das Stift Münster wert ist ...«
Ein andermal fragte der Bischof:
»Mit welchem Recht hast du dir solche Macht über die Stadt angemaßt?«
»Und du selbst?«
»Durch die freie Wahl des Domkapitels, die durch den Papst und den Kaiser bestätigt ist.«
»Ich aber bin vom Vater durch seine Propheten zur Herrschaft berufen worden!«
Zur Belustigung der befreundeten Fürsten oder derer, die ihm bei der Belagerung behilflich waren, ebenso aber auch um seinen Sieg auszukosten, überläßt der müde gewordene Bischof ihnen diesen gefallenen König.

An einem langen Strick von einem Reiter geführt, wird er in einem Spalier von Soldaten wie ein Bär auf Plätzen herumgezeigt. »Auch manche spitzige Worte mußte er hören«, berichtet der Osnabrücker Chronist Lillie.

Er nahm die Schaustellung mit erstaunlich heiterer Laune hin, als sei es Gottes Fügung.

»So sollte man doch einen König nicht führen«, sagte er einen Tages zu dem ihn an der Leine führenden Reiter.

In Dülmen, wo er dem Spott und den Beschimpfungen der herbeigelaufenen Menschenmenge ausgesetzt ist, fährt einer der Schaulustigen ihn an:

»Bist du der König, der so viele Weiber genommen hat?«

»Nein, ich nahm nicht Weiber, sondern Jungfrauen und machte sie zu Weibern!«

Hat Jan van Leyden es schließlich doch fertiggebracht, Leben und Theaterspiel in Einklang zu bringen? Im Monat August erhielt er Besuch von Schenck von Tautenberg, jenem friesischen Statthalter, der zweimal die wiedertäuferischen Verstärkungstruppen an der Befreiung Münsters hinderte. Als er ihn in seinem Kerker in Bevergern barfuß sah, ließ er ihm Schuhe bringen. Kaum hatte der Graf sich zum Gehen gewandt, als die Soldaten ihm die Schuhe wieder wegnahmen. Ein barfüßiger König bleibt nun einmal barfüßig.

Die Prediger: »Wie wollt Ihr Euch rechtfertigen, wenn Gott Euch zum Jüngsten Gericht sagen wird: Wer hat dich zum König gemacht? Wer hat dir geheißen, solch greuliche Irrtümer zum Nachteil des wahren Wortes Gottes zu verbreiten?«

Der König: »Ich werde antworten: Die Propheten von Münster haben es mir als von Gott gewollt befohlen, zum Beweis dessen sie mir als Pfand ihren Körper und ihre Seele gaben.«

Die Prediger fragen ihn, wie es mit den göttlichen Offenbarungen über seine Einsetzung als König stünde, die er gehabt haben soll.

Der König: »Mir ist darüber keine Offenbarung zuteil geworden. Es sind mir nur Gedanken gekommen, so als müsse es in Münster einen König geben und ich dieser König sein müsse. Diese Gedanken erschütterten und betrübten mich zutiefst. Ich betete zu Gott, er möge meine Untauglichkeit berücksichtigen und mir eine solche Bürde nicht auferlegen. Wenn er mir diese Last nicht ersparen wollte, so bat ich ihn, mich durch vertrauenswürdige, im Besitz seines Wortes befindliche Propheten zum König ernennen zu lassen. Ich ließ es dabei bewenden und erzählte niemandem darüber. Aber vierzehn Tage später erhob sich ein Prophet aus der Mitte der Gemeinde und rief, Gott habe ihm gedeutet, Jan van Leyden sollte König werden. Dasselbe verkündete er im Rat, der sich sofort danach richtete, auf seine Befugnisse verzichtete und zusammen mit der Gemeinde mich zum König ausrief. Er übergab mir auch das Richtschwert. So wurde ich König.«

Zweiter Artikel:
»Der König: – Wir haben uns der Obrigkeit nur deshalb widersetzt, weil sie uns unsere Taufe und die Lehre Christi verbieten wollte. Wir haben uns gegen die Gewalt gewehrt. Ihr behauptet, wir hätten darin falsch gehandelt; sagt Petrus aber nicht, man müsse Gott mehr gehorchen als den Menschen? ... Ihr würdet all das, was wir getan haben, nicht mißbilligen, wenn ihr wüßtet, wie sich die Dinge in Wirklichkeit zugetragen haben ...«
»Die Prediger: – Redet und rechtfertigt Eure Taten wie ihr wollt, ihr werdet deshalb nicht weniger auf ewig ein Aufrührer bleiben, des Verbrechens der Majestätsbeleidigung schuldig. Ein Christ muß leiden und darf sich gegen das Böse nicht wehren. Auch wenn der gesamte Rat sich auf eure Seite geschlagen hätte, hättet ihr eher die Gewalt ertragen sollen als ein Schisma, einen Aufstand, eine Tyrannei dieser Art zuzulassen, entgegen der Lehre Christi, der Majestät des Kaisers, der königlichen Würde, der des Kurfürstentums und der Fürsten und der Staaten des Reiches.«
»Der König: – Wir wissen, was wir getan haben. Gott sei unser Richter.«
»Der Prediger: – Auch wir wissen, worauf wir unsere Behauptungen stützen, Gott sei auch unser Richter.«

Dritter Artikel:
»Der König: – Wir sind durch Gottes Willen belagert und zerstört worden. Seinetwegen haben wir Hunger gelitten und alle Übel auf uns genommen, die Unseren verloren, deshalb sind wir in solch jämmerliche Drangsal geraten. Diejenigen unter uns, die noch am Leben sind, werden widerstandslos und ohne Klagen sterben wie ein Lamm, das man opfert ...«

Auf Veranlassung der Fürsten wird Knipperdollinck peinlich verhört. Immer wieder beteuert er, was er von Anfang an gesagt habe: Er habe nichts anderes gesucht als »Gottes Ruhm und Glorie«. Was seine Rolle angehe, so habe sie sich anfangs darauf beschränkt, daß er sich für die ihm von Rothmann übermittelten Schriften im Rat eingesetzt habe ...
Der Gehorsam der Wiedertäufer gegenüber Jan Matthys und später Jan van Leyden beruhte nie auf einem Gefühl der Furcht; der Grund dafür sei vielmehr in den Predigten zu suchen, die ihnen die Lehre Christi näherbrachten ... Sie wollten zusammenbleiben, leben und sterben, bis zum letzten Mann, wenn es sein müßte ...
Krechting sagt dasselbe. Corvinus und Kymeus, die die beiden auch verhörten, finden, daß sie »dem König an Schlauheit und Gewandtheit der Rede nicht gleichkamen«. Knipperdollinck, so schreiben sie, erinnere sie in jeder Weise an das, was Sallust über Catilina schrieb, er eigne sich viel eher zum Fechter als zum Redner. Und Krechting, der hartnäckig »die Kraft und Wirksamkeit der Erbsünde« leugnete, sei in ihren Augen ein »Spezialist in religiöser Disputation, um keinen Deut besser.«

Sechster Artikel:
»Die Prediger: – Was wollt ihr mit Christus anfangen, wenn er nicht von Maria geboren ist? Soll er ein Geist sein, ein Gespenst?«
»Der König: – Christus ist vom heiligen Geist empfangen und nachher von der Jungfrau Maria, wie die Sonne durch das Glas dringt ... Wenn Ihr wüßtet, welch unendlicher Trost in jener Erkenntnis liegt, daß Christus, Gott und Sohn des lebendigen Gottes, Mensch geworden ist und sein Blut vergossen hat und nicht das Marias, um uns von unseren Sünden zu erlösen (Er, der rein ist von jedem Makel), Ihr würdet nicht so sprechen und unsere Meinung nicht so schlecht finden.«

Siebenter Artikel – über die Vielweiberei:
Der König hält den Predigern das Beispiel der Patriarchen im alten Testament vor. Die Prediger verschanzen sich ihrerseits hinter den in jüngerer Zeit allgemein anerkannten Sitten und erklären, die Ehe sei res politica. Der König entgegnet, es sei besser, viele Ehefrauen zu haben als viele Huren.
So streitet er Wort um Wort, um die Lehre der Wiedertäufer von Münster zu rechtfertigen, mit der sturen Geduld derer, die sich im Recht glauben.

Er selbst ersucht einige Tage nach dieser Unterredung um ein weiteres Gespräch mit den beiden Predigern, das in Horstmar stattfindet.

»Wir haben aufs Neue zwei Tage mit ihm verhandelt«, schreibt Corvinus. »Und wiewohl wir größeren Glimpf denn vorhin bei ihm gefunden, so haben wir doch nichts anderes vermerken können, denn, daß er Errettung seines Lebens suchte; denn also sagte er ungezwungen, ungedrungen, aus eigener Willkür: Wenn man ihm wolle zur Gnad nehmen, wolle er mit Hilfe Melchior Hoffmanns und seiner Königinnen alle Täufer, deren denn in Holland, Brabant, England und Friesland überaus viele seien, bereden zum Stillschweigen und Gehorsam, als daß sie hinfort keinen Aufruhr erweckten, sondern so lange still und gehorsam seien und ihre Kinder taufen lassen würden, bis die Obrigkeit in Sachen der Religion ganz eins werde.«

»Es folgt das neue Bekenntnis Jan van Leydens, durch das er einige Punkte des zuerst abgelegten abändert. Wenn er aber die Wiedertäufer zum Gehorsam ermahnt, so versteht er darunter nur einen äußeren Gehorsam. Über die wesentlichen Punkte der Doktrin gibt er nicht nach und möchte die Herzen frei behalten ...«[52].

Am Mittwoch, dem 19. Januar werden die drei Gefangenen von Horstmar nach Münster zurückgebracht, damit sie dort erneut verhört werden.

Donnerstag, der 20. 1.: Verhör ohne Folter. Jan van Leyden erklärt, er habe sich wiedertaufen lassen, »um dadurch selig zu werden.«

Freitag, der 21. 1.: Wiederholtes Verhör – es sollte das letzte sein – diesmal unter Anwendung der Folter. Man möchte sichergehen, daß in ihnen nichts mehr steckt, was sie vor allen Dingen über mögliche Komplizen und Gemeinschaften in anderen Städten noch hätten geheimhalten können. Knipperdollinck gibt schließlich zwei Namen preis, die er bis dahin verschwiegen hatte, den eines gewissen Gert Koenincks aus Schöppingen und den eines Kürschnergesellen aus Mansfeld, der während der Belagerung Exemplare der »Restitution« geholt hatte. Jan van Leyden beteuert einmal mehr, er sei nicht nach Münster gekommen, »um Geld, Gut, noch Glorie und Ehre, sondern allein, um das Wort Gottes zu hören«.

Ihre Aburteilung wird auf den nächsten Tag angesetzt.

Unterdessen wird der König gefragt, ob er einen Priester zur Beichte wünschte. Er antwortet, er fürchte weder ein Gespräch noch den Rat eines verständigen Mannes; er hielte es für eine große Wohltat, wenn man »des Gespräches wegen den Herrn Johannes von Syberg, des Fürsten Kaplan, zu ihm lasse«.

Als der Kaplan Jan van Leyden verläßt, bekennt er, von diesem Mann sehr beeindruckt worden zu sein, »der, wenn er zehnmal getötet werden könne, er den Tod gewiß zehnmal verdient habe ... Dessen Reue aber außerordentlich gewesen sei ...« Der Kaplan bestätigt allerdings, daß Jan van Leyden seine Meinung weder über die Taufe noch über die Natur Christi widerriefe ... sein größtes Bedauern gelte dem Landgrafen von Hessen, Philipp, den er »fußfällig« um Vergebung bitte, daß er seinen Rat verschmäht habe.

Seinem Entschluß treu, wonach er selbst auf der Folter keine Schuld zuzugeben bereit sei, derer »er sich nicht bewußt sei«, und stets beteuernd, daß er nur »Gottes Ruhm und sein eigenes Heil gesucht habe«, weigert Knipperdollinck sich strikt, irgend jemanden zu sich zu lassen. Corvinus vermerkt bei Krechting dieselbe Standhaftigkeit.

Am Samstag, dem 22. Januar, kurz nach acht Uhr morgens, werden die Tore der Stadt geschlossen. Die Hinrichtung Jan van Leydens, des falschen Münsteraner Königs, wird mit einem Trommelwirbel angekündigt. Die neuen Münsteraner, die die Vorbereitungen verfolgt haben, stehen schon in Massen am Prinzipalmarkt, dicht um das Gerüst gedrängt, das von Zimmerleuten gerade fertiggestellt wurde: Eine noch leere Bühne, mit einem Pfahl und zwei Kesseln Kohlenglut, in denen vier lange Zangen glimmen.

Als die Repräsentanten der Stadt – neue Bürgermeister, Rats- und Domherren – ihre Plätze eingenommen haben, werden Jan van Leyden, Knipperdollinck und Krechting vor das Gerüst geschleppt. Sie steigen die wenigen Stufen hinauf. Jan van Leyden fällt auf die Knie und betet.

Hinauf steigen jetzt außerdem Johann Wesseling, Richter der Stadt, seine Beisitzer, Hermann Herde und Melius Herte, und Amtsleute. Die Liste der Verbrechen der Wiedertäufer wird laut vorgelesen. Der ehemalige König von Münster wird beschuldigt, Kirchen entweiht, den Aufruhr organisiert, seine Obrigkeit an die Stelle der legalen gesetzt zu haben ...: Eine nicht enden wollende Aufzählung von Verbrechen, »die sie nicht zu leugnen vermochten«.

Jan van Leyden bekennt sich des Aufruhrs und der Majestätsbeleidigung für schuldig, fügt jedoch hinzu:

»Gegen die Obrigkeit habe ich gefehlt, aber nicht gegen Gott!«

Man hört, schreibt Kerssenbrock, wie die glühenden Kohlen unter den Zangen knistern.

Der König von Münster wird zum Tode verurteilt, ebenso wie sein Statthalter und sein Richter.

Sofort treten die Henker in Aktion, packen Jan van Leyden, ziehen ihm die Kleider aus und binden ihn, den Kopf in ein Halseisen gezwängt, an den Marterpfahl.

Was mag er denken in dieser Stunde seines Lebens? Er hat so oft an diesem Platz zu Gericht gesessen! Sein Volk war um ihn versammelt, teilte seine Launen, sang auf seinen Wink, tanzte, wenn er es wollte ... Gewiß waren nicht alle von demselben Glauben beseelt, aber Gott gewährt nicht jedem die gleiche Erleuchtung ...

Der wie Spitze durchbrochene, hohe Giebel des Rathauses verliert sich in dem winterlichen Januarhimmel. Mehrere Wagen, mit denen Bauern aus dem Umland herangefahren sind, sind entlang der Mauer des Waagehauses abgestellt. Ungeduldig scharren die Pferde mit den Vorderhufen, wie gereizt durch die Spannung, die vom Prinzipalmarkt hinaufsteigt. Im Hintergrund die Lamberti-Kirche, deren Glockengeläut das Leben der Bürger nunmehr wieder rhythmisch gestaltet, die dem Gehorsam der Papstkirche wieder unterstellt sind. Und überall die drohende Menschenmenge, die ihn mit erhobenen, geballten Fäusten beschimpft und die danach verlangt, daß man doch endlich anfange, den Usurpator endlich bestrafe ... Es sind mehrere tausend Katholiken herbeigeeilt, um Rache zu fordern, die Pechvögel nicht eingerechnet, die vor den Toren bleiben mußten ...

Der oberste Scharfrichter greift zu einer der glühenden Zangen, tritt auf Jan van Leyden zu und reißt ihm feierlich dreinschauend einen Fleischfetzen aus dem Körper. Blutende Wunden, entsetzlicher Geruch. Jan van Leydens Marter dauert eine Stunde, eine ganze Stunde. Er sagt nichts, läßt weder eine Klage noch einen Schrei vernehmen, vielleicht ist er schon fast tot, oder aber näher bei Gott, als wir es alle glaubten. Corvinus, der bei der Folterszene anwesend ist, wagt eine Erklärung:

»Ich will hier nicht sagen, wie große Standhaftigkeit er bei der Ertragung jener Qualen bewies – nicht einmal einen Laut als Zeugen des Schmerzes ließ er hören –, weil diese Tugend auch die Heiden einst zeigten und es sogar gewiß ist, daß der Satan denen, die er in seinen

Schlingen verstrickt hält, Kraft und Standhaftigkeit insgeheim gibt ...«

Nach einer Stunde endlich sticht ihm der oberste Scharfrichter mit einem weißglühenden Dolch mitten ins Herz hinein, »unter großem Beifall und Freude der Priester, an denen Münster immer sehr reich gewesen ist«, wie Corvinus bemerkt.

Knipperdollinck ist nun an der Reihe. Auch er wird an den Pfahl gebunden, aber er versucht, sich im Halseisen selbst zu strangulieren. Durch seine Unbewegtheit alarmiert, begreifen die Henker seine List und legen ihm das Halseisen durch den Mund, so daß er sich der Strafe nicht entziehen kann. Auch er gibt keinen einzigen Schrei von sich. Als letzter ist Krechting an der Reihe. Zweimal hintereinander, als man ihm die Zange anlegt, hört man ihn flehen:

»Oh Vater, oh Vater!«

»Es waren hier viele zu sehen«, vermerkt Corvinus, »denen nichts angenehmer begegnen konnte als dieser Anblick.«

Nach der Hinrichtung wurden die drei sterblichen Hüllen in Eisenkäfige gesteckt, die anschließend an die Fassade der Lamberti-Kirche gehängt wurden, damit sie »zur Warnung und Schrecken« dienten[54].

»... Dieses war der schlimme Ausgang dieser bösen Tragödie«, schließt Corvinus seinen Bericht.

Die Wiedertäufer-Käfige am Lambertiturm

Epilog

Die in Münster beschlagnahmten Häuser und Güter der Wiedertäufer wurden registriert und verkauft, wobei der Erlös zum Abtragen der Kriegsschulden dienen sollte.[55] Der in anderen Städten konfiszierte Besitz wurde dem Bischof überlassen. Diese Maßnahmen riefen denn auch prompt den Protest der Stände der Reichskreise hervor, die ihren Anteil an der Beute forderten.

Der Verkauf, mit dessen Vorbereitung man bereits im November 1535 begonnen hatte, wurde im Verlaufe des Sommers 1536 abgewickelt. Er betraf 525 Häuser, 159 Nebenhäuser, 53 Gärten, 17 Höfe[56]. Erzielt wurden dabei 80 000 Goldgulden, wovon 67 000 Gulden zur Tilgung der Hypotheken abgezogen werden mußten. Die endgültige Auszahlung der verbleibenden 13 000 Gulden wurde durch Einsprüche, komplizierte gerichtliche Verfahren, Streitigkeiten hinausgezögert und erstreckte sich auf mehrere Jahre.

Auf die Güter Hermann Tilbecks zum Beispiel – ein Haus in der Rosenstraße, ein weiteres in der Wilmergasse, fünf freie Bauernhöfe, zwei Lehnsgüter des Utrechter Bistums und eines des Stifts Münster – erhob dessen Witwe ihre Ansprüche; sie machte ihren Zwangsverbleib in der Stadt geltend und hatte über ihren Bruder, der draußen lebte, schon im Monat Oktober des Jahres 1534 im Vorwege gegen eine eventuelle Konfiszierung der Güter des ehemaligen Bürgermeisters bei einer Einnahme der Stadt protestiert; schließlich obsiegte die Witwe, wenn auch gegen Zahlung einer Summe von 500 Gulden.[57] Ein weiteres Beispiel: Der Verkauf der Gastwirtschaft Remmensnyders mußte auf den Einspruch eines unerwartet aufgetretenen Gläubigers, eines Händlers aus dem Norden, vertagt werden, der die Begleichung einer nicht bezahlten Heringslieferung aus dem Jahre 1528 forderte ...

Insgesamt gesehen ging die Rechnung Franz von Waldecks bei weitem nicht auf, und die Rückzahlung der Schulden, für die er mehrere Ämter seines Bistums verpfändet hatte, sollte ihm noch lange Kopfzerbrechen bereiten.

Ein seltsames Schicksal eines Bischofs, der nie ganz nüchtern anzutreffen und mit Frauen auch nicht gerade enthaltsam war, seine Bistümer verwaltete wie andere eine Flotte oder Mietshäuser und der auf seine Rechte mit der Rücksichtslosigkeit und dem schikanösen Habitus eines mittelalterlichen Lehnsherrn pochte. In Wirklichkeit gilt – wie wir wissen – seine Vorliebe dem Protestantismus, obwohl er in seiner Eigenschaft als katholischer Oberhirte damals den protestantischen Syndikus, Johann von der Wieck, hatte hinrichten lassen. Als er nun endlich wieder Herr über Münster ist und dort seinen Neigungen entsprechend glaubt walten zu können, sieht er sich aber vom Herzog von Kleve und dem Kölner Erzbischof, seinen einflußreichen Gläubigern – auch sie katholisch aus Eigeninteresse – gezwungen, seine Wünsche zurückzustellen. Dieser Erzbischof ist zum Beispiel nicht einmal der lateinischen Sprache kundig, und nach dem Herzog von Bayern (Brief vom 30. Juni 1540) zu urteilen, »hat er seit zehn Jahren wahrscheinlich nicht ein einziges Mal die Messe gehört; er kümmert sich weder um die Kirche noch um den Gottesdienst; er trägt einen langen Bart, ein Gewand mit langen Ärmeln, das bis zu den Knien reicht und unter dem man seine Rüstung sehen kann ...« Seine Eigenschaft als Erzbischof sollte ihn indes nicht daran hindern, sich den Protestanten anzunähern, wobei er den Herzog von Kleve mitzieht, der im Jahre 1543 die Kommunion in beiderlei Gestalt empfangen sollte.

Was Franz von Waldeck angeht, so empfing er 1540 und 1541 die höheren Weihen – ein Zugeständnis an seine bischöfliche Karriere –; gleichwohl ließ er die Protestanten in seinen Bistümern ihre Predigten halten. Allein Münster selbst – der Preis der Rückführung der Stadt war schließlich hoch genug gewesen – sollte nicht nur erzkatholisch bleiben, sondern wurde darüber hinaus zu einem der aktivsten Zentren der Gegenreformation, so daß die Abhaltung evangelischen Gottesdienstes drei Jahrhunderte lang ganz und gar ausgeschlossen blieb![59]

Was ist noch über Münster zu sagen? Daß dort der Teufel geherrscht habe? Dies blieb lange Zeit die offizielle These. Luther: »Ach! Was sol ich doch, und wie sol ich doch wieder oder von diesen elenden Leuten zu Münster schreiben? Mus mans doch an der Wand greiffen, daß der Teufel daselbst leibhaftig Haus hält und gewisslich ein Teufel auf dem andern wie die Kröten sitzen.« Und Melanchthon: »Das grauenvolle Beispiel Münster beweist, daß die Demut und die Geduld der Wiedertäufer nichts als teuflische Vorspiegelungen sind; denn auch in Münster waren die Anfänge von großer Heiligkeit geprägt ... Der Teufel mag sich auch so verstellen und sich anbiedern, seine Füße wird er nie verbergen können ...«

Luther und Melanchthon haben sich Philipp von Hessens Füße wohl kaum angesehen. Weil eine Ehefrau den Ansprüchen seines großzügigen Naturells nicht genügt, bittet er sie darum, eine zweite heiraten zu dürfen. Luther und Melanchthon zögern, machen Ausflüchte, geben dann doch nach. – Die Schrift, das wissen wir, verbietet es nicht, wenn die Sache nur geheim bleibt. Der Landgraf schickt Luther ein großes Faß Rheinweins und verbringt den Rest seines Lebens zwischen seinen beiden legitimen Ehefrauen.

Gewiß haben wir keine Veranlassung, in der Geschichte Moral oder Gerechtigkeit zu suchen, aber die Eigengesetze der Macht, der Zynismus, das politische Kalkül, das Belange und Leben der »Leute« so geringachtet, sind an der Quelle allen Aufbegehrens. Unter denen, die eines Tages zu ihrem eigenen Schaden entdecken, daß die »Gerechtigkeit selbst ungerecht ist«, wie es die Katharer sagten, unterliegt mancher der Versuchung, in dieser unserer irdischen Welt eine Prüfung, einen Übergang auf dem Weg zur ewigen Glückseligkeit zu sehen. Erst im Tod erfährt das Leben seinen Sinn.

Armselige Menschen, unsere Vorfahren, unsere Brüder, ewig mit sich selbst ringend, mit ihren Gebeten, die so alt sind wie die Wellen des Meeres. Im Namen welch höherer Einsicht mußte Hilla Feicken, die neue Judith, ins Schwert des Henkers laufen? Und Jan Matthys? Und jene Elisabeth Wantscherer, die sich für unbezähmbar hielt? Und jener Schlachtschaf mit seinen vielen Frauen? Und Knipperdollinck, was suchte er? Und Dusentschur, der hinkende Prophet: glaubte er wenigstens, was er verkündete? Alles Mitleid ist vergeblich. Ob Narren oder Märtyrer ist einerlei; sie haben ihr menschliches Schicksal gelebt; und an den Jahrtausenden gemessen, sind sie in dem gleichen Ewigkeitsmoment gestorben, wie die, die damals überlebten.

So der Schreiner Gresbeck: weil er die Stadt auslieferte, schenkte man ihm das Leben, und er durfte das Haus seiner Mutter am Krummen Timpen behalten; gleichwohl verlor seine Spur sich 1542 nach Osnabrück. Die drei anderen »Verräter« der Geschichte – man kann sie ebenso als »Helden« ansehen, die mit ihrem Mut und ihrer Initiative den Feind zu vernichten halfen –, lebten unbehelligt weiter: Hermann Ramers, der Bürger, der Hilla Feicken verriet; Heinrich Graes, der von einem »Engel« gerettete Schulmeister, dessen Frau aber in Münster hingerichtet wurde; und schließlich Hänschen, der eine Münsteranerin, die Witwe des früheren Hüters des Königsschatzes, Cort Cruse, zur Frau nahm.

Kerssenbrock, der, noch ein Schuljunge, Münster zur Zeit der großen Vertreibung verließ, sollte erst fast fünfzehn Jahre später dorthin zurückkehren. Er unterrichtete dann in der Scola Paulina, dort, wo er selbst zur Schule gegangen war, und wohnte in der Neubrückenstraße 34, in dem ehemaligen schönen Haus Christian Kerckerincks, auf das der Schwiegersohn des Letztgenannten offensichtlich keine Ansprüche erhoben hatte. Im Jahre 1567 zog Kerssenbrock um und ließ sich im Haus Grael, in der Nr. 4 derselben Straße, nieder. Als er im Jahr darauf Rektor wurde, nutzte er eine Choleraepidemie, die ihn zwang, die Schule zu schließen, um alle noch auffindbaren Unterlagen über die Anabaptisten-Zeit Münsters zu sammeln und seine »Anabaptisti Furoris Monasterium inclitam Westphaliae metropolim evertentis historica narratio« zu verfassen.

Ein weiterer Überlebender ist der Kanzler Heinrich Krechting, der das letzte Karreé der Wiedertäufer bei der Einnahme der Stadt befehligte: Mit zehn Gulden in der Tasche war er aus der Wagenburg herausgekrochen und konnte nach Norddeutschland entkommen. Was Stutenbernd Rothmann betrifft, der höchstwahrscheinlich während der Kämpfe fiel, so sollte sich jahrelang das Gerücht halten, wonach er noch am Leben sei. Der Bischof ließ ihn steckbrieflich suchen: »Drungen, verkant Man, black Haer kort ...« Im Jahre 1537 will man ihn gleichzeitig in Lübeck und in Rostock gesehen haben. Ja, er soll sogar in Wismar verhaftet worden sein, bis es sich erwies, daß der Verhaftete in Wirklichkeit Heinrich Bentinck war, ein Arzt aus Arnheim, dem die Stadt Münster später erheblichen Schadensersatz zahlen mußte ...

Da nun diese grotesken, sublimen Einzelschicksale besiegelt sind, mag jeder aus der »grausamen Geschichte der Wiedertäufer zu Münster« eine Moral nach seinen Überzeugungen ziehen. Gewiß läßt sich zumindest ein Teil der dort geschehenen Untaten den damaligen Umständen zuschreiben. Aber es will uns scheinen, daß die Menschen sich tatsächlich kaum ändern. Im Kern bleibt Nüchternheit. Wie will man verhindern, daß das unwiderstehliche Bedürfnis nach Glauben nicht eines Tages in ein totalitäres System mündet? Läßt sich überhaupt ein utopisches Projekt vorstellen, das sich nicht schließlich selbst verrät?

Immer wieder müssen wir darauf gefaßt sein, daß Einzelne oder Gruppen einen Zustand akuter Krisen oder Unruhen ausnutzen, um im Namen des Heils aller das Monopol der Wahrheit und der Macht an sich zu reißen. Die Vorbereitung auf eine bessere Welt – auf das Paradies auf Erden – ist dann jedem König der Gerechtigkeit, jedem Väterchen des Volkes, jedem Führer, jedem großen Steuermann Grund genug, seine Gottlosen zu opfern ...

All das wissen wir. Aber wenn es wieder so weit ist, wenn nichts mehr unsere liebe Not, unsere Zweifel, unsere Einsamkeit und Ängste zu beschwören vermag, dann vergessen wir unversehens die Lehren aus der Geschichte, einmal mehr bereit, Jan van Leyden zu folgen.

Anmerkungen

Bestimmte Anmerkungen, die zur Ergänzung oder Verdeutlichung des Berichts dienen, hätten ihn unnötig erschwert; andere, die auf Parallelen hindeuten oder Vergleiche mit Erscheinungen der Zeitgeschichte nahelegen, fallen begreiflicherweise aus dem Erzählungsrahmen heraus. Doch schien es uns angebracht, in diesem Anhang darauf zu verweisen. Die hiermit verfolgte Absicht ist allein, Interesse zu wecken.

1. *Eschatologie und Chiliasmus.* – »Und ich sah einen Engel vom Himmel fahren, der hatte den Schlüssel zum Abgrund und eine große Kette in der Hand. Und er griff den Drachen, die alte Schlange, das ist der Teufel und Satan, und band ihn tausend Jahre ...« (Offenb. XX, 1,2) Diese von der Apokalypse ausgehende, tradierte Prophetie ist sehr alt und führte zur Entstehung verschiedener Eschatologien, der Lehren vom Endschicksal des einzelnen Menschen und der Welt. Für die Chiliasten wird Christus auf Erden zurückkehren und tausend Jahre herrschen, während derer Satan jeder Macht beraubt wird, die Gerechten hingegen wiederauferstehen und an seiner Seite herrschen werden. Nach Ablauf dieser tausend Jahre wird Satan noch einmal für kurze Zeit losgebunden; dann wird die Zeit der Auferweckung aller Toten kommen, des Gerichtes über die gesamte Menschheit, des ewigen Tods der Sünder und der ewigen Seligkeit der Gerechten. Dieses Warten auf die Weltendzeit war um das Jahr 1500 besonders ausgeprägt; ein jeder spähte nach den Vorzeichen, die den gewaltigen Kampf zwischen den Heerscharen Christi und denen des Antichristen ankündigen sollten, welcher Kampf zugleich »den Höhepunkt und die Rechtfertigung

der Geschichte« darstellt (N. Cohn). Die zutiefst verwurzelten Mythen der apokalyptischen Tradition, in denen sich Groll und soziale Ängste kristallisieren, finden sich in transponierter Form in jeder beliebigen Doktrin wieder, die sich die Läuterung einer korrumpierten Welt zum Ziel setzt (Faschismus); oder, wie beim Kommunismus, die Vernichtung einer weltweiten Tyrannei (des Kapitalismus) durch ein auserwähltes Volk (das Proletariat), um das Glück für alle, d. h. das Paradies auf Erden, zu erreichen – wobei der Jüngste Tag sich von dem »dies irae« direkt ableiten läßt.

2. *Das Weltende.* – Luther, die große Stimme jener Zeit in Deutschland, drückt dieses Erwarten der Weltendzeit besonders treffend aus, wenn er u. a. schreibt: »Es ist der Jüngste Tag, wenn ich mich nicht täusche, den die Zeichen ankündigen« (1529). »Der Türke kommt wider uns gezogen; er wird, so glaube ich, der große Reformator sein, der uns durch den Zorn Gottes geschickt ist« (1529). »Die Mitternachtsstunde naht, in der man den Schrei hören wird: ›Der Heiland kommt, geht hinaus ihm entgegen‹.« (1529)

3. *Mißbräuche in der Kirche.* In der Atmosphäre tiefster religiöser Beunruhigung (– was tun, um gerettet zu werden? –) die diese Zeit prägt, erfüllt die Kirche nicht die Erwartungen, die von den Gläubigen an sie gestellt werden. Ganz im Gegenteil: Päpste, Kardinäle, Bischöfe sorgen sich eher um Politik, um Profit, leibliche Genüsse als um die Aufgaben ihrer Ämter; der Säkularklerus ist meist ungebildet und brutal; die Geistlichen pflegen lockere Sitten; die Priester auf dem Land, die ohne besondere Ausbildung und zumeist der lateinischen Sprache nicht mächtig sind, rezitieren Texte, die sie nicht einmal verstehen, unfähig, ihre seelsorgerische und geistige Aufgabe zu erfüllen. Luther: »Jemand wird mir sagen: ›Welche Verbrechen, welche Skandale, diese Hurerei, diese Trunksucht, alle diese Laster des Klerus‹! Leider gibt es Schlimmeres als dieses Übel, eine unvergleichlich verderblichere, grausamere Pest: das organisierte Schweigen über Gottes Wort oder dessen Verfälschung ...« Und Erasmus: »Nichts hat dazu mehr beigetragen, Luther populär werden zu lassen als die Sitten dieser Leute.« Dürer: »Ein Papsttum, das nichts Christliches an sich hat ...«

4. *Die neue Erde.* – »Denn siehe, ich will einen neuen Himmel und eine neue Erde schaffen, daß man der vorigen nicht mehr gedenken und sie nicht mehr zu Herzen nehmen wird.« (Jesaja, 65,17).

»Wir warten aber eines neuen Himmels und einer neuen Erde nach seiner Verheißung, in welchen Gerechtigkeit wohnt.« (II, Petrus, III, 13).

»Und ich sah einen neuen Himmel und eine neue Erde; denn der erste Himmel und die erste Erde vergingen, und das Meer war nicht mehr.« (Offenbarung, XXI, 1).

5. *Luthers Bibel.* – Es sind 337 Ausgaben von Luthers Bibel, die zu seinen Lebzeiten veröffentlicht wurden, und die mindestens 350000 Bände um-

fassen, bekannt. »Die Buchdruckerkunst«, schreibt Luther, »ist die letzte und höchste Gabe, durch die Gott das Evangelium verbreitet. Es ist die letzte Flamme, die vor dem Erlöschen der Welt aufleuchtet. Dank Gottes ist sie zu Ende geführt worden.« (Michelet, Memoires de Luther, p. 242).

6. *Thomas Münzer.* – Besonders eindrucksvolles Beispiel einer Rede Thomas Münzers an die Bauern, das dieses Gefühl von Notstand und die permanente Bezugnahme auf die Schrift, die für diese Epoche kennzeichnend ist, deutlich macht:

»Liebe Brüder!

Wie lange schlaft ihr, wie lang seid ihr Gott seines Willens nicht geständig, darum daß er euch nach eurem Ansehen verlassen hat? Ach, wie viel habe ich euch das gesagt, wie es sein muß; Gott kann sich nicht anders offenbaren; ihr müßt gelassen stehn. Tut ihr's nicht, so ist das Opfer, euer herzbetrübtes Herzeleid, umsonst. Ihr müßt danach wieder von neuen ins Leiden kommen. Das sage ich euch, wollt ihr nicht um Gottes willen leiden, so müßt ihr des Teufels Märtyrer sein.

Darum hütet euch, seid nicht so verzagt, nachlässig, schmeichelt nicht länger den verkehrten Phantasten, den gottlosen Bösewichtern; fanget an und streitet den Streit des Herrn! Es ist hohe Zeit, haltet eure Brüder alle dazu an, daß sie göttliches Zeugnis nicht verspotten, sonst müssen sie verderben. Das ganze deutsche, französische und welsche Land ist wach. Der Meister will das Spiel machen, die Bösewichter müssen dran.

In Fulda sind in der Osterwoche vier Stiftskirchen verwüstet worden, die Bauern im Klegau und Hegau, im Schwarzwald sind auf, dreimal tausend Mann stark, und der Haufe wird je länger je größer. Allein das ist meine Sorge, daß die närrischen Menschen sich in einen falschen Vertrag einwilligen, darum daß sie den Schaden noch nicht erkennen.

Wenn euerer nur drei sind, die in Gott gelassen, allein seinen Namen und Ehre suchen, werdet ihr hunderttausend nicht fürchten. Nun dran, dran, dran, es ist Zeit, die Bösewichter sind verzagt wie die Hunde. Regt die Brüder an, daß sie zum Frieden kommen und ihrer Bewegung Gezeugnis einholen. Es ist über die Maßen hoch vonnöten.

Dran, dran, dran! Laßt euch nicht erbarmen, auch wenn euch der Esau gute Worte vorschlägt, I. Mose 33. Seht nicht an den Jammer der Gottlosen. Sie werden euch freilich so freundlich bitten, greinen, flehen wie die Kinder. Laßt euch nicht erbarmen, wie Gott durch Mose befohlen hat, 5. Mose 7, und uns hat er dasselbe auch offenbart. Regt an in Dörfern und Städten und sonderlich die Berggesellen samt anderen guten Burschen, welche gut dazu sein werden. Wir müssen nicht länger schlafen.

Dran, dran, solange das Feuer heiß ist! Lasset euer Schwert nicht kalt werden, erlahmt nicht! Schmiedet pinkepanke auf den Ambossen Nimrods, werfet ihnen den Turm zu Boden! Es ist nicht möglich, solange sie leben, daß ihr der menschlichen Furcht leer werden solltet. Man kann euch nichts sagen, solange sie über euch regieren.

Dran, dran, solange ihr Tag habt; Gott geht euch voran, folget, folget! Die Geschichten stehen geschrieben Matth. 24; Hes. 34; Daniel 7; Esra 10; Offb. 6, welche Schriften alle Röm. 13 erklären.

Darum laßt euch nicht abschrecken. Gott ist mit euch, wie geschrieben steht II. Chron. 20. Dies sagt Gott: »Ihr sollt euch nicht fürchten. Ihr sollt diese große Menge nicht scheuen. Es ist nicht euer, sondern des Herrn Streit. Ihr seid es nicht, die da streiten; stellt euch nur männlich. Ihr werdet sehen die Hilfe des Herrn über euch.« – Da Josaphat diese Worte hörte, da fiel er nieder. Also tut auch und durch Gott, der euch stärkte ohne Furcht der Menschen im rechten Glauben, Amen.

Datum zu Mühlhausen im Jahr 1525.

Thomas Münzer, ein Knecht Gottes wider die Gottlosen.

7. *Die Gesamtgilde* in Münster umfaßt die Gilden der Fleischer, Bäcker, Sattler, Schuster, Händler, Schmiede, Weißgerber, Goldschmiede, Maler, Schneider, Steinmetze, Gerber, Wollweber, Böttcher; jede der Gilden ist durch zwei von ihr selbst gewählte Gildemeister vertreten; Wortführer der Gesamtgilde sind die »Alderleute«.

Die Gilden sind seit 1447 im Rat der Stadt vertreten; 1554 räumten ihnen die Patrizier zwölf der 24 Sitze im Rat ein und überließen ihnen eines der beiden Bürgermeisterämter.

Als Schutzinstanz der Bürger ist die Gesamtgilde die zwischen dem Patriziertum und der Gemeinheit agierende demokratische Kraft. Bestimmte Berufe, wie die der Holzschuhmacher, der Zimmerleute, der Tischler, der Wantscherer und der Weber zum Beispiel nehmen nicht den Rang von Gilden ein. Einige Berufe sind nicht in Gilden organisiert: Bartscherer, Gürtelmacher, Hausierer, Drogisten, Apotheker, Sprachlehrmeister, Säckemacher, Buchhändler, Butterverkäufer, Weinhändler, Müller, Färber, Tuchmacher, Dreher ...

8. *Münzverschlechterung*. – Die Methode zur Bekämpfung von Preiserhöhungen bestand damals in der Abänderung des Feingehalts an Gold oder Silber in den Münzen und in der Beschränkung des im Umlauf befindlichen Geldvolumens.

Gemeinsam mit den Domdechanten, dem Kapitel und den verordneten Statthaltern des Bistums setzt der Bischof den Wert des rheinischen Goldguldens in Silber-Schilling fest:

Dem Wert eines Goldguldens entsprachen:

Jahresangabe	Schillinge
Von 1515 bis 1523	18
1525	20
1527	21

Jahresangabe	Schillinge
1529	23
1530	24
–	25
1531	26
–	27
–	28
1532	28
1533	28
1534	29
1535	31

In der Zeit von 1523 bis 1535 erreicht die Geldentwertung des Goldguldens 40%, gleichwohl geht zur selben Zeit sein Edelmetallfeingehalt stark zurück (⅓ bei den Goldmünzen, ¼ bei den Silbermünzen). Insgesamt ist der reale Wertverlust also weit höher als 40% (Rammstedt, Sekte und soziale Bewegung, S. 32–33)

9. *Liste der Lutheraner.* – Man ist im Besitz einer vom Sommer des Jahres 1532 datierten handgeschriebenen Liste der damals in Münster lebenden Lutheraner – zwei Schmalfolio-Blätter, deren Handschrift Ähnlichkeit mit anderen Urkunden der bischöflichen Kanzlei aufweist. Wahrscheinlich handelt es sich um die Kopie einer von einem Denunzianten angefertigten Liste. Sie enthält 79 Namen, darunter 26 von jenen 36 Mitgliedern des von den Gilden gebildeten Ausschusses, welcher die Verteidigung Rothmanns gegenüber dem Rat der Stadt übernehmen sollte. 53 spätere Wiedertäufer sind auf dieser Liste zu finden (Staatsarchiv Münster, Ms 101, Bd 5).

10. *Münzer – Luther.* – Münzer nennt Luther auch »Fräulein Luther«, weil er seine Theologie für verweichlicht hält, oder auch »Doktor Lüge«. Gewiß hatte Luther ihn während seines Kampfes gegen die Bauern wenig unterstützt: »Dem Esel den Saumsattel und die Peitsche; der Weise hat es gesagt; den Bauern Haferstroh. Wollen sie nicht nachgeben, den Stock und die Büchse; das ist das Recht. Beten wir, daß sie gehorchen, sonst kein Mitleid; läßt man die Harkebüchse nicht pfeifen, werden sie hundertfach böser.«

11. *Henoch und Elia.* – Henoch »wandelte mit Gott und weil er mit Gott wandelte, nahm ihn Gott hinweg, und er ward nicht mehr gesehen«. (Moses, V, 24). Und Elia »fuhr im Wetter gen Himmel«. (Buch der Könige, II, II, 11). Sie sind »die beiden Zeugen« (Offenbarung, XI, 3), die Gott »angetan mit Trauerkleidern« am Weltende ausschicken wird.

12. *Obbe Philips und sein Bruder Dirk*, die zu Melchior Hoffmanns Schülern zählten, beklagten die Unzahl falscher Propheten und deren lügenhafte Prophezeiungen. Bis zum Schluß blieben sie dem Straßburger Gefangenen treu; »Mein Herz erbarmt sich seiner Seele«, schrieb Obbe. Doch die Erlö-

sung der Welt mit Gewalt schien ihnen nicht der rechte Weg zu sein. Neben Menno Simons wurde Dirk Philips (1504–1568) zum Wegbereiter der Religionsgemeinschaft der Mennoniten.

13. *Arme und Verschuldete*. Ein Großteil der Literatur über das münsterische Täufertum stellt letzteres als einen Aufstand der Armen, eine klassenkämpferische Volksbewegung dar. Marx selbst bezeichnet die von den Münsteraner Täufern eingeführte Gemeinschaft als »groben Kommunismus«, (so wie er jedes ähnlich gelagerte geschichtliche Experiment, in dem auf ein goldenes Zeitalter oder auf die primitive christliche Gemeinschaftsform Bezug genommen wird, in dieser Weise kennzeichnet). Diesem »groben Kommunismus« stellt er eine in der damaligen Zeit nicht realisierbare »höhere Form des Kommunismus« gegenüber. Gleichwohl sieht er in den Ereignissen von Münster einen der »ersten Versuche des Proletariats, dessen eigenes Klasseninteresse durchzusetzen«.

Die Bezeichnung »Proletariat« ist hier allerdings fehl am Platz. Als der Syndikus Johann von der Wieck von den im Rat sitzenden Wiedertäufern behauptet, »sie seien ein arm und verdorben Hauf«, und keiner von ihnen könne »seiner Schulden wegen zweihundert Gulden aufbringen«, meint er nicht die Besitzlosen, denn diese könnten gar nicht erst Schulden machen. Gemeint sind die Kapitalschulden der Hausbesitzer, die wahren »Landkredite« und nicht die unbezahlten Sachlieferungen oder offenen Rechnungen beim Krämer oder beim Weinhändler. Die Kredite sind an die berufliche Arbeit gebunden und werden durch eine Hypothek auf das Haus, in dem diese Arbeit normalerweise stattfindet, gesichert. So konnte das Haus Ch. Wordemans wegen der Schuldenlast 1536 nicht verkauft werden. Der bis damals übliche Zinssatz – 5 % – wurde von den Hausbesitzern noch verkraftet, was in Zeiten der Inflation logisch ist; aber als sich die Rezession um das Jahr 1530 abzeichnete, wurde der Druck der Gläubiger spürbarer.

Es sei nebenbei bemerkt, daß die Vokabel »verdorben« im Sinne von »verschuldet« gemeint war. Johann von der Wieck spielt hier bewußt auf diese Doppeldeutigkeit an!

Auf den oberen Sprossen der Leiter politisch und religiös aktiver Bürger findet man die Patrizier und die Kaufleute mit einem durchschnittlichen Hausbesitz im Wert von ca. 700 Goldgulden und darüber; bei Knipperdollinck und Kibbenbrock beträgt dieser Wert sogar mehr als 1000 Goldgulden. Metzger und Gastwirte sind die vermögendsten unter den Kaufleuten. Ganz unten auf der Leiter: die Maler und Böttcher mit nur 50 Goldgulden.

Die wirklich Besitzlosen sind die Tagelöhner und das Gesinde, doch sie machen nur 11 % der erfaßten Täufergemeinde aus. Hinzugerechnet werden müßte wahrscheinlich auch ein Großteil der zugewanderten Holländer und Friesen und eine unbekannte Anzahl von Bedürftigen, die von den verschiedenen karitativen Einrichtungen der Stadt unterstützt wurden.

In Münster scheinen die Armen also nicht stärker vertreten gewesen zu sein als durchschnittlich auch in den anderen Städten jener Zeit, sie haben in der 1 ½ Jahre währenden Täufer-Geschichte nicht mehr als 15 % aller führenden Positionen in der neuen Gesellschaft besetzt. In diesem Prozentsatz sind auch jene als »arm« eingeordnet, die nur über ein Vermögen von bis zu 100 Goldgulden verfügten.

Viel mehr als von Besitzlosen oder Proletariern müßte man im Falle Münster von »Desorientierten« sprechen. Diesen, bemerkt Rammstedt, kam der Chiliasmus deshalb entgegen, »weil diese Lehre deren sozialen Protest radikalisierte und keine Möglichkeit bot, die Ablehnung der sozialen Verhältnisse und darüber hinausgehend der gesamten Welt in einem Kompromiß aufzulösen«. Sicher macht eine wirtschaftliche und soziale Krise diejenigen, die sie trifft – ob reich oder arm – für einen neuen Glauben empfänglich. So mag der Erfolg des Anabaptismus in Münster auf die perfekte Übereinstimmung der angebotenen Utopie mit der herrschenden Situation beruhen; einer Utopie, mit der Rothmann, Matthys und Jan van Leyden die Krise »theologisiert haben«. Gleichwohl darf man von der singulären Entwicklung des Täufertums in Münster nicht auf den Anabaptismus in seiner Gesamterscheinung schließen, denn hier, wie Kirchhoff bemerkt, »entwickelte das Täufertum in Münster in der militärisch belagerten und geistig isolierten Stadt seine atypischen, individuellen Formen«.

14. *Landgraf.* – Eine kleine Anzahl von Fürsten im Heiligen Römischen Reich durfte diesen Titel führen. Die Verleihung der Landgrafenwürde geht auf das XII. Jahrhundert zurück; sie wurde damals an Besitzer von Lehnsherrschaften, die den früheren karolingischen Grafschaften entsprachen, vergeben; es gab Landgrafen im oberen und unteren Elsaß, in Thüringen und in Hessen.

15. *Das Haus Habsburg-Burgund.* – Nachdem das Königreich Burgund seinen Höhepunkt unter Philipp dem Guten (Burgund, Franche-Comté, Artois, Pikardie, Grafschaft von Namur, Brabant und Limburg, Hennegau, Seeland, Friesland, Luxemburg ...) erlebt hatte, wurde es – zumal es bereits durch die Champagne und Lothringen zweigeteilt war – nach der Niederlage Karl des Kühnen in Nancy und nach dem Scheitern seiner expansionistischen Ambitionen zerschlagen.

Das Herzogtum Burgund fiel an Frankreich zurück. Franche-Comté, Artois, die belgischen und niederländischen Provinzen wurden durch die Heirat Maximilians I. mit Maria, der Tochter Karls des Kühnen, zu Besitzungen der Habsburger. Ihr Sohn, Erzherzog Philipp der Schöne, heiratete Johanna die Wahnsinnige, deren Nachkommen wiederum waren:

– Karl V., Erbe der Habsburger durch seinen Vater sowie der katholischen Könige Spaniens durch seine Mutter, späterer Kaiser des alten deutschen Reiches.

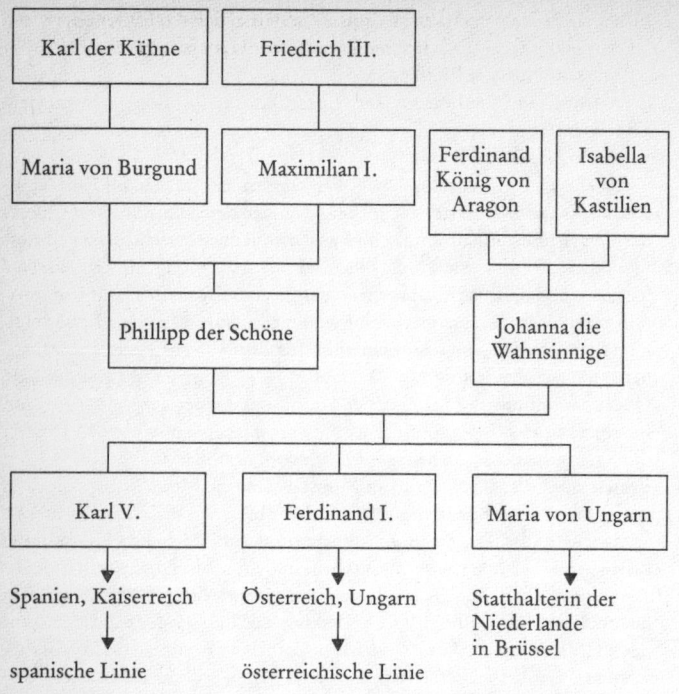

```
   Karl der Kühne        Friedrich III.


  Maria von Burgund      Maximilian I.      Ferdinand    Isabella
                                            König von      von
                                            Aragon      Kastilien


        Phillipp der Schöne                    Johanna die
                                               Wahnsinnige


     Karl V.            Ferdinand I.         Maria von Ungarn

  Spanien, Kaiserreich  Österreich, Ungarn   Statthalterin der
                                             Niederlande
                                             in Brüssel
  spanische Linie       österreichische Linie
```

– Ferdinand I., Erzherzog von Österreich, späterer König von Böhmen
und Ungarn (1526); er wurde 1531 zum römischen König gewählt;
– Maria heiratete 1522 König Ludwig II. von Ungarn (†1526), wurde
von Karl V. im Jahre 1530 als Statthalterin der Niederlande eingesetzt.
Er gab ihr einen Staatsrat, einen Privatrat und einen Finanzrat zur
Seite.

16. *Verteilung der Täufer auf die Stadt.* – Die topographische Verteilung:
Wiedertäufer südwestlich des Flusses, Lutheraner und Katholiken im
Nordwesten, scheint mit besonderen Einflußzonen zu korrespondieren.
Wenn man tatsächlich die Verteilung aller nach der Belagerung beschlag-
nahmten Täuferhäuser auf die sechs Kirchengemeinden untersucht, so
findet man:

> 106 in der Kirchengemeinde Martini
> 96 in der Kirchengemeinde Lamberti
> 88 in der Kirchengemeinde Ludgeri
> 113 in der Kirchengemeinde Aegidii

d. h.   403 auf dem Stadtgebiet, auf dem sich die Täufer überwie-
          gend (während des Aufruhrs) befanden;
und   69 in Jüdefeld
          53 in Überwasser

d. h. nur 112 auf dem von ihren Gegnern besetzten Stadtgebiet.

Auf die Gesamtzahl der Bevölkerung in den einzelnen Kirchengemeinden
bezogen scheint die Anzahl der Täuferhäuser jedoch gleichmäßig verteilt
zu sein.

Festgehalten werden muß außerdem, daß bei der Kür der Wahlmänner –
insgesamt 10, jeweils 2 pro Kirchengemeinde – Überwasser und Jüdefeld
zu einem Kirchspiel gerechnet wurden (Kirchhoff, K. H., Die Täufer, S.
34, Tabelle 4)

17. *Wahlen vom 23. Februar 1534.* – Die zehn Wahlmänner:

Hermann Boemer	Schneider
Andreas von Werden	Gerber
Cort Cruse	Goldschmied
Heinrich Loemann	Weißgerber
Bernhard Boentrup	Metzger
Johann Lepper	
Albert Geisthoevel	Bäcker
Johann Redeker	Schuster
Anton Grotevader	
Hermann Focke	Schneider

Der Rat:

Bernhard Knipperdollinck	Kaufmann
Gerhard Kibbenbrock	Kaufmann
Johann von Deventer	Schuster, Aldermann
Christian Wordemann	Krämer
Christian Kerckerinck	Erbmann
Heinrich Sanctus	Kupferschmied
Johann Pallick	Schmied
Heinrich Rode	Goldschmied
Cort Cruse	Goldschmied
Claus Snider	Kaufmann
Johann Ossenbeck	Gerber
Bernhard Boventrup	Fleischhauer
Johann Konninck	Krämer
Gerhard Reyninck	Kaufmann
Lucke Gruter	Hutmacher
Gerhard Pruesse	Fleischhauer

Steffen Petzold	Kupferschmied
Hans von Borstel	Goldschmied
Claus Stripe	Wantscherer
Engelhert Edinck	Kaufmann
Bernard Pickert	Kaufmann
Albert Geisthoevel	Bäcker
Bernhard Oliesleger	Kaufmann
Heinrich Pothgen	Schuhmacher

(Kirchhoff, K. H., Die Täufer ..., S. 67–68; Rammstedt, O., Sekte und soziale ..., S. 129)

18. *Die Figuren und die Domuhr.* – Während seiner Ausgrabungen im Jahre 1898 stieß der Kunsthistoriker Max Geisberg beim Absuchen der Schanze vor dem Kreuztor auf die Figuren des Portals der Überwasser-Kirche und des Kalvarienberges am Domplatz. Einige dieser Figuren stammen aus dem Jahr 1374, die anderen aus dem XV. und XVI. Jahrhundert. Sie sind zum Teil beschädigt, die Gesichter sehen aus, als wären sie mit Hammerschlägen bearbeitet worden; sie können heute im Museum von Münster besichtigt werden.

Eine neue astronomische Domuhr ist im Dom des hl. Paulus an der Stelle jener aufgerichtet worden, die die Wiedertäufer am 24. Februar 1534 zerschlagen hatten. Sie ist ein wahres Wunderwerk der Mathematik und der Kunst des XVI. Jahrhunderts: Der Maler Hermann tom Ring, der Sohn Ludgers des Älteren, trug wesentlich zu der Ausschmückung der neuen Domuhr bei, so wie sein Vater es bei der ersten getan hatte. (Werland, W., Münster Blickpunkte, die astronomische Domuhr, Münster 1929, viersprachige illustrierte Ausgabe, 1976).

19. *Emdener Gulden und Goldgulden.* – 1531 entspricht der Wert des Emdener Gulden mit 24 Schillingen dem des rheinischen Goldgulden. Im Jahre 1534 aber ist er nur noch 24/29stel, d. h. 0,82 mal soviel wert; 1535 nur noch 24/31stel, anders ausgedrückt: nur noch 0,77 mal soviel. Man kann davon ausgehen, daß während der Belagerungszeit im großen und ganzen fünf Emdener Gulden vier Goldgulden gleichkamen.

20. *Zinsdarlehen, Kirche und Banken.* – Im XVI. Jahrhundert werden immer mehr Bankgeschäfte getätigt. Die Zahl der Bankiers und ihr Vermögen nehmen in erheblichem Maße zu. Die meisten von ihnen spekulieren mit den von Adligen und Kaufleuten in ihren Instituten eingezahlten Geldern. Manchmal in recht gewagter Form. So Amboise Hoechstetter, der 1528 in aufsehenerregender Weise Bankrott machte, weil er den Quecksilbermarkt ganz und gar an sich ziehen wollte.

Die Einstellung der Öffentlichkeit, auch der Kirche, zum Zinsdarlehen wechselte rasch. Als es im Mittelalter verboten wurde, war die damit verfolgte Absicht die, vornehmlich die Bauernschaft und die Handwerker vor den Pfandleihern zu schützen. Es leuchtet ein, daß das Problem sich anders stellt, wenn es darum geht, Tuchfabrikanten oder Grubeninhabern die finanziellen Mittel zur Verfügung zu stellen, die sie für ihren Betrieb benötigen.

1532 konnte man noch erleben, daß die Pariser Universität in einer Antwort auf ein Ersuchen spanischer Kaufleute erneut die Verurteilung des Zinsdarlehens bekräftigte; Karl V. ließ es gleichwohl zu, wenn auch mit der Maßgabe, daß der Zins einen angemessenen Satz von etwa 12 % nicht übersteigen dürfe.

In Münster wurden, wie wir gesehen haben, die den Bürgern gewährten Darlehen durch Immobilien gesichert. Der Bischof durfte als Garantien sogar Teile seines Bistums verpfänden.

Bei dem gerichtlichen Verkauf der beschlagnahmten Täuferhäuser zeigte sich, daß viele von ihnen mit Hypotheken über und über belastet waren. Dies war beim Haus Knipperdollincks der Fall, der ein Darlehen auf sein schönes Haus am Prinzipalmarkt hatte aufnehmen müssen, um die hohe Ablösesumme zahlen zu können, die der Bischof einige Jahre vor der Belagerung für seine Freisetzung verlangt hatte.

21. *Manuelle Arbeit und Militärstaat.* – Wurde in Frankreich zu dieser Zeit ein Soldat degradiert, so wurde er öffentlich mit einer Spitzhacke auf der Schulter vorgeführt (Lery, J. de, Histoire de la ville et du siège de Sancerre). Zudem betrachtet des XVI. Jahrhundert, das die Antike gerade wiederentdeckte und von ihr fasziniert war, die manuelle, nicht mit der Landwirtschaft im Zusammenhang stehende Arbeit mit noch mehr Verachtung als das Mittelalter es ohnehin tat.

22. *Waffen.* – Der Benutzer eines Spießes erklärt die Schwierigkeiten seiner Handhabung: »Das Unangenehmste dabei ist die Vibration des Schaftes. Wenn man gegen seinen Feind mit einem Spieß kämpft, ist es (wegen der zu starken Vibration der Spitze) fast unmöglich, sein Ziel zu treffen. Diese Schwierigkeit tritt verstärkt bei heftigen Stößen auf. Die Schwingung nimmt weiter zu, wenn man die Gesamtlänge der Waffe bei langgestrecktem Arm benutzt. Der Stoß muß langsam und konzentriert angesetzt, der günstigste Augenblick abgewartet werden, wenn man einen Söldner in voller Rüstung an den empfindlichsten Stellen, Hals oder Bauch, und mit der nötigen Präzision die Gelenkverbindungen der Rüstung treffen will.« (Koch, H. W., La guerre au Moyen-Age, S. 198).

Was die Feuerwaffen betrifft, die Musketen und die Hakenbüchsen, so wurden sie bereits seit Beginn des Jahrhunderts weiterentwickelt, wobei der wichtigste Fortschritt sicher die Einführung des Kolbens war, der beim Schießen die Treffsicherheit weitgehend zu steigern erlaubte und den Rückstoß der Waffe beim Abschuß besser auffing.

Die Hakenbüchse wird weiterhin mit Hilfe einer im Boden fest verankerten Stütze, die mit einer Gabel endet, benutzt. Die Vorbereitung des Abfeuerns geht langsam vonstatten. Die Befehle: »Hoch die Hakenbüchse – nieder die Hakenbüchse – Laden – Pulver nehmen – Körnen – Lunte vorbereiten – Lunte verschlängeln und abmessen – Lunte anblasen und Zündpfanne öffnen – Legt an – Feuer!« Die Hakenbüchse kann auf 75 Meter, also doppelt so weit wie die praktisch nicht mehr verwendete Armbrust, den dicksten Panzer durchschießen.

23. *Die Artillerie zur Zeit der Belagerung Münsters.* – Die wichtigsten damals verwendeten Geschütze tragen die Namen von Monstern, Schlangen, Falken usw. ..., so z. B. der *Drachen* oder auch *doppelte Feldschlange* genannt, »mit dem man 40 Pfund Eisenkugeln abfeuern und eine Reichweite von 1364 Schritt von je 2½ Fuß erreichen kann«, (d. h etwas mehr als 1 Kilometer) bei rasantem Schuß.

Bei Steilfeuer kann ein Drache von einem der Blockhäuser auf der Belagererseite jeden beliebigen Punkt der Stadt Münster treffen; die Reichweite der übrigen Geschütze:

– die Feldschlange mit der 20 Pfund schweren Eisenkugel 1200 Schritt,
– der Sakkerfalke mit 5 Pfund Eisen 700 Schritt;
– das Falkonett 2 ¼ Pfund Eisen 568 Schritt,
– die Hagelbüchse 1 Pfund 4 Unzen 411 Schritt,
– der Zwergfalke 15 Unzen Blei 315 Schritt.

Erwähnt werden auch Basilisken, Schlangen o. ä.

Die meisten dieser Geschütze, die auf Lafetten mit eisenbeschlagenen Rädern montiert sind, können an ein Gespann angeschirrt werden.

Um das Jahr 1530 erfolgt das Richten entweder durch das Heben der oberen Spanten der Lafette oder durch das Verrücken des unteren Teils dank eines Gelenks am Verschluß.

Um 1530 wird an das Ende, das von zwei Bohlen, den Lafettenwänden, aufgeteilt wird, ein drittes Rad angehängt. Zum Richten des Geschützes bedient man Winkel oder Schrauben unter dem Verschluß des Rohrs. In Längsrichtung wird das Rohr bis zur Jahrhundertmitte durch Eisenbänder oder sogar nur Seile in der Lafette gehalten.

Das damals verwendete Pulver besteht zu 41 % aus Salpeter, zu 29,5 % aus Schwefel, zu 29,5 % aus Holzkohle (jeweilige Anteile heute: 75 %, 10 % und 15 %), und wurde stets sorgfältig vor Feuchtigkeit geschützt aufbewahrt (Koch, K. W. La guerre au Moyen Age, S. 201; Violet le Duc, Dictionnaire d'Architecture, Bd. V, S. 259–260; Racinet, Le Costume historique, Bd. IV, France, XVI. Jhr.)

Die Befestigungen zu Beginn des XVI. Jahrhunderts. – Die Festungsbatterien, die für direktes, rasantes Feuer eingesetzt werden sollen, werden auf relativ niedrigen und offenen Terrassen, auf Schanzen, auf Erdbastionen plaziert, die entweder durch Holzgerüste oder durch Steine befestigt sind, wie bei den Wiedertäufern. Diese am äußeren Rand der Befestigung stehenden Bastionen wurden im Niederdeutschen und im Holländischen »bolwerc« genannt, woher das heutige Wort »Boulevard« stammt.

Aus dem Mittelalter sind die Stadtmauer und der Festungswall übernommen worden, wobei das Mauerwerk verstärkt wurde. Der Steinverblend, von einem Beschuß gelockert, könnte zerfallen und die aus Schutt bestehende Füllung freilegen, die – wenn sie ihrerseits einstürzt – den Durchgang durch die Bresche ermöglicht. Auch die Zinnen werden abgeschafft, weil sie bei Beschuß zersprengt werden und sich in gefährliche Geschosse verwandeln können. Alles wird mit Erde verschlossen.

Außerhalb der Gräben, auf der äußeren Grabenböschung, werden Holz- und Erdwälle errichtet, vor allem dazu bestimmt, die feindlichen Kugeln abzufangen.

Die Annäherung der Belagerer erfolgt unter Deckung und durch Gräben. Man schützt sich durch mit Erde gefüllte, aus geflochtenen Weidenruten bestehende Schanzkörbe. Die Abstände zwischen den einzelnen Körben bilden die Schießscharten, durch die Geschütze und Hakenbüchsen ihr Feuer abschießen.

Die innere Wallmauer Münsters ist 1,50 Meter dick und sechs bis acht Meter hoch. Das große Blockhaus, das am Stadtausgang an der Stelle liegt, an der die Aa abfließt, hat Mauern von 4,25 Metern Stärke. Verwendet sind Ziegel von je 29,31 cm Länge (Länge des münsterischen Fußes). Diese Art Ziegelstein, die »tegula monasteriensa«, findet überall in der Umgebung Münsters als Baumaterial Verwendung. Die Wassertiefe in den Gräben beträgt 2,5 m.

24. *Annähernde Bevölkerungsziffer Münsters* in den Jahren 1534–1535 und geschätzte Höhe des Frauenüberschusses. Eine systematische Aufstellung der von den Chronisten oder den Gefangenen in ihren Geständnissen angegebenen Schätzungen führt zu folgenden Ergebnissen: Laut

– Hermann Regeward: 2000 Männer, davon 1600 Wehrfähige, sowie 6000 Frauen (J. Niesert, S. 32);
– Johannes Beckmann: 2000 Männer, davon 1600 Wehrfähige und 5000 Frauen (J. Niesert, S. 37);
– Gottfried Strahlen: 1600 Männer und 5000 Frauen (J. Niesert, S. 59);
– Heinrich Graes: 8400 Wiedertäufer (Kerssenbrock, S. 700);
– Dionysius Vinne: 5000 bis 6000 Wiedertäufer, davon 2000 Wehrfähige (J. Niesert, S. 55);
– Johannes Boentrup: 6000 bis 7000 Wiedertäufer (Kerssenbrock, S. 700);
– Johannes Klopris: 6000 Wiedertäufer, davon 1800 Wehrfähige (J. Niesert, S. 125);
– Thonys Prüme: 1600 wehrfähige Wiedertäufer (Kerssenbrock, S. 700);
– Bernhard Focke: 1500 Wehrfähige (Kerssenbrock, S. 700);

- Werner Scheiffert: 8000 bis 9000 Wiedertäufer, davon 1400 Wehrfähige (C. A. Cornelius, S. 293);
- Heinrich Gresbeck: 2000 Männer, davon 1500 Wehrfähige, 8000 bis 9000 Frauen und 1000 bis 1200 Kinder (Vgl. Rammstedt, O., S. 103, Fn. 14).

Kirchhoff ermittelt, von verschiedenen Quellen ausgehend, folgende Durchschnittswerte:
- Männer: 1755;
- Frauen: 4800;
- Kinder: 1200;
- Kleinkinder bzw. Schüler: 700

Daneben schätzt er die Zahl auswärtiger Einwanderer auf 700–800 wehrfähige Männer und auf 2000–2500 Frauen. Die Zahl der Opfer der Vertreibung im Februar des Jahres 1534 (Katholiken und Protestanten) wäre mit etwa 2000 also geringfügig niedriger gewesen als die der Zugewanderten.

Danach läßt sich die Zahl der einheimischen Täufer auf 5000–5500 Personen, – das waren zwei Drittel der Bevölkerung – schätzen und die Gesamtzahl der Stadtbevölkerung während der Belagerungszeit auf 7700–8800 Einwohner. (Kirchhoff, K. H., Die Täufer . . ., S. 24).

Interessant ist, daß man auf eine annähernd gleiche Zahl kommt, wenn man die in Münster registrierte Anzahl der Wohneinheiten (1800) mit dem Koeffizienten 4,25 multipliziert, der der geschätzten Belegzahl pro Wohnung entspricht. Dieser Koeffizient wurde von dem deutschen Forscher Lethmate, Verfasser demographischer Studien über andere Städte in derselben Epoche, ermittelt. Die Multiplikation ergibt eine Bevölkerungsziffer von 7650 Einwohnern, wobei die Klosterbewohner nicht berücksichtigt sind. Fügt man deren Zahl hinzu, so kommt man auf etwa 8000 Einwohner.

Aus allen Schätzungen geht hervor, daß die Gesamtzahl der Frauen 3,2 bis 3,3 mal höher liegt als die der Männer. Es ist anzunehmen, daß dieser Frauenüberschuß bei der Einführung der Polygamie eine wesentliche Rolle gespielt hat. Diese Überrepräsentation läßt sich durch verschiedene Faktoren erklären:

Zum einen ist es das Vorhandensein von Frauenklöstern; zum anderen werden die Ehefrauen in der Stadt zurückgelassen, um den Besitz zu wahren; entscheidend ist wohl der besondere Erfolg der Täufer-Doktrin bei den Frauen.

Zu erwähnen ist schließlich, daß Münster bereits vor der Belagerung in dieser Hinsicht eine ungleiche Verteilung aufwies.

25. *Die sieben Diakone:*
- der Bürgermeister von Ledde;
- Albert Heytter, Landpächter aus Ledde, Schwager des Kurgenossen Hermann Focke;

- Bernhard Havickhorst;
- Hermann Albertinck;
- Hermann Reyminck, Bäcker in Münster;
- Johann Katerberg, alias Heyde, Schwertfeger aus Berg;
- Hermann Bridorp.

26. *Savonarolas Autodafé.* Siebenunddreißig Jahre zuvor hatte Savonarola in Florenz auf ähnliche Weise ein gigantisches Autodafé für den letzten Tag der Fastnacht befohlen. Ganz unten wurden die Masken, die falschen Bärte, die Faschingskostüme gestapelt. Darüber: die Bücher der lateinischen und italienischen Dichter, die Morgana, die Werke Boccacios, Petrarkas. Darüber: Toilettenartikel (Spiegel, Schleier, falsche Haarteile, Salben, Parfums), Musikinstrumente, Spiele (Schachbretter, Karten, Würfel) und schließlich Gemälde, vorwiegend Frauenbildnisse. Dieses Autodafé stellte ein solches Vermögen dar, daß ein venezianischer Kaufmann dafür 20000 Taler bot. Zu bemerken ist, daß eine gewisse Anzahl von Malern ihre eigenen Werke selbst zur Verbrennung brachte (Perrens, F. T., Jerôme Savonarole, S. 194–195).

27. *Singend zum Scheiterhaufen.* – Konrad Braun, Assessor bei der Kaiserlichen Kammer: »Ich habe mit eigenen Augen gesehen, daß nichts die Wiedertäufer von ihren Irrtümern zu überzeugen vermochte und sie zum Abschwören umstimmen konnte. Der härteste Kerker, der Hunger, das Feuer, das Wasser, das Schwert, alle denkbaren, entsetzlichen Foltermethoden haben sie nicht erschüttern können. Ich habe oft mit angesehen, wie junge Menschen, Männer und Frauen, singend, frohgemut zum Scheiterhaufen schritten, und ich kann sagen, daß mich nichts im Laufe meines ganzen Lebens mehr bewegt hat. (Janssen, J., L'Allemagne et la Réforme, S. 111–112).

28. entfällt

29. *Massada.* – Im April 73 nach Christi Geburt, nachdem die Römer Jerusalem und Palästina erobert hatten, leistete die Sekte der Zeloten – ungefähr tausend Menschen, die sich in der Festung Massada am Toten Meer verschanzt hatten – als einzige noch Widerstand. Nach über einem Jahr Belagerungszeit, als ihnen der Tod durch Verdursten drohte, beschlossen die Zeloten, sich zu töten, statt sich zu ergeben; zehn Männer wurden ausgewählt, die alle anderen töten und sich anschließend gegenseitig umbringen sollten.

30. *Der Gedanke:* – »Wer sich erhöht, soll erniedrigt werden, und wer sich selbst erniedrigt, der ist der größte im Himmelreich«, kommt im Neuen Testament mehrfach vor, besonders bei Matth. 18, 4; bei Luk. 3, 5; Luk. 14, 11; Luk. 18, 14.

31. *Hinrich Trutelinck* hatte sich bereits 1525 bei der Zerstörung der Webstühle im Niesing-Kloster, die die Handwerker als unzulässige Konkurrenz

empfanden, hervorgetan. Seine Gebeine und seine Steigeisen wurden nach der Belagerung, bei der auch seine Frau und sein einziges Kind umkamen, auf dem Dach der Kirche gefunden. (Kirchhoff, K. H., Die Täufer, S. 253, Kerssenbrock, S. 571).

32. *Die zwölf Ältesten Israels waren:*
   - Hermann Tilbeck, Patrizier, ehemaliger Bürgermeister,
   - Gerlach von Wullen, Adliger, Schwiegersohn Kerckerincks,
   - Heinrich Sanctus, Kupferschmied
   - Heinrich Rode, Goldschmied,
   - Johann Ossenbeck,
   - Lambert Mapertinck,
   - Johann Eschmann aus Warendorf,
   - Lambert Bilderbeck aus Coesfeld,
   - Peter Symons aus Friesland,
   - Lambert aus Lüttich,
   - Bernhard thor Moer,
   - Anton Guldenarm.

Von den sechs Münsteranern unter ihnen waren vier ehemalige Ratsherren. Die sechs Ältesten, die nicht aus Münster stammten, vertraten die zahlenmäßig stärksten Zuwanderer-Kontingente: Umland von Münster (Warendorf, Coesfeld), Friesland, Niederlande.

33. *Der Scharfrichter.* – Natürlich gab es auch unter der alten Ordnung in Münster einen Scharfrichter. Er bewohnte ein kleines Haus an der Festungsmauer, südlich der Servatii-Kirche. Das Amt des Scharfrichters war so wenig geachtet, daß sein Name nicht einmal ausgeschrieben wurde. Auf den behördlichen Listen und Dokumenten wird er als N. N. (nomen nescio) aufgeführt.

34. *Mun größer als Jesus.* – Sun Myung Mun: »Die Stunde wird kommen«, in der mein Wort Gesetz wird (...). In der Geschichte der Menschen gab es Heilige, Propheten, zahlreiche religiöse Führer ... Der Meister, hier anwesend, ist größer als sie alle, er ist größer als Jesus selbst.« Und: »Die ganze Welt liegt in meiner Hand, ich werde die Welt besiegen und in meinen Bann schlagen.« (Vernette, J., Des chercheurs de Dieu hors frontières, Paris, 1978, S. 52 und 99).

35. *Über die Ehe.* – »Die Formen der Ehe und die Beziehungen zwischen den Geschlechtern im bürgerlichen Sinne sind nicht mehr zufriedenstellend. Auf diesem Gebiet steht eine Revolution bevor, die mit der proletarischen Revolution einhergeht.« (Lenin, La femme et le communisme, Ed. sociales, S. 202).

36. *Frauen.* – Eine Frau schreibt an die französische Wochenzeitschrift »Le Nouvel Observateur« (23. Febr. 1981): »Die Familie meines Mannes gehört der Sekte der Zeugen Jehovahs an (...). Brüder und Schwestern dieser

Sekte sind eng miteinander verbunden, aber sie wenden sich von ihrer eigenen Familie ab, wenn sie sich ihnen nicht anschließt. Ihr frauenfeindliches Bild – die Frau ist nur die Rippe des Mannes – ist abstoßend ...«.

37. *Desertion von Landsknechten.* – Wenn Landsknechte scharenweise desertierten, nahm die Kavallerie gewöhnlich die Verfolgung auf. So wurde am 1. Juli 1534 eine Gruppe desertierender Landsknechte vom Befehlshaber der bischöflichen Reiter bis nach Sendenhorst verfolgt. Sie hatten sich in einem befestigten Landgut verschanzt. Um sie zur Aufgabe zu bewegen, wurde ein schweres Geschütz aus dem Lager herangefahren und in Stellung gebracht. Nach der Übergabe wurde der Anführer auf der Stelle hingerichtet und die begnadigten Söldner unter strenger Bewachung auf ihre Posten zurückgeführt. (Kerssenbrock, S. 616; Kirchhoff, K. H., Die Belagerung, S. 103, N. 229).

38. *Die Münsteraner in der Hofordnung.* – Von den 146 in der Hofordnung vorgesehenen Posten und Ämtern wurden nur 58 gebürtigen Münsteranern übertragen. Daraus könnte man auf ein fehlendes Gleichgewicht zugunsten der Zugewanderten, vor allem Holländer und Friesen, schließen. Doch Rammstedt weist zutreffend darauf hin, daß die Münsteraner, ganz besonders aber die Honoratioren – ehemalige Ratsherren, Gildenmeister, Kaufleute oder wohlhabende Handwerker – unter dem neuen Regime die wichtigsten Posten innehatten und mehrheitlich die wesentlichen Instanzen besetzten. Von 18 Mitgliedern insgesamt zählt die Regierung 11 Münsteraner, und von diesen 11 sind 8 entweder ehemalige Ratsherren (7) oder Gildenmeister (1). Sie haben alle Grundbesitz im Wert von durchschnittlich 655 Goldgulden.

Auf den höheren Stufen der Verwaltung sind sie mit 21 von 32 vergebenen Posten auch dort mehrheitlich vertreten. Unter ihnen finden wir einen ehemaligen Kurgenossen, sieben ehemalige Ratsherren, zwei Patrizier, zwei Kaufleute, fünf Handwerker. Durchschnittlicher Grundbesitzwert: 346 Goldgulden.

Dagegen sind im Bereich der Exekutive oder an subalterner Stelle die Einheimischen weitgehend in der Minderheit:

– 5 von 29 in der Militärverwaltung,
– 13 von 30 in den Ständen,
– nur 8 von 37 unter den Dienern des Hofes.

Bei den zwei letztgenannten Kategorien beträgt der Durchschnittswert des Grundbesitzes nur noch ca. 160 Goldgulden.

Insgesamt fanden 19 der 24 ehemaligen Ratsherren eine neue Anstellung und einen neuen Titel.

Demnach scheint es, daß im Vergleich zu den Eingewanderten und trotz der von den Wiedertäufern gepredigten Gleichheit die Honoratioren ihre traditionelle Stellung eher noch ausgebaut haben.

39. *Adolf Hitlers Mutter.* Jan van Leydens Abkunft – seine Mutter, eine
Magd, wurde von ihrem Dienstherrn, einem verheirateten Bürgersmann,
geschwängert, der bis nach dem Tod seiner eigenen Frau wartete, sie zu
heiraten – weist deutliche Parallelen zu der Adolf Hitlers auf, dessen
Mutter Klara, auch sie eine Magd, von dem dreiundzwanzig Jahre älteren, mit Franziska Matzelberger verheirateten Zollangestellten Alois Hitler geschwängert wurde. Auch er wartete bis nach dem Tod seiner Ehefrau, um die Magd zu heiraten. Es wäre sicher nicht uninteressant, die
Kindheit, den Werdegang beider Männer, ihre Fähigkeit, durch Reden zu
überzeugen, ihren Sinn für Organisation und Inszenierung, einem Vergleich zu unterziehen ... Ein deutscher Dramatiker, Friedrich Percyval
Reck, tat dies übrigens 1938. Hitler schickte ihn nach Dachau, wo er
1945 starb.

40. *Die siebenundzwanzig Apostel.*
Nach Soest und Süden gingen:
– Johannes Dusentschur, Goldschmied aus Warendorf;
– Hermann Kerckerinck, ein mit Christian Kerckerinck wahrscheinlich
  verwandter Patrizier;
– Johannes Buttendieck, dessen Frau wegen Aufsässigkeit zum Tode ver-
  urteilt wurde und erst nach ihrer Niederkunft hingerichtet werden
  sollte;
– Joachim Kesse;
– Heinrich Schlachtschaf, Prädikant;
– Lorenz Vischer;
– Bernhard Wever;
Nach Osnabrück und Norden:
– Johann Boentrup, Fleischer;
– Heinrich Graes, Schulmeister aus Borken, der einzige Überlebende der
  Gruppe;
– Dionysius Vinne, Prädikant, ehemaliger Priester in Aldenick im Bistum
  Lüttich;
– Paul Schwering, der durch einen Schuß einen Arm verloren hatte;
– Peter Kneper aus Sneek;
– Johannes Scheffer aus Fredenhorst, Schuhmacherknecht;
Nach Coesfeld, gen Westen, wurden entsandt:
– Jakob van der Grave;
– Johannes Essens aus Coesfeld;
– Bernhard Focke aus Münster;
– Julius von Franeker aus Friesland, der als erster zum Bischof der Täufer
  in der Stadt ernannt worden war;
– Hermann Regewart, ehemaliger Geistlicher aus Warendorf;
– Johannes Beckmann aus Osnabrück. Früher Vikar in St. Martini, dann

in der Mauritz-Kirche, war nach der Zerstörung seiner Kirche nach Münster gekommen und hatte zwei ehemalige Nonnen, die eine aus Überwasser, die andere aus Aegidii, geheiratet.

– Bartholomeus Neteler aus Holland;
– Egbert Wideman aus Nordkirchen.

Nach Warendorf, gen Osten, gingen:

– Johannes Klopris, Prädikant;
– Heinrich Ummegrove;
– Gottfried Strahlen, Prädikant;
– Dietrich von Alfen;
– Antonius von Prim, Sackfabrikant aus der Eifel.

41. *Diese Else Dreier* könnte mit jener Else Dreier identisch sein, die zu den Königsfrauen zählte; der König soll sie, nachdem Knipperdollinck gegen sie eine Klage erhoben hatte, geheiratet, dann aber zum Tode verurteilt haben, als er von ihren Fluchtplänen erfuhr. Nach dem heutigen Stand der Forschung läßt sich diese These nicht belegen.

42. *Die Frauen des Königs*
  – Divara von Haarlem, die Königin,
  – Maria Heckers,
  – Katharina Milinges,
  – Anna Laurentz,
  – Engele Kerckerinck,
  – Anna Averweges,
  – Elisabeth Wantscherer,
  – Else Dreier,
  – Anna Knipperdollinck,
  – Clara Knipperdollinck,
  – Katharina Averweges,
  – Anna Kibbenbrock,
  – Christina Rodde,
  – Margaretha Moderson,
  – Lise von dem Busche,
  – Grete Groll,

Allein Divara führt den Titel einer Königin. Ihr Hofmeister ist Heinrich Rodde. Mehrere der Königsfrauen sind die Töchter oder Nichten hoher Würdenträger wie Knipperdollinck, Kerckerinck, Kibbenbrock (Kerssenbrock, S. 657, 658; Dülmen, R. van, Das Täuferreich ..., S. 157–158).

43. *Begnadigung.* – Kunne Swerthen überlebte die Belagerung und wurde bei der Einnahme der Stadt verschont. Sie unterschrieb das Formular, mit dem sie ihren Glauben widerrief, ein Geständnis ablegte, ihre Bußfertigkeit beteuerte und zwei Bürgen benannte. Der Bischof selbst ersuchte beim neuen

Rat der Stadt um ihre Begnadigung. Gegen Zahlung einer Summe von 100 Gulden konnten Johann und Kunne Swerthen den Besitz ihrer früheren Güter zurückerlangen. (Kirchhoff, K. H., Die Täufer ..., S. 247).

44. *Sieger.* – Niemand schlug Karl den Großen im Schwimmen, keiner Amin Dada im Ring. Mussolini zwang seine Minister zur Teilnahme an »cross countries«. Maos Glanzleistung, der mit siebzig Jahren noch den Jangtsekiang durchschwamm, erscheint uns, wenn auch dem gleichen Prinzip gehorchend, überzeugender.

45. *Die zwölf Herzöge.*
- Bernhard thor Moer, Schneider, Herzog von Braunschweig,
- Johann Redecker, Schuster, Herzog von Jülich und Kleve,
- Johann Palck, Schmied, Herzog von Geldern und Utrecht,
- Johann Dencker, Kaufmann, Herzog von Sachsen,
- Engelbert Edinck, Herzog von Brabant und Graf von Holland,
- Nikolaus Stripe, Kaufmann, Herzog von West- und Ostfriesland und dem Land Groningen,
- Heinrich Xantus, Kupferschmied, Herzog von Mainz,
- Johann Katerberg, Schwertfeger, Herzog von Bremen, Verden und Minden,
- Heinrich Kock, Herzog von Trier,
- Hermann Reyninck, Herzog von Hildesheim und Magdeburg,
- Christian Kerckerinck, Herzog von Westfalen zwischen Rhein und Weser,
- Der Bürgermeister von Ledde, Herzog von Köln.

(Kerssenbrock, S. 774; Dülmen, R. van, Das Täuferreich ..., S. 249, 250).

46. *Wechhakes Kaution.* – Obwohl über seine Rolle Näheres nicht bekannt ist, weiß man, daß ein zweiter Mann, und zwar Ludger Wechhake, neben Jan von Leyden an der Hinrichtung Elisabeth Wantscherers aktiv teilnahm. Jener Wechhake wurde 1534 von den Belagerern gefangengenommen, dann aber dank der Fürsprache Johannes Mennemans und Godekes von Haltern wieder auf freien Fuß gesetzt. Hierfür hatte der Erstgenannte der beiden Bürgen sogar eine Kaution von 150 Gulden geleistet. Nach seiner Freilassung war Wechhake, den man nicht umzustimmen vermocht hatte, nach Münster zurückgekehrt, und der Bischof hatte die Kaution beschlagnahmt. Nachdem Wechhake bei den Eroberungskämpfen ums Leben gekommen war, ließ der Bischof dessen Besitz, vornehmlich ein Haus am Roggenmarkt 2, konfiszieren. Die 150 Gulden Kaution zog er davon ab und zahlte sie an Mennemann zurück. (Kirchhoff, K. H., Die Täufer ..., S. 257).

47. *Der Tod und das Feiern.* – »Ohne Guillotine wäre das Fest nur halb so schön gewesen.« Dieser Satz aus einem Polizeibericht beschreibt die zufällige Begegnung zwischen einem Wagen mit Hinrichtungskandi-

daten und dem Festzug anläßlich des ersten Jahrestages des Todes Louis'
XVI. Über den tieferen Sinn der Feier schreibt Dürkheim, daß es allein der
Zusammenrottung der Gruppengemeinschaft bedürfe, damit sich aus dem
Gefühl ihrer Einmütigkeit heraus ihre Exaltation entwickeln könne. Im
Gegensatz zu ihm hält Freud diese Exaltation nur um den Preis einer Ver-
letzung von Verboten für möglich. Gewiß müßten im Falle Münsters nicht
nur Jan van Leydens Rolle, die mystische Erwartungshaltung und die Isolierung der Bevölkerung berücksichtigt, sondern beide Motivationsdeu-
tungen herangezogen werden.

48. *Überlebende Männer.* – Jakob van Sulen jr. zählt zwar zu jenen glücklichen
Überlebenden, aber er beging den verhängnisvollen Fehler, im Winter
1536–1537 nach Münster zurückzukehren. Er wurde erkannt, festgenommen und verhört. Nachdem er gestanden hatte, zwei Menschen während
der Belagerung getötet zu haben, wurde er am 19. Februar 1537 enthauptet
(Kirchhoff, K. H., Die Täufer . . ., S. 244).

49. *Anna Kibbenbrock.* – Die Witwe des Würdenträgers wurde zum Tode verurteilt, dann aber aufgrund ihrer Schwangerschaft begnadigt und eingekerkert. Vergeblich bot sich ihr Bruder Anfang August 1535 als Bürge an, um
ihre Freilassung zu erwirken. Im Monat Dezember drängten ihre Ge-
schwister, Freunde und ihre acht Kinder den Bischof, sie zu begnadigen.
Sie litte, sagen sie, an einem Tumor, »der täglich wachse«. Sie bezeugten,
daß sie sich zum Täufertum nicht freiwillig, sondern unter Zwang bekannt
habe. (Kirchhoff, K. H., Die Täufer . . ., S. 167).

50. *Dieser Siegelring* wurde dem Kanzler Eberhard von Elen vom Bischof ge-
schenkt. Ersterer vermachte ihn durch Testament der Stadt Münster; der
Rat verkaufte ihn dann weiter an einen renommierten Goldschmied, David
Knop. Man findet ihn bei Löffler (K.), (Die Wiedertäufer, D. 135) gra-
phisch dargestellt. Dieser Ring ist heute verschwunden, ebenso wie das
Schwert und die Krone Jan van Leydens.

51. *Überlebende Frauen.* – Schätzungsweise 3500 bis 4000 Frauen haben die
Belagerung Münsters überlebt und dem Täufertum abgeschworen. Gleichwohl kehrten nur 216 von ihnen im Herbst 1536 in die Stadt zurück –
vielleicht fanden sich viele unter denen, deren Widerruf nur ein Lippenbe-
kenntnis war. So zum Beispiel die Töchter von der Recke: 1535 schworen
sie ihrem Glauben ab, fanden Bürgen, die für sie und ihre Mutter eine
Kaution von 6000 Gulden zahlten . . . und gingen 1536 wieder zum Täufertum über. Unter den 216 Frauen, die nach Münster zurückgingen, finden
wir auch Gese Overcamp, die Hundertjährige.

52. *Täufertum ohne Gewalt.* – Dem Täufertum radikalen und militanten Cha-
rakters wurde in Münster der Todesstoß versetzt. Zwar übernahm Johann
Battenburg als Nachfolger Jan van Leydens die geistige Führung dieser
radikalen Tendenz der Bewegung, doch wurde er 1537 selbst hingerichtet.

David K. Joris trat zuerst an seine Stelle, ihm folgte ein Pazifist namens Menno Simonsz, der Disziplin und Reinheit der Sitten predigte und sich dabei auf die ursprünglichen Thesen der Täufer besann. Seine Anhänger nannten sich Mennoniten, eine Vereinigung, die heute auf der ganzen Welt 600 000 Mitglieder zählt und vor allem in Nordamerika und in den Niederlanden verbreitet ist.

53. *Hinrichtungen.* – Bemerkenswert ist die düstere Vorahnung Corvinus' bei der Hinrichtung der Wiedertäufer durch die Katholiken, an der er als Zuschauer teilnahm: »Diesen fehlte zur vollen Freude auch nichts, als daß nicht auch die Lutheraner durch dieselbe Strafe aus ihrer Mitte weggeschafft würden.« Wenig später begannen die Religionskriege.

54. *Die Käfige und die Folterzangen.* – Die 1536 am Kirchturm St. Lamberti aufgehängten Käfige blieben bis zum Abbruch des Turmes im Jahre 1881 dort hängen; danach wurden sie an der Südseite des zwischen 1895 und 1898 gebauten neuen Turms ausgestellt. Sie hängen dort heute noch. Die vier bei der Folter Jan van Leydens benutzten Zangen werden im alten Rathaus der Stadt Münster aufbewahrt.

55. *Die Gilde-Häuser.* – Die öffentlichen Gebäude Münsters, die der Stadt gehörten, wie das Waagehaus, das Weinhaus, das Bierhaus, das Rathaus, sind nicht als Beutegut beschlagnahmt worden.

Wohl aber die Häuser der Gilden, da letztere zu Recht als für den Aufruhr mitverantwortlich angesehen wurden.

– Das Schoehaus, das Haus der Gesamtgilde am Alten Fischmarkt Nr. 27, wurde erst 1551 wieder Eigentum der Gilden.

– Das Kramerhaus, Alter Steinweg Nr. 6, wurde 1537 an den Hofmarschall des Bischofs verkauft. Die Kramer erwarben 1559 das Nachbarhaus Nr. 7, der Neubau von 1589 diente während der Vorverhandlungen zum Westfälischen Friedensvertrag von 1645 bis 1648 der niederländischen Delegation als Residenz. 1945 wurde es durch Bombenangriffe zerstört und 1951 neu errichtet (heute Stadtbücherei). Im Großen Saal ist immer noch die Devise der Kramergilde zu lesen: »Ehr is Dwang genoog.«

– Die Schmiede versuchten 1536 vergeblich, das Haus ihrer Gilde zurückzukaufen; dies sollte ihnen erst einige Jahre später (1557) gelingen. Es lag in der Jüdefelder Straße 72.

– Die Schuster und Schuhmacher mußten auch eine erste Niederlage hinnehmen, als sie 1561 versuchten, ihr Gildenhaus zurückzuerwerben; es sollte ihnen schließlich fünfzig Jahre nach der Belagerung, im Jahre 1584, gelingen.

– Das Gildehaus der Bäcker, Pelzer und Böttcher, das am Alten Steinweg 1–2, in unmittelbarer Nähe des Kramerhauses lag, wurde an den bischöflichen Münzmeister verkauft.

56. *Verkauf beschlagnahmter Häuser.* – Das Einreichen von Forderungen und Angeboten seitens der Interessenten erfolgte in Münster am 17. Januar 1536, einige Tage vor den Hinrichtungen. Schätzungsweise zählte die Stadt zu dieser Zeit 1800 Hausgrundstücke. (Kirchhoff, K. H., Die Täufer ..., S. 27).

57. *Konfiszierung und Rückkaufsrecht.* – Das Recht zur Beschlagnahme der unbeweglichen Güter der Wiedertäufer war durch das Kaiserliche Mandat Karls V. vom 3. Februar 1535 klar definiert.

Den Vertriebenen hatte der Bischof die Rückgabe ihrer unbeweglichen Güter versprochen. Um sie zu zwingen, ihren Besitz von den Beutemeistern zurückzukaufen, rechtfertigte er sich mit der vermeintlichen Kollektiv-Verantwortung aller Münsteraner Bürger, ob Täufer oder nicht, für den in Telgte am 26. Dezember 1532 erfolgten Handstreich, in dessen Verlauf die Domherren als Geiseln genommen wurden (Kirchhoff, K. H., Die Täufer ... S. 3, Anm. 17 und 18).

58. *Finanzielle Bilanz der Belagerung.* – Die Einnahmen, die es erlaubten, die Kriegsschulden zu decken, beliefen sich auf 380 332 Goldgulden; 235 231 davon stammten aus Darlehen und Einkünften der Diözese. Die Reichskreise trugen nur 61 000 Gulden und nicht, wie vorgesehen, 185 000 dazu bei; der Bischof mußte außerdem vorab an das Reich 56 000 zahlen. Die bezahlten Ausgaben betrugen 383 200 Goldgulden; den Reitern blieb man 9216 Gulden schuldig.

Rechnet man diesen Ausgaben die in natura geleisteten Beiträge hinzu, so beliefen sich die Gesamtkosten der Belagerung schätzungsweise auf 500 000 Goldgulden, eine beträchtliche Summe, die allerdings bei weitem unter den 800 000 Gulden liegt, welche der Bischof im November 1534 behauptete, ausgegeben zu haben. (Eine Tonne Gold = 100 000 Gulden).

Die Umrechnung der Belagerungskosten in heutige Währung ist theoretisch unmöglich. Dennoch: wenn man die Umsetzung auf der Grundlage des Goldkurses von März 1981 wagt, stellt man fest, daß die Belagerung 170 Millionen Mark gekostet hätte, was mit dem Preis eines Hauses in Münster – etwa 96 000 Mark – oder mit dem Monatssold eines Landsknechtes – etwa 1200 Mark – auf derselben Grundlage errechnet – vereinbar zu sein scheint.

59. *Münster seit der Belagerung 1534–1535.* – Knapp ein Jahrhundert nach der Belagerung erlebte Münster mit dem zwischen Frankreich und dem Deutschen Reich ausgehandelten Westfälischen Friedensvertrag (1648), der den Dreißigjährigen Krieg beendete, eine Sternstunde. Durch so viel Ehre beflügelt, unternahm die Stadt den Versuch, die Reichsfreiheit zu erlangen, was zu einer erneuten, folgenschweren Konfrontation mit dem Bischof führte, zu dieser Zeit Christoph Bernhard von Galen. Nach drei aufeinanderfolgen-

den kriegerischen Auseinandersetzungen verlor Münster alle Stadtfreiheiten. Nun standen die Männer des Bischofs Wache vor dem Rathaus und dem Schoehaus, das in ein Waffenlager umgewandelt und mit einer lächerlichen und ehrenrührigen Inschrift verunstaltet war: »Ne sutor ultra crepidam (Schuster, bleib' bei deinem Leisten!)« Das war das Ende der bürgerlichen Ambitionen der Stadt.

Im Jahre 1767 beschloß Franz von Fürstenberg, Staatsminister des damaligen Bischofs, die Stadttore und die Festungsmauern Münsters abreißen zu lassen, und machte aus Münster damit eine offene Stadt, »um den Feind nicht zum Angriff aufzufordern«. Gleichzeitig gründete dieser Minister eine Landes-Universität, die heute ca. zwanzig Fakultäten und über 30 000 Studenten zählt.

Im Jahre 1806 besetzten Napoleons Truppen Münster, das 1810 zur Hauptstadt des französischen Departements Lippe wurde. Der französischen Besatzung folgte 1815 die Besitzergreifung durch Preußen.

Durch die Bombenangriffe der Alliierten 1945 dem Erdboden fast gleichgemacht, wurde das Stadtzentrum der westfälischen Metropole auf dem Grundriß der ehemals befestigten Stadt, zu deren König sich Jan van Leyden selbst proklamiert hatte, neu errichtet. Sie ist heute eine moderne, dynamische Stadt mit ihren mehr als 250 000 Einwohnern, darunter fast 70 % Katholiken.

Literaturverzeichnis

Nicht alle in der nachfolgenden bibliographischen Gesamtübersicht genannten Werke sind ausgewertet worden. Da die Geschichte der Wiedertäufer in Deutschland nach wie vor Gegenstand aktiver Forschung ist, konnten wir uns bei unserer Arbeit zusätzlich zu der bereits vorhandenen Quellenliteratur vorzugsweise auf jüngste Veröffentlichungen zeitgenössischer Wissenschaftler stützen. Die vorliegende internationale Auswahl einschlägiger Werke erhebt keinen weiteren Anspruch, als denjenigen Forschern, die um einen Zugang zu den vorhandenen Informationen über die Wiedertäufer-Geschichte und um deren Verständnis bemüht sind, bei ihrer Suche möglicherweise Zeit zu sparen.

I. Hauptquellen

Die nachstehend aufgeführten Dokumente wurden in chronologischer Folge ihrer Erscheinung aufgelistet. Bis auf die Hauptchronik, die von Kerssenbrock, ist der angegebene Verfassername der des historischen Autors, der auch gelegentlich Übersetzer der Originaltexte ist.

NIESERT (J.): ›Münsterische Urkundensammlung‹, Coesfeld, 1826.
Urkunden zur Geschichte der Münsterischen Wiedertäufer. (Dieser Band enthält vor allem das Geständnis von Johannes Beckmann, S. 33–37, von Zilli Leitgen, S. 136–149 und von Jakob von Osnabrück, S. 154–166).
– Beiträge zu einem münsterischen Urkundenbuche, Münster, 1823.
DORP (H.): ›Wahrhafftige Historia wie das Evangelium zu Münster angefangen. Und danach durch die Wiedertäufer verstört, wieder auffgehört‹, Magdeburg 1842. Seit Detmars Veröffentlichung der »Historia« von Kerssenbrock hat dieses Werk an einschlägiger Bedeutung verloren. Die bei Miche-

let in »Les Memoires de Luther« zu findenden unsachlichen Angaben über die Ereignisse von Münster lassen sich dadurch erklären, daß sich der genannte Autor in den Jahren um 1830 auf eine frühere Ausgabe jener »Historia« von Dorp zur Abfassung seines Werkes gestützt hat.

Ein wertvolles Schriftstück ist gleichwohl in Dorps Werk zu finden, und zwar der Brief des hessischen Predigers Anton Corvinus an Georg Spalatin, in dem er die Hinrichtung Jan van Leydens, Bernd Knipperdollincks und Bernhard Krechtings beschreibt: »De miserabili Monasteriensium anabaptistorum obsidione ...«, Wittenberg, 1536.

CORNELIUS (C. A.): ›Berichte der Augenzeugen über das münsterische Täuferreich‹, in »Die Geschichtsquellen des Bistums Münster«, Bd. II, Münster, 1853. Neuauflage 1965.

Diese wichtige Veröffentlichung enthält in erster Linie den Originaltext der Erinnerungen des Schreiners Gresbeck unter der Überschrift: »Summarische Ertzelungk und Bericht der Wiederdope und wat sich binnen der Stat Monster in Westphalen zugetragen im jair MDXXXV«, S. 3–214.

Dieser Bericht ist von zentraler Bedeutung, denn bevor Heinrich Gresbeck die Wiedertäufer verriet, hatte er zusammen mit ihnen die gesamte Belagerungszeit miterlebt, wobei er bei der Einnahme der Stadt eine entscheidende Rolle spielte. Sein Bericht ist äußerst lebhaft abgefaßt, jedoch empfiehlt es sich, ihn aus mehreren Gründen nur mit Bedacht heranzuziehen: einerseits, weil Gresbeck nach den Ereignissen sein Verhalten zu rechtfertigen sucht, andererseits, weil auf seine Zahlenangaben und den chronologischen Ablauf der Geschichte nur bedingt Verlaß ist. Der im Niederdeutschen verfaßte Bericht ist schwer zugänglich; allerdings wurde er zu einem wesentlichen Teil von K. Löffler und zum anderen von R. van Dülmen (vgl. weiter unten) in modernes Deutsch übertragen. Unter den von C. A. Cornelius veröffentlichten, weiteren Schriften sind ebenfalls zu nennen:

– Die Briefe vom 21. und 29. Mai 1535 von Justinian von Holtzhausen, Kriegsrat zu Frankfurt (S. 334–337 und 341–347);

– Die Protokolle der Verhöre Jan van Leydens vom 25. Juli 1535 (S. 369–376) und vom 20. Januar 1536 (S. 398–402);

– Die Chronik des Klosters Marienthal, Niesing-Kloster genannt, (S. 419–441).

KERSSENBROCK (H. von): ›Anabaptistici furoris Monasterium inclitam Westphaliae metropolim evertentis historica narratio‹, von H. Detmer dargestellte und mit kritischen Anmerkungen versehene Ausgabe, Bd. I. Münster, 1900, Bd. II. Münster, 1899.

Im Jahre 1533 besuchte Kerssenbrock die erste Klasse der Scola Paulina in Münster und dürfte damals zwölf oder dreizehn Jahre alt gewesen sein, und nicht fünfzehn, wie allgemein berichtet wird. Wie andere Katholiken und Protestanten mußte er Ende Februar 1534 die Stadt verlassen und war gezwungen, sein Studium außerhalb fortzusetzen. Als Rektor der Scola Paulina nach Münster zurückgekehrt, nahm er 1568 eine Cholera-Epidemie, die zur Schließung der Schule geführt hatte, zum Anlaß, die Niederschrift seiner »Historia« in Angriff zu nehmen. Das Hauptinteresse an seiner Arbeit liegt darin, daß er damals Zugang zu Unterlagen hatte, die seitdem verschwunden sind, und daß er sehr wahrscheinlich Augenzeugen der Ereignisse hat befragen können. Sein Bericht ist reich an Anekdoten und erwähnt die Namen von mehr als zweihundert Wiedertäufern, gleichwohl ist er von einem rigorosen Katholizismus und der Treue gegenüber dem Bischof stark gefärbt. Hieraus resultieren Verzerrungen, manchmal sogar Verleumdungen, die schlichtweg als Erfindungen erscheinen. Ebensowenig wie bei Gresbeck ist auf chronologisches Festhalten der Ereignisse und auf Zahlenangaben Verlaß. Gleichwohl hat seine Chronik bis zum letzten Weltkrieg die späteren Berichte und Kommentare zutiefst beeinflußt und der Vorstellung besonderen Nachdruck verliehen, wonach das Wiedertäufertum von Anfang an einen aufrührerischen Wesenszug hatte und die Gewalt predigte. Nicht selten ergab sich daraus häufig denn auch eine karikaturhafte Darstellung der münsterischen Gemeinschaft – sexuelle Auswüchse und ein allein durch Terrorherrschaft erzielter Gehorsam –, die die Forschungsarbeiten neueren Datums erst allmählich ins rechte Licht rücken. Kerssenbrocks Chronik ist in lateinischer Sprache abgefaßt und bis heute noch nicht Gegenstand einer erschöpfenden Übersetzung in eine moderne Sprache gewesen. Sie füllt die Bände V und VI der »Geschichtsquellen des Bistum Münster« aus.

LÖFFLER (K.): ›Die Wiedertäufer zu Münster 1534–1535‹ (Berichte, Aussagen und Aktenstücke von Augenzeugen und Zeitgenossen), Jena, 1923. Zeitlich geordnete, in die heutige deutsche Sprache übersetzte Sammlung von Auszügen aus Kerssenbrocks und Gresbecks Berichten. Weitere, von Niesert und Cornelius veröffentlichte Schriftstücke wurden in die Sammlung aufgenommen.

FAST (H.): »Der linke Flügel der Reformation« (Glaubensbekenntnisse der Täufer, Spiritualisten, Schwärmer und Antitrinitarier, Bd. IV aus »Klassiker des Protestantismus«, Bremen, 1962. Enthält hauptsächlich das Bekenntnis Obbe Philips'.

STUPPERICH (R.): »Die Schriften Bernhard Rothmanns«, Münster, 1970. Die einzigen Schriftstücke, die von den Wiedertäufern selbst herrühren. Einige der von R. Stupperich veröffentlichten und ursprünglich 1533 und 1534 in Münster erschienenen Schriften B. Rothmanns wurden bereits sowohl von H. Detmer als auch von R. Krumbholtz sowie von R. W. Bouterwerk herausgegeben. (Vgl. diese Verfasser unter der Rubrik »Sonstige Werke«).

KIRCHHOFF (K. H.): »Die Täufer in Münster 1534–1535«, (Untersuchungen zum Umfang und zur Sozialstruktur der Bewegung), Bd. XII der »Ge-

schichtlichen Arbeiten zur Westfälischen Landesforschung«, Münster,
1973. Ohne im eigentlichen Sinne eine Quellensammlung zu sein, ist diese
Zusammenstellung von K. H. Kirchhoff ein unentbehrliches Nachschlage-
werk. Tatsächlich findet sich darin eine systematische Aufstellung aller bis
jetzt bekannten biographischen und wirtschaftlichen Daten von ca. 800
zwischen 1533 und 1534 in Münster lebenden Personen, die fast alle zu den
Wiedertäufern zählten. Gestützt auf eine neue Auswertung der Archive
der Stadt Münster und des Landes, bringt das genannte Werk eine Fülle
unveröffentlichter Informationen.

VAN DÜLMEN (R.): »Das Täuferreich zu Münster 1534–1535«, München,
1974. Sammlung von Schriftstücken, die aus den Texten Nieserts, Kerssenbrocks, Cornelius' usw. entnommen sind, in einer geordneten, praktika-
blen Reihenfolge und in heutigem Deutsch präsentiert.

II. Staatsarchiv Münster

In »Die Täufer in Münster«, S. 89–90, verweist Kirchhoff auf die zugängli-
chen, wichtigsten Schriftstücke in der Reihe »Quellen und Forschungen zur
Geschichte der Stadt Münster«, und zwar in erster Linie auf:
– Die Liste der Wahlmänner und Ratsmitglieder (Eduard Schulte, 1927);
– Das Bichtbock (oder Beichtbuch der Wiedertäufer in Münster, Bd. VII,
  Nr. 1603), das lange Zeit H. v. Kerssenbrock zugeschrieben wurde, von
  dem es eine Jugendschrift hätte sein können. Dies erscheint jedoch ausgeschlossen, da der Originaltext aus dem Sommer des Jahres 1534 stammt
  und Kerssenbrock damals noch zu jung gewesen ist. Wahrscheinlicher ist,
  daß dieses »Denunziationsbuch«, eine wahrhafte Brandfackel gegen die
  zum Täufertum bekehrten Bürger Münsters, das Werk eines über alle Gerüchte der Stadt bestinformierten Schulmeisters war. Darin werden nicht
  weniger als 130 Namen oder Spitznamen von Personen erwähnt, die der
  Verfasser persönlich gekannt haben muß. Diese Textsammlung wurde von
  C. A. Cornelius (Bd. I, S. 146; Bd. II, S. 170 ff., vgl. »sonstige Werke«)
  ausgewertet.
– Die Chronik von Überwasser von 1531 bis 1533 (1924, S. 153 ff.).

III. Bibliographien

BAHLMANN (P.): »Die Wiedertäufer in Münster«. Bibliographische Zusammenstellung, erschienen in »Westfälische Zeitschrift« 51, 1894, Neuauflage
1967.

SCHIEDUNG (H.): »Beiträge zur Bibliographie und Publizistik über die münsterischen Wiedertäufer«, Münster, 1934 (Diss.).

Neben diesem, ausschließlich dem münsterischen Täufertum gewidmeten
Werk muß die hervorragende, wertvolle, über dreißig Seiten lange Bibliographie erwähnt werden, die das 1957 in London erschienene Werk N.

Cohns, »The Pursuit of the Millenium«, abschließt. Das Buch wurde ins Deutsche übersetzt (Bern, München, 1961) und erschien in Frankreich unter dem Titel »Les fanatiques de l'apocalypse« (Paris 1962) mit Angabe der Quellen, jedoch ohne das dazugehörige Literaturverzeichnis. Letzteres vermittelt einen umfassenden Überblick über die Quellen der westlichen Literatur über chiliastische und eschatologische Bewegungen und Glaubensrichtungen.

IV. Sonstige Werke

Vorbemerkung: Bei der Aufbereitung des Literaturverzeichnisses ›Sonstige Werke‹ wurde folgendermaßen vorgegangen:

Von fremdsprachigen Titeln wurden soweit als möglich deutsche (ggf. englische) Ausgaben ermittelt.

Von ›Luther‹ und ›Marx‹ sind je ein französischer Titel verzeichnet, ohne deutsche Originalausgabe. Hierbei handelt es sich um vom Herausgeber zusammengestellte Teile aus dem Gesamtwerk, ein Originaltitel war nicht zu ermitteln.

›Kautsky: Communism ...‹ ist zwar eine Übersetzung – wie aus etlichen Bibliographien hervorgeht – da aber kein deutscher Originaltitel zu ermitteln ist, ist anzunehmen, daß die Übersetzung ins Englische evtl. aus dem Manuskript erfolgt ist.

AA, ABRAHAM JACOB VAN DER: Jan Bockelson: In: AA: Biographisch Woordenboek der Nederlanden. 21 vols. Haarlem 1852–78

ALPHANDERY, P.: Les foules religieuses. In: La Foule. Discussions ... par George Bohn u. a. Paris 1934. (Semaine international de synthèse. 4.)

DERS.: De quelques faits du prophétisme dans les sectes latines antérieures au joachinisme. In: Revue de l'histoire des religions 52 (1931), S. 177– 218

ALLARD, GUA H. (Bearb.): Aspects de la marginalité au Moyen Age. Montréal 1975

ARIÈS, PHILIPPE: Studien zur Geschichte des Todes im Abendland. München 1981. (dtv 4369: dtv-Wissen)

AUBARÈDE, GABRIEL DE: La Révolution des saints. Paris 1946

AUBENAS, ROGER: L'Église et la Renaissance (1449–1517). Paris 1951. (Histoire de l'Église depuis les origines jusqu'à nos jours. 15.)

BALL, BRAIN W.: A Great Expectation. Leyden 1975

BASTON, GUILLAUME ANDRÉ RÉNÉ: Jean Bockelson ou le roi de Münster. Paris 1824

BAX, ERNEST BELFORT: Rise and Fall of the Anabaptists. New York 1903

BENNASSAR, BARTOLOMÉ und Jacquart, J.: Le XVIe siècle. Paris 1972

BLANKE, F.: Das Reich der Wiedertäufer zu Münster, 1534–1535. In: Archiv für Reformationsgeschichte 37 (1940), S. 13–37

Bouet-Maury, Gaston: Les Précurseurs de la Réforme et de la liberté de conscience dans les pays latins du XIIᵉ aus XVᵉ siècle. Paris 1904; Genf 1969

Bouterwek, Karl Wilhelm: Zur Literatur und Geschichte der Wiedertäufer besonders in den Rheinlanden. Bonn 1864

Brandt, Geeraert: History of the reformation and other ecclesiastical transactions in and about the Low-Countries. London 1720–21

Brandt, Otto H.: Thomas Müntzer. Sein Leben und seine Schriften. Jena 1933

Braudel, Fernand: Écrits sur l'histoire. Paris 1977

Ders.: Civilisation matérielle, économie et capitalisme, XVᵉ– XVIIIᵉ siècle. Vol. 1–3. Paris 1979. Vol. 1: Les structures du quotidien. Vol. 2.: Les jeux de l'échange. Vol. 3: Le temps du monde. Deutsche Teilausgabe u. d. T.: Braudel: Die Geschichte der Zivilisation. 15.–18. Jahrhundert. München 1971

Brendler, Gerhard: Das Täuferreich zu Münster 1534–1535. Berlin 1966

Bullinger, Heinrich: Cent sermons de l'Apocalypse de Jesus-Christ. Éd. Jean Crespin. Genf 1558

Bussière, Marie-Thédore de: Les Anabaptistes. Histoire du luthérianisme et du règne de Jean Bockelson à Münster. Paris 1853

Catrou, Francois: Histoire des Anabaptistes contenant leur doctrine, les diverses opinions qui les divisent en plusieurs sectes, les troubles qu'ils ont causés, et enfin, tout ce qui s'est passé de plus considérable à leur égard depuis 1521 jusqu'à présent. Amsterdam 1699; Paris 1706 und 1895

Chastel, A.: L'Apocalypse en 1500. In: Mélanges Augustin Renaudet. Paris 1952, S. 124–140. (Bibliothèque d'humanisme et Renaissance. 14.)

Clasen, Claus Peter: Anabaptism. A Social History, 1525–1618. Switzerland, Austria, Moravia and South and Central Germany. London 1972

Cohn, Norman: Das Ringen um das Tausendjährige Reich. Bern 1961

Cornelius, Carl Adolf: Geschichte des Münsterischen Aufruhrs. Bd. 1. 2. Leipzig 1855–1860. Bd. 1: Die Reformation. Bd. 2: Die Wiedertäufer.

Ders.: Die niederländischen Wiedertäufer während der Belagerung Münsters 1534–1535. In: Abhandlungen der bayerischen Akademie der Wissenschaften. Phil.-hist. Klasse 11 (1868), S. 49–111. (Reprint: München 1869)

Ders.: »Johann Bockelson.« In: Allgemeine Deutsche Biographie. Bd. 3 (1876), S. 91–93; »Bernt Knipperdollinck«. In: Allgemeine Deutsche Biographie. Bd. 16 (1882), S. 293–295. »Jan Mathyszoon.« In: Allgemeine Deutsche Biographie. Bd. 20 (1884), S. 600–602

Delumeau, Jean: La Peur en Occident (XIVᵉ–XVIII²). Une cité assiégée. Paris 1978

Ders.: La Civilisation de la Renaissance. Paris 1973

Ders. (Bearb.): Deux mille ans de christianisme. Bd. 5. Éd. Société d'histoire chrétienne. Paris 1975

Detmer, Heinrich: Bilder aus den religiösen und sozialen Unruhen in Münster während des 16. Jahrhunderts. Bd. 1–3. Münster 1903–04. Bd. 1: Johann von Leiden. Bd. 2: Bernhard Rothmann. Bd. 3: Über die Auffassung von der Ehe und die Durchführung der Vielweiberei in Münster während der Täuferherrschaft.

DUBOIS, CLAUDE GILBERT: La Conception de l'histoire de France au XVIe siècle. Paris 1977

DUBY, GEORGE: L'An mil. Paris 1967

DÜLMEN, RICHARD VON: Reformation als Revolution. Soziale Bewegung und religiöser Radikalismus in der Deutschen Reformation. München 1977

DUPONT-BOUCHAT, MARIE S.; FRIJHOFF, W.; MUCHEMBLED, R.: Prophètes et Sorciers dans les Pays-Bas, XVIe–XVIIIe siècle. Paris 1978

ELIADE, MIRCEA: Der Mythos der ewigen Wiederkehr. Düsseldorf 1953

ENGLES, FRIEDRICH: Der deutsche Bauernkrieg. 2. Abdr. Leipzig 1870

FAST, HEINOLD (HSG.): Der linke Flügel der Reformation. Glaubenszeugnisse der Täufer, Spiritualisten, Schwärmer und Antitrinitarier. Bremen 1962. (Klassiker des Protestantismus. Bd. 4.)

FEBVRE, LUCIEN: Martin Luther. Religion als Schicksal. Frankfurt a. M., Berlin, Wien 1976

DERS.: Au coeur religieux du XVIe siècle. Paris 1957

DERS.: Le problème de l'incroyance au XVIe siècle, la religion de Rabelais. Paris 1942 und 1974

GEISBERG, MAX: Die Stadt Münster. T. 1. Münster 1932. (Bau- und Kunstdenkmäler von Westfalen. Bd. 41, S. 133)

DERS.: Zwei zeitgenössische Darstellungen der Belagerung Münsters. In: Westfalen 5 (1913), S. 74–89 und Abb. Nr. 10

GRY, LÉON: Le millénarisme dans ses origines et son développement. Paris 1904. (Thèse Angers)

HANI, JEAN: Le Symbolisme du Temple chrétien. 2. éd. Paris 1978

HEATH, RICHARD: Anabaptism from its Rise at Zwickau to its Fall at Münster. London 1895

HERMSEN, HUGO: Die Wiedertäufer zu Münster in der deutschen Dichtung. Stuttgart 1913

HEUYER, GEORGE: Psychoses collectives et suicides collectifs. Paris 1973

HOCHHUT, K. W. H.: Landgraf Philipp und die Wiedertäufer. In: Zeitschrift für die historische Theologie 28 (1858), S. 538–644 und 29 (1859), S. 167–209

HOFMANN, HERMANN: Drei Käfige am Turm. Aufstieg und Fall des Wiedertäuferreiches in Münster 1534–1535. Münster 1977

HUIZINGA, JOHAN: Herbst des Mittelalters. Stuttgart 1953

JANSSEN, JOHANNES: Geschichte des deutschen Volkes seit Ausgang des Mittelalters. Bd. 1–8. Freiburg 1881–1894. (Versch. Aufl.) Bd. 2: Zustände des deutschen Volkes bis zum Ausgang der sozialen Revolution von 1525. Bd. 3: Allgemeine Zustände des deutschen Volkes bis 1555.

KAUTSKY, KARL: Communism in Central Europe in the time of the Reformation. London 1897; New York 1959

DERS.: Die Vorläufer des Neueren Sozialismus. Bd. 1: Von Plato bis zu den Wiedertäufern. Stuttgart 1895

KAWERAU, PETER: Melchior Hoffmann als religiöser Denker. Haarlem 1954

KELLER, LUDWIG: Geschichte der Wiedertäufer und ihres Reiches zu Münster. Nebst ungedr. Urkunden. Münster 1880

KIRCHHOFF, KARL HEINZ: Die Täufer im Münsterland. In: Westfälische Zeitschrift 113 (1963), S. 1–109

DERS.: Die Wiedertäufer in Coesfeld. In: Westfälische Zeitschrift 106 (1956), S. 113–174

DERS.: Die Belagerung und Eroberung Münsters 1534–35. Militärische Maßnahmen und politische Verhandlungen des Fürstbischofs Franz von Waldeck. In: Westfälische Zeitschrift 112 (1962), S. 77–170 (zugl. 2. Teil der Dissertation: »Kirchhoff: Die Täufer im Stift Münster Diss. Münster 1960«)

DERS.: Was there a peaceful anabaptist congregation in Münster in 1534? In: Mennonite Quarterly Review 93, S. 357–370. Wiederaufnahme eines in deutscher Sprache im »Jahrbuch des Vereins für Westfälische Kirchengeschichte« 55/56 (1962/1963), S. 7–21 erschienenen Artikels.

DERS.: Die Stadt Münster. Geschichte und heutige Struktur. Münster 1969. (Viersprachige Broschüre)

KIRCHHOFF, KARL-HEINZ UND PIEPER, P.: Münster 1570. Der Kupferstich des Remigius Hogenberg nach einer Zeichnung des Hermann tom Ring. Münster 1980

KLASSEN, PETER JAMES: The Economics of Anabaptism 1525–1560. London 1964

KOCH, HANNSJOACHIM W.: Medieval Warfare. London 1980

KÖHLER, W.: Münster Wiedertäufer. In: Realenzyklopädie für protestantische Theologie und Kirche. 3. verb. Aufl. Bd. 13 (1903), S. 539–553

KOYRÉ, ALEXANDRE: Mystiques, spirituels, alchimistes du XVIᵉ siècle allemand. Paris 1971. (Collection Idees. 233. sér.philos.)

KRAHN, CORNELIUS: Dutch Anabaptism. Origin. Spread, Life and Thought (1450–1600). Den Haag 1968

KRAPF, FRIEDRICH: Landgraf Philipp der Großmütige von Hessen und die Religionskämpfe im Bistum Münster 1532–1536. Diss. Marburg 1951 (Masch)

LAWRENCE, DAVID HERBERT: Apokalypse. Leipzig 1932

LECLER, JOSEPH: Geschichte der Religionsfreiheit im Zeitalter der Reformation. 2 Bde. Stuttgart 1965

LEWIS, WYNDHAM: Charles Quint. Paris 1932 und 1980

LIST, GÜNTHER: Chiliastische Utopie und radikale Reformation. Die Erneuerung der Idee vom tausendjährigen Reich im 16. Jahrhundert. München 1973

Lucas-Dubreton, Jean: Charles Quint. Paris 1958

Luther, Martin: Tischreden. Leipzig 1878

Ders.: Memoiren. Übers. u. geordnet von J. Michelet. Paris 1974

Mac Culloch, J. A.: Eschatology. In: Encyclopaedia of Religion and Ethics. 2. impr. Bd. 5 (1937), S. 373–391

Mahn-Lot, Marianne: Columbus. New York 1961

Marx, Karl, und Engels, Friedrich: Les Utopistes. Einf., Übers. und Anm. von Roger Dangeville. Paris 1976

Mellink, Albert Fredrik: De Wederdopers in de noordelijke Nederlanden 1531–1544. Groningen 1953

Ders.: The Mutual Relations between the Münster Anabaptists and the Netherlands. In: Archiv für Reformationsgeschichte 50 (1959), S. 16–33

Merx, O.: Zur Geschichte Bernhard Rothmanns und der Wiedertäuferunruhen in Münster. In: Zeitschrift für vaterländische Geschichte und Altertumskunde 67 (1909), S. 221–226

Mollat, Michel, und Wolff, Ph.: The popular Revolutions of the late Middle Ages. London 1973

Müller, Lydia: Der Kommunismus der mährischen Wiedertäufer. Diss. Leipzig 1927

Neumann, Harald: Masse und Führer in der Wiedertäuferherrschaft in Münster. Diss. Freiburg 1959. (Masch.)

Newman, Albert Henry: A History of Anti-Pedobaptism. Philadelphia 1897

Payne, Ernest Alexander: The Anabaptists of the 16th century. London 1949

Perrens, Francois Tommy: Hieronymus Savonarola. Nach Orig.-Urkunden und größtenteils ungedr. Schriften. Braunschweig 1858

Pirenne, Henri: Les Villes et les istitutions urbaines. Bd. 1. 2. Paris, Brüssel 1939

Porter, Jack Wallace: Bernhard Rothmann (1495–1535), Royal Orator of the Münster Anabaptist Kingdom. Thesis University of Wisconsin 1964. Ann Arbor, Mich. (1965)

Prigent, Pierre: Flash zur l'Apocalypse. Neuchâtel, Paris 1974

Prinz, J.: Bernd Knipperdollinck und seine Sippe. In: Westfalen 40 (1962), S. 96–116

Queiroz, Maria Isaura Pereira de: Réforme et révolution dans les sociétés traditionelles. Paris 1968

Rammert, H. (zugeschrieben): Die Ordnung der Wiedertäufer zu Münster. In: Zeitschrift für vaterländische Geschichte und Altertumskunde 17 (1856), S. 240–249

RAMMSTEDT, OTTHEIN: Sekte und soziale Bewegung. Soziologische Analyse der Täufer in Münster 1534–35. Köln-Opladen 1966. (Dortmunder Schriften zur Sozialforschung. Bd. 34.)

RAPP, FRANCIS: Réformes et Réformation à Strasbourg. Église et société dans le diocèse de Strasbourg. Paris 1974

RAUCH, WILHELM: Johann von Leyden, der König von Sion in der Dichtung. Diss. Münster 1912. Leipzig-Borna 1912

RECK-MALLECZEWEN, FRIEDRICH PERCYVAL: Bockelson. Geschichte eines Massenwahns. Stuttgart 1968. (Neuausg.)

RITSCHL, HANS: Die Kommune der Wiedertäufer in Münster. Ursache und Wesen des Täuferischen Kommunismus. Bonn, Leipzig 1923

ROTHERT, HERMANN: Das Tausendjährige Reich der Wiedertäufer zu Münster 1534–1535. Münster 1947

SCHUBERT, HANS VON: Der Kommunismus der Wiedertäufer in Münster und seine Quellen. Heidelberg 1919. (Sitzungsberichte der Heidelberger Akademie der Wissenschaften. Phil.-hist. Klasse 1919, Abh. 11.)

STAYER, JAMES M.: Anabaptist and the sword. Lawrence 1972

STROHL, HENRY: L'Epanouissement de la pensée religieuse de Luther de 1515 à 1520. Thèse Strasbourg 1924

STRÖVER, IDA C.: Die Wiedertäufer zu Münster. Das Aufflammen eines mittelalterlichen Bolschewismus und sein Niederbruch. Dortmund 1933

STUPPERICH, ROBERT: Die münsterische Apokalypse 1535. In: Jahrbuch des Vereins für westfälische Kirchengeschichte 53/54 (1960–61), S. 25–42

DERS.: Das münsterische Täufertum. Ergebnisse und Probleme der neueren Forschung. Münster 1958

DERS.: Dr. Johann von der Wyck. Ein münsterischer Staatsmann der Reformationszeit. In: Westfälische Zeitschrift 123 (1973), S. 9–50

THOMAS, KEITH V.: Religion and the Decline of Magic. New York 1971

TRYSTRAM, FLORENCE: Le Millénaire de l'Apocalypse. Paris 1980

WALLMANN, J. C.: Johann von Leyden. Quedlinburg 1844

WEILL, ALEXANDRE: Histoire de la guerre des Anabaptistes. Paris 1874

WEINSTEIN, DONALD: Savonarola and Florence. Princeton 1970

WILLIAMS, GEORGE HUNTSTON: The Radical Reformation. Philadelphia 1962

WOODROW, ALAIN: Les Nouvelles Sectes. Paris 1977

ZAHRNT, HEINZ: Warten auf Gott. Stuttgart 1961

Die Wiedertäufer in Münster. Ikonographie (26 Stiche). Münster 1976

Les Terreurs de l'an 2000. Colloque international … sept. 1975. Paris 1976

Buchhinweise für Leser, die sich weitergehend mit dem Thema ›Sekten‹ be-
schäftigen wollen:

FUCHS, EBERHARD: Jugendsekten, München 1979
HAACK, FRIEDRICH W.: Jugendreligionen, München 1979
Kursbuch: Sekten, Kursbuch Nr. 55, Berlin 1979
Stern-Buch: Die himmlischen Verführer, Hamburg 1979, auch Goldmann-Ta-
schenbuch Nr. 11504

Quellenangaben

Da insgesamt nur auf eine geringe Anzahl von Quellen verwiesen wurde (vgl. Literaturverzeichnis) haben wir für die am häufigsten genannten Werke folgende Abkürzungen verwendet:

K –	für die »narratio« von Kerssenbrock in lateinischer Sprache in der Ausgabe von Detmer (1899–1900),
G –	für den in niederdeutscher Sprache abgefaßten Bericht Gresbecks, in der Ausgabe von Cornelius,
L –	für die von Detmer in heutiger deutscher Sprache herausgebrachten Schriften (insbesondere für die Auszüge aus Kerssenbrocks und Gresbecks Berichten),
VD. Dok. –	für die von van Dülmen in heutiger deutscher Sprache in »Das Täuferreich zu Münster« veröffentlichten Schriftstücke,
VD. R/R. –	für van Dülmens Kommentare in »Reformation als Revolution«,
K. H. K. B. –	für Kirchhoffs Dissertation über die Belagerung (»Die Belagerung und Eroberung Münsters«),
K. H. K. T. –	für Kirchhoffs statistische Analyse mit einer systematischen Erfassung der bis jetzt bekannten münsterischen Täufer, »Die Täufer in Münster«,
RAM –	für das Werk O. Rammstedts, »Sekte und soziale Bewegung«, das seinerseits einen umfangreichen Apparat enthält,

Prolog

Erster Teil

Kapitel IV

Niesert, S. 154–166; VD Dok. 35, S. 81–86.

Kapitel V

Belagerung: KHK.B, S. 79, 84–85, 90 (Archivquellen).
Das Darlehen Lazarus Thueschers: ibid., S. 99, Anm. 196.

Kapitel VI

Appell der Prädikanten: L, S. 41; VD Dok. 31, S. 78.
Vorbereitungen der Wiedertäufer: K, S. 545; VD Dok. 40, S. 92.
Unterbringung der Zugewanderten: K, S. 541; VD Dok. 33, S. 80.
Nachtvisionen: C, S. 21; L, S. 88; G, S. 22; VD Dok. 39, S. 91.
Zusammenlegung der Güter: K, S. 556; VD Dok. 42, S. 96; K, S. 561; L, S. 66; G, S. 32; VD Dok. 43, S. 97.
Die 7 Diakone: K, S. 558; VD Dok. 44, S. 98; G, S. 34; VD Dok. 44, S. 99.
Gemeinsame Mahlzeiten: G, S. 34; VD Dok. 45, S. 99; L, S. 69; S, S. 247; VD R/R, S. 313.
Hinrichtung Rueschers: G, S. 28; VD Dok. 41, S. 94.
Ausfall der Wiedertäufer: K, S. 545–555; VD Dok. 40, S. 91–94.
Die Vergebung der »falschen Brüder«: G, S. 23–27; VD Dok. 36, S. 87.
Niederwerfung der Täuferversammlung in Kamp: K, S. 566; VD Dok. 49, S. 102; Keller, S. 311.
Tod Matthys': G, S. 38; VD Dok. 53, S. 108.

Kapitel VII

Die Machtübernahme: K, S. 570; VD Dok. 54, S. 109; C, S. 369; VD Dok. 147, S. 266; C, S. 398; VD Dok. 150, S. 276; L, S. 262; C, S. 403; VD Dok. 151, S. 277; G, S. 40; VD Dok. 55, S. 111.
8. April: S, S. 407; VD Dok. 63, S. 124.
9. April: K, S. 571; K, S. 77–78.
Die drei Tage Jan van Leydens: K, S. 574–577; VD Dok. 56, S. 112–113 (Ernennung der zwölf Ältesten).
Verordnungen der 12 Ältesten: K, S. 577–581; VD Dok. 57, S. 114.
Die neue Verfassung: K, S. 582–586; VD Dok. 58, S. 116.
Das Abendmahl: G, S. 42; VD Dok. 59, S. 120–122.
Brand in Wolbeck: KHK.B., S. 88 und Anm. 111; K, S. 589; VD Dok. 65, S. 127; K, S. 590; LS, S. 91.

Kapitel VIII

Für das Gesamtkapitel: KHK.B, S. 80–108 passim.
Über die Befestigungen: Max Geisberg, »Die Stadt Münster ...«, S. 133.
Über die Waffen: Koch, »La guerre au Moyen Age«, S. 198–199.

Ausfall vom 16. Mai: K, S. 589; VD Dok. 65, S. 127; G, S. 233; VD Dok. 66, S. 128.

Brief der Ältesten, 20. Mai: S, S. 408.

Antwort auf das Ultimatum: S, S. 411.

Der Angriff vom 25. Mai: G, S. 52; VD Dok. 69, S. 131; K, S. 59; L, S. 91.

Berichterstattung des Bischofs: C, S. 244; VD Dok. 71, S. 133.

Stellungnahmen von Köln und Kleve: C, S. 251; VD Dok. 73, S. 135.

Ausfall gegen die Artillerie: K, S. 594; VD Dok. 70, S. 132.

Einnahme der Mühle: K, S. 596; L, S. 93.

Fahnenflucht: L, S. 100.

Die große Schanze: K, S. 596; L, S. 94.

Kapitel IX

Über die Einstellung von Söldnern: C, S. 398; VD Dok. 150, S. 276.

Der Münstersche Gulden: G, S. 48; VD Dok. 61, S. 122.

Die Münze: G, S. 27; VD Dok. 36, S. 88.

Die Schulen: G, S. 47; VD Dok. 60, S. 122.

Hilla Feicken: G, S. 44; VD Dok. 76, S. 138; C, S. 405; L, S. 263; C, S. 407; VD Dok. 151, S. 278.

Das Verhör: Niesert, S. 40; L, S. 95; VD Dok. 77, S. 139.

Über Ramers: KHK.T, S. 213.

Hinrichtung Smökers: K, S. 612; L, S. 97.

Gerichtsurteil über Jan Matthys: VD Dok. 52, S. 107.

Kapitel X

Über die Einführung der Polygamie: VD Dok, S. 19; VD R/R, S. 313; L, S. 107; Detmer, S. 43–44 und 224–225.

Der Landsknecht als Augenzeuge: K, S. 618; L, S. 107.

Rechtfertigung Rothmanns: S, S. 256.

Bernard de Morlas: Delumeau, »Eve et Satan« in »Historie Magazine« nr. 11, Dez. 1980, S. 19–21.

Einführung der Polygamie: G, S. 59–62; VD Dok. 78, S. 140; C, S. 369; C, S. 407; K, S. 625; L, S. 110; VD Dok. 80, S. 143–144.

Revolte des 30. Juli: G, S. 73–79; VD Dok. 79, S. 141; VD Dok. 82, S. 146; K, S. 621; L, S. 108.

Die bewegliche Schanze: KHK.B., S. 104–108.

Sturm vom 31. August: G, S. 81; VD Dok. 83, S. 146; K, S. 671; L, S. 122–123 (Zusammenfassung) Max Geisberg, »Westfalen ...«, S. 74 und Tab. 10; KHK.B., S. 110, Anm. 286.

Das Lied des Landsknechts: »Chants populaires historiques«, Bd. IV, S. 117, in L, S. 123–125.

Zweiter Teil

Kapitel I

VD Dok., S. 20.

Dusentschurs Prophezeiung: G, S. 82–86; VD Dok. 84, S. 147; K, S. 633–639; VD Dok. 85, S. 147.

Das Einsammeln: K, S. 638–639; G, in L, S. 152.

Die stummen Mädchen: G, in L, S. 153–154.

Die geschändeten Mädchen: G, S. 59; L, S. 119–120.

Die Hofordnung: G, S. 83–86; VD Dok. 87, S. 153.

Liste der Ämter und Dienststellen: L, S. 130–134.

Auftreten des Königs und des Hofes: K, S. 650–656; VD Dok. 89, S. 158.

Die Königinnen: K, S. 656–660; VD Dok. 90, S. 159.

Abhaltung des Gerichts: K, S. 662; VD Dok. 91, S. 161.

Sanktionen und Hinrichtungen: K, S. 625–632; VD Dok. 80, S. 144; L, S. 110; K, S. 687; VD Dok. 92, S. 162–163.

Versuch Knipperdollincks: K, S. 690; G, S. 149; VD Dok. 94, S. 164; L, S. 145.

Kapitel II

Über die Blockhäuser: KHK.B., S. 110–113.

Intervention des Bremer Rates: K, S. 689; VD Dok. 93, S. 16.

Kapitel III

Das Abendmahl und die Aussendung der Apostel: G, S. 103–114; VD Dok. 95, S. 167; K, S. 703–708; VD Dok. 97, S. 171; Niesert, S. 146; KHK.B, S. 113.

Anordnung des Bischofs vom 17. Oktober: C, S. 322; VD Dok. 98, S. 172.

Apostel in Warendorf: K, S. 708–715; VD Dok. 99, S. 173.

Strahlens Bekenntnis: Niesert, S. 57; VD Dok. 100, S. 175; Anm. von L, S. 167.

Apostel in Coesfeld: L, S. 168–169.

Geständnis H. Regewarts: Niesert, S. 25–33; VD Dok. 109, S. 192.

Über Essens: L, S. 168–169.

Apostel in Osnabrück: K, S. 722; VD Dok. 102, S. 176.

Graes' Verrat: G, S. 115–118; VD Dok. 104, S. 180; K, S. 724; L, S. 190–193; VD Dok. 105, S. 182.

Kapitel IV

Die Restitution: S, S. 210–284; VD Dok. 111, S. 196.

Schriftstücke über die Rache: S, S. 284–297; Fast, S. 342–360; VD Dok. 112, S. 205.

So wie auch in *Sofies Welt* von Jostein Gaarder ein Kapitel der Philosophie-Geschichte mit Hilfe einer Romanhandlung vermittelt wird, gibt Yalom anhand fiktiver Therapiegespräche Einblick in die Denkweise und Philosophie Friedrich Nietzsches. Durch die geschickte Dramaturgie dieser Geschichte gelingt es dem Autor, eine Spannung aufzubauen, die einem Psychothriller Ehre machen würde.

Irvin D. Yalom
Und Nietzsche weinte
Roman
380 S., geb., DM 46,–
öS 359,– / sFr 47,–

Dies ist ein meisterhaft geschriebener historischer Roman über den Fenier-Aufstand im Irland des 19. Jahrhunderts: Solide erzählte Geschichte, tragische Liebe, ein Geheimnis und seine überraschende Enthüllung. Wir glauben sie vor uns zu sehen, diese Menschen, die singen und kämpfen, morden und lieben, leiden und lachen. Und wir leiden und lachen mit ihnen.

Thomas Flanagan
Pächter der Zeit
Der große
Irland-Roman
1000 Seiten, geb.,
DM 58,–
ö.S. 453,– / sFr 58,–

ERNST **KABEL** VERLAG